ERLEBTE
GESCHICHTE

Heinz Degle

ERLEBTE GESCHICHTE

Südtiroler Zeitzeugen erzählen ...
1918–1945

VERLAGSANSTALT ATHESIA | BOZEN

gefördert von
Stiftung Südtiroler Sparkasse

AUTONOME PROVINZ BOZEN SÜDTIROL
PROVINCIA AUTONOMA DI BOLZANO ALTO ADIGE
Deutsche Kultur

Die Drucklegung dieses Buches wurde ermöglicht durch
die Stiftung Südtiroler Sparkasse
und die Südtiroler Landesregierung/Abteilung für deutsche Kultur.

BIBLIOGRAFISCHE INFORMATION DER DEUTSCHEN NATIONALBIBLIOTHEK
Die Deutsche Nationalbibliothek verzeichnet diese Publikation in der Deutschen Nationalbibliografie; detaillierte bibliografische Daten sind im Internet abrufbar: http://dnb.d-nb.de

Dezember 2009

Design: Athesiaverlag, Marion Prossliner
Satz: Athesiaverlag, Manuela Schwitzer
Gesamtherstellung: Athesiadruck, Bozen

ISBN 978-88-8266-334-6

www.athesiabuch.it
buchverlag@athesia.it

Inhalt

Vorwort

Im vorliegenden Buch werden Ausschnitte aus Ton- und Videoaufzeichnungen der Jahre 1982 bis 2009 wiedergegeben. Zu einem Teil wurden diese Aufzeichnungen in Hörfunk- und Fernsehsendungen unter dem auch für dieses Buch gewählten Titel »Erlebte Geschichte« ausgestrahlt.

Mit ganz wenigen Ausnahmen wurden nur Südtiroler Zeitzeuginnen und Zeitzeugen befragt. Bei der Auswahl der Erinnerungsträger wurde bewusst darauf geachtet, dass der Frau und dem Mann aus dem Volk dieselbe Wertung zuteil wird wie jenen, welche die politische Entwicklung in Südtirol mitbestimmt haben.

Die Befragungstechnik im Rahmen der Methode »Oral History« (»Mündliche Geschichte«) war und ist die des »erzählenden« Interviews. Den Befragten wurde keine Liste von Fragen vorgelegt, sie wurden lediglich ersucht, ihren persönlichen Werdegang beginnend bei der eigenen Kindheit bis zum Zeitpunkt des Aufnahmetages zu erzählen, und zwar so ausführlich wie möglich; manchmal war allerdings eine mit Zurückhaltung geübte Weiterführung der ins Stocken geratenen Erzähler erforderlich. Diese »erzählten Lebensläufe« gewinnen im Unterschied zu schriftlichen Erinnerungen an Spontaneität, Unmittelbarkeit und auch Lebhaftigkeit. Es wurde versucht, in den transkribierten Interviewstellen diese Eigenschaften weitgehend erfühlbar zu machen.

Die Grundlage, auf der dieses Buch aufbaut, sind die Aussagen der Befragten. Diese sollten ihre ganz persönliche Geschichte erzählen können. Die vom Autor ins Buch eingebrachten Texte beschränken sich dabei mit voller Absicht auf das Allernotwendigste. Der Autor nimmt die Rolle des neutralen Beobachters ein und sieht von einer Wertung der Aussagen ab.

Behandelt wird die Zeit von 1918 bis 1945. Kernpunkt ist das Geschehen um die Option von 1939. Die Darstellung dieser Zeit enthält jedoch thematische Lücken, die nicht mehr eingebracht werden konnten, weil sie den vorgegebenen Umfang des Buches gesprengt hätten.

Insgesamt kommen 156 Frauen und Männer zu Wort, die ihre Lebensgeschichte zum Teil auch in ihrer Mundart erzählen. Die niedergeschriebenen mündlichen Berichte sind textlich in eine lesbare Form gebracht worden, sind also auf die Bedürfnisse des Lesers zugeschnitten. Dies führte allerdings teilweise dazu, dass sie an Lebendigkeit und Farbe eingebüßt haben.

Der überwiegende Teil der im Buch veröffentlichten Fotos und Dokumente sind dankenswerterweise von den befragten Erinnerungsträgerinnen und Erinnerungsträgern zur Verfügung gestellt worden.

Danken möchte ich der Lektorin Ursula Stampfer, die mit großer Sorgfalt das Manuskript gelesen und mit wertvollen Hinweisen versehen hat.

Zu Dank verpflichtet bin ich Rudi Gamper, dem ehemaligen Koordinator der RAI – Sender Bozen, und Carlo Corazzola, dem Direktor der RAI in Bozen. Beide haben meine zeitgeschichtliche Tätigkeit für das Hörfunk- und Fernsehprogramm des Senders Bozen stets wohlwollend aufgenommen und gefördert.

Danken möchte ich auch dem Westermann Verlag in Braunschweig für die Bereitstellung der Kartenausschnitte.

Mein besonderer Dank gilt meiner Frau Karin, die mit viel Geduld und Beharrlichkeit am Transkribieren der Tonaufzeichnungen mitgewirkt hat.

Ein erster Akt faschistischer Willkür

Der Bozner Blutsonntag

Am 4. November 1918 wurde der in der Villa Giusti in Abano bei Padua am Vortag unterzeichnete Waffenstillstand zwischen Österreich-Ungarn und Italien wirksam. Bis zum 31. Juli 1919 wurde Südtirol von einer Militärregierung unter dem Gouverneur Guglielmo Pecori-Giraldi verwaltet. Dieser zeichnete sich durch eine maßvolle Amtsführung aus, indem er die bestehenden Verwaltungsstrukturen weitgehend unangetastet ließ.

Am 1. August 1919 folgte auf den Militärgouverneur der zivile Generalkommissär Luigi Credaro, der im Wesentlichen die liberale Linie seines Vorgängers beibehielt.

Am 10. September 1919 schließlich wurde mit dem Friedensvertrag von Saint-Germain Südtirol endgültig Italien zugesprochen. Am 10. Oktober 1920 trat die Annexion offiziell in Kraft.

Schon bald schickte der Faschismus seine Vorboten voraus. Bereits im Jahr 1919 gründete Benito Mussolini die »Fasci di combattimento«, faschistische »Kampfbünde«, die im Februar 1921 auch einen Ableger in Bozen bekamen und im Gebäude des Hotels »Kaiserkrone« am Musterplatz ihren Sitz hatten.
Vom 19. bis zum 26. April 1921 sollte erstmals nach dem Krieg wieder eine Bozner Messe abgehalten werden, und zwar in den Räumen der Kaiser-Franz-Joseph-Schule, der heutigen Goetheschule. Für Sonntag, den 24. April, war ein großer Trachten-

Vor dem »Stadthotel« am Waltherplatz

Auf dem Pfarrplatz

umzug geplant, der durch die Innenstadt zum Schloss Ried am Eingang zum Sarntal führen sollte, wo ein Volkstrachtenfest den Abschluss bilden würde. Damit bot sich dem »Fascio« von Bozen eine willkommene Gelegenheit, durch eine überfallartige Störung des Messeumzuges zu zeigen, dass Bozen nun eine italienische Stadt sei und sich auch als solche darstellen sollte. Dazu bediente sich dieser auch der Unterstützung der »Fasci di combattimento« aus Verona und anderer norditalienischer Städte. So reisten knapp 400 Faschisten mit der Eisenbahn nach Bozen, trafen sich vor dem Hotel »Viktoria« am Bahnhofplatz und rückten, mit Schlagstöcken und sogar mit Pistolen und Handgranaten ausgerüstet und mit schwarzen Zipfelmützen bekleidet, ins Stadtzentrum vor.

Faschisten mischen sich unter die Teilnehmer des Trachtenumzugs

Anton Stecher aus Zerkaser in Langtaufers besuchte das Lehrerseminar am Dominikanerplatz in Bozen und war im Internat des Benediktinerklosters in Gries untergebracht.

Anton Stecher: Im Internat hat Pater Arnold verkündet, wir dürfen an diesem Trachtenumzug teilnehmen. Da waren aus den Seitentälern, aus dem Sarntal, aus dem Eisacktal, aus dem Pustertal und aus Meran Männer und Frauen in ihren schönen Trachten in Bozen zu diesem Trachtenumzug erschienen. Und der hat sich oberhalb der Franziskanerkirche in der Wangergasse geformt, und von dort sind sie dann heruntergezogen. Wir durften bei der Laubengasse stehen und das miterleben und sahen auch, wie junge Burschen mit schwarzen Hemden dahergelaufen kamen.

Frieda Kamaun konnte vom oberen Stockwerk des Gasthauses »Vögele« in der Goethestraße, das ihrem Vater gehörte, zusammen mit ihren Geschwistern das Treiben am Obstmarkt während des Umzuges verfolgen.

Frieda Kamaun Mackowitz: Dort, wo früher das »Täubele« gewesen war, also das Gasthaus »Schwarzer Adler« [heute Konditorei Peter], und da ist ein Doppeladler gewesen, und den haben sie schon in der Früh weg, und sind schon am Vormittag mit dem schwarzen Adler in schwarzen Hemden in der Stadt herumgelaufen und haben Radau gemacht. Und am Nachmittag, nachdem der Umzug angefangen hatte, war der Aufmarsch der Musikkapellen. Von Musikkapellen getrennt war eine »grüne Hochzeit«, dann eine »silberne Hochzeit« und schließlich die »goldene Hochzeit«, alle Hochzeitspaare in Kutschen, und nach der letzten Musikkapelle sind die Faschisten gewesen mit den »manganelli« [Schlagstöcke] und haben die Musik nachgeäfft. Das hat schon so einen Eindruck gemacht. Wir haben es vom »Vögele« vom Fenster aus gesehen.

Ferdinand Geiger wollte als damals 13-Jähriger mit anderen Welschnofnern, trotz Warnung seines Vaters, am Umzug in Bozen teilnehmen, weil Bozen würde dann Italienisch, aber er möchte noch einmal Abschied nehmen.

Ferdinand Geiger: Da waren das Postauto und Lastenwägen. Auf diese haben sie rückwärts Bänke hineingetan und da konnten wir aufsitzen und nach Bozen fahren. Dann haben wir uns unten eingereiht, wir Welschnofner, als Bergler mit Hüten auf dem Kopf. Und dann ist es losgegangen. Auf einmal hat man links und rechts so Gruppen gesehen, kleinere, aber da hat man nicht so viel acht gegeben. Ich habe mir gedacht, die kommen alle mit Verspätung, aber das waren Faschisten. Die sind um die Mittagszeit angekommen und haben sich in Gruppen aufgeteilt und sich überall zu zehnt, fünfzehnt eingemischt. Ich weiß, hinter mir in der Gruppe haben sie so eine eigene Sprache gesprochen. Die sind alle von unten herauf gekommen. Und dann hat es nicht lang gedauert, dann hat man schreien und rebellieren gehört, und die Musikkapellen haben aufgehört zu spielen, und die Polizei ist abgehauen. Die hat schon was geahnt. Das waren Faschisten, die haben die Stöcke herausgenommen und angefangen auf die Menschen einzuschlagen. Mir haben sie den Hut heruntergehauen und auf die Straße hinausgeworfen. Dann haben wir nur noch den Wunsch gehabt, das Auto, das beim Bahnhof abgestellt gewesen ist, zu erreichen. Wir sind zum Auto gekommen, und der Chauffeur war auch schon da. Dann sind wir eingestiegen und haben geschaut, auf dem schnellsten Weg heimzufahren. Es war so zwei Uhr Nachmittag.

Hilde Nicolussi erlebte mit sieben Jahren das Geschehen um den Messeumzug.

Trachtenumzug nach dem Überfall auf dem Obstmarkt

Hilde Nicolussi: Wir haben in der Museumstraße gewohnt, und dann hat es geheißen, übern Obstmarkt zieht der Festzug, und dann hat mein Vater gesagt: »Weißt du, wir gehen in den Marienpark hinauf!« Der Marienpark hat so ausgeschaut wie heute mit diesem Geländer herum. Und er hat mich dann auf so einen Porphyrsockel hinaufgesetzt, damit ich gut sehen kann. Dann sind immer wieder Leute dahergekommen, die eben auch gedacht haben, dass der ganze Zug beim Franziskanergymnasium vorbeikommt und dass man ihn da gut sieht. Und plötzlich hat man dann schreien gehört, also das habe ich gehört, von unten, vom Obstmarkt her, und die Leute rennen. Und mein Vater hat dann gesagt: »Du, wir gehen heim, da ist irgendwas los!« Und der Vater ist dann mit mir durch die Wangergasse gelaufen.

Bald nachdem Hilde Nicolussi und ihr Vater nach Hause gegangen waren, muss der Mord an Franz Innerhofer verübt worden sein.

Franz Innerhofer war Schulleiter in Marling und kam als Trommelschläger der Marlinger Musikkapelle nach Bozen, um am Trachtenumzug teilzunehmen. Als die Faschisten auf dem Obstmarkt eine wilde Schießerei anzettelten, woll-

Hans Theiner

te Innerhofer den achtjährigen Hans Theiner vom Strasserhof in Marling, den er nach Bozen mitgenommen hatte, in Sicherheit bringen und flüchtete mit ihm über die Wangergasse zum Ansitz Stillendorf. Dabei wurde er von mehreren Faschisten verfolgt. Daher flüchteten die beiden in den Hauseingang, und Innerhofer stellte sich schützend vor den Buben, als einer der Faschisten die Pistole zog. Von einer Kugel getroffen erlag er bald darauf seiner Verletzung. Der genaue Hergang des Mordes konnte nie eindeutig geklärt werden. Der Faschist, der den Mord beging, und seine Begleiter konnten jedenfalls ungehindert fliehen.

Dem damals siebenjährigen Norbert Mumelter prägten sich die Erinnerungen an dieses Geschehen im April 1921 deutlich ins Gedächtnis ein.

Norbert Mumelter: Auch meine Mutter hatte für sich selbst und für uns Kinder den Trachtenfestzug sehen wollen; sie hatte aber vorsichtigerweise, da der Festzug an Schloss Runkelstein vorbei bis Ried führen und sich dort in einem großen Wiesenfest auflösen sollte, nicht im zu erwartenden Gedränge der Altstadt, sondern in St. Anton am Eingang der Oswaldpromenade Stellung bezogen. Dort also warteten wir auf den Festzug. Es kam aber nur jenes Drittel, das vor dem Über-

Trauerzug von Franz Innerhofer vor dem städtischen Museum in Bozen

Auf der Talferbrücke in Bozen

fall schon durchgezogen war, die übrigen zwei Drittel waren nach dem Überfall in die ihnen zugewiesenen Gaststätten gegangen. Vom Mord war anfangs noch nichts bekannt. Meine Mutter sagte nachher, sie habe in St. Anton gehört, dass es in der Stadt unten knallte. Als wir einige Zeit später über die Wassermauerpromenade wieder stadtwärts gingen, begegneten wir dem Kanonikus Psenner, der seine Unterkunft in St. Peter auf Karnol hatte und der bereits alles wusste: »Das wird eine Beerdigung ohnegleichen geben«, war seine erste Reaktion. Die Beerdigung fand in Marling statt, der Trauerzug aber führte zwei Tage nach dem Mord unter den Fenstern unserer Wohnung vorbei: Von der Leichenkapelle bei der Pfarrkirche über die Talferbrücke bis zum Grieser Platz: Ein Bild von unvergesslichem Eindruck. Hinter den Angehörigen schritt inmitten der Prominenz und neben Bürgermeister Perathoner der Zivilgeneralkommissär und ehemalige Unterrichtsminister Credaro; mein Vater ging mit den Vertretern der Anwaltskammer. Von den Gewerkschaftern bis zu den Turnern folgten dem Sarg rund 15.000 Menschen. Es war nicht nur für mich Siebenjährigen die imposanteste Trauerbekundung, die es je gegeben hatte. Sogar aus Bruneck waren Bekannte erschienen, um aus unseren Fenstern den Trauerzug zu sehen.

Hilde Nicolussi hat als Kind an der feierlichen Verabschiedung Franz Innerhofers in Bozen teilgenommen.

Trauerzug im Etschtal auf dem Weg nach Meran

Hilde Nicolussi: Franz Innerhofer ist am Grieser Platz verabschiedet worden, weil da dann der Wagen durch alle Dörfer in Richtung Meran gefahren ist. Und dass alle Leute das Andreas-Hofer-Lied gesungen haben, das erschüttert mich ja heute noch irgendwie, das ist so in uns drin geblieben, ganz unwahrscheinlich. Beim Lehrer Innerhofer sind dann ja praktisch die Leute zum Teil von Ort zu Ort immer mitgegangen, das ganze Etschtal hinauf bis Marling.

Oswald Sailer lebte damals mit seinen Eltern in Meran, wo der Leichenzug mit Franz Innerhofer sein Ziel erreichte.

Oswald Sailer: Ich kann mich sehr gut erinnern an den Tag, an welchem die Leiche des Marlinger Lehrers Innerhofer von Bozen nach Meran überführt wurde. Ich wurde damals von meinem Vater mitgenommen, um dem Leichenzug zuzusehen, und zwar genau gegenüber der Post. Wir wohnten damals im Haus Plankenstein, also im Elisabethpark. Gleich neben unserem Haus, bei der Heilig-Geist-Kirche standen wir und warteten, bis der Zug eben kam. Eine Menge von Leuten säumten die Straße und da sahen wir das große Posttor, das zum Hof der Post hineinführte, auf einmal aufgehen und dahinter sahen wir Soldaten in italienischer Uniform mit Stahlhelmen und Maschinengewehren, die alle auf die Straße herausgerichtet waren. Und da sagte mein Vater: »Pass auf, jetzt müssen wir laufen!« Wir sind aber noch nicht gelaufen, weil in diesem Augenblick der Trauerzug kam, also der Leichenwagen, und da hat die Leute natürlich die Angst gepackt aus irgendwelchem Grund, ich weiß nicht warum, wahrscheinlich deswegen, weil die Maschinengewehre dastanden; es war eine maßlose Panik. Der Leichenwagen machte die Kurve um die Ecke der Post herum in die Meranerhofstraße hinunter. Und dann waren wir

Beisetzung von Franz Innerhofer in Marling

natürlich von der Menge mitgerissen und wir haben geschaut, durch den Park möglichst bald nach Hause zu kommen.

Hilde Nicolussi: Wie wir Schülerinnen später draufgekommen sind, wer der Mörder war, weiß ich nimmer, aber ich weiß, dass wir ihn genau gekannt haben und dass wir ihn immer wieder – es war ein großer langer Mensch – am Obstmarkt gesehen haben, er muss da irgendwie am Obstmarkt herum gewohnt haben, und dass wir ihn immer empört angeschaut haben. Also, wir haben genau gewusst, das ist der Mörder vom Lehrer Innerhofer.

Für den weiteren Verlauf der Südtiroler Geschichte hatten die faschistischen Ausschreitungen vom 24. April 1921 eine verhängnisvolle Wirkung. Sie waren wohl auch auslösendes Element für eine Entwicklung, die zu einer fast völligen Entfremdung allem Italienischen gegenüber führte. Dieses Verhalten der faschistischen Horden trug auch zur überwältigenden, zahlenmäßigen Entscheidung der deutschen Bevölkerung knapp 20 Jahre später bei, das angestammte Land im Zuge der Option verlassen zu wollen.

Die neuen Herren

Faschistischer Alltag

Mit dem Marsch auf Rom am 28. Oktober 1922 gelang es Benito Mussolini, die Macht im Staat an sich zu reißen. Zugleich wurde auch mit der Italianisierung Südtirols begonnen. Den Auftakt machte der aus Rovereto stammende Senator Ettore Tolomei mit dem Gesetz vom 23. März 1923, das die von ihm erfundenen italienischen Ortsnamen einführte. Aber nicht nur dies.

Ettore Tolomei

Marcia su Roma – Marsch auf Rom: Faschistischer Trupp trifft in der Hauptstadt ein, 1922

Arnold Heidegger: Von nun an sollte es keine deutsche Schule mehr geben; die deutschen Lehrer wurden entweder abgesetzt oder in italienische Provinzen versetzt. Auch meinem lieben Lehrer von der dritten Klasse ist das gleiche Los passiert. Und viele Bürgermeister, wenn sie nicht selber Faschisten waren, wurden abgesetzt, desgleichen Gemeindesekretäre, aber auch viele Beamte von damals. Deutsche Vereine wurden aufgelöst, Chöre wurden verboten und so weiter. Es war ein großer Wandel. Für die Bevölkerung war das Schauder erregend.

Carl von Braitenberg, der nachmalige Senator im römischen Parlament, zog daraus seine Folgerungen.

Carl von Braitenberg: Ich habe bei der Bezirkshauptmannschaft in Bozen von März 1920 über ein Jahr lang gedient. Dann haben die Faschisten schon begonnen, die deutschen Beamten in die alten Provinzen zu versetzen. Da war zum Beispiel Friedrich Tessmann, der Diego Eyerl, der war bei der Bezirkshauptmannschaft in Bruneck, mein Vetter Unterrichter, der war in Brixen bei der Bezirkshauptmannschaft; die sind alle versetzt worden. Ich habe dann gedacht: Ich lass mich nicht in die alten Provinzen versetzen! Ich bin ausgetreten und habe eine Stelle als dritter Sekretär bei der Handelskammer Bozen angenommen, die zwar sehr schlecht bezahlt war, aber mir immerhin die Möglichkeit gegeben hat, das Land kennenzulernen.

Zur Italianisierung der Ortsnamen kam die der Tauf- und Familiennamen hinzu, eine Zwangsverordnung, die auch vor den Toten nicht Halt machte.

Emma Pfeifer Geiger: Von einem Tag auf den anderen hat es geheißen, auf dem Friedhof dürften keine deutschen Inschriften mehr auf den Grabsteinen angebracht werden. Was sollte man dann schreiben? Ja, »Qui riposa«. »Qui riposa« [hier ruht] schrieben wir nicht hinauf und »nato« [geboren] und »morto« [gestorben] auch nicht. Gut, dann haben sich die Leute auf andere Weise zu helfen gewusst und haben halt das Lateinische »requiescat in pace – R.I.P.« [ruhe in Frieden!] hingeschrieben und ein Sternele und ein Kreuzl hinzugefügt anstatt geboren und gestorben. Ja, das ist dann gegangen. Aber dann hat wieder etwas anderes angefangen: Kein öffentlich angestellter Mensch hat einen deutschen Schreibnamen haben dürfen; es ist keiner mehr mit einem deutschen Schreibnamen angestellt worden. Wir haben in Welschnofen einen Briefträger gehabt namens Wiedenhofer, der hat den Namen Callegari annehmen müssen, und dann haben wir einen Gemeindesekretär gehabt mit Namen Schenk, das ist der Herr Donati geworden. Eine interessante Sache war das mit den zwei Söhnen vom Förster: Ein Sohn hat in Cortina d'Ampezzo gearbeitet, und dieser Plank Robert ist bis zu seinem Tod immer der Plank Robert geblieben, der Südtiroler Plank Hans aber ist auf einmal der Bianchi Giovanni geworden. In Cortina hat sich kein Hund geschert, wie der heißt, aber hier bei uns hat er sich umtaufen lassen müssen, sonst hätte er seinen Posten verloren. Solche Beispiele gibt es viele. Meinem Vater ist nahegelegt worden, er soll den Namen »Fischietto« annehmen anstatt »Pfeifer«, aber es ist dann nicht dazu gekommen. Er ist der Pfeifer Luis geblieben. Da hat es das schöne Lied gegeben, das alles beschreibt: »Wos hob es mit insere Namen getan, habt's g'meint, ihr müsst neue erfinden, ja hängt nur ein A oder O hinten dran, das Zeug wird in galling [irgendwann] verschwinden. Und was haben enk insere Toten getan, ein Friedhof war doch heil'ger Boden, und a deutsche Schrift auf einem Kreuzl dran, was kannt enk die etwa schaden.« Man hat sich auch nicht mehr zum Singen getroffen, weil das auch verpönt gewesen ist und, ich kann mich erinnern, in der Schule haben wir in der Pause nicht mehr miteinander deutsch reden dürfen. Dann sind wir halt still gewesen. Ich werde doch nicht mit einer Freundin, mit der ich auf dem ganzen Weg zur Schule deutsch rede, hinterm Tor drin anfangen walsch [italienisch] zu reden. Wir hätten uns ja nicht verstanden, so gut haben wir auch nicht italienisch können, dass wir uns in allen Situationen »bedeutschen« [verständlich machen] gekonnt hätten. Und so kleine Schikanen hat es durch und durch gegeben.

Lina Gruber brachte im Jahr 1932 in Naturns ein Kind, einen ledigen Sohn, zur Welt.

Lina Gruber Schnitzer: Ja, und dann hat es geheißen, wenn man eine Unterstützung vom Staat haben will, dann muss man das Kind umtaufen, auf einen italienischen Namen, sonst bekommst du nichts. Und da im Haus daneben, einem schönen Haus, hat der Podestà gewohnt. Und eines Tages ist der Podestà gekommen und hat gesagt, ich muss mein Kind umschreiben lassen, sonst bekomme ich nichts. Darauf habe ich gesagt: »Nein, das tu ich nicht! Ich werde mein Kind schon aufziehen, da brauche ich nicht den Staat dazu! Dann bekomme ich halt nichts.« Der Randalini, der Sekretär des Podestà, ist ein ganz ein netter Mensch gewesen, und der ist auch einmal gekommen und hat sagt: »Ich haben gehört, sie haben Kind!« Ich habe geantwortet: »Ja.« Dann hat er gesagt: »Aber nicht schreiben italienisch!« Ich habe gesagt: »Nein, nicht! Bezahle ich alles selber!« Und dann, ja, dann hat er gesagt: »Machen ich, bekommen Geld, aber Podestà nicht sagen!« Dann habe ich mir gedacht, das kann ich wohl tun, wenn er mir zu Geld verhilft, dann in Gottes Namen. Er ist auch ein Walscher

[Italiener] gewesen, aber er ist ein netter Mensch gewesen. Dann habe ich jeden Monat 45 Lire bekommen, aber nicht das Geld, sondern im Geschäft drüben, da habe ich Waschzeug und Gewänder und alles bekommen, was ich für mich oder für das Kind gebraucht habe. Das habe ich jeden Monat holen können. Das ist mir eine große Stütze gewesen.

Josef Rössler: Ich erinnere mich noch gut, da war oben auf der Station von Klobenstein der Ortsnamen »Klobenstein« – und plötzlich war Klobenstein weg und es stand »Collepra-to«. Da war Ettore Tolomei bereits in Aktion und hat Klobenstein in »Colleprato« übersetzt. Dann hat ihm das nicht recht gepasst, dieses »Colleprato« – das ist für die italienische Mentalität zu hart. Wenn man vom Buchner nach Nordosten schaut, sieht man den »geklobenen Stein«, und dazwischen das »Schönalpl«. Ettore Tolomei hat sich also überlegt, wie er dieses »Colleprato« umbenennen könnte und hat wahrscheinlich das »Schönalpl« dazu genommen: »Collalbo«!

Italienischer Ortsname »Valdaora« für Olang auf einem Haus im Pustertal

Schlimm waren auch die Repressalien gegen die hiesige Verwaltung.

Helene Gritsch Oberdörfer: Da sind schon die Beamten innerhalb des Landes ständig versetzt worden. Mein Vater ist im Zeitraum von 1930 bis 1935 in vier verschiedene Gemeinden versetzt worden, da in Südtirol: nach Ratschings, nach Freienfeld, nach Pfalzen und nach Sexten, und jedes Mal hat die junge Familie mit Sack und Pack umziehen müssen, was immer für die Mama eine sehr große Arbeit war.
1935 dann ist mein Vater noch einmal versetzt worden, aber dieses Mal außerhalb Südtirols, in die Lombardei, zuerst nach Golasecca bei Gallarate und dann nach Ganna, in die Valganna, in der Provinz Varese.

In Mitleidenschaft gezogen wurde natürlich auch das Gewerbe.

Friedl Volgger: Mastromattei hat eine Verfügung herausgegeben, dass das weibliche Gasthofpersonal durch männliches Personal aus Piemont, Ligurien und diesen Gegenden ersetzt werde, er hat auch die Verfügung getroffen, dass man in den Tabaktrafiken nur mehr italienisch reden dürfe. Das war damals ganz lustig: Neben der alten »Athesia« in der Museumstraße in Bozen war eine Tabaktrafik, und die Besitzer dieser Tabaktrafik haben auch kaum italienisch können. Da sind wir hingegangen und haben nur gedeutet, man hat sich mit Deuten beholfen, es ist kein italienisches Wort gefallen. Die Leute haben sich einfach in Südtirol geweigert, italienisch zu reden. Sie haben nur gedeutet und so mit den Fingern die Preise hinaufgeschrieben.

Frieda Kamaun Mackowitz: Wir hatten in unserem Gasthaus in Bozen, dem »Vögele«, zwei Reklametafeln gehabt, aus Glas, wie es früher üblich war: »Warme und kalte Küche«, »Zimmer« usw. Da sind die Faschisten einmal hergegangen, in der Nacht natürlich, bei Tag haben sie sich eh nicht getraut, und haben diese Tafeln zusammengeschlagen. Das war 1922. Am nächsten Tag sind sie dann gekommen und haben ein walsches [italienisches] Plakat aufgepickt [aufgeklebt], da, wo die Tafeln waren, und der Vater sieht das. Dann sagte er zu meiner Schwester, die gerade dabei gewesen ist: »Du, jetzt tun wir's schnell herunter, denn solange der Pick [Klebstoff] nass ist, geht's leichter!« Sie sind hinausgegangen und haben das Plakat mit vereinten Kräften heruntergezogen. Es dauerte aber nicht lange, dann sind die

Faschisten gekommen und haben den Vater auf die Quästur gebracht. Auf der Quästur haben sie dann gesagt, er muss dieses Plakat wieder aufpicken [aufkleben]. Dann hat der Vater gesagt: »Ja, ich weiß nicht, wie man da tut?« Der hat das gut können, so den dummen Augustin spielen. Dann haben sie es ihm genau erklärt: »Si prende ein bisschen farina [Man nimmt ein bisschen Mehl] und Wasser und das muss man halt rühren und dann muss man das aufpicken.« Dann sind sie mit ihm zu unserem Gasthaus, und dann hat er es dort aufpicken[aufkleben] müssen.

Carl von Braitenberg war bis zum Jahr 1928 bei der Handelskammer in Bozen angestellt, dann kam auch für ihn das Aus.

Carl von Braitenberg: Ich bin dann von den Faschisten quasi ins Exil geschickt worden. Sie haben mich nämlich nach Vercelli konfiniert [ausgewiesen], zur dortigen Handelskammer. Ich bin dann hinuntergefahren. In Vercelli hat kein Mensch gewusst, was mit mir anfangen, da habe ich überhaupt nichts tun können. Dann bin ich nach Rom gefahren und habe gebeten, dass sie diese Konfinierung [Ausweisung] rückgängig machen. Ich habe nämlich den Conte Vittorelli gekannt, der war eine Weile Vizepräfekt in Bozen, und bin zu dem ins Innenministerium gegangen, und der hat mir gesagt: »Ich kann gegen die Faschisten nichts machen. Die Faschisten haben Ihre Entfernung aus Bozen verlangt, aber ich rate Ihnen, demissionieren Sie einfach, lassen Sie sich pensionieren, lassen Sie sich ein ärztliches Zeugnis ausstellen und pensionieren.« Gut, ich habe ein ärztliches Zeugnis gekriegt wegen nervöser Überspannung und bin dann bei der Handelskammer in Pension gegangen.

Frei umgesprungen wurde von den faschistischen Machthabern nicht nur mit den Menschen im Lande, auch über deren Eigentum wurde nach Bedarf verfügt. Ganz besonders hart traf die faschistische Enteignungspolitik die Familie Widmann in Bozen. Sie war unglücklicherweise Eigentümerin jener Bereiche der Stadt, wo das neue, italienisch geprägte, Bozen entstehen sollte.

Franz Widmann: Der Besitz war damals vom Matteottiplatz rechts herauf bis auf die Höhe vom Sportplatz, rechter Seite, auf der ande-

ren Seite oben die Romstraße bis fast hinauf zur Drususstraße. Dann dahinter liegt die Vicenzastraße und nochmals Richtung Sportplatz ist die Florenzstraße, bis zu den INCIS-Häusern hinauf. Das waren fast zwölf Hektar. Das war das Gebiet, wo Italien eigentlich die ganze Entnationalisierungspolitik begonnen hat. Das heißt, ganz unten Richtung Kaiserau waren die ersten Gebäude, die Semirurali, die ländlichen Häuser, weiter oben dann die Volkswohnhäuser, die eigentlichen. Diese Zone ist uns einmal fast zur Gänze enteignet worden mit Preisen, die Spottpreise waren. Man hat keine Möglichkeiten gehabt, dagegen zu rekurrieren. Man hat auch in Bezug auf Preisfestlegungen da keinen Einfluss gehabt. Man hat annehmen müssen: Vogel friss oder stirb! Manchmal ist es passiert, dass sie im Herbst vor der Ernte gekommen sind und die Kulturen beseitigt haben. Gebaut haben sie dann aber erst im Februar, März, im kommenden Jahr. Das heißt, dass die Ernte total verloren gegangen ist, und wir nichts dagegen haben machen können.

Blick von der Haselburg bei Bozen

Die Obstwiesen im Grutzen vor ihrer Vernichtung

Zu den Schikanen dieser Art gesellten sich regelmäßig andere Eingriffe in das gesellschaftliche Leben der einheimischen Bevölkerung. Diesem Treiben war in besonderem Maße die deutsche Bevölkerung von Bozen ausgesetzt.

Emma Pfeifer Geiger: Mein Vater hat immer die Lederhosen getragen und seine weißen Stutzen an den Sonntagen und ist immer beim Lamplwirt perloggen gewesen. Einmal kommt er daher – wir haben in Gries draußen auf dem Schießstand gewohnt – klopft ans Zimmerfenster und ruft: »Lass mich hinein, lass mich hinein!« Und springt beim Zimmerfenster herein, zieht schnell die Lederhosen aus und die weißen Strümpfe, haut sie in meiner Bettstatt unter das Federbett hinein und wirft sich ins Bett hinein. Inzwischen hat es schon bei der Haustüre geklumpert [geklopft]. Da ist schon die Miliz da gewesen und hat ihn gesucht. Die haben drüben die Türe aufgestoßen und haben halt wieder einmal eine Razzia machen wollen. Ich bin ganz verängstigt in dem Bettl gelegen und mein Vater ist dann auf vom Bett: »Ja, was wollt ihr?« »Ja, ob er nicht da drüben gewesen ist?« Sagt er: »Wieso da drüben?« »Ja, wo er sein Gewand hat?« Sein Feiertaggewand ist noch auf dem Stuhl gelegen. »Ja«, sagt er, »da ist die schwarze Hose und der schwarze Rock vom Kirchengehen her noch.« Dann haben sie halt gehen müssen, ist halt nichts gewesen, aber halt, es ist schon eine ungute Zeit gewesen.

Schlimmere Folgen als diese hatte für den Vater und seinen Freundeskreis ein Zwischenfall, der sich am 2. November 1925 in Bozen zutrug.

Emma Pfeifer Geiger: Mein Vater wurde am 2. November 1925 von den Faschisten mit vielen anderen eingesperrt. Da hat ein Faschist eine Anzeige erstattet, dass bei der »Hofer-Kathl« in Quirein ein Treffen stattfindet und zwar von den Illegalen, den aufständischen Südtirolern, unterstützt von Nordtirolern. Bei der »Hofer-Kathl« ist eigentlich ein recht ein netter Treffpunkt von den sanges- und spielfreudigen Boznern und Griesern gewesen. Die haben sich dort getroffen, die »Hofer-Kathl« hat auf dem Klavier gespielt, sie ist ja eine hervorragende Sängerin gewesen auch, und die anderen haben alle natürlich gerne eingestimmt. Dort ist halt gesungen und musiziert worden. Und an dem besagten 2. November war mein Vater auch von der Partie, zusammen mit anderen Kollegen. Und auf einmal gehen die Türen auf, da kommen 10 bis 15 Männer herein mit Gewehren: »Hände hoch!« Alles, was da drinnen gesessen ist, hat müssen von den Stühlen aufspringen. Und sie sind alle gleich gefesselt worden. Dann haben sie der »Hofer-Kathl« das Haus drunter und drüber gestellt. Das Klavier haben sie ihr auseinander genommen. Sie hat es nie mehr benützen können nachher, und die Leute sind alle ins Gerichtsgefängnis heraufgekommen. Meine Mutter ist erstaunt gewesen, als ihr Mann am nächsten Tag in der Früh nicht da war. Er hätte müssen in Dienst gehen, weil er damals Maschinenschlosser von den Trambahnen war und damit einen gutbezahlten Posten in einem öffentlichen Betrieb gehabt hat. Die Mutter hat bald einmal erfahren, dass sie alle eingesperrt worden sind. Die Untersuchungshaft hat sich über 13 Monate hingezogen. Die Österreicher, die damals da waren, die sind abgeschoben worden, die haben nie mehr dürfen hereinkommen. Und die

Trambahn in Bozen

anderen sind dann das Jahr drauf im Dezember nach Verona zu einer Schwurgerichtsverhandlung gekommen, wo dann alle zusammen aus Mangel an Beweisen freigesprochen worden sind. Von dem Faschist hat man erfahren, dass er aus Bozen abgeschoben worden ist. Der ist nach Sardinien gekommen, anstatt dass der sich irgendeine Charge und eine Belobigung eingeholt hätte. Der hat weggehen müssen, weil sie draufgekommen sind, dass alles aus der Luft gegriffen war. Aber mein Vater hat seine Stelle verloren, er ist in keinen öffentlichen Dienst mehr aufgenommen worden. Dann haben ihn die Bozner Schützen, denen der Schießstand hinter dem Grieser Friedhof gehört hat, als Schießstandwart angestellt. Er hat sich dürfen eine kleine Werkstatt aufbauen, wo er dann als Waffenmeister gearbeitet hat. Und so hat er uns halt irgendwie weitergebracht.

Keinen Spaß verstanden die Ordnungskräfte, wenn das Ansehen des Duce oder die Sinnbilder der Nation nicht die gewünschte Würdigung gefunden hatten.

Ferdinand von Marsoner: Damals ist gerade der Abessinienkrieg gewesen, und da hat der Podestà tatsächlich auf etliche Häuser in Walburg mit einer Schablone ein Bild von Mussolini hinauf malen lassen und ein paar Tage danach ist das halt überstrichen gewesen bei uns, bei den anderen nicht. Ich habe schon geahnt, wer das gewesen ist, aber ich habe mich nicht weiters gekümmert. Da kommen ein paar Carabinieri und haben mir vorgeworfen, ich hätte es getan. Sie haben mich nach Pankraz ins Kastl [Gefängnis] hinaus geführt und dort unbedingt von mir hören wollen, ich sei es gewesen. »Nein, ich bin es nicht gewesen!« Dann: »Wer dann?« »Das kann ich nicht sagen!« Vielleicht hätte ich es sagen sollen, ich weiß es nicht. Ich habe halt gesagt: »Non posso dirlo!« [Ich kann es nicht sagen] Und dann haben sie mich halt eine Weile mit polizeilicher Methode behandelt, aber es hat nichts geholfen. Dann sind sie weg. Es hat nicht gar so lang gedauert und sie sind mit zwei jungen Burschen gekommen, einer war ein Bruder von mir und der andere war einer aus der Nachbarschaft. Die beiden haben dann zu mir gesagt, wie ich denn sagen kann, dass sie es gewesen wären. Dann habe ich halt gesagt: »A dire le bugie siete pronti, questo è la nuova cultura che ci avete portato?« [Lügen könnt ihr gut! Ist das die neue Kultur, die ihr uns gebracht habt?] Und das ist halt auch zu viel gewesen und dann haben sie uns hinausgeführt zum Kornplatz ins Hotel »Zum hölzernen Löffel« und dort eingeliefert. Und dann sind wir dort 14 Tage gewesen.

Benito Mussolini

Eine unerfreuliche Bekanntschaft mit den »neuen Herren« machte auch Maria Kerschbaumer.

Maria Kerschbaumer: Mir ist schon aufgefallen, wie ich über die Promenade in Meran hinauf bin, ja was sind denn da so viele Leute? Und wo der Pavillon ist, habe ich mich auf eine Bank gesetzt und habe halt das Ding ein bisschen betrachtet. Jetzt kommt dann die Musik und spielt die »Giovinezza« [Hymne der faschistischen Bewegung Italiens]. Habe ich auch nicht gewusst, was das ist. Und die sind alle aufgestanden, die Männer haben die Hüte herunter getan und ich bin halt sitzen geblieben. Kommen zwei Herren auf mich zu, Italiener. Was sie wollen, das habe ich schon verstanden. Ich soll aufstehen! Da habe ich gesagt, ich bin Österreicherin! Ob ich nicht weiß, was da heute los ist? Nein! Einer hat ziemlich gut Deutsch können und der hat es dann erklärt. Tut mir leid, ich habe es nicht gewusst. Ob ich einen Ausweis bei mir habe? Zum guten Glück habe ich den Pass bei mir gehabt. Sie haben hineingeschaut, etwas aufgeschrieben, was weiß ich nicht, habe mir aber gedacht, wenn ich da noch von der Promenade wegkomme, da werde ich so schnell nicht mehr hergehen!

Hans Pichler: 1938 war der Duce, also unser berühmter Mussolini, in Meran auf Besuch und da war auf dem Theaterplatz in Meran ein großer Aufmarsch an faschistischen Gruppen und Militärs, und ich stand da als Bauernbub mit den Händen in den Hosentaschen und habe zugeschaut. Da kommt ein Leutnant zu mir herüber und fragt, warum ich nicht grüße, und schon hatte ich eine Ohrfeige sitzen, sodass mein kleiner Hut zu Boden fiel.

Als Schikane wurde von den meisten Südtiroler Kindern und Jugendlichen wohl auch der Zwang, die faschistischen Uniformen zu tragen und den sogenannten »Sabato fascista«, den »Faschistischen Samstag«, mitzufeiern, empfunden, umso mehr, als auch von Seiten der Eltern die Abneigung gegen solche Forderungen bei den Kindern meistens auch gefördert wurde.

»Sabato fascista« – Faschistischer Samstag, eingeführt am 15. Juni 1938

Gottlieb Unterthiner: Etwas haben wir gleich mitgekriegt, nämlich dass die, welche die »tessera« [Parteiausweis] geholt hatten – das war die Mitgliedstessera [Mitgliedsausweis] der Jungfaschisten, der »Balilla« – allerhand Vorteile gehabt haben. Die haben zum Beispiel die Schulausspeisung umsonst bekommen. Dann den ganzen Schulbedarf, vom Bleistift bis zum Buch, haben sie unentgeltlich bekommen. Mein Vater hatte damals sieben Kinder, einen Pacht und sonst nichts, war aber natürlich als alter Kaiserjäger ein ganz strikter Gegner des Faschismus. Wenn ich zu Mittag den »minestrone« [Gemüsesuppe] gesehen habe, ist mir das Wasser im Mund zusammengeronnen, und so habe ich den Vater gebeten, ob ich mich nicht auch bei den

Die Gruppe der »Ballila«

Jungfaschisten einschreiben lassen kann. »Nein, nein, das kommt gar nicht in Frage!« Aber dann hat ein Freund von ihm, der war Gemeindeangestellter in Klausen, zu meinem Vater gesagt: »Lass ihn halt, das bringt dir keine Nachteile!« Ja, ja, nach langem Hin und Her hat der Vater also mir diese 5 Lire gegeben, die ich in drei, vier Raten abgestottert habe, um diese »tessera« kaufen zu können. Natürlich hat dann der Nachbarbub, der Jörgl, gesagt, wenn der »Liebl« [»Liebl« ist die Abkürzung für Gottlieb] das darf, dann muss er das auch dürfen. Und so war es auch. Ich bin heute noch klein und war damals sicher noch kleiner. Gott sei Dank, passte mir keine »Balilla«-Uniform, und so konnten wir wenigstens am »Sabato Fascista«, am Samstagnachmittag, in Zivilkleidung antreten, bis 1936 die sogenannte »Befana Fascista« gekommen ist und wir, auch ich und mein Nachbarkollege, in der Schule einen Karton bekommen haben. Mit großer Freude sind wir mit dem Karton nach Hause gestartet und auf halbem Weg haben wir den Karton natürlich aufgemacht. Was war drinnen? Eine »Balilla«-Uniform! Beide haben wir geweint, aber am Samstag mussten wir natürlich in »Balilla«-Uniform zum »Sabato Fascista« ausrücken.

Lois Declara: Man wollte uns Kinder unbedingt bei der »Balilla«, bei der faschistischen Partei, haben. Da mussten die Eltern einen Antrag stellen, mit dem sie verlangen, dass das Kind in die faschistische Partei aufgenommen wird, als »Balilla«. Und da hat sich mein Vater dagegen gestellt und hat gesagt, ich unterschreibe das nicht. Das Formular war ja schon von der Lehrerin ausgefüllt worden, die Eltern brauchten nur mehr zu unterschreiben. Gestoßen hat sich mein Vater deswegen daran, weil oben drauf »Istituzione Nazionale Italia Redenta« gestanden hat. Er hat gesagt: »Wir sind ja von niemandem erlöst worden, das unterschreibe ich nicht! Ich kenne keinen italienischen ›redentore‹ [Erlöser]!« Und dann musste ich in der Schule sagen, dass mein Vater das nicht unterschreibt. Ich habe dann schon gesagt, mein Vater unterschreibt das nicht, weil er es nicht versteht. Da ist die Lehrerin selbst ins Haus gekommen und wollte ihn aufklären und da hat er offen gesagt, dass er das nicht unterschreibt. Ein paar Tage danach ist dann der Segretario politico [politischer Parteisekretär] ins Haus gekommen und der hat schon ein bisschen gedroht. Mein Vater war sowieso schon ein bisschen schwarz angeschrieben bei den Faschisten, weil sein Bruder aus politischen Gründen einige Wochen eingesperrt war. Und da hat sich meine Mutter eingeschaltet: »Unterschreib doch, du weißt ja, wie das ist, die sperren dich ein und was machen wir dann?« Er hat zum Schluss doch unterschrieben. Und da hatten wir dann die faschistische »Balilla«-Uniform bekommen und mussten einmal in der Woche nach La Villa zum Exerzieren und Marschieren. Für uns Kinder war es ja interessant, wir haben es ja nicht mitgekriegt, aber vom Vater habe ich nie ein gutes Wort über Italiener gehört. Bei einer Kirchtagsfeier haben die Carabinieri den Frauen die Broschen vom Hals gerissen, weil da der Doppeladler drauf war. Solche Broschen mit dem Doppeladler waren bei der Tracht üblich. Und da hat der Bruder meines Vaters gesagt, dass sie das nicht machen dürfen. Er hat sich wahrscheinlich ein bisschen zu scharf ausgedrückt und ist dann ein paar Wochen eingesperrt worden. Und seitdem waren die Declaras bei den Faschisten schwarz angesehen.

Kurt Egartner: Ich bin neun Jahre alt gewesen und habe zur Mutter gesagt: »Ich muss morgen diese ›Balilla‹-Uniform anziehen!« Dann hat die Mutter gesagt: »Bub, diese walsche Huder [Tuch] ziehst mir nicht an. Wir sind Tiroler und unser Vaterland ist Österreich und wir gehören dahin und nicht hinunter nach Rom!«

Hanns Engl: Als ich in Bozen in die Volksschule kam, in die Wegensteinschule, die damals »Scuola San Filippo Neri« hieß, hatte ich zuerst eine Lehrerin, aber in den späteren Jahren, ab der dritten Klasse, hatte ich einen Lehrer und der hieß Besetti Carlo. Der erschien manchmal in der Schule in faschistischer Uniform, aber nur an besonderen faschistischen Gedenktagen. Bei solchen Anlässen mussten wir still sitzen und uns italienische und faschistische Diskurse und Reden anhören. Manchmal kam irgendein Funktionär der faschistischen Partei, und dann mussten wir alle in das Stiegenhaus, die ganze Schule musste sich im Stiegenhaus versammeln und der hat dann einen Vortrag gehalten. Verstanden habe ich gar nichts davon! Aber es wurde geschrien und immer geklatscht und alle mussten »Duce« schreien und so weiter. Das war halt ganz wichtig und da hat man

Stiegenhaus in der »San Filippo Neri« Schule in Bozen

dann halt automatisch mit geschrien. Ich wurde auch angehalten an den »Figli-della-Lupa«-Versammlungen teilzunehmen, aber ich hatte keine Uniform. Meine Eltern haben mir natürlich auch keine Uniform angeschafft und da habe ich zu Weihnachten, zur »Befana«, habe ich eine Uniform bekommen, die ich aber nie getragen habe. Ich habe mich auch immer mit einer Ausrede geschraubt, an diesem faschistischen »Sabato Fascista« nicht teilzunehmen.

Anton Sbasnik: Dann hat es nicht lange gedauert, dann hat es geheißen, »Balilla«, ein jeder muss zur »Balilla«. Und am Samstag ist »Sabato fascista« gewesen und da hat man müssen hinunter in die damalige GIL [Gioventù Italiana del Littorio]. Und dann hat man da so eine Uniform gehabt, und ich habe eine Tante gehabt in Bozen, die hat mir dann ein Kappl [Mütze] besorgt, ein schönes, mit einem Tschoggl drauf. Da hat es geheißen marschieren, Lieder lernen: »Giovinezza«, »Salve popolo d'eroi«, und das haben wir können müssen. Weil, wie wir Schulanfang gehabt haben, haben wir immer müssen in die Pfarrkirche herauf marschieren, die ganzen Klassen, die halt da gewesen sind. In Reih und Glied, nur war das umgekehrt wie in Deutschland. Bei den Deutschen sind die Großen voraus gekommen und beim italienischen Schulsystem sind die Kleinen vorausmarschiert. So war

Ausschnitt aus der faschistischen Hymne »Giovinezza«

die Einteilung. Danach ist man in die Schule. Im Frühjahr war das »Baumfest«, da sind gewisse Klassen ausgesucht worden, die haben Bäume setzen dürfen. Da hat es dann eine Aranciata [Orangensaft] gegeben und ein belegtes Brot. Das war damals schon etwas Besonderes.

Anton Chiusole: Am Samstagnachmittag ist immer die »adunata« [Versammlung] gewesen. Da haben wir alle marschieren müssen und ab und zu auch in Uniform. In der 2. Klasse habe ich dann sogar eine »Balilla«-Uniform gekriegt, von der Lehrerin: die grüne Hose, das schwarze Hemd und den Fez [Fes – schwarze Filzkappe] auf und diese Tücher herum da, und so sind wir halt zur »adunata« gegangen. Das hat stattgefunden in der Leonardo-da-Vinci-Straße in den Gemeindehäusern, da war mittendrin das »Fascio«-Haus.

Paul von Guggenberg: Das »Schwarzhemd« war ja das offizielle Kleid der Faschisten, das Schwarzhemd, die Kopfbedeckung, Fez genannt, war auch schwarz, und dann gab es schwarze Stiefel für die Funktionäre. Zwei meiner Onkels mussten Parteimitglieder des Faschismus werden. Das war nicht Opportunismus, das war die einzige Möglichkeit, den Betrieb im »Kurhaus von Guggenberg« in Brixen hier überhaupt weiterführen zu können, indem man mitgetan hat.

Raymund Öttl: Das war in der 8. Klasse Gymnasium, also schon kurz vor der Matura, und da musste die ganze Schule immer am Samstag im Hof marschieren und die Faschistenfahne grüßen, und da waren mehrere, die das nicht getan haben, darunter auch ich, und dann hat es geheißen, ihr könnt die Schule weiter besuchen, aber ihr kriegt kein Zeugnis mehr und könnt auch nicht zur Matura antreten. Einige sind »schwarz« [ohne Genehmigung] hinaus nach Innsbruck, die haben dort Verwandte gehabt und haben dort weiter gemacht, und für mich hat das keinen Zweck mehr gehabt, hinaus zu gehen, um zu studieren, weil meine Mutter gesagt hat, ich kriege sowieso die Pension »Burgund«, die im Besitz der Familie war, und soll mich deshalb richtig im Hotelfach ausbilden, und sie hat ja auch Hilfe gebraucht.

Gegen diese Zwangsmaßnahmen, Verbote, willkürlichen Eingriffe in die Privatsphäre und die vielen kleineren und größeren Schikanen, denen die Einheimischen fast täglich ausgesetzt waren, regte sich dann Anfang der 30er Jahre allmählich Widerstand.

Lothar von Sternbach: Die Jugendbewegung hat sich bis 1935 herum GJR genannt, Abkürzung für »Gaujugendrat«. Ich war Mitglied dieser ganzen Bewegung. Und dann hat sich der GJR VKS, »Völkischer Kampfring Südtirol«, genannt. Da machte sich dann der politische Einfluss auf den GJR, auf die Südtiroler Jugend, bemerk-

Schulungstagung der »Jugendbewegung« auf dem Salten mit Ignaz Zangerle (stehend) und Lothar von Sternbach (liegend mit genagelten Schuhen), 1929

bar. Das war von München aus, von der Parteizentrale aus so gewollt, auch durch junge Leute eigentlich, die sicher alle miteinander große Idealisten gewesen sind. Das muss man dazusagen, denn heute sieht man in dieser nationalgesinnten Jugend nur noch die bösen Nazis. Sie sind hineingerutscht, hineingestolpert, wie eigentlich das ganze deutsche Volk.

Jugendlager der »Bewegung« auf der Seiser Alm, 1930

Mädchengruppe der »Bewegung« im Jugendlager auf der Seiser Alm (im Bild 1.v.r.: Hansi Calligari verh. Melchiori; 2.v.r.: Friedl Pancheri; 6.v.r.: Luise Calligari), 1930

Der Völkische Kampfring Südtirol war ohne Zweifel nationalsozialistisch von München her, vom braunen Haus her, beeinflusst. Die andere, die eigentlichen Führung Südtirols, der »Deutsche Verband«, ist zustande gekommen, wie wir unter Italien gekommen sind. Damals waren drei politische Parteien in Südtirol: Die Christlich-Sozialen, die deutsch-nationalen Liberalen und die Sozialdemokraten. Die Sozialdemokraten haben sich an die italienische Sozialdemokratie angeschlossen und die Liberalen und die Christlich-Sozialen haben beschlossen, alle Parteiunterschiede fallen zu lassen und jetzt nur das Südtiroler Volk, die kleine Südtiroler Minderheit, dem mächtigen italienischen Staat gegenüber zu vertreten. Im Deutschen Verband war damals der führende Kopf der Michael Gamper, dann war noch der Dr. Tinzl, die Brüder Amonn, dann der Graf Toggenburg, mein Vater, Paul Sternbach und die Brüder Lageder. Es waren eine Hand voll Leute. Die haben wirklich vorbildlich gut gearbeitet. Der Beweis dafür sind die beiden Wahlen ins italienische Parlament, die wir im Jahre 1921 und im Jahre 1924 gehabt haben. Die sind wirklich gut geleitet gewesen. Das ist also ein Beweis dafür, dass der Deutsche

Verband wirklich eine gute politische Führung war. Und nun ist dieser Deutsche Verband, der natürlich aus reifen oder älteren Herren bestanden hat, mit der Jugend zusammengestoßen. Die Jugend war ehrgeizig, die Jugend hat gewusst, dass der Deutsche Verband, zwar nicht sehr viele, aber einige Stützgelder bekommen hat, besonders für die Geheimschule, für die Notschule oder Katakombenschule, wie sie auch genannt wird. An diesen Geldern wollte nun der VKS teilhaben. Und nun ist eine Spannung entstanden zwischen beiden, die zu einem Bruch geführt hat. Der Bruch war so krass, dass ich in der VKS-Führung nicht mehr Platz gehabt habe. Ich war natürlich durch meinen Vater, den ich für einen fähigeren Politiker gehalten habe als meine jugendlichen Kameraden, durch diesen Einfluss habe ich nicht mehr in den VKS hineingepasst. Sie haben mich hinausgeschmissen und ich bin auch gegangen. Es war so ein Hinausschmiss, von beiden Seiten eigentlich als natürlich angesehen.

Einen ähnlichen Weg wie Lothar von Sternbach beschritt dann auch Karl Mitterdorfer.

Karl Mitterdorfer: Es war wohl im Winter 1936/37, als in der Propstei in Bozen eine Vortragsserie über die Muttergottes angekündigt wurde, gehalten vom Prior der Abtei Maria-Laach, P. Hammenstede. Das interessierte mich. Nach einem dieser Abendvorträge wurde ich von einem geistlichen Herren angesprochen. Es war Josef Ferrari. Er sagte mir, dass es im Rahmen der sogenannten Katholischen Aktion eine deutsche Jugendorganisation gäbe, und lud mich ein, einmal einen dieser sogenannten Heimabende zu besuchen. Ich tat es, und dieser Abend gefiel mir so, dass ich mich dieser Organisation voll anschloss. Was hier geboten wurde, gefiel mir besser als das, was die nach der Saarabstimmung 1935 entstandene Studentengruppe bieten konnte, obwohl ich dort ganz ausgezeichnete Menschen kennengelernt hatte, denen ich auch weiterhin in guter Freundschaft verbunden blieb. In der neuen Gemeinschaft wurde auch sehr kritisch über den Nationalsozialismus diskutiert. Ich hatte den Eindruck, dass wir über den Nationalsozialismus besser Bescheid wussten als die meisten Deutschen, mit denen wir in Verbindung kamen. Diese Katholische Jugend war nach den

Ideen der deutschen Jugendbewegung aufgebaut, unserer Religion verbunden, im nationalen Bereich aber genauso eingestellt wie die andere Gruppe, so dass ich also unser nationales Anliegen nicht im Geringsten vermisste. In dieser katholischen Jugendbewegung war man in Gruppen eingeteilt, und jede Gruppe hatte einen Gruppenführer und wurde von Josef Ferrari und dessen geistlichen Gehilfen religiös betreut. Pepi Posch war der von uns allen bewunderte Jugendführer. Diese Heimabende waren etwas Wunderschönes, da wurden unsere deutschen Lieder gesungen, wurden interessante Texte gelesen, Spiele veranstaltet und es wurde viel diskutiert. Unsere Heime hatten wir an verschiedenen Orten in Bozen. Mit Pepi Posch, Toni Kaser und Aribo Ladurner bekam ich 1937 die Gelegenheit, in Altenberg im Bergischen Land, nicht weit von Düsseldorf entfernt, an Führungskursen der Deutschen Katholischen Jugend teilzunehmen. Ein Jahr danach wurden diese deutschen katholischen Jugendorganisationen vom Nationalsozialismus aufgehoben. Nun bekam auch ich eine Gruppe zugewiesen. Unser Heim war die »Statio ad Sabinam« irgendwo im Dorf. Auch wir mussten natürlich äußerst vorsichtig sein, obwohl die Katholische Aktion nach dem Konkordat offiziell genehmigt war.

Dem VKS war es bald gelungen, überall im Lande Fuß zu fassen und eine wirksame und durchschlagskräftige Organisation aufzubauen.

Josef Rössler: Wir hatten eine kleine Versammlung von Jugendlichen bei uns am Abend im großen Zimmer und diskutierten über allerlei Probleme. Plötzlich sagte mein Nachbar: »Jetzt wird es Zeit, du musst gehen!« Ich erwiderte: »Wieso denn? Ich bin ja da zu Hause!« »Ja, du musst gehen!« Also bin ich gegangen, bin aber neugierig geworden, was da los ist. Und horche. Da höre ich plötzlich: Still gestanden! Die Augen rechts! Augen gerade aus! Rührt euch! Donnerwetter, deutsche Kommandos! Nicht mehr österreichische, sondern richtig deutsche Kommandos. Still gestanden! Die Augen rechts! Und dann nicht »ruht«, sondern »rührt euch«. Merkwürdig. Und dann nach einigen Tagen sagten meine Brüder: »Du weißt ja eh, was da los ist! Mach kein Theater jetzt und tu mit!« Sage ich: »Gut, ich tu mit!« So bin ich aufgenommen worden. Und da war der Peter Hofer, der Landeskommandant dieser Bewegung, die eigentlich fast militä-

risch schon ausgerichtet war. »Volksgruppenführer« hat er geheißen, »Volksgruppenführer Peter Hofer«.
Und ich habe mich dann eingelebt, war dann Block- und Zellenleiter und habe mit dem Schorn Karl, der war mein, kann man sagen, Vorgesetzter, habe ich die »Fledermaus« organisiert. Die »Fledermaus« fliegt am Abend aus, überall hin, nach Meran, nach Bruneck, ins Unterland, überall hin, um die Verbindung mit der Zentrale aufrecht zu erhalten. Und da sind über 50 Autos in Bozen zusammengekommen, um den Dienst am Volk durchzuführen. Und da haben wir uns ganz genau an die Bestimmungen gehalten, einmal da, einmal dort sind die Wägen abgestellt worden und haben genaue Anweisungen bekommen.

Auf der Seiser Alm:

Peter Hofer (Mitte), Leiter des VKS

Lagerteilnehmerinnen

Willy Acherer: Beeindruckend war ja das Gelöbnis, das wir im Wald in der Nacht unter einem Feuer geleistet haben. Das war für uns, ich war damals erst 15 Jahre alt, wie ein Schwur, und hat uns eigentlich im ganzen Leben zusammengehalten.
Wir haben auch fest geworben und somit ist diese Jugendbewegung dann größer und stärker geworden, und wie ich dann 18 war, wurde mir die Führung der Jugend vom Kreis Brixen übergeben. Die Organisation war aber damals abhängig von Bozen, vom VKS in Bozen.

Alois Schönauer: Mein Bruder Josef, der war zwei Jahre älter als ich, hat im Johanneum in Dorf Tirol oben studiert und ist Geistlicher geworden, und der hat mir dann eine Karte geschrieben, dass mich ein gewisser Karl Nicolussi-Leck besuchen wird und dass ich mich ihm

anvertrauen soll. Und der hat mich dann in diesen Turnverein, den es in Bozen gegeben hat, dazumal, eingeführt. Da sind Kameraden gewesen, die sich einmal in der Woche getroffen haben. Dort habe ich das erste Mal die Katakombenschule besucht, damit ich deutsch lesen und schreiben lerne. Wir haben Lieder zu singen gelernt und die Kameradschaft gepflegt. Das war schon gut. Später hat es sich dann herausgestellt, dass diese Vereinigung die illegale Bewegung war in Südtirol.
Mein Vertrauensmann war der Lauggas Ferdl. Er hat mir im Unterdach [Dachboden] oben einen Raum angeboten, wo ich schlafen konnte. Und wie er dann gemerkt hat, dass es mir schlecht geht, hat er sechs Mittagsplätze gesucht: Am Montag bin ich beim Schmied Ander gewesen, der war Spengler in der Bindergasse, am Dienstag beim Herrn Vieider, der war ein Drechsler, der ist ausgewandert, am Mittwoch bin ich dann zum Lauggas Vater gegangen, am Donnerstag zum Herrn Biasion, der war Bankangestellter, am Freitag war ich bei der Rössler Mühle und am Samstag, da erinnere ich mich an den Namen nimmer.

Peter Hofer (l.) und Karl Nicolussi-Leck (r.)

Anfang der 30er Jahre begab sich Raymund Öttl mit einer Schar Gleichaltriger wieder einmal zum Skifahren in die Berge um Hafling, machte dort aber eine unliebsame Erfahrung:

Raymund Öttl: Da sind wir halt einmal hinauf auf den Kuhleiten. Oben sind wir eine Stunde in der Sonne gelegen, haben den Rucksack ausgepackt und haben etwas zu uns genommen, ein belegtes Brot oder so, und dann sind wir in die Kirchsteiger Alm hinunter. Da sind wir halt 30 Leute zusammengekommen und haben etwas getrunken – viel Geld haben wir ja nicht gehabt damals, aber wir waren fröhlich und haben Heimatlieder gesungen, auch Trutzlieder. Wir sind dann wieder hinunter, und unten beim Briefkastlbauern da kommt uns ein Bote von der Seilbahn entgegen. Der Herr Torggler, der war der Betriebsleiter von der Seilbahn, hat hinauftelefoniert zur Bergstation, man soll uns benachrichtigen, dass wir ja nicht mit der Seilbahn hinunter fahren, denn unten warten bereits zwei Lastautos mit Faschisten, die uns verhaften wollen. Dann haben wir uns aufgeteilt, einige sind kerzengerade hinunter, die anderen sind übern Grumser Bichl, andere ins Naiftal hinein und so ist niemand erwischt worden. Wir sind zwar zwei Carabinieri begegnet, und die haben gefragt, was wir tun. Wir haben gesagt, wir gehen zu Fuß hinunter, denn wir können uns die Seilbahn nicht leisten. Die haben ja nicht gewusst, was da los ist. Ja, und so sind wir alle gut hinuntergekommen.

Suspekt waren natürlich für die Ordnungshüter die damals üblichen Sonnwendfeiern im Juni auf den Bergen, zur Sommersonnenwende.

Wenn in der Sommersonnwendnacht das Feuer still verglimmt,

Raymund Öttl: Bei den Sonnwendfeiern haben die Carabinieri zwar überall hinaufgeschaut, aber die hat man von weitem gesehen mit ihren blauen Uniformen und den roten Streifen, und da waren die Hirten, die uns mit dem Bockhorn Signale gegeben haben, ob Gefahr besteht oder nicht. So viele Feuer, wie damals gemacht worden sind, sieht man heute nicht mehr, auf jeder Spitze war eines. Das ist sehr gut organisiert gewesen, jeder ist eingeteilt worden: immer drei, vier Burschen und Mädeln waren auch dabei. Rötelspitze, Tschigat, Zielspitze und Roteck, da sind sie überall hinauf. Das ist alles voll Feuer gewesen.

Richard Plattner aus Sterzing wurde, wie die meisten aus diesem Kreis, mit einer besonderen Aufgabe betraut.

Richard Plattner: Ich wurde von einem älteren Vetter kontaktiert und dann in die sogenannte illegale Organisation eingebaut. Meine Aufgabe und jene eines anderen Kameraden war die eines Polizisten. Wir mussten in die Wohnungen unserer Kameraden gehen, um zu untersuchen, ob da wohl keine Unterlagen zu finden wären und sie darauf aufmerksam machen, dass sie die Sachen ja gut verstecken, damit sie nicht geschnappt werden können. Das war eine meiner Aufgaben damals, die Kameraden zu schützen, die da führend waren, dass die nicht leichtfertig Sachen herumliegen lassen.

Michael Thomaser: Ich bin halt auch bei den Illegalen gewesen. Da hat es geheißen, ja, du musst Schuhplatteln lernen. Dann habe ich da mit 27 Jahren noch müssen eine Lederhose kaufen und habe müssen anfangen schuhplatteln und Volkstänze lernen. Wir haben müssen nach Brixen fahren und in Brixen waren auch die von Klausen, die Brixner selbst und wir Brunecker. Wir waren ganz da draußen in einem abgelegenen Ort, wo es halt sicher war. Und wir haben dann wieder müssen die Volkstänze nach Sand und nach Toblach weiter verbreiten.

Begräbnis von Karl Jammig in Bruneck, 1939

Da waren aber auch oft Briefe zu liefern nach Toblach oder Franzensfeste, dann haben sie zu mir gesagt: »Du bist ein guter Radfahrer, kannst du nicht mit diesen Briefen dahin oder dorthin fahren?« Da bin ich halt auf Nacht [am Abend] nach der Arbeit von Bruneck mit dem Rad nach Franzensfeste und nach Toblach gefahren und habe die Post abgegeben. Dann haben sie mich auch in den Sicherheitsdienst eingeteilt. Wenn Versammlungen waren, und die von Bozen gekommen sind, sind wir als Wache da gewesen.

Robert von Fioreschy: Ich bin als junger Mensch, und ich glaube, man kann auch sagen »sine ira et studio«, in der sogenannten illegalen Zeit tätig gewesen. Ich kann mich erinnern, ich war so irgendwie der Meldegänger zwischen Bozen und Salurn. Ich habe einige Kilometer heruntergeradelt. Für Buben ist natürlich auch etwas, wenn es geheim ist, in besonderer Weise attraktiv. Es ist abenteuerlich gewesen. Ich bin beteiligt gewesen am Abbrennen von Sonnwendfeuern und Herz-Jesu-Feuern und habe auch deshalb Hiebe bekommen von der damaligen Ordnungsmacht, was uns nur weiter bestärkt hat in unserem Credo.

Zwischen Unterdrückung und Widerstand

Südtirols Schule unter dem Liktorenbündel

Epicarmo Corbino

Für die Bevölkerung Südtirols, die sich bei Abschluss des Friedensvertrages von Saint Germain am 10. September 1919 aus etwa 195.000 deutschsprachigen Südtirolern, aus knapp 10.000 Ladinern und rund 27.000 Italienern zusammensetzte, war der Abschied vom Habsburgerreich zunächst einmal mit einem nahezu unbegreiflichen Wechsel in den altgewohnten Lebensumständen verbunden, die natürlich auch ganz besonders mit dem Schulwesen in Zusammenhang zu bringen waren. König Viktor Emanuel III. ging anfangs wohlweislich gegenüber der einheimischen Bevölkerung behutsam vor und gestattete sogar die Weiterführung der deutschen Schule. Es mussten lediglich zwei Stunden Italienischunterricht in den Stundenplan eingefügt werden. Den italienischen Kindern wurde nach einem Gesetz von Unterrichtsminister Epicarmo Corbino vom 28. August 1921 ein Recht auf den Besuch von italienischen Schulen zugesichert.

Bürger!

Am 13. Oktober wird sich S. M. der König über Bozen und Klausen, wohin Ihn Sein hochherziges Pflichtgefühl ruft, zum Brenner, an die von Gott bezeichnete Grenze Italiens, begeben.

Erhaben über den Parteien und ihren Zwistigkeiten, verkörpert

Viktor Emanuel III.

den Staat und das Gesetz, jenen Willen zur Ordnung, Eintracht und Stetigkeit, der das Wohl des Volkes begründet, jenes Volkes, dem Er immer ein hingebungsvoller und entschlossener Freund war, stets bereit, ihm im Unglücke und in der Erhebung zur Seite zu stehen.

Bürger!

In ganz Italien kennt und schätzt man die Ueberlieferungen der Rechtlichkeit und des Ordnungssinnes dieses Landes. Seht zu, daß es nicht anders wird!

In Bozen, Meran und Gossensaß und wo immer S. M. vorbeifährt, möge die Bevölkerung sich den Huldigungen der Behörden anschließen.

Möge S. M. von der Bevölkerung derartige Beweise der Treue und Herzlichkeit empfangen, daß Ihm unser Land stets in angenehmer Erinnerung bleiben werde.

Erwartet Ihn auf dem ganzen Wege, den Er nimmt! Er ist ja unser König durch die Gnade Gottes und den Willen des Volkes!

Bozen, 8. Oktober 1921.

Der Festausschuß.

Ferdinand von Marsoner: Im Herbst 1921 bin ich dann halt Schule gegangen, normal deutsche Schule. In der Fibel hat es geheißen: »Der Kaiser ist ein lieber Mann, er wohnt im schönen Wien, und wär' es nicht so weit von hier, so ging' ich heut' noch hin!«

Mit dem »Marsch auf Rom« und der darauf folgenden Ernennung von Benito Mussolini zum Ministerpräsidenten im Oktober 1922 wurden in Südtirol unverzüglich rigorose Italianisierungsmaßnahmen eingeleitet, die sich vor allem auf die deutsche Schule verheerend auswirken sollten.

Karl Seebacher: Ich kam im Jahr 1932 in Bozen in die 1. Klasse der Volksschule. In den ersten Jahren waren noch mehr deutsche Kinder in der Klasse als Italiener, und wir hatten eine sehr nette Lehrerin, die hieß Pia Fontana, war eine alte österreichische Lehrerin, und die hatte für uns einiges Verständnis, wenn auch da und dort einmal ein deutscher Ausdruck fiel. In den 4. und 5. Klassen dann hat sich das Ganze geändert. Die Italiener wurden mehr, wir waren eine kleine Minderheit und der Lehrer trug bereits die Faschistenuniform, wie es damals üblich war.

Silvius Magnago: Natürlich hat mich mein Vater in die deutsche Schule eingeschrieben, die es noch gegeben hat für einige Jahre unter der faschistischen Zeit. Ich habe somit die 1., die 2. und die 3. Klasse Volksschule alsdann in Deutsch machen können. Man hat aber dann meinen Vater gerufen, und hat ihm gesagt: »Ja, Sie werden als Staatsbeamter Ihre Kinder doch nicht weiterhin in die deutsche Schule schicken?« Nachdem für ihn eine Versetzung nach unten unmöglich gewesen wäre, auch weil meine Mutter kein Wort Italienisch konnte, hat mein Vater mich dann in die 4. Klasse der italienischen Volksschule geschickt. Das war die »Regina-Elena-Schule«.

Die »Regina-Elena-Schule« in Bozen

Giovanni Gentile

Durch die im Oktober 1923 verabschiedete »Lex Gentile«, ein Gesetzesdekret des damaligen Unterrichtsministers Giovanni Gentile, wurde festgelegt, dass der Unterricht in den Volksschulen nur in der Staatssprache, also in Italienisch erteilt werden dürfe. Auf Südtirol bezogen bedeutete dies, dass ab dem Schuljahr 1923/24 in den ersten Klassen der deutschen Volksschule nur mehr Italienisch als Unterrichtssprache zulässig war. Diese Bestimmung war am 3. November 1923 in Bozen Anlass für eine Kundgebung von streitbaren Frauen.

Josef Rössler: Da ist die Tante Liesi, die ja so aktiv war, in Erscheinung getreten und hat die Bozner Frauen organisiert. Und die haben sich in alle Kirchen verteilt, die Pfarrkirche, die Dominikanerkirche, die Jesuitenkirche, und sind von dort konzentriert auf die Raingasse zugegangen. Die ganze Raingasse ist mit Bozner Frauen angefüllt gewesen, die vor der italienischen Präfektur protestiert haben und laut gerufen haben: »Wir wollen die deutsche Schule, wir wollen die deutsche Schule!«

Das Gentile-Gesetz sah die völlige Italianisierung der deutschen Schule vor; sie sollte stufenweise erfolgen und mit dem Jahre 1931 abgeschlossen sein.

Widerstand gegen diese Maßnahmen kam allerorts auf und wurde auch in den Schulen geleistet, nicht zuletzt hervorgerufen durch das Fremdartige, das sich in den Klassenzimmern breit machte und häufig auch vom Elternhaus abgelehnt wurde. Zudem gab es zwischen den Schülern und ihren italienischen Lehrpersonen anfänglich große Verständigungsschwierigkeiten, die natürlich zu Hause nicht verborgen bleiben konnten.

Mathias Ladurner-Parthanes: Dann habe ich zur Mutter gesagt: »Die Lehrerin hat alleweil von einem Kilosackl geredet!« »Ja, Kilosackl, Kilosackl«, hat die Mutter gesagt, »wieso Kilosackl?« Da sind wir aber draufgekommen, dass die Lehrerin gefragt hat: »Chi lo sà?« Und das »Chi lo sà?« habe ich natürlich nicht verstanden und das hat mir so geklungen wie Kilosackl.

Sieglinde Oberbacher: Die Lehrerin hat uns vom Pinocchio erzählt, und da bin ich heimgekommen und habe meinem Papa auf Italienisch diese Geschichte erzählt, soweit die Lehrerin sie vorgetragen hatte, und wie ich fertig hatte, sagte ich: »Papa, was heißt denn des?« Also, kann man sehen, dass ein Kind ein unheimliches Gedächtnis hat, viel aufnimmt, aber dass das Aufnehmen und Wiedergeben absolut nicht konform ist mit dem Verstehen. Ich habe nicht verstanden, was ich erzählt habe.

Neben solchen eher kuriosen Geschichten kam es aber immer wieder zu beleidigenden Äußerungen faschistischer Lehrpersonen.

Antonia Perkmann Stricker: Eine Lehrerin hat uns furchtbare Übernamen gegeben. Wir sind die »Crucchi« und die »Stupidi« und die »Ostrogoti« und alles Mögliche gewesen, also mit der sind wir schon gar nicht gut zu fahren gekommen. Die ist von Parma gewesen.

Der Widerstand der Schüler gegen die Willkür italienischer Lehrpersonen hatte in einigen Fällen sogar ein gerichtliches Nachspiel.

Anna Schwarz: Wir hatten Lehrer, die oft keine Lehrer waren. Sie kamen aus dem südlichsten Süden, sie haben uns nicht verstanden, wir haben sie nicht verstanden. Das Thema war hauptsächlich »Marschieren« und »Singen«, und wer nicht bei der Partei war, bekam dauernd die Schläge. Vielfach mussten wir das Lied »Giovinezza, primavera« singen. Wir sangen aber »Giovinezza, Hosenfetza« und dann wurden wir angezeigt, dann kamen Richter aus Bozen, die uns verhörten. Die Buben bekamen keine Abschlusszeugnisse, weil sie eben das Lied so schlecht gesungen hatten. Mit diesen Abschlusszeugnissen der 4. Klassen, sie bekamen nicht das der 5. Klasse, konnten sie dann später nie mehr eine öffentliche Arbeit übernehmen.

Gelegentlich kam es sogar zu Handgreiflichkeiten von Seiten nationalistischer Lehrer, wie es ein Vorfall in der »San-Filippo-Neri-Schule«, der heutigen Weggensteinschule deutlich macht.

Hans Veneri: Mich hat halt einmal dieser »Fiduciario del Partito Nazionale Fascista« Giuseppe Giusti, so hieß er, der die Aufgabe hatte, diese Schulen und die Lehrer zu kontrollieren, der hatte mich in der Pause erwischt, wie ich einmal zwei Worte auf Deutsch gesprochen hatte. Mein Bankkollege, der Hans Lutz aus Steinegg, der hatte ein Butterbrot als Jause und ich hatte nur einen Apfel, und weil ich ihn so schlicht gefragt habe: »Ist's gut?«, und nur wegen dieser beiden deutschen Wörter, hat mich dieser »Fiduciario del Partito Nazionale Fascista« so zusammengeschlagen, dass ich ohnmächtig war und ins Krankenhaus gekommen bin.

Obwohl solche Tätlichkeiten nur von einigen übereifrigen Faschisten ausgingen, waren die italienischen Lehrer aber dennoch im Allgemeinen sehr darauf bedacht, dass in der Schule kein deutsches Wort gesprochen wurde.

Silvius Magnago: Ich kann mich gut erinnern, wie im Gymnasium in Bozen, wenn man zehn Minuten zwischen einer Stunde und der nächsten in den Gängen lustwandeln konnte, oft Professoren mitgegangen sind, um zu hören, ob wir ja nicht deutsch reden. So weit ist es gegangen. Wir haben müssen aufs Klo gehen, weil sie da nicht nachgegangen sind, um deutsch reden zu können.

Das Verhältnis zwischen den Schülern und ihren italienischen Lehrpersonen war aber durchaus nicht immer gestört.

Antonia Perkmann Stricker: Ich muss mich heute oft noch wundern, wie die Lehrerinnen getan haben, so weit auf dem Berg oben, auf fast 1700 Metern Meereshöhe, in einem alten Bauernhaus ohne Strom, ohne elektrisches Licht, das Klo ein Plumpsklo außerhalb vom Haus und kein Wasser im Haus. Sie haben mit Kübeln doch ein Stück zum Brunnen gehen müssen, Wasser zu holen.

Helene Stragenegg: Aber ich muss schon sagen, dass die italienischen Lehrpersonen auch ganz große Arbeit geleistet haben: Sie sind von vielen Eltern angefeindet worden und haben nicht ihre Mitarbeit gehabt. Man muss wissen, dass sie vom Süden heraufgekommen sind und ganz andere Lebensgewohnheiten hatten, und sie haben die Sprache auch nicht gekonnt. Was diese Leute auch mitgemacht haben, muss man schon anerkennen. Und viele waren ganz gute Lehrpersonen.

Viele von ihnen freundeten sich auch mit den örtlichen Gegebenheiten an und lehnten sie durchaus nicht von vornherein als fremdartig ab.

Hans Staffler: Wir hatten einen Trienter Lehrer und der hieß Pedrotti und der war uns Deutschen gut gesinnt, seltsamerweise, und da haben wir sehr davon profitiert. Wir mussten, damit die Lehrer die deutschen Verhältnisse kennen lernen, täglich den sogenannten »Diario« [Tagebuch] schreiben.

Die italienischen Lehrpersonen kamen aus allen Teilen Italiens nach Südtirol, weil sie in der neuen Provinz Arbeitsstellen zugesprochen bekamen, die durch die Entlassung des deutschen Lehrpersonals frei geworden waren. Diese zugewanderten Schulleute hatten aber oft keine Ahnung, was sie am neuen Arbeitsplatz erwartete, und hatten oft große Schwierigkeiten, mit den für sie unwirtlichen Lebensumständen in den Südtiroler Bergdörfern zurecht zu kommen. Adele Zamai aus Bologna ist mehr durch Zufall als durch eigenen Willen nach Südtirol gekommen. Gleich bei ihrer Ankunft in Sand in Taufers erlebte sie schon eine Überraschung, indem sie mit einem Pferdeschlitten im Winter ins 28 Kilometer entfernte Lappach gefahren wurde.

Adele Calzolari Zamai: Non sapevo una parola di tedesco, perché noi nell'Istituto avevamo imparato il francese, e lo parlavamo anche discretamente. Non avevamo difficoltà. E invece di tedesco neanche una parola. Non sapevo la storia, e per me era tutto nuovo, molto, molto nuovo. Per me è anche stato un problema, come si poteva fare a insegnare ai bambini una lingua che loro non conoscevano affatto. [Ich sprach kein deutsches Wort. In unserer Lehrerbildungsanstalt lernte ich bloß etwas Französisch, aber kein Wort Deutsch. Ich kannte auch nicht die Geschichte des Landes, es war einfach alles neu. Für mich war es auch ein Problem, wie ich Kindern eine Sprache beibringen sollte, von der sie keine Ahnung hatten.]

Nach einem Jahr in völliger Abgeschiedenheit in Lappach kam sie nach St. Johann. Mit viel Einfühlungsvermögen und Fleiß gewann sie dort schon bald die Anerkennung und die Zuneigung der Dorfbewohner.

Schüler in der Volksschule St. Johann im Ahrntal

Adele Calzolari Zamai: Io mi sono sempre sentita molto, molto vicina a questa gente, tanto, tanto, tanto. Gente così buona che mi invitava in casa e ho mangiato la mosa insieme ai contadini, ho mangiato il Weizenmus, non so, se voi sapete cos'è, una crema eccellente, mi hanno invitata il giorno del compleanno, non so come facessero a saperlo, mi portavano la torta, e quindi, cosa potevo desiderare di più. [Ich habe mich diesen Leuten immer sehr verbunden gefühlt. Diese herzensguten Menschen haben mich zu sich nach Hause eingeladen, und ich habe mit ihnen das Weizenmus gegessen. Und zu meinem Geburtstag haben sie mir eine Torte gebracht. Ich konnte mir von ihnen wirklich nicht mehr erwarten.]

Nach fünf Jahren Schuldienst im Ahrntal kam dann der Wechsel nach Burgstall, in eine völlig andere Welt.

Schüler in der Volksschule in Burgstall

Adele Calzolari Zamai: E sono arrivata in un paese dove cerano molti, molti Italiani, anzi, forse penso l'80 per cento erano Italiani, però non mi sono trovata altrettanto bene.
[Ich kam in ein Dorf, wo sehr viele Italiener wohnten, ich glaube, es waren 80 Prozent Italiener, aber ich habe mich dort nicht in gleichem Maße wohlgefühlt.]

Bei Eltern und Schülern gleichermaßen verpönt war, wie gesagt, der »Sabato fascista«.

Hans Veneri: Dieser »Sabato fascista«, das war dann so: Man war verpflichtet, an diesem teilzunehmen, und der fand immer am Samstagnachmittag statt. Der Schulunterricht war ja Vormittag und Nachmittag, und am Samstag musste man dann in der »Balilla«-Uniform in die Schule kommen, und wenn man nicht mit der »Balilla«-Uniform in die Schule kam, haben sie einen einfach wieder heimgeschickt, als unentschuldigt abwesend.

Karl Seebacher: Ich weigerte mich immer, die »Balilla«-Uniform zu kaufen und sagte in der Klasse, dass mein Vater »disoccupato« [arbeitslos] sei, und ich war eigentlich einer der wenigen, der das sagen konnte, weil die italienischen Kinder ja alle einen Vater hatten, der Beamter, Arbeiter oder Offizier war. Und dann bekam ich die Uniform geschenkt, im Rahmen einer »Befana«-Feier wurde sie mir feierlich überreicht, und damit hatte ich gar keine große Freude.

Michael Gamper

Um dem drohenden Verfall der deutschen Sprache und Kultur in Südtirol entgegenzuwirken, wurde überall im Lande unter der Leitung von Kanonikus Michael Gamper im Jahre 1925 ein Netz von Geheimschulen errichtet mit dem Ziel, den Kindern die Grundkenntnisse der deutschen Sprache zu vermitteln. Das Land wurde in drei Bezirke eingeteilt, für die jeweils eine Person zuständig war. Für den Bereich Vinschgau und Burggrafenamt war Rudolf Mali verantwortlich, das Gebiet zwischen Salurn und Klausen betreute Maria Nicolussi und das nördliche Eisacktal und das Pustertal der Lehrer Richard Holzeis.

Anna Schwarz: Kanonikus Gamper sagte: »Wenn wir schon öffentlich nicht mehr den Deutschunterricht haben dürfen, so machen wir es wie die ersten Christen, dann gehen wir in den Untergrund, gehen wir in den Keller, gehen wir in die Katakomben. Und so erhielten wir, die wir heimlich unterrichteten, den Namen »Katakombenlehrer«.

Seine »Katakombenschule« leitete Kanonikus Michael Gamper vom Marieninternat in Bozen aus, wo er im Schutz der von den Terziarschwestern geführten Klinik einigermaßen gefahrlos seine Vorkehrungen treffen konnte.

Maria Nicolussi

Ein großes Problem stellte der Mangel an Lehrkräften dar. Bereits im Jahre 1924 war die deutsche Lehrerbildungsanstalt in Bozen aufgelöst worden, zudem waren die deutschen Lehrer, die im Schuldienst bleiben wollten, in die alten Provinzen abgeschoben worden und standen daher nicht mehr zur Verfügung. So wurden unter der Leitung von Maria Nicolussi erstmals schon im Sommer 1925 unter strengster Geheimhaltung Kurse für 24 junge Mädchen abgehalten, um die ärgsten Lücken zu schließen. Im darauffolgenden Sommer wurde aus Sicherheitsgründen ein weiterer Lehrgang nach Grado an der Adria verlegt.

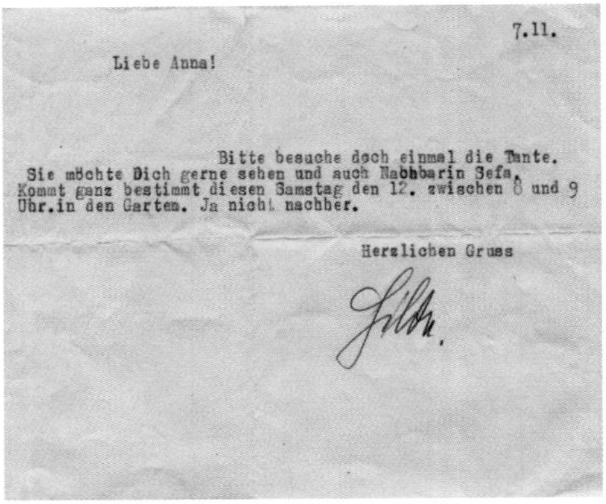

7.11.

Liebe Anna!

Bitte besuche doch einmal die Tante. Sie möchte Dich gerne sehen und auch Nabbbarin Sefa. Kommt ganz bestimmt diesen Samstag den 12. zwischen 8 und 9 Uhr.in den Garten. Ja nicht nachher.

Herzlichen Gruss

Hilde.

Ausbildungskurs für Notschullehrerinnen in Grado, 1926

Maria Sölder: Da war noch die Frau Maria Nicolussi mit, die Frau Dr. Gertrud Willidal und der Kanonikus Gamper, der uns über die Notwendigkeiten dieser Schule auch aufgeklärt hat. Das waren sechs bis sieben Wochen und dann war das aus, und wir haben – es ist inzwischen Herbst geworden – angefangen zu arbeiten.

Regelmäßige Lehrgänge fanden in Bozen zuerst im Marieninternat und dann im sogenannten »Gartenzimmer« des Terziarinnenklosters statt.

Hilde Nicolussi: In diesem Terziarinnenkloster gegenüber von den Franziskanern in der Franziskanergasse habe ich diese Schule besucht, die sehr streng war, muss ich sagen, und da sind die Mädchen vom Land gekommen und sind alle sozusagen als Klosteraspirantinnen gemeldet gewesen.

Anna Schwarz: Wenn wir Kurse hatten und dort blieben, hatten wir hinter den Vorhängen drin unsere Betten und draußen stand ein ganz, ganz großer Kachelofen, der gab ein bisschen Wärme, und rund um den Ofen herum waren die Tische und die Stühle, wo uns dann eine Klosterfrau, eine Lehrschwester, unterrichtete.

Außer im Bozner Terziarinnenkloster wurden Einführungs- oder Weiterbildungskurse auch in anderen Ortschaften in Südtirol abgehalten.

Helene Stragenegg: Die Kurse sind unter dem Schutz und unter der Führung von der Frau Maria Nicolussi gestanden, und der Inspektor Holzknecht war da auch. Die haben uns betreut, und in Milland war eine Lehrerin Sturm. Und im Frühjahr 1939 bin ich herausgekommen und habe gleich bei den Nachbarbuben ein bisschen unterrichten können.

Sr. Sieglinde Tasser: Dann hat es geheißen, es ist ein Kurs für die heimlichen Lehrerinnen und zwar in der Nähe von Oberwielenbach. Der Bauernhof hat »Edenhof« geheißen, und dort habe ich dürfen eine Woche mittun, und das hat mich sehr, sehr gefreut.

Nach kurzer Vorbereitung begaben sich dann die Notschullehrerinnen – Lehrer gab es nur wenige – in ihre Heimatorte und versuchten, ihrer schwierigen und auch gefährlichen Aufgabe nachzukommen.

Anna Schwarz: Wenn dann Winter war, nahm ich den Schlitten, versteckte in der Kleidung die Zettel, die wir als Vorbereitung vom »Gartenzimmer« erhalten hatten und verschwand so im entlegensten Bauernhof, lernte mit den Kindern das, was man auf den Zetteln hatte und dann nahm ich den Schlitten und fuhr wieder heim.

Hilde Nicolussi: In der Stadt war es nicht schlimm, aber die am Land haben sehr aufpassen müssen. Die sind ja auch in Ställen und Stadeln gewesen, weil die Carabinieri wirklich nachgeschnüffelt haben.

Wurden die Notschullehrerinnen beim Unterrichten entdeckt, so drohten ihnen schwerste Strafen. Die Kurtatscher Lehrerin Angela Nicoletti starb an den Folgen ihrer Inhaftierung, der Salurner Rechtsanwalt Dr. Josef Noldin wurde Opfer seiner Verbannung auf die Insel Lipari. Mit der Androhung der Verbannung auf die Inseln versuchten die faschistischen Behörden die verdächtigen Notschullehrerinnen einzuschüchtern und sie vom geheimen Unterricht abzuhalten. So mancher Polizist versuchte sogar bei Minderjährigen sein Glück.

Angela Nicoletti

Josef Noldin

Maria Sölder: Er hat mir angeboten, er kann mich auf die Liparischen Insel verschicken, er kann mir, ich weiß nicht, was noch alles antun, und ich habe ihn immer reden lassen, und zum Schluss habe ich gesagt: »Das geht nicht!« Dann hat er gesagt: »Wieso?« »Weil ich minderjährig bin. Sie können nicht Kinder in die Verbannung schicken, das geht nicht!« Dann hat er zum Schluss gesagt: »Aspettiamo!« Er wollte nur warten, bis ich volljährig bin, und dann könnte er mir alles antun, was er jetzt gesagt hat. »Nein«, habe ich gesagt, »das können sie nicht, weil so bösartig sind Sie gar nicht.«

Aufgespürt wurden die Notschullehrerinnen durch Zuträger aus den Reihen der italienischen Zuwanderer, aber auch aus den eigenen Reihen kamen ab und zu Hinweise an die faschistische Miliz.

Anna Schwarz: Verräter hat es ja immer gegeben. Es waren Familien, wo zehn und mehr Kinder waren, die waren so in Not, und wenn sie zur Partei gingen oder Anzeige machten, dann bekamen sie vielleicht 100 Lire, und wenn man denkt, mit 85 Lire hat man 100 Kilo Musmehl gekauft.

MUTTERSPRACHE, MUTTERLAUT – WIE SO WONNESAM, SO TRAUT

EHREN-URKUNDE

In der Zeit des Verbotes deutscher Schulen (1923–40) in Südtirol hat

ANNA SCHWARZ

im Rahmen der Notschule deutschen Unterricht an Schulkinder erteilt und sich dadurch den immerwährenden Dank der Heimat verdient.

DER LANDESRAT

DER LANDESHAUPTMANN

BOZEN, IM APRIL 1978

Weitaus häufiger kamen die Hinweise aus dem italienischen Bevölkerungsteil, wie etwa in Luttach im Ahrntal, wo ein italienischer Straßenarbeiter mit allen Mitteln versuchte, der Katakombenlehrerin Erna Seeber auf die Spur zu kommen.

Erna Seeber Brunner: Dann sagt die Bäuerin: »Ja, heute sitzt der Straßner [Straßenarbeiter] da bei uns in der Stube! Der ist sonst bei uns gar nie hereingegangen. Hat er dich etwa gesehen?« Dann habe ich gesagt: »Ich weiß nicht, möglich.« Und dann ist der gesessen in der Stube. Die Kinder hätten müssen durch die Stube herausgehen, weil das das hintere Stübele war, und der ist gesessen und gesessen und Nacht ist geworden und wir haben da hinten drinnen gezittert: »Jetzt kommen wir nicht mehr heim.« Dann ist die Hoferin, die Bäuerin, immer wieder hinein: »Ich weiß nicht, was ich tun muss, dass der geht«, hat sie gesagt. Der hat uns da bei der Sache einfach ertappen wollen.

Nicht zuletzt wegen dieser ständigen Gefahr war der Besuch der Notschule auch für die Kinder immer eine ernste Herausforderung.

Karl Seebacher: Die Katakombenschule funktionierte so, dass wir zur Lehrerin gingen oder in das Haus, wo der Unterricht geplant war, und es wurde uns immer sehr, sehr streng aufgetragen, ja nichts zu melden, nichts zu sagen, und wir sollten uns auch nicht in der Schule verraten, was oftmals schwer war, da man ja die beiden Rechtschreibungen durcheinander brachte, und wenn ein Lehrer wirklich aufsässig war, konnte er in der Schule die Südtiroler Kinder, die einen Parallelunterricht hatten, leicht herausfinden.

Unter äußerster Geheimhaltung wurde der Notschulunterricht auch im Gurschlerhaus, im Zentrum von Schlanders, abgehalten.

Gasthaus zum Goldenen Stern-Post, vulgo »Gurschlerhaus« in Schlanders (links)

Frieda Schuster Oberegelsbacher: Wir waren zu acht oder zu zehnt, weiß ich nicht mehr genau, und haben nicht alle unten beim Haupttor hineingehen dürfen, wo der Haupteingang ist, sondern da haben nur zwei hineingehen dürfen, die nächsten zwei haben durch die Hinterseite in den Hof hinein und durch den Hof hinauf müssen. Die Katakombenlehrerin hat eine Küche gehabt, eine schmale lange Küche mit einem langen Tisch, und da sind wir gesessen, haben Tafelen zum Schreiben gehabt, und ein Buch hat sie auch gehabt, so eine Art Fibel, Schwarz-Weiß-Fibel, und schon andere Bücher auch. Und die hat uns dann richtig Schule gehalten.

Mathias Ladurner-Parthanes: Wir haben keine Schulhefte und nichts mitnehmen dürfen, damit, wenn uns jemand gesehen hätte, niemand in Verdacht geraten wäre, dass wir da Deutschunterricht machen. Das ist dann einige Jahre so gegangen. Der Lehrer Hilber hat uns auch die alte deutsche Schrift beigebracht. Und dann ist es so kritisch geworden, dass der sich nicht mehr getraut hat. Und dann ist er einmal die Woche zu uns her gekommen und hat bei uns in der Stube Deutsch unterrichtet.

Eine große Bedeutung für die Pflege der deutschen Sprache in der Zeit des Faschismus in Südtirol hatte die Pfarrschule.

Hilde Nicolussi: Als die Kinder in der italienischen Schule italienischen Religionsunterricht kriegen sollten, haben sich natürlich die Geistlichkeit und die Eltern gewehrt, und dann ist die Pfarrschule gegründet worden.

Helene Stragenegg: Wir haben den Religionsunterricht nach den Schulstunden gehabt, und den hat eben der Pfarrer und der jeweilige Kooperator gehalten. Der Katechismus und die Bibel, die wir durchgemacht haben, sind deutsch gewesen.

Eine Änderung im Schulwesen Südtirols wurde durch das Berliner Abkommen vom 23. Juni 1939 ausgelöst. Als Folge dieses »Optionsabkommens« wurde Ende Jänner 1940 zwischen den deutschen Stellen und dem italienischen Schulamt in Bozen die

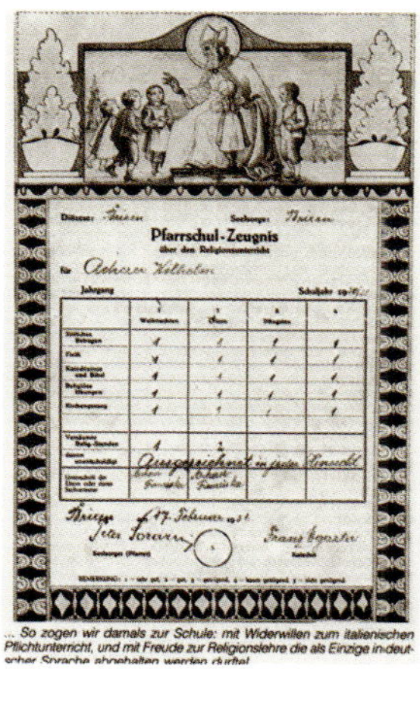
Pfarrschul-Zeugnis

... So zogen wir damals zur Schule: mit Widerwillen zum italienischen Pflichtunterricht, und mit Freude zur Religionslehre die als Einzige in deutscher Sprache abgehalten werden durfte!

Helene Stragenegg (l.v.l.) vor der Pfarrschule in Niederdorf, 1931/32

Errichtung von deutschen Sprachkursen für die Optantenkinder vereinbart.

Helene Stragenegg: Wir haben am Nachmittag bei zwei Turnussen zu je zwei Stunden die Deutschen Sprachkurse gehalten. Wir haben nur Deutsch, nicht aber Rechnen, Geschichte und Geographie unterrichten dürfen.

Hilfslehrerkurs in Bad Maistatt bei Niederdorf, 1940

Vom Besuch der deutschen Sprachkurse waren aber die Kinder von Dableibern ausgeschlossen, und auch bereits ausgeschulte Kinder durften nicht daran teilnehmen. Dieses Verbot wurde aber nicht von allen Lehrern ernst genommen, und so wurden für nicht mehr schulpflichtige Optantenkinder hier und dort entsprechende Abendkurse angeboten, die aber gelegentlich die Carabinieri auf den Plan riefen.

Ferdinand von Marsoner: Ende Februar klopft es an die Tür. Da sind damals zufällig die Buben an der Reihe gewesen. Ja, halt ein paar Carabinieri wären da draußen! Die kamen herein und fragten mich, was wir da tun? »Halt etwas lernen, tun wir«, meinte ich. Ja, ob wir halt eine Bewilligung haben? Ich antwortete: »Ja, jetzt zum Lernen wird man doch keine Bewilligung brauchen. Wir tun niemandem etwas.«

Abendschüler auf dem Larcherberg in Ulten im Jahr 1942 mit ihrem Lehrer Ferdinand von Marsoner

Für den Lehrer bedeutete eine solche Zuwiderhandlung die Versetzung oder die Enthebung vom Dienst. Für den Schüler war es eine verpasste Gelegenheit, im letzten Augenblick den Verlust der Schule notdürftig wettzumachen.

Engelbert Stricker: Wir sind so weit gewesen, dass wir das Deutsche, das wir am Anfang gelernt haben, vergessen haben, und das Italienische hat man nicht gelernt, weil man es nicht hat lernen wollen. Dann war das halt so, dass, wenn du eingerückt bist, nicht einmal heim schreiben hast können.

Ein besonderes Schicksal hatten die Fersentaler erfahren. Die Bewohner der deutschen Sprachinsel im Suganer Tal hatten zum Großteil für Deutschland optiert, und so wurden die Deutschen Sprachkurse auch auf die Fersentaler ausgedehnt. Im Jahr 1944 wurde Maria Prosser von Oberau als Lehrerin dorthin versetzt.

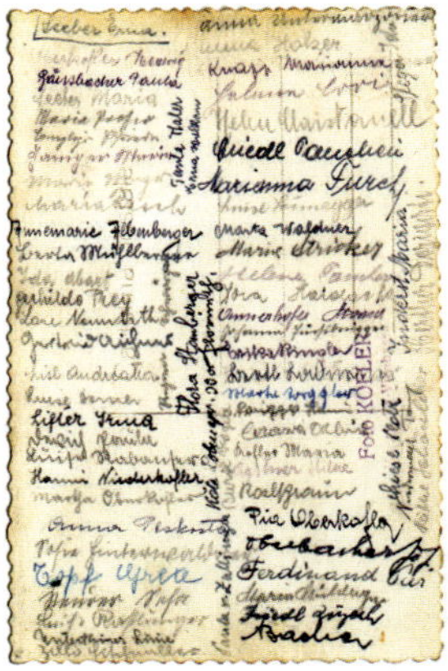

Maria Prosser Egger: Da bin ich dann mit dem Herrn Toni Mayr hinuntergekommen. Die deutschen Fersentaler haben auch optieren können, und der Herr Mayr hat da unten diese Abwanderung anscheinend in der Hand gehabt, und der ist jedenfalls mit mir hinuntergefahren.
Seit dem Jahre 1922 war keine deutsche Schule mehr. Meine Aufgabe war, die deutsche Schule im Fersental wieder aufzubauen. Jetzt sind wir also da hingekommen ins Fersental. Es ist keine Autostraße hineingegangen. Wir sind dann hinein nach St. Felix und haben da einmal geschaut in die Wohnungen, in die ich hätte kommen sollen. Jetzt sind wir da hinein in den oberen Stock und dann war so ein Getöse, dass ich gemeint habe, es wäre eine Bombardierung, und stattdessen waren es die Kinder, die unten in die Schule hineingegangen sind. Die haben alle so Knospen [Holzschuhe] angehabt mit Eisen beschlagen, und das hat so einen Lärm gemacht. Am Tag vorher hat eine Razzia stattgefunden. Da haben deutsche Soldaten in den einzelnen Höfen geschaut, wer da nicht mehr eingerückt ist. Da haben die Leute gleich

gefürchtet, dass ich jetzt die Kinder etwas unterschreiben lasse, dass sie auswandern müssen. Also, die waren sehr misstrauisch.
Jetzt sind wir also in dieses Schulhaus hineingegangen – es war der 15. März – und da ist mir schon gleich aufgefallen, dass beim Hineingehen quer übern Gang ein Holzprügel gelegen ist. Der ist in den Ofen, der im Schulzimmer war, hineingestoßen worden, und da ist dann immer wieder jemand herausgegangen und hat den weitergeschoben, und so ist geheizt worden. Im Schulzimmer selber waren zum Teil zerbrochene Fensterscheiben und vom Ofen ist Rauch herausgekommen. Das war ein Dorf, ich muss sagen, ich hatte es nur das »vergessene Dorf« genannt. Die deutschen Dörfer waren auf der rechten Seite und die italienischen auf der linken Seite und die Gemeinde war auf der linken Seite und herüben waren die deutschen Dörfer, und für diese Talseite ist gar nichts gemacht worden.

Schüler, Eltern und Lehrpersonen in der deutschen Schule in St. Franz im Fersental

Dann haben wir halt die Kinder eingeschrieben. Ein paar Kinder sind schon gekommen, die sich hergewagt haben, aber nicht viele. Die meisten sind dann erst im Laufe der Zeit gekommen. Wir sind also hinauf in den ersten Stock und haben die Wohnung angeschaut. In der Küche waren ein Tisch und zwei Stühle und im Schlafzimmer waren zwei Schulbänke. Im Moment habe ich auch nicht gewusst, was ich tun soll, aber ich habe mir gedacht, die Nacht wird schon vorübergehen. Aber das war dann doch sehr gut, weil herüben in St. Ursula war eine deutsche Wirtin, die Frau Schlechter, die hat hinuntergeheiratet. Zu der bin ich zuerst hingegangen mit dem Herrn Mayr, der meinte, wenn ich irgendetwas brauche, wird sie mir helfen. Wie der Herr Mayr zu der hin ist, hat sie ihm eine Bettstatt gegeben. Da

musste der Herr Mayr aber hinein ins Tal nach Palai und in Palai war eine Kolchose. Die Palaier waren alle abgewandert bis auf zwei, drei, und die Felder haben dann Burschen und Mädeln vom Vinschgau und vom Pustertal bearbeitet, und das war kolchosenmäßig. Da waren auch zwei Gefangene und einer von denen hat mir eine Bettstatt gebracht und ein Bettzeug. Das war der erste Abend. Es war kein Geschirr da, aber mit der Zeit ist dann doch alles gegangen. Was besonders schlimm war, das war auch das Klo von den Schülern. Das Klo hat darin bestanden, dass auf dem Betonboden ein 25 cm großes Loch war. Die Wasserleitung war außen hinauf und die war im Winter ganz abgefroren, sodass auch kein Wasser war, aber wir haben die Schule dann doch angefangen und es waren alles sehr nette und brave Kinder. Ich habe dann auch in St. Franz, im anderen Ort, unterrichtet. Da musste ich eine halbe Stunde zu Fuß gehen. Am Vormittag war ich in St. Felix und am Nachmittag war ich dann drüben. Wir haben auch kein elektrisches Licht gehabt. Ich habe dann eine Karbidlampe bekommen und mit der Zeit ein bisschen Petroleum, aber es war eben so, wenn Tag geworden ist, sind die Schüler gekommen.
Neben der Schule war noch das Wirtshaus, wo ich gegessen habe und wo man nur Wein gekriegt hat. Die Mutter Anna hat in der Früh gesagt: »Guten Morgen, Herr Lehrerin, hat se guat getschlofen?« Und die hat zwei Töchter gehabt. Von diesen zwei Töchtern war eine die Schuldienerin, die Aldina. Ich habe sie beauftragt, sie solle die Schule jeden Tag kehren, da waren ja Löcher im Boden, direkt von diesen Schuhen, das hat sie aber nicht alle Tage gemacht, sie hat dann gesagt: »Hannat koat Weil!« [Ich habe keine Zeit.] Dann hat sie noch eine Schwester gehabt, die Maria.
Interessant ist auch, der Herr Roman Pola war während des Krieges in Pergine. Von Pergine aus ist man ins Fersental gekommen. Der Herr Pola hatte die Aufgabe, die Kirchenbücher aus der ganzen Umgebung zu fotokopieren, um zu beweisen, dass das Land einmal deutsch war. Wir haben dann eine Weihnachtsfeier gehabt, die ich nie mehr vergessen werde: Die Mädeln haben Socken gestrickt, die Männer haben Spielsachen für die Kinder gemacht und der Herr Pola ist nach Bozen gefahren und hat dort ziemlich viele Mäntel von den »Giovani italiani« gekriegt, und die haben dann die Kinder – das waren ja alles Hirtenkinder – tragen können. Und außerdem hat er mir dann Grödner Holzpuppen, die hinten flach waren, gebracht. Den Jubel über diese

Puppen kann man sich nicht vorstellen. Die Kinder haben unten immer nur mit einem Holzscheit Puppen gespielt. Dann haben wir eine Weihnachtsfeier gehalten im Fersentaler Dialekt, dem Altdeutschen Mochenisch. Ich habe immer deutsch gesprochen, habe aber immer alles zuerst auf Mochenisch sagen lassen, weil ein Kind hat perfekt Mochenisch gekonnt und das habe ich mir immer zu Hilfe genommen. Wir haben das Weihnachtsspiel von Garber gemacht und da ist dann das ganze Dorf zusammengelaufen, sogar auf dem Ofen oben sind sie noch gesessen mit den Poppelen [Puppen] im Arm. Also, das war sehr schön. 60 Kinder habe ich damals beschenkt. Und das Christkind haben wir von St. Franz, das ist der andere Ort, genommen. Wir haben das Jesuskind vom Hochaltar für unsere Weihnachtsfeier herunternehmen dürfen. Die Kinder hat man gar nicht müssen anders anziehen, die waren von vornherein Hirtenkinder. Ich habe immer gesagt, wenn die Muttergottes noch einmal erscheint, wie in Fatima, dann muss sie im Fersental unten erscheinen, weil da sind alles Hirtenkinder.

Im Herbst 1945 hat Maria Prosser das Fersental verlassen und ist nach Bozen zurückgekehrt. Sie hat eine Lehrstelle in der ehemaligen Baumwollspinnerei in St. Anton bekommen.

Maria Prosser Egger: Auf der Promenade waren sehr viele Bombenlöcher, und da wollte man nicht, dass die Kinder den gefährlichen Weg machen und somit bin ich da oben gewesen und habe die Kinder von der Sill gehabt und von St. Anton und von St. Georgen herunter. Hernach bin ich dann in die Marienschule gekommen, dort wo ich als Kind die Schule besucht habe. Aber, wie gesagt, das Fersental, das kann ich nicht vergessen.

Mit der Einführung der deutschen Sprachkurse wurde nach zwei Jahrzehnten der faschistischen Unterdrückung in der Südtiroler Bevölkerung die Hoffnung auf die Rückkehr zur Muttersprache geweckt. Die Aussicht auf die Wiedergewinnung der kulturellen Identität hat allerdings den Blick für die unmittelbare Zukunft getrübt. Die Jahre in der »Operationszone Alpenvorland« unter Gauleiter Franz Hofer sollten der Südtiroler Bevölkerung weitere, noch größere Opfer abverlangen.

»Die haben uns ja nichts getan ...«

Der Abessinische Krieg (1935/36)

Als die europäischen Staaten Ende des 19. Jahrhunderts begonnen hatten, den afrikanischen Kontinent unter sich aufzuteilen, wollte auch das Königreich Italien nicht zurückstehen. Ein italienisches Expeditionskorps besetzte 1882 die eritreische Hafenstadt Massaua und eignete sich bald darauf die Somaliküste an. Zwischen Eritrea und Somaliland hatte sich Äthiopien – das alte Abessinien – seine Unabhängigkeit bewahrt und versuchte nun unter Kaiser Menelik II. den italienischen Bestrebungen zu trotzen, die darauf abzielten, im Osten Afrikas ein geschlossenes Kolonialreich zu errichten. Die italienischen Expansionsbestrebungen erhielten aber am 1. März 1896 einen empfindlichen Rückschlag, als bei Adua in Eritrea das italienische Expeditionsheer eine verheerende Niederlage erlitt. Große Teile der 16.000 Mann starken italienischen Truppe wurden von der zahlenmäßig weit überlegenen abessinischen Streitmacht nahezu vollständig aufgerieben. Mit dem Frieden von Addis Abeba musste Italien der angestrebten Schutzherrschaft über Äthiopien entsagen.

Mit dieser »Schande von Adua« war das italienische Nationalgefühl für lange Zeit tief verletzt worden. Erst das faschistische Italien unter Benito Mussolini ging daran, diese Schmach zu tilgen und sich um jeden Preis Äthiopien einzuverleiben. Dort hatte inzwischen – im Jahre 1930 – Haile Selassie als neuer »Negus Negesti« [König der Könige] den Kaiserthron bestiegen und sein Land wirtschaftlich und militärisch gestärkt.

Kaiser Haile Selassie

Mussolini traf bereits im Sommer 1934 erste Vorbereitungen für die Eroberung Abessiniens. Ein Jahr später wurde mobil gemacht, und am 3. Oktober 1935 gab der »Duce« schließlich den Befehl zum Angriff auf Äthiopien. Der beginnende Krieg im Osten Afrikas hatte auch seine spürbaren Auswirkungen auf die Jugend in Südtirol. Als italienische Staatsbürger wurden nämlich ab 1922 auch die Südtiroler zur Ableistung des Wehrdienstes im italienischen Heer verpflichtet. Viele entzogen sich aber dieser Pflicht durch Desertion und setzten sich nach Österreich ab. Andere aber wieder ergaben sich in ihr Schicksal und zogen in den Krieg.

Franz Schöpfer war 23 Jahre alt und militärpflichtig, als er eines Tages vom italienischen Militärdistrikt in Bozen eine Mitteilung erhielt.

Franz Schöpfer: Ich habe die Karte angeschaut, und da hat es nur geheißen »Esigenze A.O.« [Africa Orientale – In Sachen Ostafrika], aber ich habe diesem Auftrag keine Bedeutung beigemessen, kurz und gut, ich bin auf das »Distretto« [Militärdistrikt] hinaus und habe mich interessiert. Und da hat mir der Maresciallo draußen gesagt: »Tu non hai da fare altro che andare a casa, fare subito la valigia e partire; domani devi essere ad Arezzo« [Du hast nichts anderes zu tun, als nach Hause zu gehen, sofort die Koffer zu packen und abzufahren; morgen musst du in Arezzo sein]. Da bin ich natürlich sprachlos gewesen. Das war im Jänner oder Februar 1935. Wir waren schon für den Skiurlaub bereit. Gut, ich bin dann, anstatt Ski zu fahren, eineinhalb Jahre in Afrika gewesen. Ich bin am selben Abend noch um 8 Uhr von Bozen weg mit dem Zug nach Arezzo gefahren, dort bin ich

In der Hafenstadt Massaua in Eritrea

eingekleidet worden und dann bin ich von Arezzo nach drei Wochen vom »Capitano« [Hauptmann] – wahrscheinlich dank meiner Intelligenz, weil ich zweisprachig war und lesen und schreiben konnte – bestimmt worden, als Vorauskommando nach Neapel zu fahren, um die Quartiere fürs Regiment vorzubereiten. Neapel hieß Einschiffung nach A.O., Africa Orientale. Am 16. April kam der Dampfer »Gance« angedampft. Wir gingen auf das Schiff und fuhren über das Rote Meer hinüber nach Massaua.

Hans Luggin war 21 Jahre alt, als er – im März 1935 – ins italienische Heer eingezogen wurde. Er leistete seinen Wehrdienst zuerst in Verona und dann in Ivrea. Während eines Manövers an der Grenze zu Frankreich wurde plötzlich Alarm geblasen.

Hans Luggin: Der General ist auf einem weißen Ross geritten gekommen und hat da heruntergelesen, dass er eine Botschaft verrichtet. Er hat das Glück, so hat er das genannt, das Glück, ein Bataillon von ihm da hinunterzuschicken nach Africa Orientale, »per combattere contro il Negus« [um gegen den Negus zu kämpfen]. Am nächsten Tag haben wir die Zelte abgebaut und sind in die Kaserne hinuntergekommen. Dort haben wir ein anderes Gewand [Kleidung] bekommen und andere Schusswaffen, und da hat der Bataillonschef gesagt, er schickt alle in Urlaub, drei Tage Urlaub. Jetzt ist es halt nach dem ABC gegangen. In drei Gruppen hat er uns weggeschickt. Sobald die erste Gruppe zurückgekommen ist, hätte die zweite gehen können, weil wir noch bis zum 14. September Zeit gehabt haben. Dann sind die ersten weg, aber davon sind drei Soldaten nicht mehr gekommen, sind desertiert. Bozner! Jetzt hat er keine mehr gehen lassen. Ausgehen durften wir auch nicht mehr. Wir haben also in der Kaserne drinnen bleiben müssen. Und dann ist der Tag gekommen, wo wir nach Alba gekommen sind, zum Regiment. Und dann sind wir am 14. September eingeschifft worden in Genua. Bis nach Massaua sind wir drei Tage und vier Nächte auf dem Weg gewesen.

Der Angriff auf Äthiopien sollte gleichzeitig vom Norden und vom Süden aus erfolgen: General De Bono wollte von Eritrea aus gegen die äthiopische Hauptstadt Addis Abeba vorrücken, während General Graziani Italienisch-Somaliland als Ausgangspunkt für seine Invasion genommen hatte. Für Somaliland war Josef Fanton bestimmt. Er hatte bereits drei Jahre vorher seinen Militärdienst beim italienischen Heer geleistet.

Josef Fanton: 1935 da bin ich wieder einberufen worden zum Abessinischen Krieg. Da habe ich mir schon überlegt, soll ich gehen oder soll ich nicht gehen. Viele sind ja nach Österreich desertiert. Ich habe mir gedacht, das ist eine Feigheit, ich bleibe doch da. Und so bin ich eingerückt. Dann sind wir gefahren nach Somalia. In Neapel sind wir eingeschifft worden mit dem Schiff »Columbia«, ein Transporter war's. Und da sind wir 18 Tage gefahren. Auf dem Schiff ist mir natürlich schlecht geworden, und dann war ein Sturm, ich habe mir gedacht, wenn es untergeht, wäre mir recht, so schlecht war ich beisammen. Und dann ist der hohe Seegang vorbei gewesen und dann war es auf dem Schiff ganz ruhig, als wenn man in einer Stube sitzen täte. Nach 18 Tagen waren wir in Mogadischu, wurden ausgeschifft, und man brachte uns in verschiedene Kasernen. Dort wurde das Bataillon zusammengestellt; ein Bataillon hat geheißen »14° battaglione mitraglieri autocarrate«, das war ein Sturmbataillon.

Alois Leiter hatte bereits seinen 18-monatigen Militärdienst bei der italienischen Fliegerabwehr in Neapel geleistet und ging wieder in Algund seiner Arbeit als Elektriker nach, als er 1935 zu seinem Regiment zurückgerufen wurde.

Auf der Fahrt nach Neapel; Alois Leiter (2.v.l.)

Truppentransporter »Vinimale« im Hafen von Neapel

Alois Leiter: Wir sind in Neapel verladen worden auf ein Schiff, ein ehemaliges österreichisches Luxusschiff, das Österreich nach dem Ersten Weltkrieg an Italien hatte abtreten müssen. Das Regiment bestand aus zirka 700 Mann. Wir sind in Massaua ausgeschifft worden und dann mit der Bahn nach Mai Edagà in Eritrea auf die Festung »Forte Baldissera« gebracht worden.

Arnold Heidegger leistete als Unteroffizier der Gebirgsartillerie in Wiesen bei Sterzing seinen Militärdienst beim italienischen Heer. Am 23. Dezember 1935 erhielt er einen sechstägigen Weihnachtsurlaub, den er bei sich zu Hause in Margreid verbringen wollte.

Arnold Heidegger: Aber bereits am Weihnachtsabend, also am 24. Dezember, kamen zwei Carabinieri zu mir nach Hause und sagten, ich müsste sofort zum Brigadier, und der Brigadier mit dem Telegramm in der Hand sagte mir, ich müsse mit dem ersten Zug sofort zu meiner Einheit zurückfahren. Auf meine Frage hin, ob es etwa wegen Abessinien sei, sagte er, nein, nein, man schicke ja dauernd schon Soldaten von Abessinien zurück, weil man zu viele drüben hätte. Natürlich wusste er ganz genau, dass es deshalb war. Nun, als ich mit dem nächsten Zug nach Sterzing fuhr und zu meinem Lager hinkam, merkte ich sofort, was los war. Wir waren bereits mobilisiert, es durfte niemand mehr ausgehen, auch ich nicht, und am nächsten Tag, am Weihnachtstag, fuhren wir bereits mit dem Zug nach Neapel, wo wir dann gleich in Kakiuniform eingekleidet wurden und nur mehr auf den »Conte Grande«, auf das Schiff warten mussten zur Einschiffung. Wir wurden am 28. Dezember eingeschifft, fuhren dann durchs Mittelmeer, durch den Suezkanal und das Rote Meer, und kamen am 6. Jänner, also am Dreikönigstag, in der Hafenstadt Massaua an. Es war uns nicht ganz wohl zumute, denn da fragte ich mich als Südtiroler, was ich denn eigentlich da zu suchen habe. Ich wusste doch, dass schließlich und endlich Mussolini ein großes Unrecht beging, indem er da einfach den Krieg begann, ohne Schuld des Gegners, denn was hatte ein Negus verbrochen?

Arnold Heidegger in Dessie

Franz Schöpfer ist auf der Überfahrt an Gelbsucht erkrankt und musste zuerst im Spital von Massaua von seiner Erkrankung geheilt werden. Seine Einheit war inzwischen aber weit ins Innere Eritreas vorgedrungen. Nach einem Monat konnte er endlich dem Regiment nachreisen, mit dem er schließlich weiter bis nach Addi Ugri nahe der äthiopischen Grenze zog.

Kurz vor dem Einmarsch in Adua

Franz Schöpfer: Ende September auf einmal hat es geheißen: Jetzt geht's los! Am 1. Oktober war in Italien, das haben mir dann meine Leute geschrieben, eine große »adunata« [Versammlung]. Da hat der »Duce« dann feierlich dem Volk verkündet, dass die Offensive jetzt startet, seine Soldaten sind jetzt dabei, Adua zurückzuerobern. Adua war insofern ein Symbol für die Italiener, weil sie Adua im Jahre 1896 bei einem Kampf verloren hatten, und das haben wir dann, die »Gavinana«, unsere Division, wieder eingenommen [5. und 6. Oktober 1935]. Wenn ich daran denke, kein Schuss ist gefallen, wir sind einfach einmarschiert, es ist ja niemand da gewesen. Auf jeden Fall haben wir Adua erobert und da war ein großes Siegesfest in Italien und da haben mir meine Leute geschrieben und haben uns gratuliert, dass wir Adua erobert haben.

Mittlerweile ist auch Hans Luggin in Massaua ausgeschifft worden.

Hans Luggin: Ja, da war kein Auto, kein Fuhrwerk, ein Kamel haben sie uns gegeben. Da haben wir aufsatteln können, auf dem Kamel. Zuallererst einmal die Munition und das Maschinengewehr. Und dann ist es weitergegangen nach Macallè und dort haben wir einmal Halt gemacht. Dann sind wir noch einen halben Tag vorgerückt, dann sind schon die Angriffe losgegangen. Hundertfünfzig Abessinier mit Lanzen und Schwertern und Spießen sind gegen uns vorgestürmt. Auf acht, zehn Meter haben sie die Lanzen uns entgegengeworfen. Und da ist dann der Befehl gekommen: Maschinengewehr aufstellen! Und alle haben wir niedergemäht. Ja, die haben das noch nicht erlebt, mit den Maschinengewehren und Gewehren erschossen zu werden. Die haben geglaubt, sie leben noch weiter. Die Maschinengewehre und das Schießen haben sie zuerst nicht beachtet, bis sie dann gesehen haben, dass die alle tot sind; dann ist es ein bisschen leichter geworden, dann haben sie nicht mehr so viel Angriffe gemacht.

Mit Lanzen bewehrte abessinische Krieger

Von Eritrea aus hatte ja General De Bono, der damalige Hohe Kommissar für das italienische Ostafrika, am 3. Oktober 1935 ohne Kriegserklärung die Grenze zu Äthiopien überschritten. Durch die Bestechung abessinischer Heerführer und die Überlegenheit der modernen Waffen drangen die italienischen Divisionen, ohne auf größeren Widerstand zu stoßen, zunächst fast ungehindert in abessinisches Territorium ein. Dann aber kam der italienische Vormarsch ins Stocken. Nachdem die Äthiopier auch noch einen Gegenangriff erfolgreich vorgetragen hatten, wurde der verständnisvollere De Bono vom äußerst skrupellosen General Badoglio als Oberkommandierender der Streitkräfte in Ostafrika abgelöst. Mit Badoglio nahm die Kriegführung härtere Formen an. Hans Luggin hat alles miterlebt.

Hans Luggin: Da sind wir dann vorgekommen bis Amba Aradam, da ist so ein Berg gewesen mit fünf-, sechshundert Meter Höhe und da haben sie Schießscharten zum Abschießen gehabt und Tunnels. Die haben wir nicht herausgebracht. Jetzt haben sich die Unseren nicht mehr ausgekannt, wie wir da weiterkommen. Dann ist der Befehl gekommen zu zwei, zweieinhalb, drei Stunden Rückmarsch. Da sind zwei »Fliegerlen« [kleine Flugzeuge] gekommen und haben die Stellungen bombardiert. Und nach zwei Stunden mussten wir wieder vormarschieren, anrücken und hinaufstürmen. Kein Schuss ist mehr gefallen. Dann haben wir einander angeschaut: Ja, was ist denn da jetzt los? Jetzt sind wir hinaufgekommen und dann haben wir wohl

gesehen: Da hatten die italienischen Flugzeuge Tränengas geworfen. Die einen haben geplärrt [geheult], die anderen haben getanzt, wieder andere haben nur gelacht. Wir haben alle Abessinier gefangen genommen.
Drei, vier englische Unteroffiziere sind dabei gewesen, die haben englische Geschütze gehabt. Die Geschütze haben wir dann alle zusammen mit den Gefangenen heruntergebracht.

Italien aber behalf sich in Abessinien nicht allein mit Tränengas, auf Weisung Benito Mussolinis wurden auch große Mengen von Giftgas – dessen Verwendung laut internationaler Vereinbarungen untersagt war – eingesetzt. Diesen Einsatz von Giftgas konnte Alois Leiter mit eigenen Augen beobachten.

Giftgasopfer

Alois Leiter: Unter unserer Festung war der größte Flugplatz von Eritrea. Von dort starteten diese Riesenvögel, die »Savoia-Marchetti« und die »Caproni« zu ihren Einsätzen. Die Italiener hatten nämlich von Deutschland Bomben gekriegt, die eine Flüssigkeit enthielten. Mit dieser Flüssigkeit besprühten die Flugzeuge im Tiefflug die Straßen,

Savoia-Marchetti-Bomber auf dem Flughafen von Gura

Caproni-Hochdecker mit Alois Leiter

auf denen die Schwarzen gingen, und die sind dann von der Lepra befallen worden.

Diesem geächteten Kampfmittel und der Überlegenheit modernster Waffen, über die Italien verfügte, hatte Kaiser Haile Selassie nichts Gleichwertiges entgegenzusetzen.

Während aber im Norden General Badoglio gegen Addis Abeba vorrückte, sammelte General Graziani in Italienisch-Somaliland eine gewaltige Streitmacht und zog damit in Richtung äthiopische Hauptstadt. Auch er bediente sich des Kampfgases, das von Flugzeugen aus in großen Mengen versprüht wurde,

Flüssiggasbomben

Menschen und Tiere tötete und die Ernte vergiftete. Bei den Truppen von General Graziani befand sich auch Josef Fanton aus Gossensaß.

Josef Fanton: Von Mogadischu sind wir dann losgefahren. Wir waren unsere zehn, zwölf auf dem Auto, jeder fünfte Mann ein Maschinengewehr, ein leichtes. Und so ging es durch ganz Abessinien, hinein nach Dolo, Malca Rie, Malca Murri und die ganzen Ortschaften.

Einmal haben wir einen Kampf gehabt, der hat sechs Stunden gedauert, und da habe ich dann die Auszeichnung »Croce di guerra al valor militare« gekriegt.
Wir sind dann weitergezogen, immer auf Autos, zu Fuß nur wenige Kilometer. Und auf diesen Autos haben wir ausgeschaut! Wo wir gefahren sind, hinterließen wir eine Staubwolke: Die Männer, die oben auf den Autos saßen, hat man kaum den besten Kollegen gekannt, alles war vom Staub eingehüllt, der Schweiß ist nur so herunter geronnen.
An Wasser haben wir zwei Liter pro Tag bekommen, nicht mehr. Mit diesem Wasser hättest du dich waschen sollen und auch trinken. Und zwei Liter waren allein schon zum Trinken zu wenig. Abwaschen hätte man sich überhaupt nicht mehr gekonnt.

Mangelhaft war nicht nur die Versorgung der Truppe mit Wasser, auch der Nachschub mit fester Nahrung war äußerst dürftig. Dies war nicht allein auf organisatorische Mängel zurückzuführen,

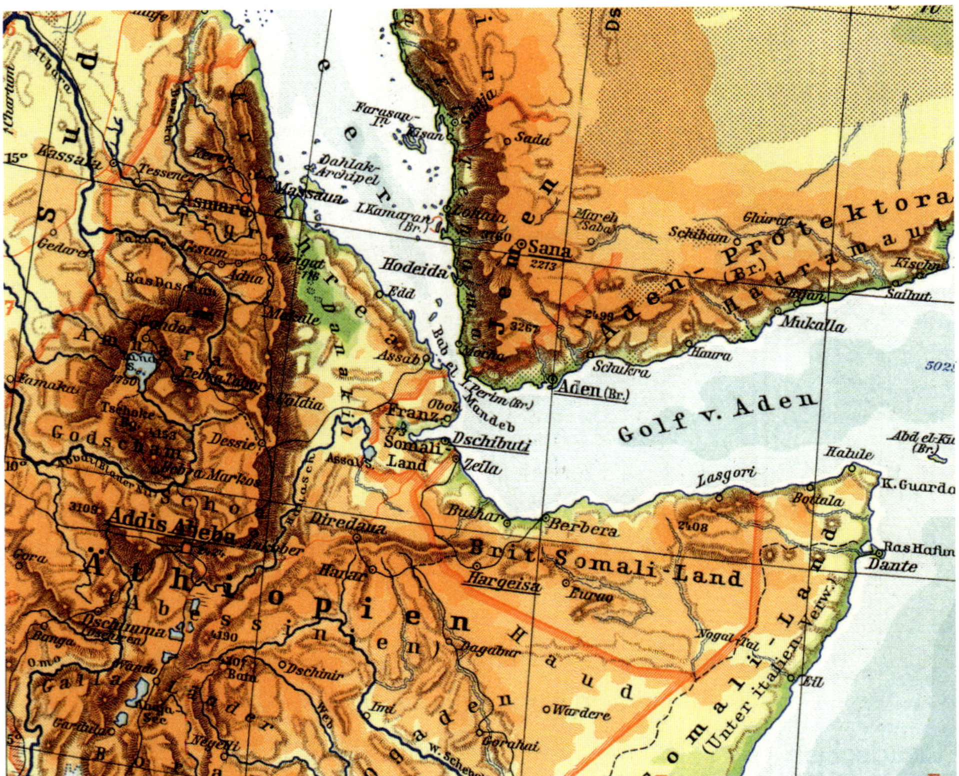

auch die Transportbedingungen waren nicht den Erfordernissen angepasst. Der Bozner Franz Schöpfer hatte auch unter diesen Zuständen zu leiden.

Franz Schöpfer: Leider Gottes ist da die Menage damals nicht rasch nachgekommen, so dass wir einige Tage ziemlich unterernährt waren, weil wir nichts zum Essen hatten. Zum Glück haben wir immer mit den Negern ziemlich gute Beziehungen gehabt und da konnten wir in diesen Negerdörfern entweder Burgunder, das war so ein Negerbrot, eine furchtbare Sache, oder einmal ein Huhn oder einmal Eier, dann auch Milch kriegen. Und dann konnte man für sich selber kochen. Wir hatten alle eine Feuerstelle und mit unseren Menageschalen haben wir da gekocht und da haben wir die besten Sachen gemacht, es ist immer gegangen. Kaffee war auch immer genug, den kriegten wir auch zu kaufen, weil in diesen Dörfern war jeden Samstag Markt, so eine Art Wochenmarkt, und da waren die Neger und die verkauften hauptsächlich Bohnenkaffee, Zucker, Mehl, so drei, vier Sachen, die kriegte man um billiges Geld zu kaufen, und da hat jeder von uns eingekauft und dann für sich etwas gekocht. Da haben wir uns ganz nett durchs Leben geschlagen.

Auch Hans Luggin erinnert sich noch an das dürftige Essen.

Hans Luggin: Dann ist noch Nachschub gekommen: Dörrgemüse, halb verfaulte Erdäpfel, und im Fleisch sind Würmer drinnen gewesen. Da haben sie zuerst die Würmer von der Suppe im großen Kessel

Liebe Mutter u. Geschwister
Im Anfang meines schreibens seid Ihr alle Gegrüßt Herzlich. Und hoffe Euch Gesund und munter anzutreffen was auch ich von mir berichten kann Gott sei Dank. Wir sind noch immer im gleichen Ort, wo wo ich das Kreuz [illegible] gemacht habe. Wir wissen einmahl gar nichts bis am 20 Mai, hernach kommen die [illegible] heraus, wo und wan wir fahren müssen von hier. Ihr wisst es vielleicht sehr gut, wann wir in Italien hinauf komen, weil das kommt jetzt alles in der Zeitung hinein. Aber ich hoffe das wir bald abgelöst werden, und das es nicht mehr lange dauert, das wir dürfen zur Heimat zurück kehren. Viele Grüße von Eurem Dankschuldigen Sohn und Bruder Hans.

Postkarte an die Eltern

Markt in Dessie

weggetan, und gestunken hat die Suppe zwei bis drei Kilometer weit. Die haben wir nicht mehr essen können.

Hans Luggin und seine Kameraden fanden aber einen Ausweg aus dem Dilemma.

Hans Luggin: Die Abessinier haben vier- bis fünfhundert Stück Vieh gehabt und haben mit acht bis zehn Hirten das Vieh Tag und Nacht bewacht. Wenn wir während des Krieges nicht Vieh gestohlen hätten, wären wir ja verhungert. Und so haben wir halt immer wieder draußen ein Rind geschossen und gesotten [gekocht], damit wir zu leben gehabt haben.

Auf dem Vormarsch ins Landesinnere erreichte Franz Schöpfer die Ortschaft Dabat in der Nähe der Stadt Gondar.

Franz Schöpfer: Da waren wir auf 2200 Meter einquartiert und da kam dann an Proviant nichts mehr nach. Wir sollten aus der Luft versorgt werden, aber leider hatten die guten Flugzeugmenschen keine Möglichkeit zu landen. Wir hatten zwar einen Landeplatz vorbereitet, aber der war ihnen nicht groß genug und nicht sicher genug, und dann haben sie kurz entschlossen die ganzen Ballen und alles einfach abgeworfen. Natürlich sind die Säcke dann geplatzt und die ganzen Herrlichkeiten, Zucker und Reis, was da drinnen war, sind halt herumgeschwirrt in der Luft. Da haben wir mit unseren Menageschalen und den Löffeln versucht zu retten, was zu retten war.

Etwas besser erging es Alois Leiter auf seiner Festung, dem »Forte Baldissera«. Zusammen mit anderen Südtirolern feierte er eine afrikanische Weihnacht.

Alois Leiter: Der Kerer Rudl, ein Brixner, hat eine Seebacher von Bozen geheiratet, und die hat ihm in einer Blechdose ein imprägniertes Christbäuml geschickt. Die Kerzen waren so dünn wie ein Griffel, und wir haben dann drüben in der Baracke Weihnachten gefeiert. Ich habe gesagt: »Anzünden tun wir die Kerzen nicht, wer weiß, ob wir nicht ein zweites Mal hier Weihnachten feiern müssen.« Und das war auch so. Bei uns waren drei Pustertaler und die haben

Südtiroler in Abessinien (v.l.n.r.: Rudolf Kerer, Alois Leiter, Franz Ladurner, Jos Ladurner, Josef Ladurner-Oberdorner, Josef Pircher)

gut singen können, und wir haben dann das Stille-Nacht-Lied geübt. Da ist einmal, wie wir das in der Baracke drinnen singen, der Major vorbeigegangen, hat uns singen gehört und ist hereingekommen. Und dann haben wir am Heiligen Abend das Stille-Nacht-Lied in der Festung oben vor allen singen müssen.

Abessinier mit seinen drei Frauen

Während der vielen Monate, welche die italienischen Besatzer in Ostafrika verbrachten, kamen diese natürlich auch mit der Zivilbevölkerung in Berührung. Josef Fanton war von der Arbeit der Frauen beeindruckt.

Josef Fanton: Die Frauen haben arbeiten müssen, und die Männer haben die Frauen beschützen müssen. Wenn die Frauen arbeiten gegangen sind, ist der Mann mit der Lanze vorausmarschiert – eine Lanze hat ein jeder gehabt – und hinten nach sind seine drei Frauen gegangen. Diese haben um den Kopf ein Tuch gewickelt gehabt und haben darauf die Last getragen. Dazu trugen sie die Kinder; die haben auf der Seite herausgeschaut.

Hans Luggin genoss die Gastfreundschaft der Äthiopier.

Hans Luggin: Die Einheimischen haben uns wirklich bedient und auch geholfen, wenn wir drei oder vier Stunden in der Hitze auf Streife gegangen sind und oft kein Wasser gehabt haben. Wenn wir zu ihnen hingekommen sind, haben sie uns immer Tee angeboten, die haben Tag und Nacht immer Tee gehabt, guten Kaisertee; den haben sie uns immer gegeben. Aber zuerst haben wir uns nicht getraut, haben gesagt: Die vergiften uns ja alle! Dann haben wir sie trinken lassen aus dem Becher und dann haben auch wir getrunken.

Als der Abessinische Krieg am 9. Mai 1936 mit der Eroberung der Hauptstadt Addis Abeba zu Ende gegangen war, durften allmählich auch die Südtiroler Wehrpflichtigen ihren Dienst quittieren und nach Hause zurückkehren. Einer der ersten, der Italienisch-Ostafrika wieder verlassen durfte, war Josef Fanton.

Josef Fanton: Nach zwei Jahren haben wir wieder heimfahren dürfen. Dann sind wir in Massaua eingeschifft worden und nach Hause gefahren. Und eines Tages kommt der Bürgermeister meines Heimatdorfes Gossensaß zu mir und sagt: »Fanton, wir müssen nach Bozen fahren, weil Sie die Auszeichnung erhalten haben.« Dann sind wir nach Bozen gefahren und ein Colonello hat mir die »Croce di guerra« [Kriegsverdienstkreuz] hinaufgesteckt und der Kronprinz Umberto II. und die Kronprinzessin Maria Elena von Belgien haben mir die Hand gereicht und mir für die Tapferkeit gedankt.

Hans Luggin ist von Seiten der italienischen Militärbehörde ein Angebot unterbreitet worden, sich unter sehr günstigen Bedingungen als Bauer in Italienisch-Ostafrika niederzulassen; er aber lehnte ab.

Hans Luggin: Dann sind wir halt im August 1937 in Neapel ausgeschifft worden. Dort haben uns die Frauen und die Mädchen mit Blumen und Getränken empfangen und dann sind wir in offene Viehwaggons verladen worden. Das war nicht schön, aber sie haben Angst gehabt, dass wir voll Läuse sind, und so haben sie uns dann in offenen Waggons heraufgeliefert bis Alba. In Alba ist unser Regiment gewesen und dort sind wir dann zum Doktor [Arzt] zur Visite gekommen und von dort haben sie uns dann nach acht, zehn Tagen heimgeschickt.

Etwas länger musste sich Arnold Heidegger gedulden.

Arnold Heidegger: Im Oktober 1937 konnten wir mit großen Autos über Straßen zurückfahren durch ganz Abessinien, durch ganz Eritrea zurück bis Massaua, da waren überall Straßen und Brücken, die es vorher nicht gegeben hatte. Die haben die Italiener inzwischen gebaut. Ende 1937 konnten wir dann eingeschifft werden. In Rom war die Defilierung vor Mussolini auf der Piazza Venezia und dann ging es weiter nach Hause. Zu Hause angekommen war ich derart abgemagert, dass man mich kaum wiedererkennen konnte.

Während die meisten Südtiroler zu Hause wieder ihrer gewohnten Tätigkeit nachgingen, sollte für den nachmaligen Bozner Augenarzt Hanns Rössler das abessinische Abenteuer erst seinen Anfang nehmen.

Hanns Rössler: Ich war im Jahr 1938 als »Sottotenente medico«, das heißt also als Militärarzt im Leutnantsrang, in Perugia eingesetzt. Perugia hatte damals eine Fremdenuniversität mit sehr vielen deutschen Studenten. Natürlich sprach man mit diesen Leuten deutsch. Da wurde ich eines Tages zum Oberkommandierenden gerufen, der mir verbot, mit anderen in der Stadt deutsch zu sprechen: Das sei eines italienischen Offiziers unwürdig. Darauf fragte ich ihn, ob ich denn mit meinen eigenen Verwandten auch italienisch reden müsste, zum Beispiel mit meinen Eltern. Da warf er mich hinaus, und kurze Zeit später bekam ich meine Versetzung nach Abessinien, das damals »Africa Orientale Italiana« hieß. Ich kam per Schiff nach Massaua, eine sehr schöne Reise durch den Suezkanal, das Rote Meer. Wir fuhren dann mit dem Zug von Massaua ins Hochland hinauf, auf 2000 Meter Meereshöhe, nach Asmara, der Hauptstadt von Eritrea, das ja schon seit 1882 bei Italien war.
Die Bahnstrecke führte durch dichten Wald. Merkwürdigerweise wurde auf der Fahrt hinauf der Zug aus dem Wald heraus mit Steinen bewor-

Die Hauptstadt von Eritrea, Asmara

Die Schmalspurbahn von
Asmara nach Massau

fen. Da erklärte mir einer, der dort Bescheid wusste, dass es Affen waren, weil aus dem Zug heraus einmal auf die Affen geschossen worden war, und darum bewarfen sie jeden hinauffahrenden Zug mit Steinen, nicht die bergab fahrenden Züge, weil die hatten ihnen ja nichts getan.

Der jüngste Askari

Die Truppen, die in Asmara stationiert waren, unterschieden sich in reine italienische Truppen und in Eingeborenenbataillone. Die Eingeborenenbataillone waren mit weißen Offizieren, aber mit eingeborenen Askaris bestückt. Ich wurde zum 68. Eingeborenenbataillon in Danghila versetzt. Das wusste ich vorerst nicht.

Die Fahrt bis Gondar dauert zwei, drei Tage je nachdem. Wir reisten immer nur auf Militärlastwagen. Es gab ja keine andere Verbindung. Und so kam ich nach Gondar, eine wundervolle, schöne Stadt, ein alter Regierungssitz der Könige im

Gondar und
Tanasee

16./17. Jahrhundert. Da stehen noch wunderschöne Ruinen von Königsschlössern und ähnlichen Bauten, die aber völlig verfallen waren. Von Gondar hat man einen schönen Blick, und in der Ferne sieht man schon die blauen Wasser des Tanasees. Der Tanasee ist genau halb so groß wie Südtirol, nämlich 3600 km²; von dort hat man einen wunderschönen Blick rundum auf hohe Berge und die Station, von der man nach Süden aufbricht, um den Tanasee zu durchqueren – man fährt ungefähr sechs Stunden mit einem tuckernden Motorboot und man landet dann in Bahar Dar Gheorghis. Das war die Endstation der Schiffsreise. In Bahar Dar Gheorghis habe ich einige Zeit zubringen müssen, denn mein Bestimmungsort Danghíla [Danghelà] lag eine Autoreise, eine Tagesreise weit im Süden, Süd-Süd-Westen, vom Tanasee.

Hanns Rössler fuhr also nach Danghíla, wo für ihn das Reiseabenteuer zu Ende ging und das eigentliche Militärleben begann.

Hanns Rössler: Wir lebten in einem kleinen Fort außerhalb der Siedlung. Fort ist etwas übertrieben, das war einfach eine etwa einen halben Meter hohe Mauer aus übereinandergehäuften Steinen, da standen dann einige Posten in Sichtweite und das war dann das ganze Fort. Innen drinnen waren diese ortsüblichen strohgedeckten Hütten, die Tukùl, und da lebten wir und die Askaris und ein paar Zivilisten auch noch, und wenn wir ausmarschieren mussten, dann ließen wir nur ganz wenige Leute zur Bewachung zurück und wenn wir

Das Fort von Danghelà

Oberst Torelli, Kommandant des Forts

Das Fort von Danghelà

Blick auf das italienische Militärlager bei Danghelà

wieder zurückkamen, bewohnten wir wieder diese Hütten, aber wir waren nie sehr lange in diesem kleinen Fort.
Wenn wir losmarschierten, in der späteren Zeit sind wir sehr oft ausgerückt und sind dann jedes Mal 14 Tage oder drei Wochen, manchmal vier Wochen unterwegs gewesen, da wurde für uns offiziell ein Zelt mitgenommen und zwar für jeden eines und ebenso das Notwendigste, was man halt braucht, aber wirklich nur das Notwendigste. Und dann ging's los. Es gab immer wieder gelegentliche Kontakte mit den Eingeborenen, mit kleineren Schießereien hin und her, und eines Tages stand unser Kommandant, Oberst Torelli, wieder in vorderster Front auf seinem Schimmel und mit dem Feldstecher vor den Augen; wir standen in einer Reihe, ich stand neben ihm, da kam eine Maschinengewehrgarbe, aber zum Glück flogen diese Kugeln alle zwischen uns durch. Wie das vorbei war, sagte er zu mir, ich solle in sein Zelt kommen. Also bin ich in sein Zelt gekommen und habe mich gemeldet, und dann sagte er: »Schauen Sie sich das an, ich habe eine Verwundung an der Hand, aber sagen Sie kein Wort davon, ich muss für alle unverwundbar sein!« Ich habe mir das angeschaut, habe mein Besteck geholt und habe ihm die Wunde zugenäht, natürlich ohne Betäubung, Jod drauf und Verband und Handschuh drüber, weil man es nicht merken soll. Er hat sich dafür bedankt und von da an blieb er weiter unverwundbar.

So ging allmählich ein Jahr vorbei und eines Tages im September erhielt Hanns Rössler auf dem Postwege die Optionspapiere zugesandt. Nachdem er sie unterschrieben hatte, schickte er sie auf dem Luftwege zurück nach Südtirol.

Hanns Rössler: Nun mussten aber diese Flugzeuge in Wadi Halfa im Sudan zwischenlanden, um Benzin zu tanken, und in Wadi Halfa war ja die britische Zensurstelle. Ich hatte ja schon meine Optionspapiere mit Zensorship [Stempel der Zensurstelle] drauf bekommen und am Rückweg haben die natürlich meine Optionserklärung auch wieder gelesen, also wussten sie, da ist jetzt ein deutscher Staatsbürger in Abessinien.

Es vergingen aber noch zwei Monate, bis Hanns Rössler endlich die Heimreise antreten konnte.

Hanns Rössler: In Massaua auf der Hafenkommandantur bekam ich den Einschiffungsbefehl für die »Monte Rosa«. Die »Monte Rosa« sollte um vier Uhr in der Früh in Massaua abdampfen. Ich bekam eine Schiffskarte und den Befehl der Hafenkommandantur, sofort

Auf der »Arno«

an Bord zu gehen. Um elf Uhr nachts kam eine Ordonnanz mit einem versiegelten Couvert, gerichtet an »Sottotenente medico Rössler Giovanni« mit der Aufforderung, sofort die Sachen zu packen und auf die »Arno« überzuwechseln, die um Mitternacht aus Massaua abdampft. Das Fazit war, dass die Engländer natürlich genau gewusst haben, dass ich auf der »Monte Rosa« eingeschifft bin. Dazu kam noch – wir fuhren gerade am Weihnachtstag durch das Rote Meer –, dass von zu Hause und von einer befreundeten Dame Telegramme mit Glückwünschen an die »Monte Rosa« kamen und diese Telegramme wurden natürlich von den Engländern auch abgefangen. Wie ich später erfuhr, haben die Engländer die »Monte Rosa« in Port Said nach mir durchsuchen lassen und haben mich natürlich nicht gefunden, denn ich war ja auf der viel schnelleren »Arno« schon durch den Suezkanal durch gewesen. Da die ägyptische Polizei mich nicht fand, haben sie die »Monte Rosa« nach Haifa umgeleitet und haben sie von der englischen Polizei durchsuchen lassen und haben mich wieder nicht gefunden. Ich war mittlerweile schon in Messina und in Neapel. Das Lustige daran ist, dass ich von der »Arno« aus die gesamte englische Rote-Meer-Flotte fotografieren konnte, obwohl die Engländer das Fotografieren im Suezkanal verboten hatten. Um sich vor den Engländern abzusichern, hatten die italienischen Schiffe – Italien war ja noch nicht im Krieg – großflächige grün-weiß-rote Bemalungen auf den Seiten. So kam ich sicher nach Messina und dann nach Neapel und bin gleich nach Neujahr 1940 nach Hause gekommen.

Blick auf den Suezkanal

Mit dem Kriegseintritt Italiens am 10. Juni 1940 war das Ende für »Italienisch-Ostafrika« abzusehen, ebenso wie für die anderen kolonialen Besitzungen Italiens auf dem afrikanischen Kontinent.

Am 5. Mai 1941 zog Kaiser Haile Selassie mit Hilfe der Engländer feierlich in Addis Abeba ein.

Der Spanische Bürgerkrieg

Als Unfreiwillige im Freiwilligenkorps

General Francisco Franco

Am 17. Juli 1936, zwei Monate nach dem Einmarsch der italienischen Kolonialtruppen in Addis Abeba und der Beendigung des Krieges in Äthiopien, begann in Spanien der Bürgerkrieg zwischen der republikanischen Volksfront und den Falangisten unter General Francisco Franco. Die Republikaner wurden dabei von der Sowjetunion und durch internationale Freiwilligenbrigaden unterstützt, während General Franco Hilfe aus Portugal, aus dem nationalsozialistischen Deutschland durch die »Legion Condor« und aus dem faschistischen Italien erhielt. Von Anfang an hatte General Franco nicht nur Deutschland, sondern ganz besonders auch Italien bestürmt, ihn mit Waffen zu beliefern, stand aber der Entsendung von Hilfstruppen ablehnend gegenüber. Auch Mussolini selbst zögerte zunächst noch mit dem Einsatz von italienischen Soldaten, entschloss sich dann aber doch, außer Waffen auch Hilfstruppen zu schicken, allerdings ohne vorher das Einverständnis von Franco eingeholt zu haben. Am 22. Dezember 1936 trafen schließlich die ersten Bataillone mit 10.000 Mann im spanischen Hafen Cadiz ein. Dieser »Corpo di truppe volontarie« [Freiwilligenkorps] setzte sich sowohl aus Angehörigen der faschistischen Miliz wie auch aus Einheiten des italienischen Heeres zusammen. Freiwillige gab es bei diesen Hilfstruppen allerdings nur ganz wenige, die meisten wurden angeworben, ohne dabei über den geplanten Einsatzort und den Einsatzzweck in Kenntnis gesetzt zu werden. Bis zum Ende des Krieges sollte Mussolini General Franco mit rund 70.000 Mann beigestanden haben. Hinzu kamen noch 4000 Angehörige der Luftstreitkräfte und zahlreiche Marineeinheiten.

Franco (l.) und Mussolini (r.)

Unter den sogenannten Freiwilligen im Spanischen Bürgerkrieg befand sich auch der gebürtige Meraner Alfons Tanner. Alfons Tanner wurde bereits im Jahre 1933 ins italienische Heer eingezogen, und zwar als Kavallerist, wurde aber dann zum Panzerschützen umgeschult. Im November 1936 wurde er neuerdings einberufen und von seinem Kommandanten beauftragt, 30 Mann »Freiwillige« für einen Einsatz mit unbekanntem Ziel auszuwählen.

Alfons Tanner

Alfons Tanner: Die sich gemeldet hatten, sind noch am gleichen Tag als Zivilisten angezogen worden. Da ist einer von einem Modegeschäft gekommen und hat uns alle abgemessen. Wir haben dann einen Zivilanzug gekriegt, es wurden von uns Fotos gemacht und ein jeder von uns hat einen Pass bekommen. Dann sind wir zu Sanitätssoldaten umgetauft worden. Am gleichen Abend noch sind wir von den Carabinieri zum Bahnhof gebracht und in den Zug verladen worden. Wir wurden nach La Spezia gebracht und vier, fünf Kilometer vor La Spezia mitten in den Feldern hat der Zug gehalten. Wir mussten einzeln aussteigen, sind auf einem kleinen Boot aufs Meer hinaus gefahren, weit hinaus, bis endlich aus dem Nebel ein großes weißes Schiff aufgetaucht ist. Das war ein Spitalsschiff, ein wunderschönes Schiff. Da haben sie uns eingeschifft. Die Panzer waren schon oben auf dem Schiff und Flaksoldaten und Bersaglieri und Spezialtruppen auch. Wir haben überhaupt keine Ahnung gehabt, wohin sie uns schicken. Von Spanien war schon gar nicht die Rede.

Die Fahrt führte die Männer durchs Mittelmeer in Richtung Gibraltar, wo sie schon das erste Mal bombardiert worden sind. Schließlich erreichten sie doch unversehrt ihr Ziel, den spanischen Hafen Cadiz. Dort konnten sie beobachten, wie gerade marokkanische Truppen an Land gesetzt wurden. General Franco war ja der Kommandant der Fremdenlegion und somit auch der Marokkaner in Ceuta in Marokko.

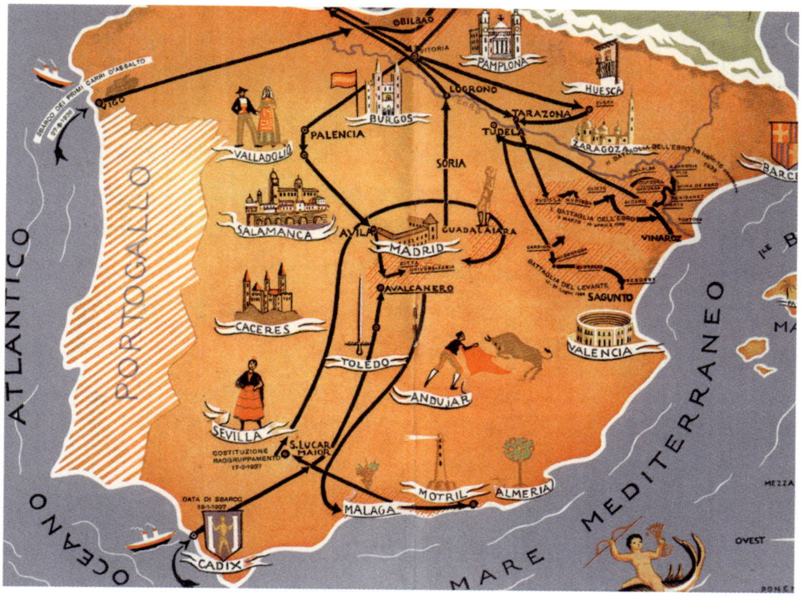

Kampf-
verlauf im
»Spanischen
Bürgerkrieg«

Alfons Tanner: Die haben ausgeschaut wie Banditen mehr als wie Soldaten und sie waren es auch. Was diese Marokkaner in Spanien aufgeführt haben, das ist nicht zu glauben. Nachts hat man in der Stadt Cadiz die Schreie der Frauen gehört, die von diesen Marokkanern vergewaltigt worden sind. Auch wir durften nur zu dritt ausgehen, mit Handgranaten bewaffnet und die Pistole immer schussbereit. Einen Unteroffizier meiner Kompanie haben sie am ersten Tag schon umgebracht. Den haben sie in Stücke geschnitten und im Mantel eingewickelt und an der Kasernenmauer niedergelassen. Furchtbar.

Von Cadiz aus zog Alfons Tanner mit seiner Einheit nach Malaga und weiter nach Alcazar und von dort über Toledo nach Madrid, ohne auf nennenswerten Widerstand zu stoßen.

Alfons Tanner (3.v.l.) mit drei Freunden

Alfons Tanner: In Madrid waren wir schon bis zu den ersten Häusern vorgestoßen, aber dann sind wir von den internationalen Brigaden zurückgedrängt worden. Da waren Italiener auch dabei, also die italienische Gegenseite, die Brigade »Garibaldi«. Die größten Schlachten in Spanien sind ja unter den Italienern gekämpft worden, also zwischen italienischen Mussolini-Truppen und italienischen kommunistischen Truppen. Und das hat sich auch in der Schlacht von Guadalajara gezeigt.

Bei Guadalajara standen im März 1937 den sogenannten Freiwilligen in der faschistischen Expeditionsstreitmacht die 5000 echten Freiwilligen der Brigade »Garibaldi« und der internationalen Brigade gegenüber. Die italienischen Hilfstruppen erlitten dort eine empfindliche Niederlage, die allerdings auf den weiteren Verlauf des Krieges keinen Einfluss haben sollte.

Alfons Tanner: Von Guadalajara aus sind wir an die Nordfront gekommen nach Santander. Santander haben wir in 14 Tagen erobert, also, am 12. August hat die Offensive angefangen und am 26. August 1937 sind wir in Santander eingedrungen. Wir sind mit den Panzern als erste in die Stadt hinein und als letzte heraus. Nach uns sind die Spanier gekommen und zwar die Marokkaner, die marokkanische Kavallerie. Nach ein paar Kilometern haben wir zurückgeschaut und gesehen, dass die ganze Ortschaft in Feuer gestanden hat. Die haben ja alles angezündet, die Marokkaner. Die sind in die Häuser hinein, haben den Boden aufgerissen und Feuer gemacht, und was die mit den Frauen gemacht haben, das kann man nicht erzählen. Keine Disziplin, nur plündern und morden, und die Roten haben es dann heimgezahlt. Sie haben aber immer nur uns die Schuld gegeben, dass wir die Dörfer angeschürt haben.

Bomber der »Legion Condor« über Madrid

Von Santander zog die Kompanie von Alfons Tanner gleich nach Saragossa weiter.

Alfons Tanner: Von Saragossa aus haben wir dann [am 9. März 1938] die Ebroschlacht angefangen. Dort bin ich nur bis Alcañiz gekommen, dann bin ich gefangen genommen worden. Und das war auch ziemlich abenteuerlich. Wir sind in der Nacht an einen anderen Frontabschnitt versetzt worden, wo spanische Truppen gelegen waren, spanische und auch italienische, nämlich die »Blaue Division«. Und ein italienischer Oberst hat uns gleich angeschrien: »Sofort angreifen, meine Truppen

Vorstoß italienischer Panzer

müssen um sieben Uhr durchbrechen, also, ihr müsst sofort diese Maschinengewehre ausschalten.« Und mein Hauptmann hat ausgerechnet mich vorgeschickt. Ich war Unteroffizier und habe vier Panzer unter mir gehabt. Er hat gesagt: »Austriaco, avanti tu!« [»Österreicher, geh' du voran!«] Und da bin ich nach vorne gefahren. Nach einer Weile habe ich bemerkt, dass wir allein geblieben sind, und mein Fahrer hat gerufen: »Wir sind allein, die andern sind davongefahren, die anderen drei Panzer. Die sind nicht nachgekommen!« Da habe ich zum Fahrer gesagt: »Fahre weiter, fahre weiter, gib Gas, gib Gas!« Und in dem Moment habe ich vor mir einen großen Trupp Roter gesehen, die vor dem Panzer geflüchtet sind, und da habe ich gleich hineingeschossen mit beiden Maschinengewehren, und in dem Moment, vielleicht ist der Fahrer durch das plötzliche Feuergefecht erschrocken, auf alle Fälle sind wir in ein Minenfeld hineingeraten, und der Panzer ist umgekippt, und wir sind nicht mehr herausgekommen. Dann haben wir gewartet, und der Fahrer ist leider nach ein paar Stunden gestorben, und ich bin alleine geblieben. Um elf Uhr in der Nacht habe ich gehört, dass sich draußen etwas bewegt. Da habe ich hinausgeschrien und gefragt, wer sie sind. Da haben sie gesagt, sie sind von der Infanterie. »Ja«, sagte ich, »von welcher Infanterie, der roten oder der nationalen?« Da haben sie gesagt: »Nationale Infanterie.« Dann fragte ich: »Von der Blauen Division?« »Ja!« Da habe ich

Stadt und Schloss Cardona mit dem Gefängnisturm »Torre de la Minyona«

jemanden gefragt: »Haben sie die italienischen Panzer gesehen?« »Ja«, haben sie gesagt, »da oben auf der Straße sind ein paar gewesen.« Dann habe ich gesagt: »Seid so freundlich und schickt jemand hinauf und sagt ihnen, dass da ein Panzer umgekippt ist, sie sollen gleich herunterkommen.« Nach einer Weile sind sie gekommen und haben gesagt: »Die sind schon weg, die Panzer.« Dann habe ich gesagt: »Machen sie mir unter dem Panzer ein Loch, damit ich die Tür hinunterschieben und hinausschlüpfen kann.« Sie haben ein Loch gegraben, und kaum habe ich die Tür weit genug hinuntergebracht, haben sie mich schon bei den Haaren gepackt und mit Gewalt herausgezogen.

Alfons Tanner wurde zunächst nach Barcelona gebracht und nach ein paar Tagen dann auf ein Schloss, das sich oberhalb des Dorfes Cardona [90 km nordwestlich von Barcelona] auf einem Felsen erhebt. Im Schloss von Cardona befindet sich noch heute eine Kirche mit den Grabstätten spanischer Könige.

Alfons Tanner: In dieser Kirche haben sie uns eingesperrt, ohne Klo und ohne nichts, 7000 Gefangene. Furchtbar! Wir mussten auf dem Boden schlafen, waren voller Läuse, voll Dreck, von Wasser überhaupt keine Spur, zum Essen haben wir gekriegt, wenn es gut gegangen ist, vier Bohnen am Tag, das war alles, vier Bohnen oder vier Linsen oder so was ähnliches.

In diesem Gefängnis wurden auch noch andere Italiener gefangen gehalten und natürlich auch viele Spanier und unter diesen auch hohe Offiziere und sogar Bischöfe, wie zum Beispiel der Bischof von Teruel.

Alfons Tanner: Wegen des Bischofs haben die Roten mich einmal halb erschlagen. Weil ich ihm zugeflüstert habe, unsere Truppen werden bald hier sein, hat er mich gesegnet und das hat eine Wache gesehen. Da haben sie mich hineingerufen ins Kommando und haben mich fürchterlich geschlagen, mich und den Bischof auch. Mein Gott, das waren Barbaren!

Alfons Tanner war am 26. März 1938 gefangen genommen worden, am 20. August gelang ihm mit noch drei anderen die Flucht. Die Flucht wurde aber gleich entdeckt, und so sind alle vier von der Wachmannschaft heftig beschossen worden. Bei dieser Schießerei verloren sie sich aus den Augen, so dass Alfons Tanner alleine weiterziehen musste.

Alfons Tanner: Jedes Mal, wenn ein Gewitter gekommen ist, habe ich diese Zeit ausgenützt, so schnell wie möglich weiterzukommen, bis ich dann in der Nähe der [spanisch-französischen] Grenze einmal auf Zigeuner gestoßen bin. Ich habe mit diesen Zigeunern Freundschaft geschlossen und sie gefragt, ob sie mir sagen können, wo die Grenze ist. »Ja«, haben sie gesagt, »da oben.« Ich habe ihnen gesagt, dass ich eben über die Grenze möchte. »Das brauchst du gar nicht probieren«, haben sie gesagt, »wir sind schon seit Monaten hier und warten auf eine Gelegenheit, über die Grenze zu kommen, aber es ist uns bis jetzt noch nicht gelungen.« »Ich riskiere es trotzdem«, habe ich gesagt. Dann bin ich wieder weitergezogen. Und tatsächlich haben mich zwei von der »Guardia d'assalto« entdeckt und sind mir bis zur Grenze gefolgt. An der Grenze oben habe ich nicht mehr gewusst, wohin ich gehen sollte.

So versteckte sich Alfons Tanner unter einem Heuschober und wartete ab, was passieren würde. Da hörte er nebenan in einer Almhütte zwei Schüsse.

Alfons Tanner: Ich habe erst nachher vom italienischen Konsul erfahren, dass das ein italienischer Schafhirt war, der diese zwei von der »Guardia d'assalto« niedergeschossen hat. Die zwei Gendarmen sind in die Almhütte hinein und haben behauptet, dass er mich da versteckt hat. Und der hat gleich hinter der Tür ein Gewehr gehabt, hat das Gewehr gepackt und hat beide niedergeschossen. Das hat mir nachher der italienische Konsul in Perpignan erzählt.

Alfons Tanner lief noch in jener Nacht auf französischem Staatsgebiet ins Tal hinunter, bis er auf die Hauptstraße kam. Dort wurde er allerdings sofort von zwei französischen Gendarmen entdeckt.

Alfons Tanner: Ich habe derart wild ausgeschaut. Ich habe mich ja fünf Monate lang nicht rasieren können und habe immer im Dreck geschlafen, und während ich vor der Gefangennahme im umgekippten Panzer gelegen habe, ist das Motoröl auf mich herabgeronnen, so dass ich von diesem verbrannten Öl ganz verschmiert war.

Die zwei Gendarmen hielten ihn an und nahmen ihn fest.

Alfons Tanner: Einer hat sich rechts von mir aufgestellt und der andere links, aber schon ziemlich weit weg von mir, weil wahrscheinlich die Läuse überall herausgekrochen sind. Die haben sich gegraust, ist doch klar. Dann haben sie mich in ein kleines Dorf gebracht und in einer Isolationszelle eingesperrt. Dann haben sie mir gleich etwas zum Essen gebracht, einen Wecken Brot, wie ihn die Franzosen haben, und eine große Wurst. Sie haben mich ganz vorzüglich behandelt. Am nächsten Tag haben sie mich dann nach Perpignan geführt mit einem Autostopp-Wagen. Dieser Autostopp-Wagen war ein roter Lieferwagen, der von Spanien gekommen ist. Sie haben mich hinten hineingeschoben, und die Gendarmen sind vorne beim Chauffeur eingestiegen. Ich habe schon gesehen, dass die immer wieder zurückgeschaut haben und miteinander geredet haben. Wahrscheinlich haben die gesagt, dass das ein italienischer Gefangener sei, der geflohen ist, und der Chauffeur wird zu ihnen gesagt haben, sie sollen ihn zur spanischen Botschaft bringen, denn dann würden sie eine Belohnung kriegen.

Tatsächlich hielt das Auto vor einer Villa bei Perpignan, die Gendarmen stiegen aus, öffneten die Hecktür, forderten Alfons Tanner auf auszusteigen und boten ihm an, ihm in der Villa etwas zum Essen zu geben.

Alfons Tanner: Da habe ich gesehen, dass ganz unten in der Villa groß gestanden hat: »Ambassada Republicana Spanol«, also rot-spanische Botschaft. »Schau dich an«, habe ich mir gedacht, »wo die mich hinbringen.«

Daraufhin lief Alfons Tanner, so schnell er konnte, durch ganz Perpignan, bis er zu einem Park kam und sich unter eine Hecke im Park verkriechen konnte. Dort blieb er, bis es dunkel wurde. Um Mitternacht verließ er sein Versteck, wurde aber gleich von einem anderen Gendarmen festgenommen.

Alfons Tanner: Der hat mich ins Gefängnis gebracht und hat mich getröstet: »Du brauchst keine Angst zu haben, da passiert dir nichts, da bist du sicher.« Mir ist es tatsächlich wunderbar gegangen in diesem Gefängnis: Zum Essen sind zwei Gendarmen gekommen. Jeden Mittag haben sie mich abgeholt, hinaus in ein Restaurant geführt und im Restaurant habe ich bestellen können, was ich haben wollte.

Schon gleich nach der Gefangennahme wurde Alfons Tanner in die Präfektur gebracht und dem Präfekten vorgeführt. Als dieser ihn sah, ordnete er an, ihn gleich zum Waschen unter die Dusche zu stecken.

Alfons Tanner: Dann haben sie mir ein Stück Seife gebracht und eine Bodenbürste und da habe ich zwei, drei Stunden reiben können, bis ich den ganzen Dreck heruntergebracht habe. Dann haben sie mich wieder zurückgeschickt in die Präfektur. Wie sie mich gesehen haben, haben sie gesagt: »Ah, jetzt wohl schaust du wie ein Christ aus!« Da habe ich ganz anders ausgeschaut, weil davor haben sich ja alle gegraust [geekelt] vor mir, weil ich so gestunken habe und ausgeschaut habe wie ein Höhlenmensch. Das war auch nicht verwunderlich bei der Gefangenschaft, die ich erlebt habe. Ich habe fünf Monate nicht einen Tropfen Wasser zum Waschen gehabt. Wie sie uns die paar Bohnen gebracht haben, da haben wir uns oft das bisschen Saft von den Bohnen auf die Augen hinaufgerieben, um die Augen auszuwaschen. Das war alles.

Alfons Tanner wurde bald aus der französischen Gefangenschaft entlassen und nach Meran gebracht. In Meran bekam er 40 Tage Urlaub und wurde dann erneut eingezogen, diesmal aber zur Infanterie, und wurde bald darauf zum Distretto [Militärdistrikt] beordert. Er meldete sich dort, war aber der Meinung, dass er nur gerufen wurde, um den Sold für die Zeit der Gefangenschaft abzuholen. Stattdessen wurde er nach Rom geschickt, wo er sich bei seinem Kommando melden sollte.

Alfons Tanner (l.) mit einem Freund

Alfons Tanner: Um zwei Uhr mittags bin ich in Rom angekommen, um sechs Uhr am Abend war ich schon in Gaeta eingeschifft, um noch einmal nach Spanien zu kommen. Dann sind wir wieder in Cadiz ausgeschifft und von Cadiz bin

Italienische Panzer in Barcelona bei der Siegesfeier

CORPO TRUPPE VOLONTARIE
RAGGRUPPAMENTO CARRISTI
"Ad victoriam velociter"
COMANDO

è autorizzato a fregiarsi dello speciale distintivo commemorativo istituito per militari in servizio presso il Corpo Volontari in Spagna.

IL COLONNELLO

ich sofort an die Front, an die zweite Ebro-Front geschickt worden, nach Katalonien. Dort bin ich dann zu meiner Kompanie gekommen, die mich sehr gefeiert hat, aber natürlich habe ich keinen Panzer mehr bekommen, weil die spanischen Gesetze nicht erlaubt haben, dass, wenn einer einmal in der Gefangenschaft war, er wieder an die Front kommt. Ich bin aber trotzdem immer bei der Kompanie geblieben. Gekämpft habe ich aber nicht mehr.

Von Barcelona kam Alfons Tanner nach Alicante an die Südfront und von dort nach Madrid. In Madrid nahm er an der Siegesparade teil. Gleich nach der Siegesparade wurde er in Cadiz eingeschifft und nach Italien gebracht. Am 1. Juni 1939 erreichte er Neapel und nahm auch dort wieder an einer Siegesparade teil, die vor Benito Mussolini und König Vittorio Emanuele II. abgehalten wurde.

Ein anderer Südtiroler, Johann Flor aus Neumarkt, ist ebenfalls als unfreiwillig Freiwilliger in den Bürgerkrieg nach Spanien geschickt worden. Der Krieg in Spanien war schon in vollem Gange, als Johann Flor im Jahre 1938 nach Trient zum Militärdienst bei den Alpini einberufen wurde.

Johann Flor: Während des Militärdienstes haben sie aber eine Einheit zusammengestellt und haben uns als Arbeiter nach Spanien geschmuggelt. Wir sind nach Meran gekommen, und dort haben sie uns alle in Zivilkleider gesteckt. Wir als Soldaten haben Mützen gehabt, und die Offiziere haben alle einen Hut getragen, damit man die Offiziere von der Mannschaft unterscheiden konnte. Dann, eines schönen Tages haben wir die braune Uniform gekriegt und haben den Rucksack packen müssen. Wir haben zwei große Kisten gehabt: In einer haben wir unsere Waffen verstaut, in der anderen Kiste die Rucksäcke mit der braunen Kleidung. Dann sind wir nach La Spezia gefahren.

In La Spezia wurden sie gleich an Bord eines Schiffes gebracht, das in einiger Entfernung vom Hafen vor Anker lag. Das Schiff hieß »Ascari« und trug rückwärts, nach dem Heimathafen, die Aufschrift »La Spezia«. Auf der Überfahrt nach Spanien machte Johann Flor eines Tages eine interessante Beobachtung:

Johann Flor: Plötzlich sehe ich, dass die Matrosen große Tafeln hernehmen und die Buchstaben von »La Spezia« überdecken und vorne auf dem Bug auch den Namen »Ascari«, und da hat das Schiff plötzlich »Bilbao« geheißen. Und dann haben sie die spanische Flagge aufgezogen, und wir sind auch schon in Gibraltar gewesen. Dann ist eine Kontrolle gekommen. Die Matrosen haben die Leiter hinunter gelassen, damit die Kontrolle herauf kann. Wir haben uns dann alle als spanische Arbeiter ausgegeben und haben auch alle eine Identitätskarte gehabt. Ich habe »José de Pero« geheißen. Da haben sie gesagt, dass alles in Ordnung ist und wir weiterfahren können. So sind wir nach Cadiz gekommen und sind dort an Land gegangen.

Von Cadiz fuhr die Einheit von Johann Flor mit dem Zug nach Puerto de Santa Maria. Dort befand sich ein großes spanisches Militärlager. Die italienischen Soldaten waren immer noch in Zivil, aber als die Kisten mit ihrer Kleidung nachgekommen sind, zogen alle die braune Uniform an, gaben die Zivilkleidung ab und durften so das Lager zu einem abendlichen Bummel durch die Ortschaft verlassen. Johann Flor brach in Gesellschaft von zwei Südtirolern auf, und schon bald landeten sie in einer »Bottega de vino«. Nach etlichen Gläsern Wein verließen sie die Schenke in betrunkenem Zustand und fanden nur mehr mit Mühe ihren Schlafplatz im Lager. Als Johann Flor in der Nacht aufstehen musste, um sich wegen des übermäßigen Weingenusses zu übergeben, wurde er Zeuge eines schauerlichen Vorfalls.

Johann Flor: Gegenüber dem Militärlager ist so ein altes Kloster gewesen und das Kloster hat als Gericht gedient, in welchem sie die Gefangenen eingeschlossen gehabt haben. Plötzlich habe ich dort Riegel aufmachen gehört und dann sind Leute aus einer Tür herausgetreten. Sie haben elf Sträflinge gehabt, 13 sind es gewesen, weil zwei sind Weiber gewesen, elf Männer und zwei Weiber. Dann habe ich gesehen, wie der Offizier den Säbel herauszieht und befiehlt: »Laden!« Und dann hat er den Säbel herunter getan, dann hat es einen Krach getan und alle Männer und die Weiber sind am Boden gelegen. Dann ist der Offizier noch her und hat allen mit der Pistole in den Kopf geschossen. Da bin ich vom Rausch so wach geworden, als wenn ich nie einen gehabt hätte, und bin einfach davongelaufen, zurück in den Schlafsaal, und habe mir gedacht: »Pfüet-dich-Gott, der Mensch ist gar nichts mehr wert!«

Am 27. März 1939 ging der Krieg in Spanien zu Ende, und die italienischen Legionäre konnten somit die Heimreise antreten.

Johann Flor: Wie wir auf dem Schiff gewesen sind, hat unsere Musikkapelle alle Instrumente ins Meer geworfen, weil keiner mehr etwas vom Krieg wissen wollte und weil der Befehl ausgegeben worden ist, die Truppen, die aus Spanien zurückgekommen sind, die müssen alle umgekleidet werden und müssen dann nach Albanien gehen zu einem weiteren Kriegseinsatz. Dazu ist es dann auch gekommen.

Porträt von General Franco auf einer Hausfassade

Der Spanien-Krieg forderte auf italienischer Seite 63.000 Tote und Vermisste, zudem brachte er Italien einen finanziellen Aderlass und verschlang riesige Mengen an militärischer Ausrüstung. Außerdem hat dieser Krieg dem Ansehen Mussolinis und des Faschismus in der Weltöffentlichkeit eher geschadet als genützt, weil er die Schwächen der italienischen Armee deutlich sichtbar machte.

Im Strudel zweier Diktaturen

Der Fremdenverkehr

Die Einverleibung Südtirols durch Italien wirkte sich auch auf einen für Südtirol lebenswichtigen Wirtschaftszweig aus, auf den Fremdenverkehr. Um die Wende vom 19. auf das 20. Jahrhundert erfuhr das Land mit dem Bau von Nobelhotels in Bozen und Meran und mit der Errichtung von Grandhotels in Sulden und Trafoi, in Toblach und am Karerpass, in Gossensaß und am Brenner, den Hotels im Gröden- und im Gadertal, in Brixen und in den Ruheoasen des Mittelgebirges einen bewundernswerten Aufstieg, der durch den Ersten Weltkrieg aber ein jähes Ende fand.

Unmittelbar nach dem Ersten Weltkrieg kam der Fremdenverkehr nur zögerlich wieder in Gang. Außerdem wechselte die Kundschaft: Die Oberschicht blieb aus und eine begüterte Mittelschicht nahm ihren Platz ein, und der Gast aus dem Süden, aus den alten Provinzen, fand nun Gefallen am Urlaub im Gebirge. Die neuen Herren im Lande trugen dazu bei, dass sich in Südtirol sehr bald wieder eine Aufwärtsentwicklung abzeichnete. Allerdings nahm bald auch der neue Geist deutlich sichtbare Konturen an. Ettore Tolomei trieb vehement die Italianisierung der deutschen Orts- und Eigennahmen voran und dehnte seine Bestrebungen auch auf das Gastgewerbe aus, indem er darauf bestand, dass auch in diesem Bereich die deutschen Bezeichnungen durch italienische ersetzt wurden. Er stieß dabei immer wieder auch auf den Widerstand der Betroffenen, wie im Falle des Eigners des im Jahre 1908 erbauten »Hotel Holzner« in Oberbozen.

Ettore Tolomei

Hans Holzner: Zur Eröffnung des Hotels hieß das Hotel »Hotel Oberbozen«. »Hotel Oberbozen« wurde dann umgeändert zum »Hotel Savoia«. Und dann kam die unselige Zeit des Faschismus und der Name »Savoia« war dann ja auch irgendwie verpönt, also musste man eine Lösung finden. Und so dachte mein Großvater damals,

dem Hotel den Namen der Familie zu geben, um Problemen auszustellen. Aber Tolomei hatte da ein Äuglein auf die Hotels und wollte unbedingt, dass die Hotels einen italienischen Namen, einen von ihm gegebenen italienischen Namen erhielten, und da war es in unserem Fall, nachdem wir Holzner hießen, naheliegend, dass man das Hotel »Dal Bosco« hieß, was meinem Großvater natürlich nicht sehr gefiel. Und so beharrte er darauf, dass das Hotel in den Familiennamen umbenannt wurde, und dann eben kam es zu dem Namen »Hotel Holzner«.

Eine andere Bekanntschaft mit dem Faschismus machte eine Abordnung aus Brixen, als sie am 28. August 1934 von Benito Mussolini in seiner Residenz im Palazzo Venezia in Rom empfangen wurde. Aufgrund der sogenannten »1000-Mark-Sperre«, die besagte, dass jeder Deutsche, der nach oder durch Österreich reisen wollte, eine Gebühr von 1000 Reichsmark bei der Bank hinterlegen musste, und durch die im Jahr 1933 noch anhaltende Weltwirtschaftskrise blieb der gewohnte Reiseverkehr aus dem Norden aus und Brixen, und so auch die »Kuranstalt von Guggenberg«, geriet in große Schwierigkeiten. Die Brixner Delegation, bestehend aus dem Präfekten von Bozen, dem

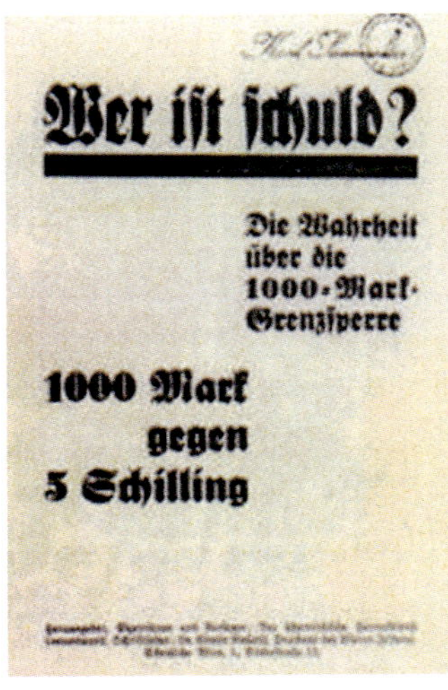

Bürgermeister von Brixen, dem Verwalter der Kneipp-Aktiengesellschaft und der Kurverwaltung, Persönlichkeiten aus der Brixner Wirtschaft und als Vertreter der »Kuranstalt von Guggenberg« die Brüder Hans und Otto von Guggenberg mit Ehefrauen, händigte Mussolini ein Bittgesuch aus, in welchem dieser um finanzielle Unterstützung gebeten wurde. Mussolini hörte sich die Ausführung der Abordnung aus Brixen mit Interesse an und sicherte seine Hilfe zu.

Die Kuranstalt Dr. von Guggenberg in Brixen, 1925

Paul von Guggenberg: Er hat gesagt: »Darò disposizione che Bressanone ritorni a diventare il centro della Cura Kneipp!« »Ich werde schon dafür sorgen, dass Brixen wieder das Zentrum der Kneipp-Kur wird!« »Dovranno interessarsi tutti i medici d'Italia!« »Alle Ärzte Italiens werden sich dafür einsetzen müssen!« Viel herausgekommen ist nicht: Ein Beitrag von 300.000 Lire für das Ganze und die Aussicht auf einen langfristigen Kredit.

Ein Unterfangen, das dazu dienen sollte, den Fremdenverkehr in Meran zu beflügeln, war die Errichtung des Pferderennplatzes.

Raymund Öttl: Dieser Pferderennplatz ist von Mussolini eigentlich als Flugplatz erbaut worden. Das war eine Tarnung, weil so und so viel, hat es geheißen, Kilometer von der Schweizer Grenze entfernt darf Italien keinen Flugplatz haben, also keinen Militärflugplatz.

Eine sehr erfreuliche Erscheinung der Zwischenkriegszeit lag in der Bereitschaft einiger Hotelbesitzer, Architekten von Rang mit Zubauten oder Neubauten zu betrauen. Dies traf auf die großzügige Erweiterung des »Hotel Adler« in St. Ulrich in Gröden durch Prof. Clemens Holzmeister aus Fulpmes in Nordtirol zu.

»Gasthof zum Adler« in St. Ulrich, 1888

Elfriede Wörnhart Sanoner: Gebaut hat der Prof. Clemens Holzmeister zusammen mit dem Luis Trenker. Der Luis Trenker hat die ganzen Pläne signieren müssen. Es war damals die faschistische Zeit und es war verboten, dass ein österreichischer Architekt in Südtirol baut. Aber gebaut hat eigentlich der Holzmeister.

»Hotel Adler« in St. Ulrich

»Hotel Drei Zinnen« in Sexten

Clemens Holzmeister erhielt im Jahr 1929 auch den Auftrag für den Bau des »Hotel Drei Zinnen« in Sexten.

Professor Clemens Holzmeister

Luis Trenker

Waltraud Watschinger: Der Kontakt ist eigentlich so entstanden. Der Bruder von Prof. Holzmeister war Gemeindearzt da in Sexten und mein Großvater war zu der Zeit Bürgermeister, und so ist eigentlich die Idee, ein großes Hotel zu bauen, bei ihm entstanden.

Neue Wege wurden ebenso beim Umbau der »Pension Briol« in Dreikirchen gegangen.

Leopoldine Böhler Wodenegg: »Briol« wurde als Dependance von »Bad Dreikirchen« gebaut. 1928 wurde es vom bekannten Maler Hubert Lanzinger neu gestaltet. Besondere Merkmale sind die vier großen Säulen, die die Balkone stützen.

Maler Hubert Lanzinger

Ein architektonisch neuartiges Bauwerk ließ im Jahr 1935 Oberst Emilio Bonatti nach Plänen des Architekten Gino Ponti im hinteren Martelltal errichten – das »Hotel Paradiso«.

Antonia Perkmann Stricker: Das hat geheißen »Albergo Sportivo al Cevedale nel Parco nazionale dello Stelvio«. Das wäre der ganze Name gewesen. Es war eines der modernsten Hotels im Alpengebiet. Die Hausgänge sind damals schon mit Teppichen ausgelegt gewesen, da sind schon Läufer drin gewesen, und jedes Zimmer hat eine andere Malerei gehabt. Und einen wunderschönen Lesesalon haben sie gehabt mit englischen Kaminen, einen schönen Frühstückssaal, einen Speisesaal, ein Post- und Telegraphenamt und eine Taverne. Die Kellner haben mit weißen Handschuhen den Gästen die Apfelsinen, die Orangen, geschält. Also, das ist sehr modern gewesen. Man hat halt allgemein gehört: eines der schönsten Hotels, die es gibt. Und das ist gut besucht gewesen von reichen Gästen aus der ganzen Welt. Da sind Japaner drin gewesen und Amerikaner und Franzosen und Engländer und Schweizer, alles Mögliche hat man da gesehen.

Das »Hotel Paradiso« bot den Talbewohnern in einer schwierigen Zeit dringend benötigte Arbeitsmöglichkeiten.

Antonia Perkmann Stricker: Zuerst hat man überhaupt versucht, alles Italiener anzustellen, aber die sind zwar im Sommer im Martelltal geblieben und wenn die Schwalben gegangen sind, sind sie auch gegangen. Also, das war ihnen da alles zu einsam und zu wild. Und dann haben unsere Mädchen in der Wäscherei und in der Büglerei gearbeitet und sind als Zimmermädchen angestellt worden. Da ist meine Tante auch dort gewesen als Serviererin, und so habe ich das Hotel besser kennen gelernt und habe mehr erfahren, wie es da drinnen zugeht. Das ist so gegangen bis 1939, bis der Krieg ausgebrochen ist. Dann sind die Ausländer alle auf einen Schlag ausgeblieben. Es sind nur noch einige Italiener gekommen. Und 1943, als die Deutschen in Südtirol einmarschiert sind, ist dieses Hotel von der SS beschlagnahmt worden. Es wurde ein Erholungsheim für alle möglichen Einheiten, die im Krieg im Einsatz gewesen sind. Die haben da drinnen auch Feste gefeiert und haben sich Mädchen hineingeführt, so dass sie Tanzunterhaltungen abhalten konnten. Und das ist gegangen bis zum Zusammenbruch. Beim Zusammenbruch sind sie dann alle abgehauen. Durch das Tal hinaus hat man sie zu Fuß hinausmarschieren gesehen. Sie haben auch während der Besatzungszeit viel zu Fuß hineingehen müssen. Da ist von mir auch ein Cousin dabei gewesen, der ist dann oft zugekehrt bei uns, und das war recht ein Fanatischer. Und einmal habe ich gesagt, es ist Februar 1945 gewesen: »Jetzt sage mir doch, wann geht denn endlich einmal der grauenvolle Krieg zu Ende?« Dann hat er mir gleich barsch zu Antwort gegeben: »Sobald wir gesiegt haben!« Dann habe ich mich nichts mehr getraut zu sagen.

Das Hotel Paradiso in Martell, 1944

Im Jahr 1939, im Zuge der Option, erlitt der Fremdenverkehr einen weiteren Einbruch. Dieser betraf ganz besonders die Hotels in Meran, so zum Beispiel die »Pension Burgund« der Familie Öttl.

Raymund Öttl: Die ausländischen Gäste mussten innerhalb 48 Stunden alle Hotels verlassen; wir haben keine Gäste gehabt, weil damals sind nur deutsche Gäste zu uns gekommen, die Italiener sind nach

Pension Villa Burgund in Meran

Familie Öttl

Gröden oder Cortina, aber in Meran waren hauptsächlich nur deutsche Gäste.

Und viele der besten Hotels wurden kurzerhand von den Behörden für eigene Bedürfnisse beschlagnahmt, wie zum Beispiel das »Hotel Post« in Bruneck.

Haymo von Grebmer: Während des Krieges nach 1938 war die ADEuRST im Hotel untergebracht, die Amtliche Deutsche Ein- und Rückwandererstelle, und die ADO, die Arbeitsgemeinschaft der Optanten.

Am härtesten traf es wohl die Hotels im Stadtkern von Bozen. Im »Hotel Bristol« waren ebenfalls die ADO und die ADEuRST untergebracht, andere Amtsstellen ließen sich in den Hotels »Laurin«, »Stiegl«, »Mondschein« und »Greif« nieder.

Die Bozner Hotels Bristol und Greif

Max Staffler: Das »Greif« war während des ganzen Krieges offen für Militär und Beamte, die auf Durchreise waren, aber zum Schluss waren vielleicht nur mehr 60 bis 70 Betten bewohnbar, weil das Andere alles beschädigt war.

Nach dem Einmarsch der deutschen Truppen im September 1943 waren es dann die deutschen Wehrmachtsstellen, die die noblen Absteigen für sich beanspruchten.

Auch das »Hotel Holzner« in Oberbozen wurde von der Wehrmacht requiriert.

Offizierskorps der deutschen Wehrmacht im »Hotel Holzner« in Oberbozen, 1944

Hans Holzner: Hier im Hotel wohnten 70 bis 80 Offiziere und unterhalb unseres Hotels auf der großen Wiese wurde eine Flak-Station errichtet. Die Flak-Station hatte die Aufgabe, Flugzeugangriffe gegen den Bahnhof Bozen zu vereiteln. Und es gab da so zirka 200 bis 250 Soldaten, die in Baracken dann auf unserem alten Tennisplatz wohnten.

Viele Verwundete aus den Kämpfen um Montecassino wurden im »Grödnerhof« in St. Ulrich gesund gepflegt.

Anna Maria Demetz Bernardi: Da ist uns das Haus beschlagnahmt worden und auf dem Dach, weiß ich, war ein großes rotes Kreuz gemalt worden.
Und die Mutter, weiß ich, hat immer fest heizen müssen, wir haben damals mit Kohle geheizt, für die Soldaten. Die sind so schubweise gekommen. Der Stabsarzt und der Zahlmeister und die Oberschwester, die haben bei uns gewohnt, und da haben wir es immer ein bisschen gut gehabt: Die haben uns immer was zum Essen gebracht. Die Mutter hat nicht für alle kochen brauchen, nur für die Ärzte. Die haben öfters bei uns gegessen, aber die Soldaten haben das Essen vom »Hotel Post« her gekriegt, weil die »Post«, »Stetteneck« und »Enzian«, das waren alles Lazarette. Und von dort aus ist die Küche gekommen, von dort sind sie mit großen Behältern gekommen und haben das Essen gebracht. Es waren ganz junge Burschen und die

haben verschiedene Krankheiten gehabt. Bei uns waren eigentlich solche mit internen Krankheiten, hingegen im »Stetteneck« da sind chirurgische Fälle gewesen und im Hotel »Post«, glaube ich, auch. Die Soldaten waren oft nette, junge Leute, und die sind herauf gekommen und, wenn sich ihr Zustand ein bisschen gebessert hat, dann haben sie wieder gehen müssen. Da kann ich mich erinnern, da waren zwei junge Soldaten, die sind von Montecassino heraufgebracht worden und sind dann wieder weg, und natürlich hat es uns allen leid getan, weil wir waren eine große Familie. Und dann, wie sie weg gewesen sind, haben sie halt geschrieben, und auf einmal kamen die Briefe: »Gefallen für Großdeutschland«. Es sind halt so viele von den Jungen nicht mehr zurückgekommen.

Die weitläufige Anlage des »Kurhauses von Guggenberg« in Brixen wurde nicht in ein Lazarett verwandelt, sondern es wurde das Brixner Krankenhaus dorthin verlegt.

Paul von Guggenberg: Das Brixner Krankenhaus lag ja an der Bahnlinie Brenner, und da begannen ja 1943 und 1944 die Bombardierungen der Alliierten und viele Bomben sind auf die Bahnlinie Brenner gefallen, da hat man eben gesagt, das geht nicht, dass das Krankenhaus, das ganz dort in der Nähe war, dort bleibt, das verlegen wir auf die andere Seite des Tales ins Kurhaus Guggenberg.
Gleichzeitig wurden dann auch die Luftschutzkeller erbaut. Die waren hier gleich hinten im Felsen. Das war ja sehr bequem, neben der Kuranstalt. Wir sind immer von der Villa herunter, wenn Alarm war. Da erinnere ich mich, wie die Schwerkranken auf Bahren aus dem Kurhaus in den Luftschutzkeller hinausgetragen wurden. Dort war ja ein Operationssaal eingerichtet worden und die ganze Einrichtung eigentlich vom Brixner städtischen Spital wurde hierher gebracht.

Kriegsbedingt umgewidmet wurde ebenfalls das »Grandhotel Karersee«. Emma Pfeifer war dort ab April 1944 als Sekretärin angestellt.

SS-Hauptsturmführer
Dr. Beichl und Gattin, 1944

Emma Pfeifer Geiger: 1943 hat das Sanitätswesen der Waffen-SS aus Berlin unter dem General Gensken dieses Hotel übernommen als Lazarettabteilung.
Die Verwundeten sind hauptsächlich vom Lazarett Traunstein da hergekommen. Die erste Zeit waren sehr viele deutsche Soldaten und die letzte Zeit haben wir fast bei jeder Eintragung einen Dolmetscher gebraucht. Die armen SS-Männer haben sie überall zusammengeklaubt, da hat alles müssen zur Waffen-SS gehen. Wir haben Holländer als SS-Männer gehabt, wir haben Bulgaren gehabt, wir haben sogar solche gehabt, die den Halbmond auf dem Käppi drauf gehabt haben.

Mit Kriegsende, im Mai 1945, mussten die deutschen Truppen die beschlagnahmten Hotels wieder räumen, und es zogen die Besatzungsmächte mit ihren Stäben in die verlassenen Gebäude ein. Vieles von dem, was bis dahin einigermaßen unversehrt die Wirren des Krieges überstanden hatte, fiel schließlich doch noch den Nachwirkungen des Krieges zum Opfer, wie das »Grand Hotel Gröbner« in Gossensaß.

Monika Gröbner Demetz: Es war von den Amerikanern besetzt und plötzlich hat das Hotel gebrannt. Ich kann mich erinnern, ich war in der Volksschule, es war also schon aufregend so eine große Katastrophe mitten im Dorf.

Ein so schlimmes Schicksal wie es dem »Grand Hotel Gröbner« in Gossensaß widerfuhr, blieb den anderen Hotels erspart, aber Schäden gab es bei Requirierungen immer, auch im »Kurhaus von Guggenberg« in Brixen.

Paul von Guggenberg: Die Deutschen hatten ganz gerne »organisiert«, hat man das genannt, also weggetragen, aber es war nicht so schlimm, und die Amerikaner, die haben auf die Wände nackte Frauen gemalt und haben sich den Spaß erlaubt, mit ihren Pistolen auf diese Figuren zu schießen.

Die Amerikaner zogen als Besatzer Anfang Mai 1945 auch ins »Grandhotel Karersee« ein, hatten aber nur die Nebengebäude besetzt und sind nach einem Monat von den Italienern, den Truppen des Marschall Pietro Badoglio, abgelöst worden.

Das »Grandhotel Karersee«

Emma Pfeifer Geiger: Die Badoglio-Truppen haben aber nicht außerhalb vom Haus gewohnt, die haben im Haus drinnen gewohnt, und man muss sagen gehaust, weil die haben sich sogar im Zimmer auf dem Parkettboden ein Feuerle [kleines Feuer] gemacht.

Ein Ereignis, das bei Kriegsende großes Aufsehen erregte, betraf das »Hotel Pragser Wildsee«. Dorthin wurden am 30. April 1945 136 prominente Häftlinge aus dem KZ Dachau gebracht, die kurz zuvor in Niederdorf von einem Einsatzkommando der Wehrmacht aus den Händen der SS und der Gestapo befreit wurden.

Caroline Heiss: Meine Oma in Brixen, die Frau Emma Hellenstainer, hat dann eben erfahren, dass das Hotel durch prominente Häftlinge hätte besetzt werden sollen, ist dann extra da herbeordert worden. Das ist Ende April gewesen, Anfang Mai, um eben das Hotel aufzumachen. Das Hotel ist aber dort schon von drei Generälen besetzt gewesen und da meine Oma eine dezidierte Antifaschistin gewesen ist, hat sie natürlich lieber ihr Hotel für die Häftlinge zur Verfügung gestellt und hat dann auch unter anderem dafür gesorgt oder sich dafür engagiert, dass das Hotel frei gemacht wird von den Generälen und eben dann den Häftlingen zur Verfügung gestellt wird.

Die drei deutschen Generäle Schlemmer, Bovius und Jordan wurden also umquartiert, und so stand das Hotel ganz den befreiten Häftlingen zur Verfügung.

Das Hotel am Pragser Wildsee blieb noch, nachdem die Häftlinge ausgezogen und in ihre Ursprungsländer zurückgekehrt waren, bis zum Jahr 1959 geschlossen. Die meisten der anderen großen traditionsreichen Gastbetriebe in Südtirol mussten, bevor sie wieder neu in Betrieb genommen werden konnten, die Schäden, die durch die zahlreichen Requirierungen und mutwilligen Zerstörungen aufgetreten waren, mit großem finanziellen Aufwand beheben.

»Ein Opfer der Zeit«

Fürstbischof Johannes Geisler

Zeitgleich mit der Machtübernahme des Faschismus in Italien im Oktober 1922 gab es auch einen Wechsel im Vatikan. Papst Benedikt XV. war plötzlich gestorben und Pius XI. wurde zum neuen Papst gewählt. Pius XI. ging unverzüglich daran, die schwelende Römische Frage zu lösen.

Bereits am 11. Februar 1929 wurden die Lateranverträge zwischen dem Heiligen Stuhl und dem Königreich Italien geschlossen. Unterzeichnet hatten sie Staatssekretär Pietro Gasparri und Regierungschef Benito Mussolini. Mit diesen Verträgen wurde das Verhältnis von Staat und Kirche neu geordnet. Das Konkordat sicherte dem Papst auch das Recht auf die Ernennung der Bischöfe zu; allerdings mussten vorher der Regierung die Namen der Auserlesenen mitgeteilt werden. Das gab dem Staat die Möglichkeit, seine Einwände vorzubringen und somit auch Einfluss auf die Wahl der Bischöfe zu nehmen. Dies sollte sich auch und besonders auf die Ernennung der Bischöfe von Brixen auswirken.

Durch die neu gezogene Staatsgrenze als Folge des Vertrages von Saint-Germain im Jahre 1919 wurde die Diözese Brixen geteilt: Den Teil südlich des Brenners verwaltete weiterhin der Fürstbischof von Brixen, die Verwaltung des nördlichen Teiles wurde einem Apostolischen Administrator unterstellt.

Die Diözese Trient umfasste außer dem rein italienischen Trentino noch zehn deutsche Dekanate in Südtirol.

Die Kirche in Tirol war also völlig zersplittert, und die faschistischen Machthaber in Italien setzten alles daran, die politischen Spannungen in Südtirol noch mehr zu verschärfen.

Nachdem der Brixner Fürstbischof Johannes Raffl im Juli 1927 gestorben war, wollte Papst Pius XI. wieder einen Tiroler zum Bischof ernennen. Der natürliche Nachfolger wäre Prälat und Dompropst Josef Mutschlechner aus Sand in Taufers gewesen.

Josef Mutschlechner

Josef Hohenegger: Die Kanoniker wollten ihn zum Bischof haben. Das war ein Deutschgesinnter, ein echter Tiroler, und hat daraus auch kein Geheimnis gemacht, und das haben die Faschisten nicht ertragen.

Johannes Geisler

Die italienische Regierung lehnte jedoch Mutschlechner wegen seiner unbeugsamen Haltung dem faschistischen Regime gegenüber ab. So wurde er zwar im Oktober 1928 zum Apostolischen Administrator ernannt, der Bischofsstuhl in der Brixner Hofburg blieb aber einstweilen unbesetzt. Erst nach zwei Jahren erhielt die Diözese Brixen wieder einen neuen Bischof. Am 2. April 1930 ernannte Papst Pius XI. überraschend Johannes Geisler, der aus dem Zillertal stammte, zum neuen Fürstbischof der Diözese Brixen.

Johann Gamberoni: Ich war damals elf Jahre alt. Wir wurden an diesem Tag von der Schule aus zur Hofburg hinbeordert, marschierten in Reih und Glied hin und standen als Klasse drunten am Hofburgplatz und harrten der Dinge, die da kommen sollten. Und da trat schließlich der Apostolische Administrator Josef Mutschlechner auf die Terrasse heraus, die über dem Eingang zum heutigen Diözesanmuseum, der Hofburg, steht, und trat wortlos an die Balustrade heran, und die Leute begannen zu toben. Neben mir war eine jüngere Frau, die schwenkte ihr Taschentuch und schrie aus Leibeskräften. Ich war ziemlich empört, weil ich glaubte, das sei sozusagen der Jubel darüber, dass Mutschlechner geht, in Wirklichkeit aber war es eine Demonstration für Mutschlechner, der eigentlich als Bischof vorgesehen war, aber von den Faschisten nicht geduldet wurde.

Mit der Wahl von Johannes Geisler zum neuen Fürstbischof der Diözese Brixen hatte sich der Papst gegen das Verlangen der faschistischen Regierung gestellt, die einen italienischsprachigen Bischof für Brixen gefordert hatte.

Josef Innerhofer: Geisler ist aber nicht in Brixen zum Bischof geweiht worden, sondern ist nach Rom gefahren,

Bischofsweihe von Johannes Geisler, 1930

ist dort geweiht worden, auch um die ganze Spannung zu entflechten. Und dann hat er feierlich Besitz genommen von der Diözese, und da war ein großes Festessen in der Hofburg, und da hatte jeder von den Südtiroler Priestern, die eingeladen waren, strengsten Befehl bekommen, sich dort einzufinden. Man hatte Angst, dass der Klerus nicht kommen würde, hat mir einer, der damals dabei war, gesagt: Und dann war es so bei diesem Essen: Da ist ein Deutscher gesessen und neben ihm ein Italiener und dann wieder ein Deutscher, das heißt, man hat versucht, eine möglichst entspannte Atmosphäre zu schaffen und niemandem Möglichkeiten des Anstoßes zu geben, keinem Faschisten. Und der eigentliche geheime Kandidat Roms und der Bevölkerung, der Prälat Mutschlechner, hat dort eine Rede gehalten – musste er ja als der Doyen des Klerus – und hat dann ganz offen geredet und hat dem Bischof deutlich gemacht, er soll wie die Zeugen des frühen Christentums tapfer zu seiner Überzeugung stehen und sich nicht verbiegen lassen. Und jeder hat verstanden, was diese religiöse Anspielung in Wirklichkeit zu bedeuten hatte.

Erzbischof Johannes Geisler vermied bei seinen zahlreichen Romfahrten geflissentlich, die deutschen und vor allem die Südtiroler Kleriker in Rom aufzusuchen und mit ihnen Kontakte zu pflegen.

Johann Gamberoni: Das war gegen Ende meines Aufenthaltes in Rom – das muss 1947 oder 1948 gewesen sein – da kam er endlich.

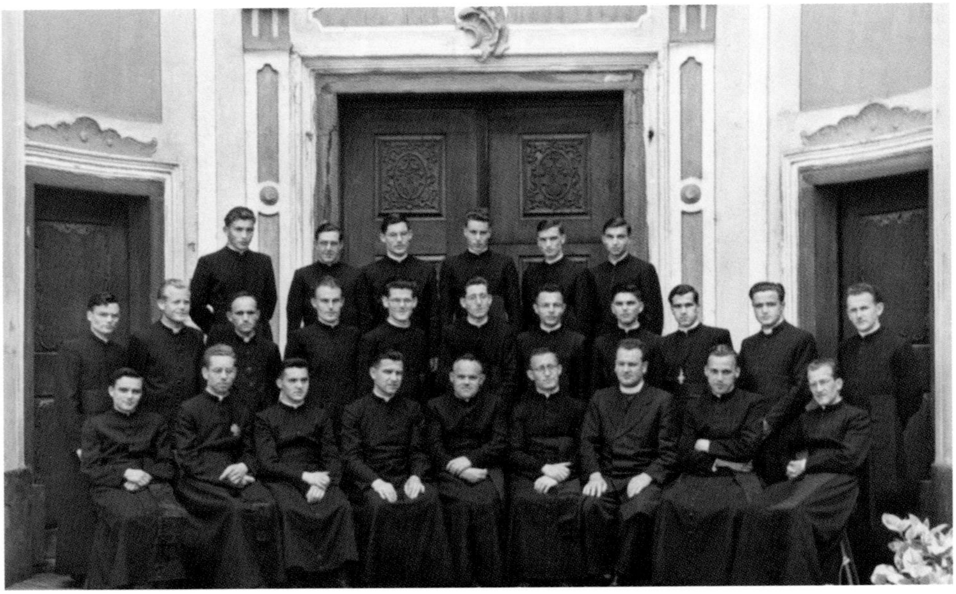

Priesterseminar Brixen, 1953 (1.v.l. sitzend: Josef Innerhofer; 4.v.l. sitzend: Johann Gamberoni; 5.v.l. 2. Reihe: Josef Michaeler; 6.v.l. 2. Reihe: Johannes Messner)

Und dann hat er auch erklärt, warum er nie auf Besuch war: Man hätte ihm bei der Ernennung zu verstehen gegeben, er soll sich ja nicht im deutschen Milieu in Rom bewegen.

Bischof Geisler versuchte zu Beginn seines Episkopates zur Staatsmacht ein ungezwungenes Verhältnis aufzubauen und sein Wirken auch in den Dienst der italienischsprachigen Bevölkerung seiner Diözese zu stellen. Damit stieß er aber beim deutschsprachigen Klerus im Priesterseminar auf wenig Verständnis.

Anton Geier: Man hat uns gegenüber nie Äußerungen gemacht, dass er etwas nicht richtig mache, obwohl wir alle gespürt haben, dass die Professoren und vor allem die Erzieher, die Präfekten, darunter gelitten haben, dass wir dreimal in der Woche untertags italienisch reden mussten. Bischof Geisler hat das verlangt, damit sein zukünftiger

Klerus die italienische Sprache erlerne, und andererseits wohl auch, um gewisse Sympathien bei den Italienern, bei den Behörden, zu erwerben.

Das Wirken von Bischof Geisler wurde aber trotzdem von den italienischen Behörden mit Argwohn beobachtet.

Josef Innerhofer: Alle seine Verwandten waren ja im Zillertal, in Österreich, und die hat er gelegentlich besucht. Da brauchte er aber eine Sondererlaubnis, und man hat dann immer gemerkt, dass ihm ein Auto – er ist stets mit dem Auto gefahren – ein Auto der Geheimpolizei gefolgt ist, und zwar nicht nur bis zum Brenner, sondern auch noch darüber hinaus ist das Auto gefahren. Sie wollten einfach kontrollieren, wohin er fährt und ob er wirklich nur zu den Verwandten geht, das heißt, er war in gewisser Hinsicht ein geheimer Gefangener der Faschisten und ist in vielfacher Hinsicht eingeengt worden.

Erzbischof Johannes Geisler ernannte im Jahre 1933 Alois Pompanin, den Professor für Kirchenrecht am Brixner Priesterseminar, zu seinem Generalvikar und damit zum höchsten Beamten in der Diözese.

Josef Innerhofer: Alois Pompanin war ein Cortinese und war interessanterweise sehr deutschfreundlich eingestellt, obwohl er

Bischof Geisler mit Alois Pompanin (vorne Mitte sitzend)

selbst nie ganz korrekt deutsch gesprochen hat. Und er war ein ausgezeichneter Jurist. Ich hatte ihn als Professor und muss sagen, wir haben ihn sehr geschätzt. Er hat die Gesetze sehr gut gekannt, nicht nur das Kirchengesetz, sondern auch das weltliche, und hat dann sehr klare Positionen vertreten. Und persönlich war er ein sehr kollegialer Mensch: Wie ich dann im Seminar als junger Professor ins Kollegium aufgenommen wurde, hat er mir gleich das Du angeboten. Er war eigentlich ein sehr aufrechter und im Grunde sehr gütiger Mensch, wenn auch mit einer etwas harten Schale.

Johann Gamberoni: Pompanin war ein sehr selbstsicherer Mann. Später war er ja mein Kollege am Priesterseminar, wir waren beide Professoren. Und da habe ich immer nur gestaunt, wenn es um Abstimmungen ging. Pompanin stellte einen Antrag, geriet vielleicht in die Minderheit, akzeptierte aber das Ergebnis und stellte gleich auch schon den nächsten Antrag, als ob es die selbstverständlichste Sache der Welt wäre. Oder – das ist nicht erfunden, sondern das habe ich selber gehört – er erzählte irgendetwas, vielleicht etwas nicht ganz Orthodoxes, und wenn er merkte, dass wir ihm nicht glaubten, kam als Schlussstrich: »So, das ist meine Meinung, und meistens habe ich Recht!«

Alois Pompanin

Bischof Geisler und sein Generalvikar Pompanin waren zwei völlig verschiedene Naturen, und ihr Wirken in der Diözese ging auch in ganz unterschiedliche Richtungen.

Josef Innerhofer: Geisler hat die geistliche Seite wahrgenommen, hat geweiht und visitiert, aber regiert hat Pompanin und zwar mit starker Hand.

Johann Gamberoni: Die Mitbrüder von Pompanin hätten Geisler gewarnt, wenn er Pompanin zum Generalvikar mache, dann gebe er das Zepter aus der Hand.
Und man hatte Bischof Geisler oft vorgeworfen, dass er eben kein Politiker war, vielleicht politisch etwas naiv, könnte man sagen. Und

das erklärt dann auch manches von seinem Verhältnis zu seinem Generalvikar.

Das Verhältnis der beiden Entscheidungsträger in der Diözese zueinander war auch dadurch geprägt, dass Geisler zum Unterschied von Pompanin ursprünglich durchaus an die Möglichkeit glaubte, die Südtiroler könnten sich als Volksgruppe in ihrer angestammten Heimat behaupten.

Aus diesem Grunde widersetzte er sich zunächst der Option für Deutschland.

Die Theologen des Priesterseminars Brixen, 1954 (sitzend: 3.v.l.: Johannes Messner; 4.v.l.: Johann Gamberoni; 8.v.l.: Josef Michaeler)

Josef Michaeler: Bischof Geisler hat immer wieder den Klerus aufgefordert, nicht zu optieren. Dann kam das Gerede, dass jene Südtiroler, die nicht optieren, südlich des Po versetzt werden. Geisler wollte die Sicherheit haben, ob das stimmt, fuhr dann nach Rom, ersuchte bei Mussolini um eine Audienz, hat zehn Tage gewartet, hat die Audienz nicht erhalten. Das war für ihn dann die Bestätigung, dass das Gerede stimmt.

Die Fahrt nach Rom war für Geisler das Schlüsselerlebnis, das ihn zur Kehrtwendung in der Optionsfrage bewegte. Von da an sprach er sich unmissverständlich für die Abwanderung aus.

Johann Gamberoni: Josef Prader hatte 1940 Primiz, und das Mahl fand im Kassianeum statt. Mir gegenüber saß ein Priester – ich war gerade Abiturient, 19 Jahre alt – und ich hörte dann aus den Gesprächen heraus, dass da was passiert sei. Der Bischof hätte, wie man damals sagte, gewählt, das heißt optiert. Und mein Gegenüber bemerkte: »Ja, selbstverständlich, mit großer Feierlichkeit!«

Josef Prader

Bischof Johannes Geisler fasste also den Beschluss, »seiner Herde zu folgen«. Diese hatte sich mit 86 Prozent für die Abwanderung ins »Reich« ausgesprochen.

Johann Gamberoni: Im Juni 1940, gleich nach dem Abitur, wurde ich einmal zum Bischof gerufen, und da sagte dieser zu mir: »Ja, eigentlich ist eine Anfrage aus Rom da, aber ich kann Sie nicht nach Rom schicken, ich kann der Diözese nicht neue Lasten aufbürden, denn ich werde ja nicht mehr lange in der Diözese sein, ich werde ja mit der Bevölkerung, der Hirte gehört zur Bevölkerung, ich werde mit der Bevölkerung auswandern!« Da hat er sich also schon mit dieser Idee abgefunden, und vor allem ist es irgendwie tragisch, dass er der Illusion, der damaligen propagandistisch gepflegten Illusion, verfallen war, irgendwo würde Südtirol neu entstehen.

Von der Mehrheit der Bevölkerung, auch von einem Teil des Klerus, wurde die Entscheidung Geislers, für Deutschland zu optieren, durchaus gebilligt und häufig sogar begrüßt.

Alfred Frenes: Meine Familie war eine Optantenfamilie, und die Optanten haben natürlich sehr viel Verständnis für die Aussage von Bischof Geisler gehabt, der gesagt hat, er gehe mit dem Volk.
Die treibende Kraft in der Kurie für das Abwandern aber war Generalvikar Alois Pompanin. Er besaß dazu auch das erforderliche Durchsetzungsvermögen.

Josef Hohenegger: Der Generalvikar Pompanin, der war eine Persönlichkeit, ein Mann mit großer Energie und einem Auftreten wie ein Kaiser. Pompanin war von seinem Nationalsozialismus völlig überzeugt. Das sei das Heil für die Deutschen in Südtirol.
Auf dem Klerus lastete ein ungeheurer Druck, dem sich einige nicht entziehen wollten und konnten.

Josef Lercher: Nachdem alle meine Angehörigen sich für die Option entschieden hatten, habe ich mich auch für die Option entschieden, möchte aber schon erwähnen, ich habe über Hitler einfach viel zu wenig gewusst und möchte in keiner Weise sagen, dass ich irgendwie nazistisch gesinnt gewesen wäre. So habe ich also am letztmöglichen Tag, am Nachmittag des 25. Juni 1940, meine Optionserklärung abgegeben, mit der Bemerkung, ich gehe aber erst mit den Letzten. Ein Grund war für mich aber auch: Ich bin 13 Jahre lang erzogen worden, dem Bischof ist zu gehorchen, und das war für mich auch ein Motiv, dem Bischof zu folgen.

Die Entscheidung für den Gehorsam und somit für das Abwandern wurde dankbar aufgenommen.

Josef Lercher: Priester, die optiert haben, die haben von Pompanin vertrauliche Briefe bekommen, wir sollen das Volk, das auswandert, nicht allein lassen, sondern wir sollen mitgehen. Also, das war vielleicht auch für mich ein Grund, um zu optieren.

Der weitaus überwiegende Teil der Bevölkerung in Südtirol besaß nur sehr ungenaue Kenntnisse von den zu erwartenden Lebensumständen in Deutschland. Anders der Klerus: Der hatte bessere Informationsmöglichkeiten und war sich über die Tragweite der Entscheidung weitgehend im Klaren.

Eduard Habicher: Noch im Jahr 1938 hat Professor Mitterer mit uns ein Semester lang den »Mythos des 20. Jahrhunderts« gelesen und auch einige Seiten von »Mein Kampf«. Wir wussten also von diesen

Büchern als junge Theologen und wir wussten auch um den Geist, der in diesen Büchern verbreitet wurde.
In der Optionszeit war dann das Seminar ein Mittelpunkt derer, die man »Dableiber« genannt hat, während in der Hofburg Fürstbischof Geisler, Generalvikar Pompanin, Hofkaplan Untergasser und Verwalter Stifter das Zentrum derer waren, die für die Option waren.

Obwohl es im Umkreis von Fürstbischof Johannes Geisler, das heißt zwischen der Hofburg und dem Priesterseminar, zwei Gruppierungen gab, die unterschiedliche Auffassungen vertraten, führten die Gegensätze nicht zu ernsthaften Zerwürfnissen unter den Klerikern.

Anton Geier: Die Theologieprofessoren, die zum größten Teil fürs Dableiben waren, haben in keiner Weise etwa Unterschiede gemacht zwischen Optanten und Nichtoptanten. Über die Option selber, über Sinn und Unsinn der Option ist zwischen uns und den Theologieprofessoren ganz wenig geredet worden. Man versuchte, jeden Streit zu vermeiden, und deswegen vermied man auch eine öffentliche Diskussion über diese Thematik.

Es wurde auch darauf geachtet, dass es nicht zu Unstimmigkeiten in liturgischen Angelegenheiten kam.

Eduard Habicher: Es war dann eine Primiz in Aussicht und es war vorgesehen, dass ein Geistlicher, der für Deutschland optiert hatte, die

Priesterweihe von Eduard Habicher durch Bischof Johannes Geisler im Dom zu Brixen, 1941

Predigt halten sollte. Der Ortspfarrer war dagegen und im Dekanat bei der Dekanatskonferenz wurde einheitlich beschlossen, diesem Herrn zu sagen, er solle nicht kommen zu predigen. Das war natürlich dem Generalvikar Pompanin nicht ganz gleichgültig. Der hat dann schon mit einem entsprechenden Brief darauf reagiert.

Die Spannungen rund um die Option betrafen aber nicht nur das private und öffentliche Leben in der Diözese Brixen, die Spannungen waren natürlich auch im deutschen Anteil der Erzdiözese Trient vorhanden. Zuständig für die zehn Dekanate des deutschen Anteils der Diözese Trient war Monsignore Josef Kögl, der vom Trienter Bischof Cölestin Endrici für die Betreuung der deutschen Gläubigen eingesetzt worden war.

Josef Kögl

Johann Mayr: Der Monsignore Kögl hat versucht, die Geistlichen über die Mentalität des Nationalsozialismus zu informieren und zwischen den Zeilen wohl auch über die Dinge, die sich in Deutschland ereigneten. In Brixen ist diesbezüglich bedeutend weniger geschehen. Mir hat später der bekannte Monsignore Tschurtschenthaler einmal gesagt, in der Zeit der Option hätten verschiedene Priester in der Diözese Brixen immer wieder auf das Erscheinen des Diözesanblattes von Trient gewartet, um etwas zu erfahren und um eine Ausrichtung zu bekommen in der doch von Südtirol aus unübersichtlichen Situation.

Johann Mayr

Geisler berief für die seelsorgliche Betreuung der Italiener in seiner Diözese Don Giuseppe Franco ins Brixner Domkapitel.

Josef Innerhofer: Mir hat Bischof Gargitter einmal gesagt, ihm habe Geisler einmal weinend erzählt, er hätte sich gerne mehr für die Italiener eingesetzt, aber der Don Franco habe ihn nicht gelassen.

Don Franco versammelte die italienischen Gläubigen der Diözese Brixen um sich. Bei den deutschen Gläubigen war wiederum Generalvikar Pompanin die zentrale Gestalt. Er war auch peinlich darauf bedacht, dass Einmischungen in kirchliche Angelegenheiten von Seiten der Regierungsstellen ausblieben.

Josef Innerhofer

Josef Innerhofer: Da ist Folgendes einmal vorgekommen – hat uns Pompanin selber erzählt: Die Regierung hat zwei italienische Geistliche nach Brixen geschickt, damit sie dort angestellt werden und natürlich auch den Klerus unterwandern. Die haben sich vorgestellt, und er hat sie angehört und gesagt: Er brauche sie nicht, sie sollen vor Sonnenuntergang die Diözese verlassen, sonst suspendiere er sie, das heißt er entkleide sie ihrer geistlichen Vollmachten. Die sind natürlich gleich abgedampft, sind nach Bozen, haben sich beim Präfekten beklagt, und der hat dann Bischof Geisler angerufen, was da los ist. Er hat nicht allzu viel gesagt, denn das hat sowieso Pompanin gemacht, und die haben sich dann auch in Rom beschwert. Rom hat eine Anfrage gestellt, und zum Schluss hat halt Rom gesagt: Ja, man hätte sie vielleicht in Cortina anstellen können, weil der Pompanin gesagt hat, wir haben genug bei uns, wir brauchen die ja nicht.

Aber von diesen Spannungen mit Rom einmal abgesehen, auch die Beziehungen Pompanins zum Klerus in der Diözese Trient waren nicht die allerbesten.

Johann Gamberoni: Von Pompanin war bekannt, dass er mit seinem Kollegen vom anderen Reich Gottes, wie ich oft sage, von Trient, damals nicht harmonierte. Die waren politisch und pastoral oft anderer Ansicht. Da kursierten einige Gerüchte, aber im Nachhinein hat man mir viele von denen bestätigt.

Am 25. Juni 1940, wenige Tage vor Ablauf der Optionsfrist für den Klerus, der sechs Monate Aufschub erhalten hatte, fasste Fürstbischof Johannes Geisler endgültig den Entschluss, für Deutschland zu optieren. Die ganze Tragweite dieser Entscheidung wurde ihm vielleicht erst nachträglich bewusst.

Fürstbischof Johannes Geisler optiert am 25. Juli 1940

Eduard Habicher: Im Jahre 1941, wo der Sturm eigentlich schon vorbei war, hat wohl Fürstbischof Geisler gespürt, dass ihm im Seminar etwas entgangen ist. Er hat sich dann angeboten, uns Priesteramtskandidaten selber die Exerzitien auf den Weihetag hin zu machen. Das hat er sonst nie getan. Auch während der Examina, Semesterexamina, ist er ins Seminar gekommen, hat sich hingesetzt, hat zugehört, was Professoren und Studenten gesagt haben. Also, ich habe damals schon den Eindruck gehabt, er möchte die Fäden wieder aufnehmen. Es war ihm sicherlich nicht gleichgültig, dass ihm da etwas aus den Fingern gelaufen ist.

Johannes Messner: Bei einem Pontifikalamt in Brixen traf es die Lesung aus dem Abschiedsbrief des Apostels Paulus an seinen Schüler Timotheus. Als der Text kam »Ich hab' den guten Kampf gekämpft« – Paulus also am Ende seines Lebens – »ich habe den guten Kampf gekämpft, den Lauf vollendet, den Glauben bewahrt; im Übrigen harrt meiner die Krone der Gerechtigkeit, die mir der Herr, der gerechte Richter an jenem Tag geben wird, aber nicht nur mir, sondern allen«, da begann Bischof Geisler auf einmal den Kopf zu schütteln und laut zu schluchzen.

Alfred Frenes: Die ganze Bitterkeit seines Pontifikates, die ganze Schwere seines Dienstes ist da zum Ausdruck gekommen. Und er hat keinen Kommentar gegeben und kein Wort gesagt, aber wir jungen Leute haben sehr gut verstanden, dass da eine zentnerschwere Last auf dem gütigen und herzlichen Mann gelegen ist, die ihn fast erdrückt hat.

Als am 8. September 1943, zwei Wochen nach dem Sturz Mussolinis, die deutschen Truppen in Südtirol einrückten, änderte sich die politische Lage im Lande völlig. Für all jene Kleriker, die zwar für Deutschland optiert hatten, aber noch nicht ausgewandert waren, wurde die Abwanderung nun hinfällig. Südtirol kam als Teil der Operationszone Alpenvorland unter deutsche Verwaltung. So nahm das Trauma der Option auch für die Geistlichkeit ein unerwartetes Ende. Bischof Johannes Geisler hatten die Auswirkungen der Option aber nachhaltig belastet.

Johann Gamberoni: Ich war oft bei ihm und, ich glaube, fast jedes Mal begann er von der Option zu reden und immer unter Tränen.

Josef Innerhofer: Ich erinnere mich noch gut an die Predigt, die er im Dom zu Brixen gehalten hat, wo er die Bevölkerung aufgerufen hat, sie möge sich einsetzen für die Rücksiedler, sie möge den Rücksiedlern wieder Heimat geben, ihnen auch Wohnungen zur Verfügung stellen, und er hat dann ausdrücklich gesagt, ich selber werde auch meinen Beitrag dazu leisten. Er hat dann südlich der Hofburg zwei Häuser bauen lassen und hat selbst Rücksiedlerfamilien in Schloss Bruneck aufgenommen.

Eduard Habicher: Was ich immer für Geisler empfunden habe, ist, dass er ein großes väterliches Herz hatte. Es mag politisch überschattet worden sein durch seinen Generalvikar, aber er selber war ein Mann von Herz.

Alfred Frenes: Er war ein sehr gütiger, ein sehr feiner Mensch, ein herzlicher Mensch, der herzlich lachen konnte, der Sinn hatte für Witz und Humor.

Josef Innerhofer: Geisler ist ein Opfer der Zeit geworden, aber in seiner Rolle, die er gespielt hat, war er für das Volk zum Heil. Wenn ich daran denke, dass mir in Innsbruck Bischof Rusch einmal gesagt hat, dass unter dem Nationalsozialismus jeder dritte Priester seiner Diözese im Gefängnis war oder wenigstens einen Prozess hatte, ist eigentlich die Kirche in Südtirol verhältnismäßig gut davongekommen.

Übergabe des Bischofsamtes an Joseph Gargitter

Nachdem Fürstbischof Johannes Geisler aus gesundheitlichen Gründen seinen seelsorglichen Verpflichtungen nur mehr ungenügend hatte nachkommen können, reichte er beim Heiligen Stuhl seinen Rücktritt ein. Papst Pius XII. kam am 23. April 1952 seiner Bitte nach, enthob ihn seines Amtes und ernannte ihn zum Titularerzbischof von Odesso.

Zum Nachfolger Geislers erwählte der Papst bereits drei Tage später den Brixner Theologieprofessor Joseph Gargitter.

Geisler starb am 5. September 1952 in Brixen.

Geislers Generalvikar, Dompropst Alois Pompanin, überlebte ihn um 14 Jahre.

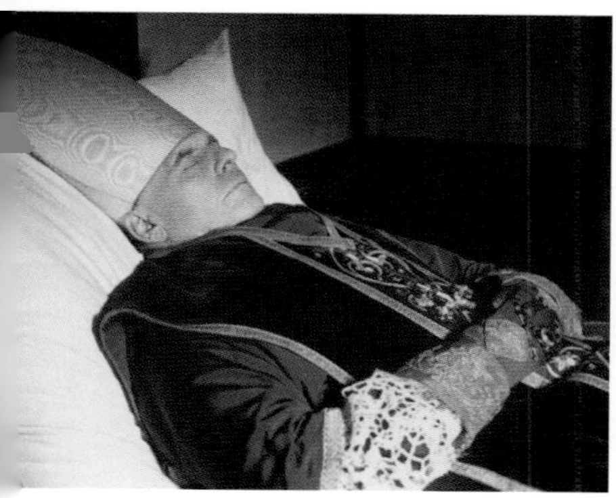

Bischof Johannes Geisler am Totenbett

Begräbniszug von Bischof Geisler

Der Gang in den Süden

Zwischen Verbannung und Suche nach Broterwerb

Ein Grund, warum Südtiroler zur Zeit des Faschismus ihre Heimat verließen und im südlichen Italien eine Verdienstmöglichkeit suchten, lag darin, dass ihnen der Zugang zu Staatsstellen als Beamte in Südtirol verwehrt war. Ein anderer Grund ist in den harten Strafmaßnahmen zu suchen, die die faschistische Diktatur auch bei geringfügigen Vergehen gegen die einheimische deutschsprachige Bevölkerung vorgesehen hatte. Aber es war auch die reine Not, die einzelne Bauernfamilien dazu getrieben hat, Angebote in der Landwirtschaft aufzugreifen und den Wechsel in den Süden auf sich zu nehmen.

Der Vater von Josef Göller, Franz Göller, war Gelegenheitsarbeiter und Messner in Astfeld im Sarntal und sollte mit seinem bescheidenen Einkommen die Frau und seine sechs Kinder ernähren. Außerdem ließ die Weltwirtschaftskrise am Beginn der 30er Jahre auch keine Besserstellung für die Zukunft erwarten. So kam ihm wohl ein Vorschlag gelegen, den ihm der Podestà, wie der Bürgermeister damals genannt wurde, unterbreitet hatte.

Astfeld mit dem »Messnerhaus« der Familie Göller (das weiße Haus in der Bildmitte)

Josef Göller: Der »Podestà« hat meinen Vater darauf aufmerksam gemacht, dass Mussolini in Süditalien, also zwischen Rom und Neapel, die Pontinischen Sümpfe trockengelegt und dort Städte gebaut hat, wie das heutige Latina. Früher hat es Lituria geheißen. Und da hat er ihm angeboten, er möchte hinuntergehen, da kriegt er einen Hof und so weiter. Lieber als zu verhungern, hat er Kind und Kegel genommen und ist im Jänner 1933 vor der Kälte, denn damals hat es ja sehr viel Schnee gegeben, in den Süden geflüchtet. Wir sind hinunter

Josef Göller in Borgo Pasubio, 1933 (1. Reihe, 2.v.l.)

und sind dann nach Borgo Pasubio, weil die Höfe noch nicht ganz fertig waren. Nach einigen Monaten haben wir dann einen Hof bekommen. Wir haben auch zwei Kühe bekommen und Hennen und Schweine. Mussolini hat damals Leute aus ganz Italien dort angesiedelt und auch Südtiroler Familien. Mein Vater war sehr, sehr fleißig und da hat er auch eine besondere Auszeichnung von Mussolini gekriegt. Und interessant war ja, dass die Hälfte der Ernte der Staat bekommen hat und die andere Hälfte haben wir behalten können, und für jedes Kind, wir waren ja sehr viele, extra noch eine Zulage, und zwar nicht in Geld, sondern in Säcken Getreide. Da sind sie mit Dreschmaschinen herumgegangen von Hof zu Hof, und es sind immer auch Kontrollen gewesen, es wurde geschaut, wie viele Säcke Getreide hat der Bauer eigentlich geerntet. Da hat es natürlich schlaue Bauern gegeben, die ein paar Säcke haben verschwinden lassen. Jedenfalls, wir Kinder sind dann immer, wenn der Mussolini gekommen ist, zusammengetrommelt worden und da haben wir halt müssen diesen Menschen begrüßen und ich habe mir dabei gedacht, der Mensch, der hat ja eine Glatze, der hat mir gar nicht so gefallen! Jedenfalls ist es uns sehr gut gegangen. Wir haben genug zum Essen gehabt und haben einen schönen land-

Das Ochsengespann der Familie Göller in Borgo Vodice bei Terracina (Josef Göller: 1. Reihe, 2.v.l. stehend)

Josef Göller (1. Reihe, 7.v.l.) mit der 1. Klasse Volksschule in Borgo Vodice, 1935

wirtschaftlichen Betrieb gehabt. Schlimm war nur, dass die Mutter das Klima nicht vertragen hat. Es ist damals sehr stark die Malaria herum gewesen. Wir Kinder haben immer die »Chinini«, die Tabletten gegen die Malaria, essen müssen, aber die Mutter hat das alles einfach nicht vertragen. Sie ist mehr im Krankenhaus gewesen als daheim. Bis dann mit der Zeit die zuständigen Behörden gesagt haben und auch der Vater gemeint hat, so kann es nicht weitergehen, entweder es stirbt die Mutter oder wir müssen wieder nach Südtirol zurückkehren. Dann hat man uns gesagt, wir könnten ruhig wieder zurückgehen, man hätte schon für uns oben in Südtirol etwas gefunden, und zwar in Meran. Wir sind dann nach Meran, nach Untermais übersiedelt, und da hat man meinem Vater gesagt, dass man zwei schöne Höfe hätte, und zwar in Hafling den Astmayrhof und in Vöran den Roathof. Die zwei Höfe haben dem Ente Tre Venezie gehört, und die können wir haben. Dort waren Venezianer und die wären nur froh, wenn wir hinaufgehen würden. Die haben nur gewartet, bis sie endlich einmal von da oben wegkommen. Jedenfalls sind wir dann nach Hafling gegangen.

Die Familie Göller vor dem »Astmayrhof« in Hafling, 1939 (7.v.l.)

Alois Staindl hatte im Sommer 1939 als Universitätsstudent in seinem Heimatdorf Tulfer einen geheimen Deutschunterricht organisiert. Dazu hatte er Mädchen aus der Gegend ausgebildet. Das sollte ihm schließlich zum Verhängnis werden.

Alois Staindl: In den Semesterferien des Jahres 1939 habe ich dann gesagt, so jetzt komme ich dann einmal, um zu schauen, wie die Sache läuft, und gerade bei der Gelegenheit sind wir dann überrascht worden, angezeigt, leider Gottes muss man sagen, von Einheimischen, und die Folge war dann eben, dass eine von diesen Mädchen und ich am nächsten Tag geholt worden sind. Wir sind dann vor die

Ausflug mit der Volkstanzgruppe, 1940 (vorne Alois Staindl)

berühmte »Konfinierungskommission« gekommen und zu einem Jahr Verbannung verurteilt und nach Süditalien geschickt worden. Zusammen mit einem Gsieser war ich dann in einem Dorf mit dem Namen Pietragalla. Es war ein Dorf mit 6000 Einwohnern, auf der Strecke von Potenza nach Bari, also in der Provinz Potenza. Dort haben wir also dann den Sommer verbracht. Die Leute in dem Dorf waren ausgesprochen nett. Man hätte von ihnen alles haben können, soweit sie selber was gehabt haben. Interessant ist, dass der Stations-kommandant der Carabinieri mir eines Tages sagte, er habe die Absicht, im kommenden Herbst und Winter einen Deutschkurs einzurichten und er würde mich bitten, dabei behilflich zu sein. Es ist dann leider nicht dazu gekommen, weil der Kommandant versetzt worden ist.
Ebenso interessant war eine Familie De Bonis. Da waren drei Generationen vorhanden: Der ältere Herr war damals schon in Pension, sein Sohn war am Obersten Gerichtshof in Rom und dessen Sohn wieder besuchte die 7. Klasse Gymnasium. Die stammten aus Pietragalla, waren aber nur den Sommer über dort. Eines Tages fragte mich der alte Herr, ob ich bereit wäre, mit dem Sohn etwas Deutschkonversation zu machen, und das haben wir dann auch immer wieder getan. Wie gesagt, ich habe diese Leute öfter getroffen und habe mich auch so mit ihnen gut unterhalten. Es waren wirklich sehr anständige Leute, sodass ich eigentlich da unten keine schlimmen Erfahrungen gemacht habe.
Es ist dann die Option dazwischengekommen. Ich wurde von daheim aus verständigt. Man hat mir die Sachlage auseinandergesetzt und mir auch die notwendigen Unterlagen geschickt. Ich habe dann unten optiert und bin auf Grund der Option im November entlassen worden, und zwar bin ich am 24. November 1939 unten wieder weg, bin herauf und dann eben abgewandert nach Innsbruck, aber erst im Februar 1940. Ich habe dort meine Studien wieder aufgenommen und zum Abschluss zu bringen versucht.

Unterinn, 1935

Walter Paregger aus Unterinn ist bereits in seiner frühen Jugend durch sein italienerfeindliches Verhalten aufgefallen. Eine geheime Weihnachtsfeier in Unterinn, die zwar nicht er veranstalten wollte, aber die auf einen Hinweis von ihm hin abgeblasen wurde, zumal er erfahren hatte, dass jemand die Weihnachtsfeier der Polizei verraten hatte, bildete den Auslöser für seine Verhaftung und schließlich für seine Verbannung in den Süden.

Walter Paregger: Die Carabinieri sind nicht an diesem Tag gekommen, aber am nächsten Tag sind sie in die Schule gekommen. Und die in der Schule haben gesagt, sie wissen nichts, aber der Paregger Walter kenne die Verantwortlichen für die geplante Feier, der hat mit ihnen geredet. Dann haben sie natürlich mich gleich verhaftet. Und ich habe gesagt, dass ich niemanden kenne, ich habe sie nur gewarnt, sie sollen es bleiben lassen. Mit der Begründung, dass ich Mitwissender gewesen bin von der Sache, habe ich also eine Vorladung zur »Konfinierungskommission« gekriegt. Die Kommission hat im Palais Widmann getagt und da bin ich hineingerufen worden. Sie haben mich angeschaut und einer hat noch gesagt: »Un vero figlio di Hitler!« [»Ein richtiger Sohn von Hitler!«] Dann hat er jemandem einen Wink gegeben, zwei Questurini [Polizisten] haben mich gepackt, hinaus und ins Auto. In Bozen war früher vis-a-vis von der Pfarrkirche eine Feuerwehrhalle, und das erste war, bevor ich in den Kerker gekommen bin, in die Feuerwehrhalle hinein und da haben sie mich nach Strich und Faden versohlt. Die eigentliche Hautfarbe hat man nicht mehr gesehen, weil ich von oben bis unten blau und grün von den Schlägen war, die man da gekriegt hat. Im Kerker hat man mich schon in Ruhe gelassen. Die Wärter, die da gewesen sind, die haben eigentlich Erbarmen gehabt mit uns. Am nächsten Tag bin ich gerufen worden, und ich habe mir gedacht, ich werde mich schon wehren können, aber da bin ich nicht dazu gekommen. Die haben nur gesagt: »Sie sind für zwei Jahre auf die Inseln verbannt und es ist zu bemerken, dass sie sehr gnädig behandelt worden sind.« Aus war es. Dann bin ich noch einen guten Monat im Kerker in der Dantestraße in Bozen gewesen. Nach einem Monat bin ich dann von Kerker zu Kerker verlegt worden: zuerst nach Verona und dann nach Bologna, von Bologna nach Rom, von Rom nach Neapel und von Neapel nach Cosenza. Und dann bin ich halt hinübergekommen auf die Insel Ustica. Auf dieser Insel waren noch so zwölf, vierzehn Südtiroler. Und da unten auf der

Insel ist es mir ganz gut gegangen. Wir sind frei gewesen, aber wir haben ein eigenes Büchlein gekriegt, die »Sieben Punkte Wilson« haben wir sie genannt. Da drinnen hat gestanden: Man hat keinen Hut aufhaben dürfen, man hat keinen Mantel ohne Ärmel haben dürfen, vor Sonnenaufgang hat man nicht hinaus dürfen, mit Sonnenuntergang hat man schon müssen daheim sein. Um Mitternacht sind die Carabinieri gekommen zu kontrollieren, ob man wohl daheim ist. Dann bin ich von der Gemeinde angestellt worden. Sie haben mich schon behalten, aber gern haben sie es nicht gehabt, weil ich die Leute zu viel aufgeklärt habe. Da sind welche gewesen, da ist der Sohn beim Militär gewesen und der hätte gar nicht einrücken müssen, da habe ich ihm gleich ein Gesuch geschrieben und dann ist der heimgekommen. Und welche sind gewesen mit sehr vielen Kindern und da ist Steuerfreiheit gewesen. Ich, der »Confinato« [Verbannte], bin ja für die da unten ein Heiliger gewesen. Und weil dann die Leute so gut zu mir waren, habe ich auch Erleichterungen gekriegt. Ich habe dürfen zu Hochzeiten gehen, weil da gab es den Brauch, dass je fremder der Zeuge ist, desto besser ist es. Da bin ich oft geholt worden, und das war sehr schön. Wenn ich so bei den Häusern vorbei gegangen bin, dann haben sie gesagt: »Confinato, venga dentro!« [»Verbannter, kommen Sie herein!«] Und wenn ich nicht hinein bin, waren sie sehr beleidigt. Jedenfalls die Behandlung war da gut. Das einschneidendste Erlebnis war ein Begräbnis. Ein Südtiroler Bauer ist da unten gestorben und dann haben wir den unten begraben. Da haben wir eine Feier gemacht mit dem Andreas-Hofer-Lied, und sie haben uns nichts getan, sie haben uns gewähren lassen. Dann habe ich eine Krankheit gekriegt und dann bin ich verlegt worden und bin nach Latronico in der Basilicata, Provinz Potenza, da bin ich dann sieben Monate gewesen.

Begräbnis in Latronico

Prozession in Latronico

Latronico, 1990

Dann ist der Abessinienkrieg ausgebrochen, und ich habe einrücken müssen. Das war 1935. 1934/35 war ich in Latronico und in Ustica. Nachher bin ich nach Pizzighettone [bei Cremona] gekommen zur italienischen Strafkompanie. Dort bin ich ein halbes Jahr gewesen. Von dort hätten wir nach Abessinien kommen sollen. Da war ein ganzes Bataillon. Eine Kompanie waren alles nur Politische, die alle zusammengezogen wurden von den Inseln her, die zweite waren alles Homosexuelle und die dritte waren alles Leute, die gestohlen haben, und die meisten waren halt Analphabeten. Und die hätten in Abessinien eingesetzt werden sollen. Ein Pusterer, der hat einen Brief gekriegt, und in dem Brief hat es geheißen – zensuriert ist ja alles geworden –, da hat es geheißen: »Bei uns blühen schon die Kirschen, blühen sie bei euch auch?« Wir Politischen sind dann von Pizzighettone weggekommen und auf die Insel Elba gebracht worden. Von der Insel Elba aus hätten wir in Neapel eingeschifft werden sollen, und aufgrund des Briefes haben sie vermutet, dass es sich um Sabotage handelt, denn Portoferraio, wo wir waren, war ein Stützpunkt der italienischen Unterseeboote. Da haben sie alle Südtiroler – also wir sind sieben gewesen – herausgezogen und in Portoferraio gelassen und die Anderen sind hinübergekommen. Wir sieben haben halt da ein göttliches Leben geführt. Wir haben es ja schön gehabt. Und dann ist der Abessinienkrieg aus gewesen, und aus diesem Grund ist dann eine Generalamnestie herausgekommen und wir haben nicht mehr auf die Insel Elba zurück müssen, sondern sind begnadigt worden und haben heimfahren können.

Josef Strobl ist aus anderen Gründen in den Süden Italiens gezogen. Er hatte im Jahr 1927 die Matura in italienischer Sprache abgelegt und bestanden.

Josef Strobl: Die Hochschule habe ich dann müssen in Italien besuchen, denn ein Besuch einer Hochschule in Österreich oder Deutschland wäre damals nicht möglich gewesen. Und zwar habe ich zwei Jahre in Padua studiert und zwei Jahre in Bologna. Ja, und im November 1931 habe ich dann den Doktor gemacht und dann habe ich fast noch zwei Jahre daheim in Toblach gelebt mit gelegentlichen Arbeiten. Und es ist mir unendlich schwergefallen, mich dafür zu entscheiden, in eine der alten Provinzen zu gehen, um zu unterrichten, denn in Südtirol selber angestellt zu werden, das war für Südtiroler nahezu unmöglich. Es hat ein paar gegeben, die an Südtiroler Schulen gearbeitet haben, aber ich habe gar nicht dran denken können. Aber vorher musste ich noch die Befähigungsprüfung ablegen in Rom. Das war für mich keine Schwierigkeit natürlich. Ich habe Deutsch gewählt und da waren sowohl die Aufsätze als auch die mündlichen Prüfungen für mich verhältnismäßig sehr einfach und ich habe auch recht gut abgeschlossen. Nur habe ich damals nicht gewusst, dass die Lehrbefähigungsprüfung gekoppelt werden kann mit einem Wettbewerb. Ich habe gemeint, man müsse zuerst die Lehrbefähigung haben und dann dürfe man sich erst für den Wettbewerb melden. Wenn ich das gewusst hätte, dann hätte ich damals schon im Jahre 1933 eine Planstelle kriegen müssen. Weil ich in meinem Gesuch nicht angeführt hatte, dass ich auch an dem Wettbewerb, an dem »Concorso«, teilnehme, war ich eben nur Supplent, und als solcher habe ich dann in Forlì an der Handelsoberschule begonnen.
Der Anfang dort war schon sehr schwer. Zum ersten Mal habe ich da müssen längere Zeit in einer ausschließlich italienischen Umgebung leben und in einer italienischen Schule unterrichten, noch dazu in der Romagna, wo ja bekanntlich die Jugend ganz besonders lebhaft ist. Ich habe auch einige Schwierigkeiten gehabt, aber keine großen, und habe eigentlich sowohl mit Schülern als auch mit Kollegen im Grunde recht gute Erfahrungen gemacht. Ich muss überhaupt sagen,

so schwer es mir gefallen ist, nach Italien hinunter zu gehen und dort meinen Beruf auszuüben, dass ich im Grunde mit den Menschen, mit denen ich zu tun hatte, die besten Erfahrungen gemacht habe, und das gilt nicht nur für den ersten Platz in Forlì, sondern auch für meinen zweiten Platz in Aquila. Dort war ich vom Jänner bis Juli 1934, und im gleichen Jahr machte ich dann eben einen Wettbewerb wieder in Rom und so hatte ich ab Jänner 1936 eine Planstelle in Salerno, also immer weiter hinunter. Und auch dort, muss ich sagen, ist es mir sehr gut gegangen. Heute bedauere ich es, dass ich mir damals immer eingeredet habe, ich bin ein Verbannter und muss daher irgendwie unglücklich sein, denn in Wirklichkeit zählt die Zeit in Salerno zu den

schönsten Zeiten meines Lebens. Es war eine wunderbare Landschaft, das Meer und die sorrentinische Halbinsel, Amalfi, Capri, das alles in unmittelbarer Nähe. Ich habe dort sehr viele Ausflüge mit dem Fahrrad gemacht, man konnte damals über diese wunderbare Küstenstraße mit dem Fahrrad wunderbar fahren, es gab nur wenig Verkehr. Ich habe aber auch sämtliche Hügel und Berge in der Umgebung von Salerno bestiegen und wurde dabei sehr bestaunt von den Leuten. Ich habe mich auch mit meinem Hausherrn dort, wo ich gewohnt habe, und mit den Kindern angefreundet. Und in der Schule habe ich recht gute Erfahrungen gemacht, aber, wie gesagt, die einzige Bitterkeit war, dass ich mich fast gezwungen habe, mich als Verbannter zu fühlen.

Das Erbe der Diktaturen

Optanten und Dableiber

In seinem Programm der Entnationalisierung Südtirols aus dem Jahr 1923 sprach Ettore Tolomei seine Überzeugung aus, dass es ihm in wenigen Jahren gelingen würde, dieses »Oberetsch« völlig zu assimilieren und seines deutschen Charakters zu entblößen. Bald aber sollte sich herausstellen, dass dieses Vorhaben nicht verwirklicht werden konnte. Im Gegenteil, es gelang von Südtiroler Seite immer wieder das Thema »Südtirol« in irgendeiner Form an die Öffentlichkeit zu bringen. Erst nach dem Anschluss Österreichs an das Deutsche Reich im März 1938 und vor allem nach dem Italien-Besuch Hitlers Anfang Mai wurde der Weg zu einer Lösung aus italienischer Sicht geebnet, bedingt durch das offenkundige Entgegenkommen Adolf Hitlers. So konnte das faschistische Regime, das mit seiner Assimilierungspolitik gescheitert war, den alten Wunsch der Umsiedlung der deutschen Volksgruppe vorantreiben. Italien dachte zunächst an eine Teilumsiedlung, während man in Deutschland eine vollständige Umsiedlung im Auge hatte.

Der beflaggte Bahnhof von Sterzing bei Hitlers Zugfahrt durch Südtirol am 3. Mai 1938

Friedl Volgger: Himmler wollte ja die volle Umsiedlung im Gegensatz zu Mastromattei und den Italienern, die nur einen Teil weg haben wollten, die die Täler nicht entvölkern wollten, weil sie gewusst haben, da rückt niemand nach. Himmler wollte aber reinen Tisch machen, er war also nicht

Heinrich Himmler

Giuseppe Mastromattei

bloß beauftragt mit der Endlösung der Judenfrage, sondern auch der Endlösung der Südtirolfrage.

In Berlin war man sich der Brisanz dieser Pläne bewusst, und so wurde schon im Februar 1938 von der nationalsozialistischen Parteizentrale das Verbot ausgesprochen, Südtirol Unterstützung zukommen zu lassen, und es wurde sogar unter Androhung eines Parteiausschlusses den Parteimitgliedern jeglicher Verkehr mit Südtirolern untersagt.

Helmut Altpeter

Vor diesem Hintergrund wird die Reaktion verständlich, die von offizieller Seite auf ein Schreiben gefolgt ist, das Helmut Altpeter, der spätere Leiter der Hauptabteilung »Kultur« in der Amtlichen Deutschen Ein- und Rückwandererstelle (ADERSt), an den Baedecker Verlag gerichtet hat, zu einem Zeitpunkt, als in Südtirol über Option und Umsiedlung noch nicht gesprochen wurde.

Helmut Altpeter: Während meiner Tätigkeit in Innsbruck in der Alpenländischen Forschungsgemeinschaft erschien im Jahre 1938 ein Baedeker-Tirol, auf den wir uns damals natürlich besonders stürzten. Und das Erste, was wir mit Entsetzen sahen, war, dass er eine Beilage, eine Karte, hatte, in der »Südtirol« schraffiert war, also als ein gemischtsprachiges Gebiet dargestellt wurde. Mein Chef, Professor Raimund von Klebelsberg, gab mir den Auftrag, mich noch etwas länger mit der Sache zu befassen und nicht gleich in Erregung loszuschießen. Ich habe dann an den Verlag Baedeker geschrieben, dass ich als alter Verehrer des Baedeker-Verlages mich schämte für diesen Fehler – ich habe das so, wie ich es sage, geschrieben. Da bekam ich 14 Tage darauf vom Verlag Baedeker eine Mitteilung, dass sie auch ein wenig Verständnis für meine Erregung

hätten, aber sie könnten nichts für die Karte, die vom Propagandaministerium ihnen aufoktroyiert worden sei. Wenige Wochen danach wurde ich zum Gauleiter Franz Hofer bestellt, der mir einen Brief der Volksdeutschen Mittelstelle [VOMI] vorlas, unterschrieben von Dr. Wilhelm Luig, 2. Stabsführer, in dem ich verwarnt wurde für diesen unverschämten Brief, den ich an den Verlag Baedeker geschrieben habe. Es hat auch drin gestanden, dass ich zum letzten Mal verwarnt würde.
Ich habe dann ein halbes Jahr danach, damals schon im Institut für Auslandsbeziehungen in Stuttgart angestellt, einen Brief bekommen von der Volksdeutschen Mittelstelle, Kaltstraße 18, Berlin, mich dort bei Herrn Stabsführer Dr. Luig zu melden. Und all mein Bemühen, mich um diesen Besuch zu drücken, ist von meiner Dienststelle nicht akzeptiert worden. Wie ich mich in der Kaltstraße 18 meldete, wurde ich zu Herrn Dr. Wilhelm Luig geführt und lernte ihn als einen baltischen Deutschen kennen, der mich sofort sehr persönlich und nett und gar nicht von oben herab aufnahm und sagte, er möchte eine sehr vertrauliche Sache mit mir besprechen. Diese Villa, in der wir da waren in der Kaltstraße 18, hatte verschiedene Räume, in die er auch reinsah. Schließlich landete ich in einem großen Konferenzzimmer, in das er mich führte. Er schloss die Tür hinter sich ab und sagte: »So, jetzt möchte ich mit Ihnen, das besprechen, was nicht aus diesem Raum heraus darf!« Und dann sagte er mir: »Der Führer und Reichskanzler hat sich entschlossen, mit Mussolini diese immer schwierige Frage der Brennergrenze zu bereinigen, die Südtiroler, Sie haben von diesen Dingen sicher schon gehört, wenn ich Sie richtig einschätze, sollen befragt werden, und man hofft, dass sie sich zu einer Umsiedlung entschließen. Das ist alles noch in der Vorbereitung, es ist nur, das ist klar, dass es passieren wird. Wir wissen noch nichts weiter, aber es hat sich um die Durchführung dieser Arbeit auch die Auslandsorganisation der NSDAP Bohle beworben, aber mein Chef von der Volksdeutschen Mittelstelle ist der Meinung, dass die Volksdeutsche Mittelstelle die Dienstelle wäre, die für diese Aufgabe in Frage käme, und er hat mich beauftragt, hier bereits mich umzusehen.« Ich habe dann gleich entsetzt gesagt: »Herr Dr. Luig, Sie wissen ja, wie ich zu diesen Dingen stehe, mit Umsiedlung und so etwas möchte ich nichts

Wilhelm Luig

zu tun haben!« Dann sagte er: »Also, jetzt hören Sie mich erst mal an, es ist ja doch vielleicht eine Chance, die wir haben. Die Umsiedlung selbst ist eine Sache, die der Führer verantwortet. Ich bekomme vielleicht den Auftrag und ich möchte, dass wir das nicht als Beamte oder irgendwelche Leute sonst in die Hand nehmen, sondern dass wir, die wir aus dem Auslandsdeutschtum kommen, dass wir diese Südtiroler menschlich behandeln und ihnen als Leute begegnen, die wissen, was das für sie bedeutet, dass wir so an die Arbeit gehen. Und da habe ich mir gedacht, ich habe da so einige Bekannte aus meiner Arbeit, mein Mitarbeiter Betschauer aus der Gottschee wäre zum Beispiel einer, den ich gerne mitnehmen würde, dann habe ich, ich weiß nicht in welchem Zusammenhang, einen Herrn Klemens kennen gelernt aus Siebenbürgen, der mir auch sehr gefällt, den würde ich nehmen. Ich habe mit Herrn Gauleiter Bohle ausgemacht, dass ich zwei seiner Herren auch übernehmen würde in meine Dienststelle, und zwar soll der eine der Stabsführer werden und der andere soll die soziale Arbeit machen, das wäre dann Herr Redchen, aber so möchte ich eben, dass Sie auch, Sie sind der Einzige, der das Land kennt, ich kenne es ja auch nicht, dass Sie da mitmachen!« Dann habe ich gesagt: »Wissen sie, Herr Doktor, verstehen sie, ich möchte nicht, ich möchte nicht. Ich möchte wenigstens mit einigen meiner Freunde das besprechen!« »Mit wem möchten Sie das besprechen?« »Ja«, sage ich, »zum Beispiel mit Herrn Professor von Klebelsberg oder Herrn Professor Metz.« »Um Gottes Willen, Sie bringen sich ja um Kopf und Kragen und mich auch. Auf keinen Fall darf das raus!« Dann habe ich gesagt: »Ich möchte doch, dass ich jederzeit hier rausgehen kann, wenn ich das mit meinem Gewissen nicht vereinbaren kann. Ich weiß auch heute noch nicht, wie ich mir eine Brücke baue, dass ich da mitmache.« Er hat dann noch gesagt: »Sie können auf mich bauen, aber ich erwarte, dass Sie den Mund halten. In einigen Monaten werde ich Sie rufen in Bozen. Wir wissen ja noch nichts. Ich weiß auch nicht, wie wir dort landen, wie unser ganzer Status werden wird.« Dann gab er mir die Hand. »Jedenfalls, ich hoffe, Sie sagen jetzt einmal ja.« Und so bin ich also dazugekommen. Ich habe dann Dr. Luig in der ganzen Zeit der Arbeit als einen Mann kennen gelernt, der nicht nur mit großer Intelligenz, sondern auch mit dem Herzen mitmacht, und es war nur unser Pech, dass wir bloß ein Abschnitt waren im Rahmen der ganzen Umsiedlung und dass wir zentral von oben her unsere Anweisungen bekommen haben von Leuten, die das Land nicht kannten und die von diesen Dingen wenig wussten.

Bereits Ende April 1939 wurde einer Südtiroler Abordnung in München von Martin Bormann mitgeteilt, dass Deutschland die Absicht habe, die Südtirol-Frage durch eine Umsiedlung zu lösen. Ein Protestschreiben an Hitler blieb ohne Antwort. Bezeichnend war auch das Verhalten Hitlers bei seiner Romfahrt, als er mit verhängten Fenstern an den in den Bahnhöfen wartenden Südtirolern vorbeifuhr, ohne sie eines Blickes zu würdigen.

Josef Rössler: Damals ist auf dem Bozner Bahnhof nach dem Muster der nationalsozialistischen Hymne »Die Fahne hoch« das Lied entstanden: »Die Fahne hoch, die Fenster fest verschlossen, so fährst du durch das deutsche Südtirol. Du große Hoffnung aller deutschen Volksgenossen, du, Adolf Hitler, fahre, fahre wohl!« Ja, das war das deutsche Hitlerlied auf Südtirolerisch.

Zwei Monate später, am 23. Juni 1939, wurde zwischen Deutschland und Italien mit der »Berliner Vereinbarung« das Umsiedlungsabkommen geschlossen, das so genannte »Hitler-Mussolini-Abkommen«. Von dieser Vereinbarung erfuhr die Südtiroler Öffentlichkeit erst Ende Juni durch den deutschen Generalkonsul in Mailand, Otto Bene.

Otto Bene

Friedl Volgger: Nach langer Zeit haben sich daraufhin wieder einmal die beiden Schutzverbände, der Deutsche Verband, der sich aus älteren Herren zusammengesetzt hatte, und der Völkische Kampfring Südtirols, den die Jugend organisiert hatte, getroffen und an einem Tisch zusammengesetzt, und wir haben die neue Lage besprochen. Der Chef des VKS, Peter Hofer, hat nach der Sitzung erklärt: »Mag kommen, was da wolle, wir werden nie gehen. Bevor wir abwandern, ziehen wir alle das schwarze Hemd an, lassen alle Namen italianisieren, schicken alle unsere Jugendlichen zur »Balilla«, aber gehen tun wir nicht!« Damit wurde die Sitzung vom 29. Juni im Marieninternat eigentlich beendet. Dieses unbedingte Festhalten an der Heimat, dieser Beschluss unter keinen Umständen zu gehen, wurde am 6. Juli noch einmal bestätigt. Und der Kanonikus hat gesagt: »Da werden sie sich die Zähne ausbeißen, sowohl die Schwarzen wie die Braunen, die Südtiroler werden nicht weichen!«

Lothar von Sternbach: Dann aber ist etwas geschehen, was geschehen musste: Die VKS-Führung ist am 17. Juli nach Innsbruck hinausgerufen worden, und dort ist der Peter Hofer dem Himmler gegenübergestellt worden. Himmler war der Reichsleiter, der die Umsiedlung der Volksdeutschen und Auslandsdeutschen in das Reich betrieben hat. Mit dem Peter Hofer war ich natürlich politisch übers Kreuz, aber persönlich haben wir uns vertragen. Nach der Rückkehr aus Innsbruck habe ich ihn gefragt: »Ja, Peter, was ist denn da gegangen?« Dann hat er einen ganz tragischen Gesichtsausdruck gekriegt und hat gesagt: »Ja, weißt du, wir werden gehen müssen! Deutschland steht vor einem Existenzkampf und wir als kleine Minderheit mit 250.000 Seelen, wir können uns da nicht querstellen, wir müssen unsere Heimat zum Opfer bringen!« Da ist der Opferbegriff, der berühmte Opferbegriff entstanden. Dann ist die Option von Seiten des VKS als eine Volksabstimmung angesehen worden. Die haben gesagt, nach dem Muster der Saarland-Abstimmung brauchen wir mindestens 95 bis 96 Prozent aller Stimmen und dann gilt diese Option als Volksabstimmung und dann wird uns der Hitler holen.

Friedl Volgger: In den Versen von Karl Felderer »So reißt vom sonnigen Erker die letzte brennende Lieb, die Treue zu Deutschland war stärker, das Heiligste was uns blieb« ist eigentlich die ganze Tragik der Option enthalten. Karl Felderer, der Dichter des Heimatliedes, der dieses Land so schön besungen hat, der jetzt sagt: »Leb wohl, mein Südtirol. Wir gehen, wir gehen!«

Karl Felderer

Der Beschluss des VKS, für die Umsiedlung einzutreten, wurde am 22. Juli gefällt.

Friedl Volgger: Viele haben sich in den langen Herbst- und Winternächten schlaflos in ihren Betten gewälzt. Die Inhaberin der Apotheke von Sterzing hat mir einmal gesagt, sie kann nicht mehr genug Schlafmittel herbeischaffen für die Bauern. »Und wissen Sie«, meinte sie, »wenn einmal Bauern nicht mehr schlafen können, weiß man, wie viel es geschlagen hat.«

Hanna und Josef Perwanger, 1927

Hanna Kirste Perwanger: Da kamen zum Beispiel einmal zwei Propagandisten herein zu uns. »Herr Perwanger, wie viele Söhne haben Sie?« »Zwei!« »Dann bekommen Sie draußen nicht nur einen Hof, sondern drei Höfe!« Mein Mann hat gesagt: »Da ist die Tür, verschwinden Sie! Meinen Sie, ich lass mich so belügen?« Aber so wurde das Volk belogen. Zu uns haben sie gesagt, wir können den ganzen »Zirmerhof« mitnehmen, selbst die Fensterstöcke und die Türen. Dann haben wir uns ausgerechnet, wie viel Güterwägen das bräuchte, um den ganzen »Zirmerhof« nach Deutschland zu schaffen, oder nach Beskiden oder wer weiß wohin.

Der Vater von Franz Widmann war ein enger Vertrauter von Kanonikus Michael Gamper und als Bozner Großgrundbesitzer und Geschäftsmann auch eine einflussreiche Persönlichkeit, auf dessen Rat man in seinem Umfeld gehört hat. Gerade in der Zeit der Option suchte so mancher ein klärendes Wort bei denen, die größere Möglichkeiten hatten, sich in der aufgeheizten Stimmung eine klarere Sicht der Wirklichkeit zu Eigen gemacht zu haben.

Franz Widmann: Es war eine böse Zeit, weil damals, vor allem die Bauern, in einer sehr schweren Situation der Entscheidung waren, wo manchmal quer durch die Familien Feindschaft entstanden ist. Viele Bauern sind, nachdem sie wussten, dass wir nicht für das Auswandern sind, zu uns gekommen. Wir haben überhaupt das ganze Nazisystem verurteilt und haben uns ja kein Blatt vor den Mund genommen. Und da sind Bauern gekommen und haben oft meinen Vater gefragt, was sie tun sollen. Es war eine schwere Entscheidung, eine schicksalhafte, existenzielle Entscheidung, ein Drama, eine richtige Tragödie, nicht nur ein Drama. Mein Vater hat ihnen dann so richtig in ihrer Sprache gesagt: »Schau«, hat er gesagt, »wenn du auf den Markt gehst, um eine Kuh zu kaufen, dann schaust du ihr ins Maul, ob sie gesund ist, bevor du sie kaufst. Und nun sollst du deinen Hof auf den Tisch legen und weißt nicht, ob du etwas kriegst, was du kriegst, wo du was kriegst und wie es ausschaut! Und wenn du das Glück haben solltest, einen Hof zu kriegen, wie sie es dir versprechen, dann musst du noch gewärtig sein, dass der Bauer, der davor oben war, verjagt worden ist, der nur mehr wartet, bis er zurückkehren kann!« Das haben sie verstanden.

Helmut Altpeter: Ich bin 1929 in das Land hier gekommen und habe in dieser Zeit eine Reihe von Persönlichkeiten kennen gelernt, unter anderen Baron Paul von Sternbach oder auch die Herren Walther und Erich Amonn, auch in Salurn Gelmini und Hausmann, verschiedene bedeutende Persönlichkeiten des Landes, die sich natürlich sofort meldeten, als ich hier als ein Mitglied der Umsiedlungskommission bekannt wurde. Ich bin gleich zu Baron Sternbach hingefahren und habe gesagt: »Herr Baron, ich bin in dieser Kommission, helfen Sie mir!« Dann sagte er: »Wenn Sie das so sagen, dann wissen Sie, dass ich

Der Ansitz Stock des Baron von Sternbach in Uttenheim

mit der Sache nichts zu tun haben will. Also, ich bin kein Optant!« Da sagte ich: »Ja, und wenn Sie es auch nicht sind, Sie können mir vielleicht doch helfen. Ich weiß nicht, was da für Fragen auf mich zukommen, aber Sie können mir vielleicht landwirtschaftlich oder sonst, ich weiß noch gar nicht, was da kommt, an die Hand gehen.« Da sagte der Baron: »Ja, ja, ich weiß ja, dass Sie es gut mit uns meinen, aber mein Sohn Lothar war gleich ganz entsetzt, dass ich mit der Umsiedlung zu tun haben wollte.« Hier in Bozen habe ich mit Herrn Walther Amonn gesprochen. Der führte mich raus nach Girlan und sagte mir: »Ist unser Land nicht schön? Hast du hier nicht immer das Gefühl gehabt, dass du in einem deutschen Land bist, das so schön in den Gauen ist, und das willst du umsiedeln?« Mehr hat er nicht gesagt. Der Kanonikus Gamper, mit dem ich auch sprach, hat zu mir gesagt: »Also, ich respektiere, dass du mit anständigen Absichten in diese Umsiedlungskommission gehst, aber vergiss nie, dass eine unanständige Sache nicht dadurch besser wird, dass einer mit anständigen Absichten dazugeht.«

Hanna Kirste Perwanger: Dann aber kam im Oktober oder November 1939 das Gerücht auf, ja, wenn ihr dableibt, werdet ihr hinunter nach Italien versetzt. Da wurde mein Mann natürlich stutzig. Also, wir hatten ja wunderbare einflussreiche Gäste. Und ein Gast war der deutsche Generalkonsul in Rom. Mein Mann hat ihm geschrieben, ob das wahr ist und was er machen soll. Und dann hat der Herr Generalkonsul Immelen gesagt: »Kommen Sie nach Rom, ich kann Ihnen eine

Der Zirmerhof in Radein im Jahre 1930

Privataudienz bei Starace verschaffen, das war der Sekretär Mussolinis, und der kann ihnen sagen, ob das stimmt, dass die Dableiber in den Süden gehen müssen.« Mein Mann fuhr nach Rom und bekam die Audienz. Er sagte zu Starace: »Wissen Sie auch, dass mindestens 80 Prozent der Südtiroler für Deutschland optieren?« »Ma che, è impossibile!« [»Aber was, das ist unmöglich!«], hat er gesagt, »das wollen wir ja gar nicht, das ist ja furchtbar. Wir wollen ja nur diese Elemente, die immer Unfrieden stiften, von diesen wollen wir, dass die gehen, aber doch nicht die Bauern, doch nicht die Alteingesessenen, die sollen doch bleiben«, hat Starace zu meinem Mann gesagt. »Das ist eine pure Lüge der Nationalsozialisten, dass alle hinunter müssen in den Süden, wenn sie fürs Dableiben optieren. Das ist nur erfunden, ist nur Propaganda von Goebbels«, hat Starace gesagt. Mein Mann wusste nun genau, was er zu tun hatte. Er telefonierte und sagte: »Auf meinem Schreibtisch liegt bereits der unterschriebene Zettel fürs Dableiben. Du hast mir immer Glück gebracht, trag du ihn nach Aldein in unsere Gemeinde!«

Die Haltung der Optanten den Dableibern gegenüber war kompromisslos.

Friedl Volgger: Wenn zum Beispiel in einer Kirchenbank ein Nichtoptant drinnen war, dann ist er allein geblieben, kein anderer ist

Algunder Freunde von Friedl Volgger aus dem Jahr 1939 (stehend v.l.n.r.: Hans Gamper, Hans Egarter, Sepp Siller; sitzend v.l.n.r.: Mathias Kröst, Karl Gamper

mehr in diese Bank hineingegangen. Wenn die Bank voll war, oder fast voll, und es ist ein Nichtoptant dann hinein, dann sind alle anderen hinaus. Das ist passiert und zwar monatelang. Oder, wenn ein Dableiber in ein Gasthaus hineingegangen ist und sich niedergesetzt hat, hat er meistens überhaupt nichts bekommen, wenn er etwas bekommen hat, hat die Kellnerin danach schnell mit einem Staubtuch den Sessel abgewischt, weil da der »Walsche« gehuckt [gesessen] ist!
Noch ein Beispiel: In Hafling waren drei Buben, die heute reife Bauern sind, die haben mir erzählt, wie sie jeden Sonntag, wenn sie die Kirche verlassen haben, von einem Dutzend anderer Buben angespuckt worden sind. Man hat ihnen ins Gesicht gespuckt.
Ein weiteres Beispiel: Der Bauer in Antholz drinnen, der Steiner-Bauer, der war Chordirigent und war einer der bekanntesten Männer des Tales, aber er hat sich halt auch nicht entschließen können zu optieren. Dann hat man ihn aus dem Kirchenchor hinausgeworfen, man hat ihm das Orgelspiel verboten, dann ist er eines nachts – er hatte zehn Kinder – aufgewacht, da war schon ein Brand am Stadel, man hat den Stadel in Brand stecken wollen, und dann haben die Carabinieri wochen- und monatelang immer aufpassen müssen, weil es geheißen hat, das walsche Schwein, auch wenn das Schwein das erste Feuer gelöscht hat, dann wird er es schon noch einmal kriegen.

Helmut Altpeter: Wir haben natürlich auch immer wieder gehört, dass Leute, die wir sehr geschätzt haben aus den »illegalen« Zeiten [Jahre des Widerstandes gegen die faschistischen Unterdrückungsmaßnahmen], wenn sie am Sonntag in irgendeiner Gemeinde über die Umsiedlung negativ gesprochen haben, bis in ihre Heimat gejagt und mit Tomaten beschmissen worden sind. Und da war auch ein Mann wie der Menz-Popp, der früher einmal der große Bauernführer war, nichts mehr. Auch der eigene Bruder wurde der Erbfeind, wenn er anderer Meinung war. Sie wurden dann bewusst überall als Italiener bezeichnet und wurden teilweise wie die Juden behandelt. Das ist wahr, das kann ich bezeugen. Mit ihnen hat man nicht mehr verkehrt, das war tatsächlich so. Aber das war diese furchtbare Zeit, wo die Einzelnen überfordert waren, anders kann es nicht sein.

Friedl Volgger: Ich persönlich bin am Dreikönigstag nach Sterzing, habe dort mein altes Gasthaus aufgesucht, den »Lammwirt« unter den Lauben, und habe meine Lieblingsspeise bestellt, Suppe und Würstel und ein Viertel Wein. Es waren Leute drinnen, die habe ich vom Sehen ein bisschen gekannt. Wie ich hinein bin, da war noch ein Tisch frei. Ich habe mich hingesetzt. Die Leute haben die Köpfe zusammengesteckt, am Anfang ein bisschen gelacht. Die Kellnerin ist gekommen, und ich habe eben die Bestellung aufgegeben. Ich habe nie etwas gekriegt und dann habe ich wieder gefragt, und sie hat gesagt: »Sie müssen nur Geduld haben, es ist noch nicht fertig.« Und nach einer halben Stunde habe ich noch nichts gehabt, dann hat sie nochmals gesagt: »Sie müssen Geduld haben.« Dann hat gleich ein allgemeines Gelächter eingesetzt, dann habe ich gewusst, wie viel es geschlagen hat. Ich habe einfach nichts gekriegt, einem »Walschen« gibt man nichts!

Abgesehen von den ständigen Provokationen setzte in Südtirol nun ein erbitterter Kampf ein zwischen denen, die für das Auswandern eintraten, und denen, die sich für das Verbleiben aussprachen.

Friedl Volgger: Man hat auch zu Drohungen Zuflucht genommen. Ich habe gehört, wie einer gesagt hat: »Nein, tun mir deine Gitschen [Mädchen] leid, sie müssen alle ›Walsche‹ heiraten, da wirst du dich anschauen, sie dürfen keinen Deutschen mehr heiraten. Keinen deutschen Pfarrer kriegt ihr mehr! Ihr müsst in die ›walsche‹ Kirche gehen!« Das waren noch Drohungen mit Worten, später ist man noch mehr herausgegangen aus sich, man hat zu härteren Mitteln gegriffen. Bald ist da ein Hund erschossen, ein Bienenstock in Brand gesteckt, ein Stadel zerschlagen oder ein Heuschober angezündet worden, die Haustüren sind mit Kot beschmiert worden, also es waren schon faustdicke Drohungen. Also, nicht bloß mit Worten, sondern auch mit Taten. Man hat vor keinem Mittel zurückgescheut, es war alles aufgezogen nach dem besten Goebbelsmuster.

Bei vielen Dableibern und auch Optanten, wie bei Michael Thomaser in Bruneck, schwang auch ein Stück Hoffnungslosigkeit mit, nicht zuletzt bedingt durch ein restriktives Verhalten der italienischen Behörden.

Michael Thomaser: Ein paar meiner Kollegen haben da am Soldatenfriedhof zu Allerheiligen den »Guten Kameraden …« gesungen und da haben sie schon gleich nachgeforscht, wer war das, und haben gleich wieder einen von denen abgeschoben, hinaus über den Brenner. Und was sollte ich dann auch tun? Italiener bin ich keiner, ich bin ein hundertprozentiger Deutscher gewesen, und wir haben alle gemeint, durch den Hitler da, wir sind die Letzten, das Saarland ist deutsch geworden, dann Österreich und die nächsten wären halt wir gewesen. Dann ist aber der Hitler nach Rom gefahren und unsere Propaganda ist eigentlich umsonst gewesen, die ganze illegale Zeit war umsonst.

Zu alledem kamen nun die Drohungen und Nachstellungen der italienischen Behörden.

Friederike Kamaun Mackowitz: Sie haben bei uns eine Hausdurchsuchung gemacht, und natürlich, irgendwas finden sie immer, wenn sie suchen. Sie haben alle Schränke und Laden durchwühlt. Mein Bruder ist beim Militär gewesen und der Vater ist schwer krank gewesen. Dann haben sie uns verhaftet, meine zwei Schwestern und mich, und ins Gefängnis gebracht. Die Mutter haben sie dann auch noch geholt. Die hat überhaupt keinen Ton »Walsch« gekonnt. Die haben sie nicht direkt eingesperrt, aber uns haben sie schon hinein da ins Gefängnis in der Dantestraße. Eingesperrt waren wir im Mai und im Juni, ich weiß nicht genau, 100 Tage sind wir halt gesessen. Die meisten sind Deutsche gewesen, die da eingesperrt waren. Und dann sind wir zur Konfinierungskommission gekommen. Da war ein großer Raum mit einem halbrunden Tisch und da sind alle in Uniformen herumgesessen. Dann haben sie halt gesagt: »Konfinierung, aber nachdem ihr sowieso nach Deutschland hinaus wollt, müsst ihr eben hinaus!« Dann haben meine ältere Schwester und ich Abschub gekriegt und die andere Schwester ist unter Polizeiaufsicht gestanden. Meine älteste Schwester hat gesagt, sie lässt sich nicht hinausschmeißen, sie gehe selber, und ist dann nach Innsbruck abgewandert, und ich habe gesagt, nein, ich bleibe so lange da, so lang ich darf.

Willy Acherer: Je mehr man uns alles verbot, je mehr wir eingeengt wurden in unserer Eigenart, desto stärker wurde in uns die Sehnsucht,

wurde von uns der Blick nach Norden gerichtet, es wurde ein Sehnsuchtsbild, das damals für uns in Deutschland entstand.
Es waren viele Tausend Nadelstiche, die eigentlich dann so weit geführt haben, dass man nichts mehr mit Italien zu tun haben wollte, und dann auch irgendwie ungerecht wurde, denn man hat dann alles, was irgendwie vom Süden heraufgekommen ist, schon gleich vorweg verdammt.

Die Spannungen zwischen Dableibern und Gehern waren von Dorf zu Dorf verschieden. Es gab aber auch unter den Dableibern selber völlig unterschiedliche Verhaltensweisen.

Ferdinand Geiger: Die Welschnofner sind immer die ärgsten. Da war einer, der war der Sohn eines Lehrers, der hat kein deutsches Wort mehr gesprochen, nur italienisch. Uns haben die Carabinieri erzählt, dass er überall spitzeln gegangen ist, in alle Gasthäuser, alles was er gesehen hat, hat er angezeigt. Von 37 Anzeigen, die eingegangen sind, hat er allein 35 gemacht. Und die Carabinieri haben die Anzeigen machen müssen. Danach ist dann die Lizenz genommen worden oder es ist der Betrieb zugesperrt worden. Es hat eben geheißen, dass die gegen den Faschismus arbeiten. Das war 1939.

Zum Unterschied vom Dableiber Ferdinand Geiger biederten sich andere Dableiber schon vor 1939 manchmal auf sehr aufdringliche Weise den Faschisten an.

Ferdinand Geiger: Unsere Nachbarn unten sind auch zu den Faschisten gegangen und die haben Lebensmittel gekriegt. Da ist eine Frau bei uns unten gewesen, auch eine Nachbarin, die wäre fast die »beste Mutter von Italien« geworden. In zwölf Jahren hat sie elf Kinder gehabt, nur dass eines gestorben ist, dann sind nur mehr zehn geblieben, sonst wäre sie die beste Mutter von Italien gewesen. Die hat ja Geld gekriegt. Lebensmittel haben sie ihr hingeliefert, soviel sie gebraucht hat. Die haben die Faschisten erhalten. »Nein«, hat sie gesagt, »seid ihr dumm, ihr versteht die neue Zeit nicht!«

Zu den zahlenmäßig wenigen Dableibern in Bozen gehörte der Vater von Anton Chiusole.

Anton Chiusole: Mein Vater war der einzige Dableiber in der ganzen Sippe. Aber die Verwandten meiner Mutter waren alle Super-Nazi und die sind ein paar Mal gekommen, den Vater zu bearbeiten, er soll doch optieren. Ich kann mich erinnern, dass wir immer die Stube verlassen mussten, wenn die gekommen sind. Ich habe das alles mit der Zeit ein bisschen verstanden, obwohl ich erst 12, 13 Jahre alt war und es mich wirklich nichts angegangen wäre, ob ich jetzt Dableiber oder Auswanderer bin. Das habe ich erst verstanden, wie die Knappen nicht mehr da waren, meine Kollegen, dann habe ich mich geärgert, dass der Vater so entschieden hatte. Er war in so einem Kreis drinnen mit dem Johann Pan, mit dem Staudacher Metzger, der Reinisch, mein

Familie Alfons Chiusole, Bozen 1941 (v.l.n.r.: Anton, Vater Alfons, Adelheid, Mutter Luise Kirchmeier, Edmund, Bruno und Johanna)

alter Chef Reinisch, der war auch so ein fanatischer Dableiber, und die haben sich eigentlich nicht mehr dreinreden lassen. Mit der Zeit haben sie sich sogar gewehrt, obwohl sie eine kleine Minderheit waren, die hat man ja auf den fünf Fingern abzählen können. Viele haben es ja gar nicht einmal bekanntgegeben, da hat man erst mit der Zeit erfragt, das ist ein Dableiber oder nicht. In den Dörfern draußen war es anders, da haben die Dableiber Schlechtes gehabt. Unser Speckbauer war ein Sarner, der Hetzlbauer in Astfeld, und der Joggl Gross war auch ein Dableiber, den hat mein Vater vielleicht gar so ein bisschen konvertiert, der hat Schlechtes gehabt, wenn er ins Dorf hinuntergegangen ist in die Kirche. Da haben sie ihn fast nicht in die Bank hinein lassen und, wo er gesessen ist, haben sie mit dem Tüchl geputzt.

Josef Strobl mit den Töchtern Lisl und Traudi

Josef Strobl: Es hat eine Reihe von Menschen gegeben damals, die nicht einmal, sondern mehrmals optiert haben, also die hatten sich einmal entschieden, und einige Wochen später gingen sie wieder hin in die Amtliche Deutsche Ein- und Rückwandererstelle und baten um Annullierung ihrer ersten Entscheidung und entschieden sich anders. Es hat sogar Leute gegeben, die dreimal optiert haben. So schwer haben die sich durchringen können zu einer Entscheidung, und das ist auch verständlich, denn man muss beide Standpunkte verstehen. Diejenigen, die sich für Italien entschieden, indem sie entweder für Italien optierten oder überhaupt nicht optierten, das war ja dasselbe, die brachten es einfach nicht über sich, die Heimat aufzugeben, hingegen die Optanten für Deutschland sagten sich, das Land als Land ist nicht mehr zu retten, das gehört zu Italien und wird voraussichtlich bei Italien bleiben, das einzige, was noch zu retten und zu erhalten ist, sind die Menschen, und die können sich als Deutsche nur dann erhalten, wenn sie auswandern. Und ich bin überzeugt, dass hauptsächlich aus dieser Überlegung heraus so viele sich dazu entschlossen haben, für Deutschland zu optieren.

Helmut Altpeter: Wir waren alle ganz erstaunt, wie dann eine solche Einmütigkeit war, aber wir hatten auch den Eindruck, dass die Leute im Grunde immer gedacht haben, wenn sie sich in der Mehrheit für Deutsch erklären, dann soll das als ein großes Bekenntnis in aller Welt anerkannt sein, die Leute sind deutsch, aber niemand soll auf die Idee kommen, wegen der Minderheit, die nicht gehen will, das Land bei Italien zu belassen. Es war ja auch erschreckend, dass bald danach die Leute kamen, die vergessen worden sind in der Umgrenzung des Optionsgebietes, die Leute aus den oberen Nonsberggemeinden, die hatte man vergessen, und erst recht natürlich die Leute unten im Fersental, in Lusern, die tätig waren als Hausierer, die kamen nachher in großen Gruppen und haben gesagt: »Ja, sind wir keine Deutschen? Was wird aus uns, wenn die Südtiroler alle weggehen?« Die haben uns geradezu gezwungen, sie zur Kenntnis zu nehmen, ich meine, Gruppen gleich zu zehnt oder zwölft, und alle weinend. Wir waren ja sowieso, wenn wir morgens aufstanden, schon fast gebrochen, weil wir Angst hatten vor den armen Menschen, die da zu uns kamen und uns ihr persönliches Leid erklärt haben.

> Ein großes Problem war die Ungewissheit, weil immer wieder Änderungen anstanden und irreführende Verlautbarungen ihre Runde machten.

Helmut Altpeter: Wir fielen also fast ins Bett und kamen morgens gar nicht hoch, weil uns diese Dinge hier auch dauernd gejagt haben. Dann kamen immer die Terminänderungen. Am Anfang sollte die Wahl ja bis 1942 dauern. Da macht man die Leute verrückt, wenn sie drei Jahre lang optieren sollen. So ist es bis 1939 gegangen. Der Fürstbischof von Brixen hat in letzter Stunde noch optiert, also das wurde uns auch noch durchgegeben, nicht wahr, dass er optiert hat. Auch in seiner Silvesterpredigt sagte er, er hat vom Wandern gesprochen, wir müssen wandern, was ist denn wandern, unser Leben ist ein Wandern auf das Ziel, hat er gesagt. Bis morgens um vier kamen die Leute, völlig außer sich, die gesagt haben: »Wir wollen raus.« Also ihre Option zurückziehen. Dann wurden Nachprotokolle versucht, und zwar Leute, die wir also als ganz ernst und hochangesehene Bürger kannten, oder Familien: »Der Vati hat sich fürs Bleiben entschieden und die Mutti hat Angst, dass ihre Kinder alle an einen Italiener verschachert werden!« Was da alles für schreckliche Ängste kamen. Die kamen dann so einzeln her. Ich habe einen Herrn aus Cortina vor mir, der ist dann auch noch zum Heer unglücklicherweise gekommen, er hatte eine Wienerin zur Frau, ein hochgebildeter Mann, der hat vier Mal, glaube ich, umoptiert. Zum Schluss haben wir ihn dann zum Militär geschickt. Er hat darauf hingewiesen, dass er Oberleutnant oder was ist, er kam dann zu den Gebirgsjägern in einen Stab oder als Dolmetscher. Ich weiß nicht, was aus ihm geworden ist. Das waren dann die schlimmsten Fälle, weil man nicht wusste, wie man sie behandeln sollte. Wir haben überhaupt keine Anweisungen bekommen.

Emma Pfeifer Geiger: Mein Vater hat zuerst auch Deutsch gewählt. Ihm wäre schon eine Stelle in Steyr, in der Waffenfabrik, angeboten gewesen, und er ist hinausgefahren und hat sich das einmal angeschaut und so draußen die ganze Situation, und dann ist er zurück und hat gesagt: »Nein, das passt mir nicht!« Und dann ist ihm eben angeboten worden, er soll zurückwählen. Und er hat es dann getan, im letzten Moment. Ich weiß, dass er dann gesagt hat: »Das ist jetzt die erste Nacht, wo ich ruhig durchschlafe, weil ich weiß, dass ich daheim bleiben kann!«

Um der Unsicherheit entgegenzusteuern, welches Schicksal den Dableibern bevorstehen würde, wurde von Vertretern der Dableiber auch das Gespräch mit dem Duce gesucht.

Friedl Volgger: Mussolini hat sich bereit erklärt eine Abordnung zu empfangen. Ein Teil war schon in Rom, der Bischof von Brixen, der Graf Toggenburg, Erich Amonn, ein Teil war auf der Fahrt dorthin. Aber wie sie unten schön versammelt waren, hat der Duce eine Audienz abgelehnt, denn zwei Tage vorher ist der SS-Obergruppenführer Karl Wolff im Auftrag von Himmler zu ihm gekommen und hat gesagt, das seien unerlaubte Einmischungen in die Option und das dürfe unter keinen Umständen stattfinden, das ist eine Beeinflussung, die nicht vorgesehen sei. Der Duce hätte sich völlig neutral zu verhalten. Und der große Duce hat vor dem noch größeren Führer wieder einmal kapituliert.

Die »Dableiber-Delegation« nach dem Empfang bei Mussolini am 21. März 1940

Karl Mitterdorfer: Auch in unserer Familie wurde immer wieder diskutiert. Meine Eltern entschieden sich für die Abwanderung, nachdem mein Vater in der Stadt Salzburg eine angemessene Stellung zugesichert bekommen hatte. Zwei Tanten und ein Onkel entschieden sich fürs Dableiben. Ich erinnere mich noch gut, wie wir mit der einen Tante noch bis Mitternacht des 31. Dezember 1939 vor dem Hotel Bristol standen, sie konnte sich aber nicht entscheiden hineinzugehen. Alle haben geweint. Ich muss sagen, dass diese »Optionen« wirklich eine perfide Form der ethnischen Säuberung sind. Sie zwingen den Menschen entweder zur Aufgabe seiner Heimat oder zur Aufgabe seiner Identität. In beiden Fällen geht es um die Aufgabe eines Menschenrechtes.

Ferdinand Geiger: Wir sind am letzten Tag hingegangen auf die Gemeinde zum Wählen. Von 1600 waren nur 148 Dableiber. Die Anderen haben schon gewusst, warum die Dableiber so spät zur Wahl gegangen sind, dass das nicht mehr ganz »Einwandfreie« sind, die das deutsche Blut verleugnen und nicht mit dem Hitler gehen wollen. Die haben ja ein Spektakel gemacht! Und wir sind dann in der Nacht hinüber in die Gemeinde und haben halt Italienisch gewählt, und einer, ein Kollege, auch von Welschnofen, war ein bisschen ein schlauerer, als ich es bin. Der hat gesagt: »Weißt du, wir müssen nicht gerade heute schon sagen, dass wir Italiener sind. Ich habe hier zwei Zettel, – weil die Deutschen haben rote Zettel gehabt und die Italiener weiße – und so tun wir den weißen Zettel da hinein und den roten dort!« Der Vater dieses Kollegen ist ein großer Faschist gewesen, aber der Bub eigentlich nicht, und den haben die Optanten immer ein wenig respektiert.

Die Optanten folgten beim Optionsentscheid ihren eigenen persönlichen Bedürfnissen und Wünschen.

Robert von Fioreschy: Für eine alteingesessene Familie waren diese Überlegungen, die da angestellt werden mussten, ob wir gehen sollen oder nicht gehen sollen, wirklich schicksalhaft. Es war eine sehr schwere Entscheidung. Schließlich und endlich hat aber das Deutsch-Bewusstsein doch irgendwie durchgeschlagen. Wir waren hier in Südtirol keine Nationalsozialisten, sondern wir waren Deutsche, und aus diesen Dingen heraus ist das zu verstehen. Wir haben uns als Deutsche gefühlt und sind bestärkt worden durch die Erfolge, die der Nationalsozialismus aufzuweisen hatte in den ersten Jahren, das hat uns begeistert, und als junge Menschen überhaupt haben wir eine Aussicht für die Zukunft gesehen. »Videant consules«, wir haben es halt gewagt. Uns jungen Buben hat es nicht dieses Opfer gekostet wie der älteren Generation damals.

Josef Strobl: Ich muss da offen gestehen, dass für mich persönlich die Entscheidung nicht schwierig war, denn ich sagte mir, wenn ich nicht in Südtirol für meine Landsleute arbeiten darf, dann arbeite ich doch lieber für meine Landsleute irgendwo in Deutschland oder wo wir eben hinverpflanzt werden. Also, für mich war ein Auswandern aus Südtirol keine schlechte Aussicht, aber ich weiß von vielen Bekannten, dass ihnen die Entscheidung sehr, sehr schwer gefallen ist, und ich habe auch volles Verständnis dafür.

Hanns Engl: Mein Vater hatte für Deutschland optiert und dieser Entscheidung gingen natürlich auch viele Überlegungen und Gespräche voraus, wo wir als Kinder nicht dabei waren, aber wir haben das schon mitbekommen, dass das eine schwerwiegende Entscheidung war. Besonders unsere Grödner Verwandten waren fürs Dableiben, und da hat es schon harte Auseinandersetzungen gegeben, kann ich mich erinnern. Aber für uns war natürlich das Deutschtum heilig und eine Verpflichtung. Für die Grödner mag es leichter gewesen sein, weil sie haben ja weder Deutsch noch Italienisch so richtig gekonnt, sie haben ja immer nur ladinisch gesprochen. Diese Grödner Verwandten waren eigentlich eingefleischte Ladiner. Die ladinische Sprache haben sie eben hoch gehalten und für sie war das unheimlich wichtig. Man hat das dann schon stark gespürt, dass eben unterschiedliche Meinungen da waren zwischen Optanten und Dableibern und dass es schon gewisse Klüfte gegeben hat.

Carl von Braitenberg: Ich habe gesagt: »Schaun Sie, alle anderen Banken behalten ihre Angestellten, auch wenn sie optiert haben. Sie können ja später abwandern. Ihr sagt, ihr wollt alle gleich abreisen und zwar beruft ihr euch aufs Abkommen, wo steht: Die Angestellten öffentlicher Körperschaften – ›enti pubblici‹ – müssen am

Carl von Braitenberg

31. Dezember entlassen werden, wenn sie für Deutsch optieren. Ihr seid kein ›ente pubblico‹, die Sparkasse ist kein ›ente pubblico‹, sondern ›ente di diritto pubblico‹, das ist ein großer Unterschied. Bleibt ruhig da, ihr könnt dann abwandern, wann ihr wollt. Die Sparkasse hat nur einen Vorteil, wenn ihr bleibt.«
Der Direktor Mark sagte mir, gut, das wird er den anderen mitteilen. Nach ein paar Tagen ist er gekommen: »Nein, sie haben beschlossen, alle sofort zu gehen, weil sie hoffen, gute Stellen in Deutschland zu bekommen, und sie sind davon nicht abzubringen.« Da sagte ich: »Ihr schadet euch selber, aber wenn ihr es machen wollt, ich kann nicht helfen!« Und so sind alle 105 weg, am selben Tag.

Die gegenseitigen Gehässigkeiten gingen auch nach dem 31. Dezember 1939 noch lange weiter. Ferdinand Geiger war Angestellter im Grandhotel »Karersee« und hatte sich für das »Dableiben« entschieden.

Ferdinand Geiger: Ich bin zufälligerweise am Karerpass im Hotel »Savoy« eingekehrt. Ich habe dort etwas zu tun gehabt. Da kommt das ganze Rudel von Deutschlandoptanten herein. Das ist ganz knapp nach der Wahl gewesen, acht Tage danach. Und ich sitze da im Eck. Da haben sie den Hitler hinaufgezeichnet und geschrien und gemacht und getan, als wenn die Welt unterginge, und plötzlich ist es dann ganz still geworden. Dann steht einer auf und sagt: »Also, ich muss euch aufmerksam machen, da sind Andersgläubige!« Und ich bin auf dem Eck unten gesessen und habe mir gedacht, ich kenne den, und bin hinausgeschlichen, in den Gang hinaus über die Stiege hinauf und da ist zur Garage hinüber eine Brücke gewesen, ich bin hinaus und weg. Dann bin ich nach Hause gegangen und mit der Zeit höre ich sie singen und schreien und machen und tun. Auf einmal bleiben sie alle auf der Straße unten stehen. Mein nächster Verwandter springt dann herauf. Wir haben dort bei der Hausmauer den Hund gehabt. Dem hat er die Haxen abgeschlagen und dabei geschrien: »Du falscher Hund, du »Fack« [Schwein], du elendiger!« Dann ist er über die Stiege herauf. Wir haben vor der Tür eine Lampe gehabt, die hat er heruntergerissen und damit die ganzen Scheiben eingeschlagen, aber hinein ins Haus ist er nicht. Nein, wenn ich heute zurückdenke, was da für ein Theater aufgespielt worden ist. Dann sind wir zur Kirche gegangen, und da sind links und rechts in der Kirchentür zwei gestanden, die haben uns angespuckt, einfach ins Gesicht gespuckt. Da habe ich nicht mehr in die Kirche hineingehen können und habe müssen nach Hause gehen. Und, »du Fack«, hat es geheißen. Dann sind wir fast immer in Vigil [di Fassa] Kirchen gegangen, von hier aus in Vigo anstatt in Welschnofen, so brutal sind sie gewesen.

Carl von Braitenberg: Da kamen am Vormittag zwei Bozner Nazi zu mir und wollten mit meiner Magd sprechen. Meine Magd war eine Kastelruther Bauerntochter, die im Ersten Weltkrieg ein Kind von einem deutschen Soldaten bekommen hat. Der deutsche Soldat ist verwundet worden, hat sie geheiratet, ist dann gestorben. Sie war also Kriegswitwe, aber deutsche Staatsangehörige. Die arme Person, eine ausgezeichnete, nette Köchin, hat eine Tochter gehabt, die damals 20 Jahre alt war und im Unterland im Dienst war, ich weiß jetzt nicht in Salurn oder in Neumarkt. Und diese arme Person hat gesagt: »Ja, ich weiß, dass ich ausreisen muss, aber ich muss mir eine Stelle in Österreich suchen und ich will natürlich mit meiner Tochter zusammen ausreisen. Geben sie mir nicht Zeit?« »Nein!« Dann sagte sie: »Aber wenigstens zwei Tage, dass ich mich von meiner Tochter verabschieden kann, die das einzige ist, was ich auf der Welt habe.« »Nein! Nichts!« Am 2. Jänner, Montag, haben sie sie abgeschleppt, auf die Bahn gebracht und hinaus übersiedelt.

Hanna Kirste Perwanger: Mein Mann ging mit meinem jüngsten Sohn durch die Wiesen, 1940, um zu sehen, ob das Gras groß genug ist, um es zu mähen. Da gingen unten Nazis aus Neumarkt, in Auer und Neumarkt waren besonders fanatische Nationalsozialisten, vorbei und riefen mit lauter Stimme hinauf: »Walscher Zirmer, walscher Zirmer, che bell'erba, che bell'erba!« [... was für ein schönes Gras!] Da sagte mein Mann mit lauter Stimme zum Hansl, zu meinem Sohn, gewandt, der war ja erst zehn Jahre alt: »Siehst du, das sind die Verräter unseres Landes, wir halten es. Wenn wir gehen, dann ist es für immer verloren, und wir bleiben.«

Lothar von Sternbach: Wir Dableiber haben uns sozusagen als die zurückgelassene Feldwache in der aufgegebenen Stellung gefühlt.

Und wir haben uns gedacht, es wird einmal alles anders werden. Mein Vater hat mir einmal gesagt: Denk einmal darüber nach, eine Diktatur dauert nie ewig und wir werden diese Diktatur, diese beiden Diktaturen, den Hitler und den Mussolini, werden wir überleben und dann wird die Lage anders werden und dann braucht es geradezu uns als Feldwache, als diejenigen, die zurückgeblieben sind!

Bezeichnend für das fortwährende Tauziehen zwischen den Vertragspartnern Italien und Deutschland war das beharrliche Schweigen der Verantwortlichen auf italienischer Seite, allen voran Giuseppe Mastromattei.

Der Präfekt der Provinz Bozen, Giuseppe Mastromattei, im Herbst 1939 in Brixen

Paul von Guggenberg: Ich habe dann noch als Bub erlebt, als Student, wie der Brixner Bürgermeister Frediani und der Präfekt Mastromattei am Domplatz hier in Brixen groß geschmettert haben, die hier bleiben, die sogenannten Hierbleiber, die also für den Verbleib in Italien votiert hatten, dürfen hier bleiben. Davor hat es geheißen, entweder hinaus oder hinunter. Und hinunter, da erinnere ich mich, dass meine ältere Schwester immer erzählt hat, dass die Italiener, denen sie begegnet ist damals, gesagt haben: »In Africa c'è posto per tutti!« »In Afrika ist Platz für alle!« Es wurde ja nichts daraus, der Frediani und der Mastromattei haben gesagt, »Ihr könnte ruhig hier bleiben«, plötzlich, es war aber schon spät, zu spät, das nach der Option zu sagen.

Daraufhin waren es die Dableiber, die versucht hatten, sich sinnvoll zu organisieren.

Lothar von Sternbach: Wir haben einen Vertrauensmännerkreis gehabt, der etwa 30 Mann stark war, der aber über das ganze Land verteilt war, von Innichen bis Mals und von Brenner bis Salurn. Es waren so ungefähr 30 Vertreter, die alle Monate zur Berichterstattung beim Kanonikus Gamper in der Marienklinik in Bozen zusammengekommen sind. Mein Vater hat natürlich mit den italienischen Behörden Fühlung genommen. Er hat gesagt: »Wir sind jetzt die Minderheit der

Minderheit, wir müssen schauen, ein erträgliches Verhältnis zu den italienischen Behörden zu kriegen«, was auch ganz leicht war, denn die italienischen Behörden haben die Verbindung mit uns gesucht.

Friedl Volgger: Im Dezember 1941 ist ein neuer deutscher Bevollmächtigter für die Option gekommen, in der Person des Gesandten Dr. Mayr-Falkenberg. Das war ein Bayer. Er war früher Generalkonsul in Genua, ist da herauf versetzt worden vom Außenministerium. Er war Beauftragter des Außenministeriums und hat den Titel bekommen, Hoher Kommissar. Auf italienischer Seite wurde im März 1940 der Präfekt Mastromattei endlich verschickt. Im Braunkohlenhandel hat er irgendwo einen Auftrag gehabt und an seine Stelle ist ein gewisser Podestà gekommen, Agostino Podestà, ein Junger aus Perugia, immer sehr freundlich, sehr nett und höflich. Und die beiden Hohen Kommissare haben sich recht gut vertragen und haben miteinander Geschäfte gemacht. Du gibst mir deinen Juden und ich gebe dir meinen Juden, die haben sie unter sich ausgetauscht.

Ludwig Mayr-Falkenberg (links) und Agostino Podestà (rechts)

Wenn der eine Leute gehabt hat, die unbedingt umoptieren wollten fürs Dableiben, dann hat der andere ja gesagt und umgekehrt auch. Das war recht geschickt.

Carl von Braitenberg: Dieser Agostino Podestà war ganz gegen die Abwanderung. Er hat ja Dutzenden von Bauern geholfen rückzuoptieren. Er war wirklich ein reizender Mensch.

Lothar von Sternbach: Der Agostino Podestà, der Präfekt also, hat meinem Vater gesagt, er öffnet den Dableibern die Partei. Ich muss dazu sagen, die Partei war damals nur offen für solche, die die Jugendorganisationen schon mitgemacht haben. Normale Staatsbürger, die das nicht gehabt haben, sind gar nicht mehr in die Partei hineingekommen. Also es war ein Riesenentgegenkommen der faschistischen Seite für uns Dableiber. Nun hat mein Vater in diesem Kreis vor Kanonikus Gamper gesagt, er wäre halt doch der Meinung, dass man diese ausgestreckte Hand nicht ausschlagen darf. Der Kanonikus Gamper war ganz dagegen und wir alle miteinander auch. Wir haben es uns nicht vorstellen können, dass wir Faschisten werden sollen. Einmal mussten wir bei einem faschistischen Umzug mitgehen. Wir hatten natürlich keine Uniform, es war schon Ende des Krieges, ein schwarzes Hemd haben wir natürlich gehabt. Und dann sind wir mit einem Umzug vom GIL-Haus in Bruneck unten über den Graben herauf und alle Brunecker haben geschaut, links und rechts gestanden, und haben geschaut, wie der alte Baron Sternbach und der junge Baron Sternbach als Faschisten jetzt da mitmarschiert sind.

Mit dem Waffenstillstand und der Bildung der »Operationszone Alpenvorland« im September 1943 verschärften sich die Nachstellungen der Dableiber durch die Optanten.

Hanna Kirste Perwanger: Im August 1944 schrieb uns der Kreisleiter vom Unterland: »Am nächsten Samstag kommen alle Kreisleiter und Ortsgruppenleiter mit den Schrammeln und machen oben ein Fest. Wir bringen einen viertel Ochsen mit und ein Fass Wein und Reis und das andere müssen sie liefern. Sie haben ja Kühe genug.« Wir mussten jeden Monat eine Kuh abgeben, notabene. Und mein 17-jähriger Sohn und ein Knecht haben alle unsere Wiesen mit der Sense abgemäht. Und wir waren noch nicht fertig im August 1944 und mussten unbedingt noch das Heu für den Winter für unser Vieh haben. Die beiden mussten nun hinunter nach Kaltenbrunn, mussten diese Lebensmittel und diese Schrammelmusikinstrumente holen, anstatt dass sie mähen konnten. Herauf kamen dann zwischen 30 und 40 angefressene Kreisleiter und Ortsgruppenleiter vom ganzen besetzten Land. Ich alleine, weil meine Köchin war krank im Bett, musste diesen viertel Ochsen kochen, Gulasch kochen und alles andere kochen, mit einem Mädchen und zwei Nazidamen, die natürlich überhaupt nichts konnten. Die haben die ganze Nacht durchgezecht und am nächsten Morgen war in unserem Speisesaal ein Chaos, unappetitlich in jeder Beziehung.

Josef Perwanger: Aber dann hat es noch ein Nachspiel gegeben: Es hat eine Menge Silberbesteck gefehlt, und dann hat der Vater höflich an den Kreisleiter geschrieben, ob es möglich wäre, dass er bei den Leuten nachfragen würde, ob jemand aus Versehen Silberbesteck mitgenommen hätte. Dann ist ein Brief gekommen: »Sie können es Ihrem Alter verdanken« – er ist 65 Jahre alt gewesen – , »dass wir nicht weitere Schritte unternehmen, denn es könnte Ihnen wohl bekannt sein, was mit solchen Leuten passiert, die ein Misstrauen gegen unsere Regierung zum Ausdruck bringen.«

Wenige Tage darauf befiel die Familie Perwanger am »Zirmerhof« ein gehöriger Schrecken.

Hanna Kirste Perwanger: Wir saßen, es hat in Strömen geregnet, in unserer Stube zusammen und haben die Marende gegessen. Die Tür ging auf, vor uns standen zwei SS-Männer mit Maschinenpistolen. So einen Schrecken habe ich in meinem Leben nie mehr gehabt. Meine Knie haben so gezittert. »Sind Sie Herr Perwanger?« Mein Mann hatte immer eine wunderbare Ruhe und Überlegenheit und hat gesagt, »Ja, ich bin Herr Perwanger«. »Dann gehen Sie mit uns in einen anderen Raum, wir müssen mit Ihnen reden!« »Gut, bitte, gehen Sie mit mir ins Büro!« Also, ich war der Verzweiflung nahe, ich habe gedacht, jetzt wird mein Mann abgeführt, jetzt kommt er ins Konzentrationslager und dann ist sein Leben auch zu Ende. Aber es war folgendermaßen: Sie suchten bei uns Goerdeler, der das Haupt der Widerstandsbewegung gegen Hitler war. Sie haben ja Trott zu Solz und Haeften sofort aufgehängt und Goerdeler konnte entfliehen. Und den haben sie bei uns gesucht, in diesem entlegensten Hof, den man sich denken kann. Es wäre natürlich für ihn eine wunderbare

Sache gewesen, wenn er zu uns gekommen wäre, denn wir hätten ihn auf Jochgrimm in einem Heuschupfen versteckt. Dann haben sie also diese Fremdenlisten durchgeschaut. »Ja«, hat mein Mann gesagt, »ja wer war denn Goerdeler? Sie haben ja uns unseren Radio und unsere Gewehre genommen, weil wir Dableiber sind. Wir wissen überhaupt nichts, und Zeitung gelesen haben wir auch nicht, wir haben keine Post, also wir wissen gar nicht, wer Herr Goerdeler ist«, hat mein Mann gesagt. »Was, Sie wissen nicht wer Goerdeler ist – das Haupt der Widerstandsbewegung? Eine Million Kopfgeld ist auf ihn ausgesetzt!« Da hat mein Mann gesagt, sie sollen unser Haus durchsuchen. »Zeigen Sie die Fremdenlisten!« Dann haben sie die Fremdenlisten durchgeschaut, und dann bekam mein Mann eine furchtbare Angst, weil zuletzt, 1941, hatten wir noch Haeften und Trott zu Solz als Gäste, und die waren zuletzt eingetragen im Fremdenbuch, und wenn sie gesehen hätten, dass die bei uns zu Gast waren, dann Gnade Gott. Aber sie waren viel zu dumm, diese Kerle, denn unser Hof hat mindestens 20 Ausgänge. Sie hätten den Hof zuerst umstellen müssen und dann hineingehen, wenn sie ihn schon suchen. Also, das war ja einfach blöd, blöd von ihnen! Dann haben sie gesagt: »Ja, wir sind ja ganz durchnässt, Herr Perwanger, haben Sie einen Schnaps?« Hat mein Mann gesagt: »Nein, wir haben keine Schnapslizenz, es ist strengstens verboten, ohne Schnapslizenz Schnaps auszuschenken.« Jetzt wurde mein Mann etwas aggressiver. »Ja, können Sie uns nicht etwas kochen, irgendetwas kochen? Wir haben ja Hunger!« »Ja, Fleisch haben wir keines, wir müssen jeden Monat eine Kuh stellen, aber meine Frau kann ihnen einen Schmarren machen und einen Salat und einen Hauswein haben wir auch. Gehen Sie nur in die Stube hinüber, das wird meine Frau schon machen.« Ich bin sonst eine ganz gute Köchin, aber ich habe einen Schmarren fabriziert, dass ich mich jetzt noch schäme, einen Salat ohne Öl mit viel Essig und Salz, einen Hauswein, der auch nicht gerade ein Bordeaux war, und das wurde den Herren serviert dann. Ich ging dann auch in die Stube hinein und habe zugeschaut, wie sie das gegessen haben. Dann haben sie zu mir gesagt: »Wenn Goerdeler kommt, hier ist unsere Telefonnummer, dann rufen Sie sofort an!« »Ja, selbstverständlich«, habe ich gesagt, »sofort werde ich anrufen!« Dann gingen sie wieder unverrichteter Dinge weg, diese beiden SS-Männer, aber ich war mit den Nerven fertig, denn die Angst, die man da aussteht, das kann man sich nicht vorstellen, wenn man immer mit einem Schritt im Konzentrationslager ist. Wir hatten viele Gäste, die im Konzentrationslager zu Grunde gegangen sind.

Zwischen dem Völkischen Kampfring Südtirols und dem Deutschen Verband rissen die Beziehungsfäden trotz der Gegnerschaft nicht vollends ab, namentlich zwischen Friedl Volgger und Peter Hofer.

Friedl Volgger: Wir haben uns in dieser Zeit da von 1940 bis 1943 öfter ausgetauscht. Es hat Leute gegeben, die über Hitler losgezogen sind und die wurden dann angezeigt bei der italienischen Polizei, die hätte sie verhaften sollen und wir haben sie untergebracht irgendwo, versteckt, haben ihnen geholfen und Peter Hofer hat dann alles vergessen lassen und umgekehrt auch. Es hat Leute gegeben, die gegen Mussolini getobt haben und die wären abgeschoben worden und wir haben da auch vermittelt. Das war so ein Geschäft. Dann haben wir uns eigentlich immer ganz gut vertragen.

Mit der Eingliederung Südtirols in den direkten deutschen Machtbereich im September 1943 kam es natürlich auch zur Einvernahme der Bevölkerung durch den Nationalsozialismus.

Maria Prosser Egger: Jetzt hat aber der Nazismus angefangen, der Faschismus ist langsam entschwunden, dafür ist dann der Nationalsozialismus gekommen und das war dann auch keine leichte Zeit, weil die uns natürlich von einer anderen Seite aus fassen haben wollen. Da hat es sofort auch den BDM gegeben, das war der Bund Deutscher Mädchen. Das war alles nazistisch ausgerichtet, und die haben es alle sehr auf uns von der Katholischen Aktion abgesehen gehabt. Aber der Herr Ferrari, der war sehr klug, der hat uns weniger vom Negativen, also vom Nationalsozialismus, gesagt, sondern er hat uns im christlichen Geist bestärkt. Wir waren ziemlich viele Gruppen in Bozen, Mädchengruppen, da waren sicher auch 60, 70 dabei. Da bin ich dann einmal angeklagt worden, bin vorgeladen worden, und zwar bei der BDM-Führerin, das war die Oberste von Südtirol, die hat dann mich aufgefordert, weil ich war sozusagen die Hauptführe-

Josef Ferrari

rin, ich soll mit allen Mädchen in den BDM übertreten, und ich habe darauf gesagt: »Das kann ich nicht, ich kann nicht verlangen, dass die einfach von da dahin gehen, da müssten Sie schon jede Einzelne fragen.« Dann hat sie gesagt: »Was glauben Sie denn, ich stelle mich vielleicht an die Kirchentür und frage jede Einzelne, ob sie zum BDM kommen wolle?« Und ich habe dann gesagt: »Wie Sie es machen, das ist Ihre Sache.« Ich staune, dass ich mich das zu sagen getraut habe. Dann bin ich noch einmal angeklagt worden. Wir haben oben auf dem Ritten eine Werkwoche gehalten. Bei einer Werkwoche waren immer religiöse Vorträge und Gesang und Spiel und Volkstanz, und da bin ich auch angeklagt gewesen, dass ich die Jugend gegen den Nationalsozialismus aufwiegle. Ich konnte aber dann doch beweisen, dass ich an dem Tag, das war eine Fügung von oben, nicht oben anwesend war. Das war mein Glück, aber es war natürlich nicht angenehm, diese Anschuldigungen zu ertragen, aber es ist schon gegangen. Aber ich habe halt gemerkt, sie waren mir nicht mehr wohlgesinnt.

Etwa zur selben Zeit besuchte der Bozner Hanns Engl die Hauptschule in Meran und war im Schülerheim der Englischen Fräuleins am Sandplatz untergebracht.

Hanns Engl: Dort musste ich natürlich auch in die Uniform der HJ schlüpfen und musste an Sonntagen für das Winterhilfswerk sammeln. Wir hatten ganz wenig Freizeit. Ausgang gab es selten und der war immer mit irgendwelchen Verpflichtungen verbunden. Ich musste einmal dann auch nach Sinich, da musste ich so ein Paket Einberufungen austragen. Das war im letzten Kriegsjahr. Ich glaube, das war schon 1945, Anfang 1945. Und sonst war halt das durch die Stadt marschieren und Lieder singen. Wir waren zu dritt, die in den Lazaretten spielen mussten. Da war der Pircher Ossi, Zither, und ich, Zither, und der Stockner Max hat Gitarre gespielt. Da mussten wir halt immer wieder auftreten und dort für die Verwundeten spielen. Wir hatten in Meran ein eigenes Musikzimmer, dort konnte man üben.
Unmittelbar vor Kriegsende gab es natürlich verschiedene propagandistische Vorträge in Meran an der Schule, und dort wurde vom Kampf bis zum letzten Mann gesprochen und es war irgendwie so angelegt, als ob wir Kinder noch alle bewaffnet würden und noch dieses Land verteidigen müssten. Einige von den größeren sind dann

noch, glaube ich, in die Ausbildung gekommen zu den Standschützen. Aber wir waren doch noch zu jung und sind dann irgendwie entlassen worden und ich kann mich erinnern, ich bin zu Fuß bis nach Untermais gegangen und dort auf einen Lastwagen nach Bozen zurück und bin dann zu Fuß nach Unterinn hinauf.

Carl von Braitenberg: Im Oktober 1943 hat mich das Schulamt gerufen. Da haben sie schon das Deutsche Schulamt eingesetzt gehabt. Da waren drei Leiter, der Vicari, der Rizzolli und der Deluggi. Und die haben mir gesagt: »Ihr Sohn besucht das italienische Gymnasium!« Da habe ich gesagt: »Ja, es gibt kein anderes, er ist im achten Kurs und heuer macht er Matura!« »Sie haben ihn sofort herauszunehmen!« Da habe ich gesagt: »Ja, was soll ich denn tun mit ihm? In die alten Provinzen? Ich tu ungern einen 17-jährigen Buben weggeben.« Da hat mir der Deluggi gesagt: »Wenn Sie ihn nicht sofort herausnehmen, wird er sofort assentiert und zur Flak ins Rheinland geschickt!«

Heinz Deluggi

Ich habe mich dann mit meiner Frau besprochen und habe gesagt: »Na, da geben wir nach!« Und dann haben wir ihn sofort aus dem Gymnasium herausgenommen. Das ist ein reiner Bosheitsakt gewesen. Er hat derweil nichts getan und er hat eine Freundin gehabt, das ist eine gewisse Dennerlein. Die haben zwei Jahre bei Walther [Walther von Walther] drüben den Sommer zugebracht. Der Vater ist in einer Handschuhfabrik in Neapel gewesen, Leiter von einer Handschuhfabrik, und die Dennerleins sind hier auf Sommerfrische gewesen, die hat er gut gekannt. Und die war gleichaltrig mit ihm. Und die hat ihm gesagt: »Horch, ich bin in der Schule für Auslandsdeutsche, die verlegt worden ist von Mailand nach Dorf Tirol, ins Liebeswerk droben. Geh hinauf, der Direktor Wimmer ist ein sehr guter, anständiger Mensch, vielleicht nimmt er dich!« Und mein Sohn ist hinaufgegangen und der Wimmer hat ihn sofort genommen. Er hat gesagt, er muss allerdings dort wohnen und bleiben, weil's ein Internat ist. Das hat er gemacht.

Carl von Braitenberg, der seinen Wohnsitz in Maria Himmelfahrt bei Oberbozen hatte, benützte regelmäßig die Rittnerbahn, um zu seinem Arbeitsplatz nach Bozen zu gelangen und musste auf dieser Fahrt häufig unangenehme Erfahrungen sammeln.

Carl von Braitenberg: Da habe ich öfter gesehen, dass Nazis, wenn ein Italiener gesessen ist und Deutsche gestanden sind, sie angeschrien haben: »Stehen Sie auf! Solange ein Deutscher steht, haben Sie kein Recht zu sitzen.«

Ein anderes Mal wurde er Zeuge einer noch größeren Boshaftigkeit.

Carl von Braitenberg: Am Heiligen Abend 1944 war ich am Ritten und habe bei der Gemeinde zu tun gehabt. Ich bin dann auf die Bahn gegangen, um auf die Rückfahrt zu warten. Da ist ein bekannter Bozner Arzt dagestanden. Der hat mich ja nimmer angeschaut, natürlich, und nicht gegrüßt, obwohl er im ganzen Gymnasium mein Mitschüler war. Und da ist ein Italiener gekommen, ein älterer Herr mit einem Christbaum unterm Arm. Mein ehemaliger Mitschüler stürzt sich auf ihn, reißt ihm den Christbaum weg, zupft das Zeug herunter und schreit ihn an: »Ihr Italiener habt kein Recht, deutsche Sitten nachzuahmen, bleibt's bei eurer Krippe!« Da bin ich hingegangen und habe gesagt: »Ja, horch! Was hast denn du davon, dass du dem alten Menschen die Freude nimmst? Ist doch eine Rohheit einfach!« »Nein, wir können das nicht dulden!«

Carl von Braitenberg

»Wir haben aber alle großes Heimweh gehabt«

Umsiedlung ins Heimatlose

Auf den Berliner Vertrag vom 23. Juni 1939 zwischen dem Sonderbeauftragten für die Durchführung der Umsiedlung, Reichsführer-SS Heinrich Himmler, und einer italienischen Delegation, der die Lösung des Südtirol-Problems zum Inhalt hatte, folgte am 21. Oktober 1939 die Unterzeichnung der »Richtlinien« für das Umsiedlungsabkommen. Dieses sah als Termin für die Optionserklärung den 31. Dezember 1939 und als letzten Tag für die Abwanderung den 31. Dezember 1942 vor, der aber schließlich bis Ende 1943 verlängert wurde. Für die Durchführung der Umsiedlung in Südtirol wurde die Amtliche Deutsche Ein- und Rückwandererstelle (ADEuRSt) geschaffen und mit deren Leitung wurde Wilhelm Luig betraut. Bereits im Sommer 1939 wurde die Wertfestsetzungskommission gebildet, deren Aufgabe es war, für die Einschätzung, die Ablöse und den Transfer der Vermögenswerte von Südtiroler Deutschlandoptanten Sorge zu tragen. Diese hatte ihren Sitz in Bozen und bestand aus deutschen, Südtiroler und italienischen Experten. Für die Aufnahme, Unterbringung und Verteilung der Umsiedler in der neuen Heimat war die »Dienststelle Umsiedlung Südtirol« (DUS) unter der Leitung von SS-Standartenführer Hans Georg Bilgeri in Innsbruck zuständig. Nach den letzten Arbeitsberichten der ADEuRSt sind über 100.000 Anträge von »umsiedlungswilligen« Südtirolern auf Abwanderung gestellt worden. Diese betrafen fast 7000 »Reichsdeutsche« und weit über 200.000 »Volksdeutsche«, einschließlich der Südtiroler, die in den alten Provinzen lebten, und den Südtirolern, die bereits ins Deutsche Reich abgewandert

Hans Georg Bilgeri

waren. Die Gründe, warum so viele Südtiroler bereit waren, die Heimat zu verlassen, waren vielfältig, wobei den »bodengebundenen« Südtirolern die Entscheidung noch schwerer fiel.

Rudi Christoforetti aus Branzoll musste auswandern, weil sein Vater als Spengler nicht mehr ausreichend Arbeit gefunden hatte, um seine Frau und die sechs Kinder ernähren zu können.

Rudi Christoforetti: Wir sind Ende 1939, also nach den Weihnachtsfeiertagen, ausgewandert, von Branzoll weg mit dem Zug nach Bozen. Der ganze Bahnhof in Branzoll war voller Verwandte. Und da ein Bussl und pfüat di usw. Und in Bozen waren so viele Leute. Es war ein Riesenzug, der nach Innsbruck fuhr. So viele Familien und alle haben geweint und pfüat enk und meldet euch und schreibt uns usw. Ich war kaum zehn Jahre alt und habe natürlich herumgeschaut und gestaunt. Endlich ist der Zug abgefahren.

In Innsbruck kam dann die erste Überraschung.

Rudi Christoforetti: In Innsbruck stiegen wir aus, eine Kälte! Wir als Unterlandler – das war furchtbar. Ich habe Strümpfe angehabt, kurze Hosen und ein Hemd und einen Sarner, einen weißen Sarner. Wir haben gefroren. Aber da waren so viele Schwestern da, alle mit dem weißen Kappele, die sind gekommen und haben uns halt einen Tee gebracht und zum Essen.

Von Innsbruck ging es dann gleich weiter nach Berchtesgaden.

Rudi Christoforetti: In Berchtesgaden waren wir beim Militär, also auch auf diesem Obersalzberg. Da waren so Baracken, aber nicht aus Holz, sondern direkt schön gemauert und da haben wir ein großes Zimmer gekriegt mit sechs Betten. Die Mama hätte gerne gekocht, aber wir haben in die Mensa dürfen. Dort haben die Schwestern gekocht, aber es war nicht das gewohnte Essen und die Mutter hat halt auch nicht gewusst, was sie tun soll. Wir haben keinen Herd gehabt, nichts. Eines Tages hat es geheißen: Wo wollen jetzt die Südtiroler – weil da waren so viele Südtiroler – wo wollt ihr hin? Den Vater hat man auch gefragt und dann sagte er: »Sollen wir nach Augsburg oder sollen wir nach Wels in »Oberdonau«?« Also, Oberösterreich. Jetzt haben wir hin und her überlegt. Dann hat der Vater so eine Landkarte ausgebreitet und dann haben wir geschaut. Dann sehen wir da Augsburg, das war groß, und Wels, das war ganz klein auf dieser Landkarte. Dann haben wir Kinder gesagt: »Also wir möchten doch lieber nach Wels, es ist kleiner.« Gut, Wels. Dann hat der Tata das angemeldet bei der NSDAP, bei der Partei und dann sind wir nach Wels gekommen.

Vorerst musste sich die Familie mit einer vorläufigen Behausung in Thalheim bei Wels zufriedengeben.

Rudi Christoforetti: Meine Schwester Edith und ich sind in Thalheim zur Schule gegangen. Da haben sie alle geschaut, als wir aufgetaucht sind. So Fremde sind auf einmal da und die reden anders, und das verstehen wir nicht! Und ich habe auch die dortigen nicht verstanden. Die haben einen ganz anderen Dialekt gehabt, als wir. Dort haben wir etliche Zeit gelebt. Die Partei hat gemeint, wir müssen dort so lange leben, bis die Wohnungen, die der Führer für die Südtiroler baut, fertig sind. Und das war Anfang 1940. Dann gegen Ende hat es geheißen: Ja, jetzt ist die Wohnung fertig! Wir sind durch die Stadt gewandert und dann in die Kasbergstraße hinein. Die Mama macht die Türe auf: Oh, war das schön! Da waren fünf Räume und ein Bad.

Die Familie Christoforetti wohnte also fortan mit anderen Südtirolern in der »Vogelweide-Siedlung« in Wels, die eigens für die Südtiroler Auswanderer errichtet worden war.

Wels 1936

Rudi Christoforetti: Unter den vielen Südtirolern, die da waren, war auch einer, der bei der SA ein Oberer war, und der ist immer durch die Siedlung gegangen, um uns da ein bisschen etwas beizubringen, vor allem dass wir richtig grüßen, »Heil Hitler!« usw. Er war sehr, sehr energisch und hat natürlich das Hitlerbild, das kleine, das die Mutter da hängen gehabt hat, gar nicht gern gesehen. Einmal sagte er: »Ja, können sie nicht ein gescheites Hitlerbild aufhängen?« Und die Mutter sagte darauf: »Schon? Man kriegt doch kaum mehr ein Hitlerbild!« Die Mutter hat schon gewusst, wie man mit solchen Leuten umgeht. Und am nächsten Tag, wie der kommt, sieht er ein bisschen ein größeres Bild. Er schaut so hin: »Aha, ein neues Bild. Aber es hätte wohl größer sein können als so!« »Na«, sagt die Mama, scheinheilig, »wissen Sie, ich habe eh geschaut in der ganzen Stadt, ob es nicht ein gescheites Bild gibt, aber das war das schönste, darum habe ich das genommen, auch wenn es nicht groß ist, aber es war das schönste, darum habe ich es gekauft!« Na ja, er hat es glauben müssen. Und so hat dieser Mensch eigentlich immer zu befehlen gehabt. Er hat geschaut, alle Südtiroler für die Partei zu gewinnen, was aber nicht leicht war, weil die Südtiroler, wir waren alle ein bisschen zu christlich, kann man auch sagen. Und eines Tages hat halt der Johann, unser älterer Bruder, nicht richtig gegrüßt. Da wollte er ihn anzeigen. Dann hat die Mutter auch nicht mehr gescherzt. Sagte sie: »Hören Sie einmal, er hat es ja nicht so gemeint, er hat halt an ganz etwas Anderes gedacht und dann auf einmal sind Sie da!« Da hat sie ihn halt so weit

1.-Mai-Umzug 1943 in Wels

gebracht, dass er doch keine Anzeige gemacht hat. Es war schon ein bisschen gefährlich, als Gegner der Nazis zu gelten, dann warst du immer dran. Es hat uns schon gewundert, dass das ein Landsmann von uns war.

Für Rudi Christoforetti führte kein Weg an der Hitlerjugend vorbei.

Rudi Christoforetti: Eines Tages, wir waren gerade in der Schule, kommen zwei Jüngere bei der Tür herein und schreien »Heil Hitler« und haben gemeint, wir müssen alle zum Lederer Tor kommen, also zum Adolf-Hitler-Platz, und die Heimabende von der Hitlerjugend besuchen. »Also«, hat er gemeint, einer von den zweien, »morgen Abend seid ihr alle da! Heil Hitler!« Und weg war er. Dann sind wir halt am nächsten Tag hingewandert, die Südtiroler von der »Vogelweide« und die Welser gemeinsam und sind halt da auf den Lederer Turm hinaufgestiegen. Da lagen sehr viele Bücher herum und ein Radio und immer so Marschmusik. Dann hat wieder der Goebbels geredet und dann haben wir natürlich alle zuhören müssen. Dann haben sie halt unsere Namen aufgenommen und gesagt, dass wir halt kommen müssen.

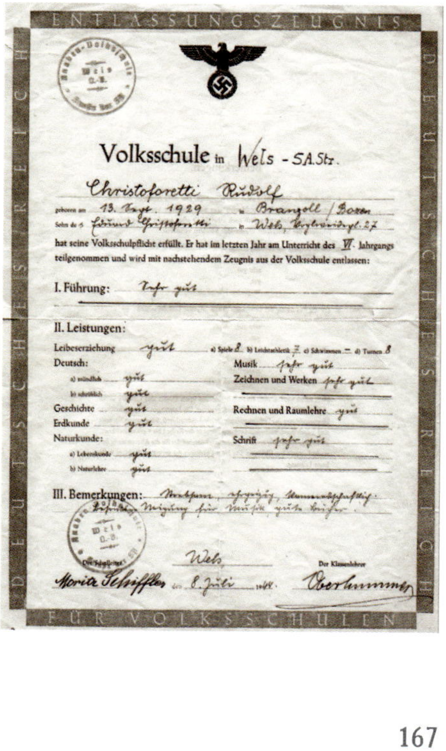
ENTLASSUNGSZEUGNIS
DEUTSCHES REICH
DEUTSCHES REICH
FÜR VOLKSSCHULEN

Volksschule in Wels - SA.Str.

Christoforetti Rudolf

geboren am 13. Sept. 1929 in Branzoll / Bozen

Sohn des Eduard Christoforetti in Wels, ...pl. 27

hat seine Volksschulpflicht erfüllt. Er hat im letzten Jahr am Unterricht des VI. Jahrgangs teilgenommen und wird mit nachstehendem Zeugnis aus der Volksschule entlassen:

I. Führung: sehr gut

II. Leistungen:

Leibeserziehung gut a) Spiele 8 b) Leichtathletik 7 c) Schwimmen – d) Turnen 8

Deutsch: Musik sehr gut

a) mündlich gut Zeichnen und Werken sehr gut

b) schriftlich gut

Geschichte gut Rechnen und Raumlehre gut

Erdkunde gut

Naturkunde: Schrift sehr gut

a) Lebenskunde gut

b) Naturlehre gut

III. Bemerkungen: [illegible]

Der Schulleiter Wels, am 8. Juli 1944. Der Klassenlehrer

Im September 1943 mussten die Südtiroler von der vertrauten Neustadt-Schule in die SA-Schule wechseln.

Rudi Christoforetti: Wie wir da so um acht Uhr in der Früh drinnen sitzen, geht die Türe auf und da kommt der Lehrer herein, ein bisschen nach vorne gebeugt, weiße Haare, weißen Bart und schaut uns alle an und wir schauen ihn an. Der muss ja steinalt sein, aber man kann ihn jetzt brauchen, weil, mein Gott, die Jüngeren sind ja alle eingerückt. Dann hat er uns halt gefragt, von wo wir sind, wie wir heißen usw. Dieser Lehrer gibt uns dann eine Zeitung und sagt: »So, jetzt lest da das vor!« Da war so ein Tagesspruch in der Zeitung drinnen und zwar in der Wehrmacht-Zeitung. Einer von uns fängt an, das vorzulesen. Was mich aber so gewundert hat bei dieser Leserei, dass der Lehrer gar nicht zugehört hat. Der hat dort so ein Heftl gehabt in der Hand und hat einfach gelesen. Wahrscheinlich hat ihm selber nicht gar so interessiert, was da drinnen gestanden ist.

Jedenfalls gegen Ende des Jahres, auf die Weihnachtsfeiertage hin, sage ich zu den Kollegen, ob wir nicht eine Bibliothek machen könnten, damit wir ein bisschen etwas zum Lesen haben. Da waren alle einverstanden. Dann habe ich gesagt, jeder muss zwei Bücher bringen, und einer hat gesagt, er bringt eine Truhe, wo wir dann die Bücher mit einem Schloss einsperren können. Da können wir dann die Bücher verleihen und so weiter. Wir haben dann tagelang gesammelt, bis es so weit war. Dann haben wir halt dem Lehrer gesagt: »Herr Lehrer, wir haben uns eine Bibliothek gemacht!« Dann ist er gekommen und hat sich halt die Bücher angeschaut und hat sich ein paar mitgenommen. Wie ich dann später gesehen habe, weil die hat er in der Lade gehabt, waren das »Mein Kampf« usw. Er wollte wahrscheinlich nicht, dass wir sie lesen. Erst später hinaus ist mir aufgefallen, dass der Lehrer nicht wollen hat, dass wir diese Bücher lesen. Deswegen hat er gesagt, dass er die zum Lesen mitnimmt, um sie verschwinden zu lassen. Er war ein so netter Mensch dieser Lehrer. Der wird bestimmt schon 80 gewesen sein.

Und dann haben wir beschlossen, für Weihnachten einen Christbaum aufzustellen. Dann hat einer, der fast im Wald gelebt hat, einen Christbaum gebracht, der andere Schmuck, wieder ein anderer ein paar Kekse usw. Dann haben wir uns getroffen am KJ-Platz, also am Kaiser-Joseph-Platz, und dann sind wir in die Schule gegangen und haben den Baum aufgestellt und ihn geschmückt mit ein paar Kerzen, meistens nur mehr eine halbe oder viertel Kerze, weil man hat ja keine kaufen können. Dann hat der eine ein paar Kekse ausgepackt, und vor allem da einen Schnaps und einen Wein, das haben wir alles unter den Christbaum gelegt. Dann habe ich schon seit ein paar Tagen mit den besten Sängern

Kaiser-Joseph-Platz in Wels

von uns die Weihnachtslieder einstudiert gehabt, »Oh, du Fröhliche« usw. Dann auf einmal heißt es: »Achtung der Lehrer kommt!« Es geht die Tür auf, und er kommt herein, und dann fangen wir an: »Oh, du Fröhliche ...« und da hat er gestaunt und schaut herum. Die Kerzen haben gebrannt noch eine Zeit lang, weil die waren ja so kurz alle, aber das wird schon genügen, haben wir uns gedacht. Drei Lieder haben wir gesungen, und das letzte war »Stille Nacht«. Dann war er ganz weg und ist zum Tisch und sieht die Flasche Schnaps, den Wein, dann sieht er Zigaretten, weil er hat ja geraucht, die Zuckerlen und halt alles, was wir so zusammengeklaubt haben. Dann haben wir gesagt, das ist unser Geschenk. Er war ganz weg. Vorm Nachmittag noch haben wir sofort den Baum wieder wegräumen müssen, weil man weiß ja nie, wer daherkommt. Am Nachmittag war dann die offizielle Weihnachtsfeier. Da sind auch ein paar Bäume aufgestellt gewesen, links und rechts in der Turnhalle, aber ohne Lichter und die Fahne natürlich in der Mitte. Da haben die Lehrer gepredigt, und wie sie dann einigermaßen fertig gehabt haben mit dem Predigen, hört man anstimmen: »Hohe Nacht der klaren Sterne, die in weiter Ferne sind«. Das war dann ihr Weihnachtslied, das Lied der Lehrer in der SA-Schule in Wels.

Als der Krieg zu Ende gegangen war, schlug in Wels die Stimmung den Südtirolern gegenüber völlig um.

Rudi Christoforetti: Nachdem so viel Hunger war, ich rede von 1945/46, da waren wir auf einmal die »Katzelmacher«. Auf einmal hieß es: »Was willst denn du, du Katzelmacher!« Es hat ja nichts zu kaufen gegeben. Jetzt haben natürlich gewisse Leute gemeint, wir sind Schuld, diese Katzelmacher fressen einen Haufen, wenn die nicht da wären, hätten wir mehr. Dass wir Katzelmacher während des Krieges gearbeitet haben, dass die Katzelmacher im Krieg waren und viele nicht zurückgekommen sind – das hat nicht mehr gezählt. Auf einmal sind wir die gewesen, die ihnen alles wegfressen und die dafür sorgen, dass es in Wels nicht vorwärts geht. Wir haben uns natürlich gewehrt, weil das schließlich ein bisschen zu weit geht.

Das Kriegsende und die damit verbundene Not haben auch noch weitere Folgen gezeigt.

Rudi Christoforetti: Da hat es viele Madln [Mädchen] gegeben, die mit den Amis da gegangen sind, und das haben natürlich die Jungen draußen in Wels nicht gerne gesehen und auch die Alten nicht. Und da hat man ein Lied erfunden und zwar aus Flotows »Martha«: »Martha, Martha, du entschwandest, Martha, Martha, du entschwandest« und hat es umgewandelt in: »Martha, Martha, du bist schwanger, wer hat dir das Kind gemacht? War's ein Neger oder Ami, trallalallallalala«! Mein Gott, dafür haben die Madln halt Schokolade gehabt und etwas zum Leben, was vielleicht für viele auch sehr wichtig war.

»Die Vier im Jeep«

Die massive Werbung für die Umsiedlung in die eroberten Gebiete, verbunden mit verlockenden, aber, wie es bald offenkundig werden sollte, falschen Versprechungen, verleitete auch den Gadertaler Vigil Declara mit seiner Frau und den sieben Kindern, den angestammten Hof in Kolfuschg zu verlassen und nach Polanka, einem kleinen Dorf bei Mährisch-Ostrau an der tschechisch-polnischen Grenze, zu ziehen. Die drei ältesten Kinder, Lois, Hilda und Maria, hatten die Entscheidung des Vaters zur Abwanderung nicht vorbehaltlos hingenommen.

Hilda Declara: Ende 1942 ist dann der Vater hinausgefahren in die Tschechei, den Hof anschauen. Und im Jänner ist er dann begleitet von meinem Bruder Lois wieder hinausgefahren. Der Bruder hat alles angeschaut und als er zurückkam, sagte er: »Wenn ich ein halbes Wort sagen kann, so meine ich, wir sollen bleiben, wo wir sind!«

Lois Declara: Ja, ich habe mich immer gegen die Auswanderung gewehrt. Ich war nämlich im Jahr 1941 in Mittelfranken auf einem wirtschaftlichen Lehrbetrieb. Und obwohl da die Bevölkerung sehr nationalsozialistisch eingestellt war, waren doch alle skeptisch gegenüber der Auswanderung. »Wo setzt man euch hin, ihr kommt bestimmt in die Ostgebiete, wo aber praktisch nicht Deutsche sind, und das wird ein Problem sein.« Und im Herbst darauf, also praktisch im Herbst 41 bis April 42 bin ich in Landsberg am Lech in der Landwirtschaftlichen Schule gewesen. Und da hat es der Schuldirektor schon offen gesagt, man soll nicht vom Ort gehen, bis der Krieg nicht aus ist, und er hat es sich auch getraut zu sagen, »denn es ist noch nicht sicher, wer den Krieg gewinnt!« Und das habe ich immer gesagt, aber die Optanten haben natürlich hier von diesen Höfen geschwärmt. Da sagt man halt, gut, wir schauen uns das einmal an. Der Vater hatte aber die Bedingung gestellt, dass ich mitfahren durfte, den Hof anzuschauen. Natürlich, als ich dann hinausgekommen bin, der Hof war selbstverständlich ein schöner Hof, aber ich habe die Situation dann gesehen. Die Tschechen waren noch am Hof und haben uns alles eher als freundlich angeschaut, weil sie wussten, wir kommen auf ihren Hof und sie werden dort vom Hof vertrieben. Das war im Ostsudetenland, Polanka, Kreis Wagstadt, also Regierungsbezirk Troppau, Mährisch-Ostrau, praktisch war das ein Grenzdorf, gleich ein paar Kilometer von unserem Hof war die Grenze zum Protektorat, also, das war

schon tschechisches Gebiet. Auch im Ort selbst waren zum Großteil Tschechen, und die sind halt von den Höfen vertrieben worden. Wir durften uns die Höfe dort anschauen, und da haben wir uns schon ein bisschen erkundigt und erfahren, dass das alles nicht so ist, wie man uns vorgeschwärmt hat. Und da habe ich draußen zu dem gesagt, der uns hingeführt hat: »Also ich bin gegen die Auswanderung, solange der Krieg nicht aus ist.« »Da haben Sie gar nichts mehr zu melden«, hat er geantwortet, »Ihr Vater hat ja bereits den Vertrag unterschrieben!« Dann habe ich halt noch versucht, den Vater zu überreden. Er hat aber gemeint: »Du musst bedenken, die wirtschaftlichen Vorteile, die wir haben, und der Hof, den wir dort bekommen, ist ja viel mehr wert als unserer!« Und das hat man auch noch versprochen damals, zwei Jahre werde ich militärfrei sein, wenn wir auswandern. Und das hat dann auch die Mutter noch überzeugt. Sonst hätte sie sich schon mit allen Mitteln gegen die Auswanderung gewehrt. Aber damit ich nicht Soldat werden brauche, hat sie dann auch noch ja gesagt.

Hilda Declara: Ja, sie sagte: »Wenn ich dem Kind, dem Lois, den Krieg ersparen kann, dann gehen wir!« Und somit sind wir dann am 3. Mai 1943 gefahren.

Lois Declara: Als wir nach Innsbruck hinausgekommen sind, haben wir uns dort eine Woche aufgehalten. Das erste war, dass ich zur Musterung gehen musste. Und da sagte der Oberst zu meinem Vater, der mitging, um den Antrag zu stellen, dass ich eine Zeitlang noch frei komme: »Ja, vorläufig braucht Ihr Sohn nicht einrücken!« Dann sagte der Vater: »Siehst du, das ist schon in Ordnung, das hat uns die Kommission ja versprochen!« Da sagte ich: »Warte nur, jetzt sind wir ja noch nicht da!« Als wir dann oben waren, das war Mitte Juni, da kam die Einberufung. Weil gerade Erntezeit war, habe ich noch einen Aufschub von sechs Wochen bekommen. Dann Mitte August war nichts mehr zu machen, da habe ich mir auch keine Illusionen gemacht, denn ich wusste ja, wie das ist, denn die sagten hier, wir brauchen die Auswanderer zum Arbeiten, die müssen ja die Felder bewirtschaften, damit das Volk zum Essen hat! Aber dafür hat man ja Gefangene gehabt. Die hatten keine deutschen Männer gebraucht. Ich war damals, wie ich ausgewandert bin, 21 Jahre alt. Ich muss dazu sagen, dass meine Altersklasse ja schon zwei Jahre vorher Soldat war.

Und durch die Auswanderung ist man halt ein bisschen später dran, aber verschont ist keiner geblieben.

Maria Declara: Wir waren also eine Woche in Innsbruck und dann kamen wir hinunter bis Königsberg. Das Haus wurde ein bisschen ausgebaut. Inzwischen haben wir zwei Wochen in einem Lager, in einer Schule, gewohnt und dann kamen wir in unser Haus. Da war alles neu, war eigentlich ganz schön. Wir haben aber alle großes Heimweh gehabt.

Hilda Declara: Das war so ein großer Hof. Die Häuser waren ganz anders, da war in der Mitte vom Hof ein großer Misthaufen, die Toilette, die war am Misthaufen, im Haus war keine und so und das war für uns alles so neu. Und unsere Nachbarn waren eigentlich sehr nett, nur zwei so alte Leute. Das erste Jahr, da war es ein bisschen schlimm, weil da waren die alten Besitzer von diesem Hof unsere Nachbarn.

Maria Declara: Ja, die hatten aber noch Tiere da im Stall gegenüber. Der Besitzer war der Uhlmann, und der ist doch immer in den einen Stall hereingegangen?

Hilda Declara: Nein, der ist nur hergekommen und hat so geschaut und hat uns die Fäuste gemacht. Und da haben sie gehört, dass wir nicht bleiben wollen und wieder zurückgehen, so bald es möglich ist. Dann sind sie hergekommen und waren sehr nett. Und die Mama, die hat ihnen jeden Abend ein bisschen Milch gegeben, ganz versteckt. Und im Herbst dann ein bisschen Weizen und Korn. Sehr, sehr versteckt, weil wenn die Deutschen draufgekommen wären, dann wäre das schlimm gewesen.

Maria Declara: Das waren die Sudetendeutschen, die auch dort gelebt haben. Wie viel Bewohner hatte denn eigentlich Polanka?

Hilda Declara: Ja, das kann ich mich nicht erinnern, es war ein Dorf, sieben Kilometer lang, vom Bahnhof bis Königsberg. Es war eine lange Straße und links und rechts waren halt diese Höfe, und alles war eher flach und ganz, ganz weit weg hat man Berge gesehen, eben die Karpaten.

Lois Declara: Es war im Grunde genommen ein sehr gut eingeteilter Ort, also nicht sehr viel parzelliert. Hier war die Straße, dann war der Hof und vom Hof weg das ganze Feld.

Hilda Declara: Alles ein Stück von 20 Hektar.

Lois Declara: Und alles Ackerlandbetrieb. Wir hatten auch ein paar Hektar Wiesen, die waren aber unten in der Mulde an der Oder. Die Wiesen brauchten nie gedüngt zu werden, das hat der Fluss besorgt, aber dafür bestand die Gefahr, dass alles überschwemmt wird. Die ganze Ebene unten ist, wenn Hochwasser war, von der Oder überschwemmt worden.

Hilda Declara: In der Früh wurden mit Lastenwagen die Jungen vom Pflichtjahr und die Arbeitsmaiden hergebracht und abends abgeholt. Die mussten mithelfen am Feld, und dann hatten wir den Sarahei, einen Ukrainer, als Knecht.

Maria Declara: Er ist von der Ukraine geflüchtet gewesen. Viele Ukrainer sind mit den Deutschen mitgegangen, weil, solange die Deutschen die Ukraine besetzt hielten, haben die auf den Feldern gearbeitet und dann natürlich das Getreide, das sie geerntet haben, den Deutschen abgeliefert. Und von den Russen hätten die nichts anderes zu erwarten gehabt, als entweder nach Sibirien gebracht zu werden oder den Tod, weil sie ja für die Deutschen da gearbeitet haben.

Hilda Declara: Und ich kann mich erinnern, dieser Sarahei, der ist vor der Mama niedergekniet und hat gesagt: »Frau, bitte weg mit Kinder, Russe nicht gut, Russe nicht gut, bitte, bitte weg mit Kinder, Frau!« Wir hatten ja vier Wochen lang die Front 30 Kilometer von uns entfernt. Tag und Nacht haben die Türen gezittert, wenn sie wieder geschossen haben. Furchtbar!

Maria Declara: 30 Kilometer weit weg, bei Ratibor war die Front.

Hilda Declara: Sonst ist es uns draußen ja gut gegangen. Wir mussten zwar alles abliefern, aber man brauchte nicht zu hungern.

Maria Declara: Das Korn musste man abliefern, und dann ist der Vater, ich kann mich gut erinnern, mit dem Mehl vom Müller gekommen.

Lois Declara: Praktisch bekam man so und so viele Kilo Mahlscheine. Getreide haben sie genug gehabt, aber man hat nur das mahlen dürfen, was am Mahlschein draufstand. Und da, die anderen haben es halt schwarz mahlen lassen und versteckte Mühlen gehabt.

Hilda Declara: Wir haben ja drei Wochen lang gedroschen mit der großen Maschine. Und wir haben auch viele Zuckerrüben und Runkelrüben für das Vieh gehabt. Wir hatten Schweine, zehn Kühe und vier Pferde.

Maria Declara: Wir haben aber alle miteinander Heimweh gehabt. Der Vater hat es nicht zugegeben.

Lois Declara: Er war überzeugt, dass es praktisch nur ein Hoftausch war. In Wirklichkeit hat der Besitzer nachher in einem Bergwerk arbeiten müssen. Da sind ja die großen Kohlenbergwerke in Mährisch-Ostrau, der musste dort arbeiten. Er hatte zwar noch ein anderes Haus, wo sie gewohnt haben. Er hat schon seinen Lohn bekommen, hat aber als Grundbesitzer plötzlich in einem Bergwerk arbeiten müssen.

Maria Declara: Ja, aber wir haben einen schönen Kontakt gehabt mit denen. Und wie der Vater dann alleine zurückgeblieben ist, kamen die ja selbst auf den Hof, haben ihm sehr geholfen und haben für ihn gesorgt. Und wie er weg ist, haben sie ihm noch einen Koffer gegeben, damit er noch etwas mitnehmen konnte.

Lois Declara: Sie haben ja die ganze Einrichtung abgekauft, nur hat der Vater dann einen Fehler begangen. Er hat sich in Innsbruck erkundigt gehabt, ob er die Mark mit nach Südtirol nehmen kann. Da haben sie gesagt, das dürfe er nicht machen, er müsse sie hier deponieren. Das waren 28.000 Reichsmark, ein ziemlich schönes Geld für die damalige Zeit. Und ein paar Jahre nach dem Krieg, da kam von der Kreditanstalt ein Brief: Er könne das Geld abholen. Mein

Vater musste zu der Zeit gerade ein Paar neue Brillen kaufen. Weil er keinen Pass hatte, hat er mich beauftragt, das Geld abzuholen. Dann bin ich zur Kreditanstalt hin und da habe ich in Schilling so viel herausbekommen, dass ich gerade noch die Brille gezahlt habe und noch 450 Schilling übrig geblieben sind, von 28.000 Mark! Wenn er die Reichsmark mitgenommen hätte, hätte er sie gleich nach dem Krieg einwechseln können.

Im August 1943 musste Lois Declara einrücken. Er kam zu den Gebirgsjägern und wurde an verschiedenen Kriegsschauplätzen in Polen eingesetzt. Am 4. April 1944 wurde er in Kowel in Südpolen bei einem Angriff der Roten Armee verwundet und kam in ein Lazarett.

Hilda Declara: Das Jahr darauf musste der Vater zum Volkssturm einrücken und der andere Bruder [Jakob], der war 16 Jahre alt, hat zuerst zum Arbeitsdienst einrücken müssen und war dann in Russland an der Front. Und wir waren halt daheim in Polanka.

Maria Declara: Und dann 1945 rückte die Front näher.

Hilda Declara: Wir sollten dann eigentlich flüchten. Die Sudetendeutschen waren alle schon weg, und wir Südtiroler Familien waren alle noch dort, die Frauen und die Kinder. Wir waren noch vier Wochen dort. Jeden Tag wurde eingepackt und wieder ausgepackt.

Maria Declara: Wir wussten ja nicht, ob wir mit dem Zug fahren können und ob die Züge überhaupt noch fahren. Dann hieß es: Wir müssen mit dem Treck fahren, also mit den Pferden, und dann wieder, nein, wir dürfen doch mit dem Zug fahren. Und so ging es halt vier Wochen lang. Und die Papiere hat man nie gekriegt.
Das war 1945. Es war ein sehr, sehr kalter Januar. Dann kamen viele Züge mit den Leuten aus den KZ-Lagern. Die wurden in Viehwaggons verfrachtet.

Hilda Declara: Offene Waggone!

Maria Declara: Offene Waggone! Die Menschen hatten nur die dünnen Blusen an.

Hilda Declara: Diese gestreiften Anzüge, nicht?

Maria Declara: Der Bahn entlang lagen immer eine Unmenge an Leichen von Erfrorenen. Und dann haben sich die Südtiroler Frauen zusammengetan und sind in das Rathaus nach Königsberg gelaufen und dann nach Wagstadt.

Hilda Declara: Die Messner Anna, die Giuliani Hanni, jetzt die dritte weiß ich nicht, die sind dann nach Wagstadt. Und dort haben sie gesagt, das gibt es nicht, dass noch Frauen und Kinder da sind, die müssten schon alle vor vier Wochen weg gewesen sein, die Papiere sind schon vor vier Wochen auf die Gemeinde nach Königsberg. Da sind die zurückgekommen, und dann sind alle Frauen nach Königsberg zum Bürgermeister und dann hat man die Papiere bekommen.

Die Mutter ist dann mit ihren fünf Kindern nach Wien gefahren, wo sie am 12. Februar 1945 angekommen sind. Am nächsten Tag fuhr die Familie weiter und erreichte schließlich mit Unterbrechungen Innsbruck, wo sie für drei Wochen in einem Lager in Vomp untergebracht wurden. Zwei Tage bevor sie nach Südtirol fahren durften, kam dann auch der Vater von der Front zurück, durfte aber nicht mit nach Südtirol fahren, weil er nicht die dafür notwendigen Papiere besaß.

Hilda Declara: Wir sind dann von Innsbruck zweiter Klasse im Zug über den Brenner mit der Familie Meraner aus Villanders, und die haben so wunderschön gesungen: »Nach der Heimat kehr ich wieder«, das war so wunderschön. Da sind wir bis Franzensfeste gefahren. Wir waren Flüchtlinge, wir wussten, wir müssen zum Bürgermeister. Der Bürgermeister, der »Reifer«, Hotel »Post«, der war nicht da an dem Tag, es war zugesperrt, es war Ruhetag. Da sind wir ins andere Gasthaus hinuntergegangen, in das Albergo »Stazione«. Da sind wir in die Gaststube hineingegangen. Da kam die Wirtin her: »Was wollt ihr denn?« Da sagte die Mama: »Ja, könnte ich nicht einen Teller Suppe haben für die Kinder?« »Und Geld?« Da hat die Mama die drei Münzen, die sie gehabt hat, auf den Tisch gelegt. So haben wir drei Teller Suppe bekommen. Da sagt die Mama: »Wo gehen wir denn jetzt? Ach, bitte lasst uns hier auf der Bank sitzen bis morgen, dann fahren wir weiter, wir müssen nach Bruneck und weiter nach Kolfuschg fahren.« »Kommt nicht in Frage, raus!« Sie lässt uns nicht im Gang hinter der Tür niedersitzen. »Ich muss die Kinder erfrieren lassen!« Die Tür aufgemacht, hinaus! Da sagt die Mama: »Jetzt gehen wir in die Kirche und bleiben die Nacht in der Kirche.« Die war schon zugesperrt. Jetzt waren wir in Franzensfeste auf dem Platz, alle haben geweint und kalt war es in dieser Nacht! Da kam ein alter Herr daher und sagte: »Frau, was tian Sie denn da mit de Kinder um der Zeit?« Da sagt die Mama: »Erfrieren lassen, was soll ich denn? Ich kann bei keiner Haustüre hinein, wir sind Flüchtlinge!« »Kommt nur mit!« Jetzt hat er uns hinuntergeführt, hat die Häuserin vom Pfarrer gerufen und hat gesagt: »Du, führ sie einmal hinunter zu der und der Frau, die Kinder da, und die Frau!« Da hat sie uns hinuntergeführt. Die hatte eine schöne Wohnung und sie war alleine dort. Und sie hat uns gleich noch etwas gekocht. Und dann hat sie uns zu den wunderschönen Betten mit schneeweißer Wäsche geführt. Da sagte die Mama: »Das kommt nicht in Frage, dass wir in die Betten gehen, wir sind so voll Läuse!« Wir waren ja im Lager, da waren sieben Familien in einem Raum auf dem Boden. Da sagte die Frau: »Moment Frau, ich habe den Mann und drei Söhne an der Front, ich wäre froh, wenn ich einmal etwas von ihnen hören könnte!« Am nächsten Tag hat sie uns noch ein bisschen Milch gerichtet, dann haben wir uns bedankt und sind zum Bahnhof hinauf. Am Tag vorher haben wir die Koffer am Bahnhof deponiert. Jetzt mussten wir warten, bis ein Zug nach Bruneck fährt, weil der Spediteur Kostner aus Corvara durfte mit seinem Lastauto nicht nach Franzensfeste fahren. Der durfte nicht durch das Pustertal. Er musste dort warten. Da waren wir Stunden dort am Bahnhof, bis endlich ein Zug mit Viehwaggonen nach Bruneck gefahren ist. Und dann sind wir mit diesem Zug nach Bruneck und auf diesem Lastwagen weiter nach Corvara.

Bald nachdem die Mutter mit den fünf Kindern wieder in Kolfuschg angekommen war, kehrten die restlichen Familienmitglieder unversehrt aus dem Krieg zurück.

Wie die Südtiroler so waren auch die Luserner und mit ihnen die Fersentaler zur Umsiedlung ins Deutsche Reich vorgesehen. Allerdings waren sie zunächst schlicht und einfach vergessen worden. Erst nach langwierigen Verhandlungen zwischen den zuständigen deutschen und italienischen Stellen durften auch sie sich – zwei Jahre nach den Südtirolern – mit 31. Dezember 1941 entscheiden, ob sie über den Brenner nach Deutschland abwandern oder in Italien verbleiben wollten. Am 21. April 1942 reisten 478 Fersentaler und am 24. April 192 Luserner mit einem Sammelreisepass in das SS-Umsiedlungslager nach Hallein und von dort nach einem längeren Zwischenaufenthalt weiter in das für sie vorgesehene Ansiedlungsgebiet, ins Budweiser Becken, wo 80 Höfe, die den tschechischen Vorbesitzern genommen worden waren, zur Übernahme bereitstanden.

Salvatore Nicolussi war damals noch zu jung, um selbst die Entscheidung treffen zu dürfen. Er musste diese seinem Vater überlassen.

Salvatore Nicolussi Castellan Galeno: Ende März 1942 sind der Vater als Stellvertreter vom Obmann der Optanten und zwei Fersentaler mit einer deutschen Delegation hinaus nach Böhmen, um zu sehen, wie die Lage dort ist. Und dann beim Zurückfahren am 1. April, hat der Vater erzählt, hat einer von den Fersentalern zur deutschen Delegation gesagt, während sie von Budweis nach Lienz gefahren sind: »Ja«, hat er gesagt, »bei uns sagt man, am 1. April

Die Familie Nicolussi Castellan Galeno

führt man die Esel, wohin man will!« Das sind zu der Zeit gewagte Worte gewesen. Und dann hat der Dr. Luig, der Chef der deutschen Delegation gesagt: »Meine lieben Herren«, hat er gesagt, »wir geben euch das Pferd und den Sattel, aber reiten müsst ihr selber!« Und der Vater ist dann zurück und hat zu meiner Mami gesagt: »Emma«, hat er gesagt, »bleib du da mit den Kindern, es gehen ich und der Salvator!« Weil er hat die Gelegenheit ausnützen wollen, dass ich draußen studieren kann, weil ich Invalide gewesen bin. Er hat sich gedacht, ich kann nicht wie die anderen herumgehen und Maurer machen. Und die Mami derweil hat gesagt: »Nein, mein Lieber, entweder alle da oder alle hinaus!« Dann sind wir ausgewandert. Anfang April ist es gewesen. Wir sind nach Hallein in ein Lager gekommen, und dort sind wir bis zum November gewesen. In Hallein ist es mit dem Essen am Anfang gegangen, aber dann ist es immer weniger geworden, und der

Optionsdelegation in Lusern 1941 (v.l.n.r.: Ferdinand Nicolussi Castellan Galeno, Obmann der Optanten; SS-Sturmbannführer Wilhelm Luig, Leiter der ADEuRSt in Bozen; Hugo Tribus)

Vater, nicht feig, schrieb direkt dem Himmler, weil der Himmler ist der Chef für die Umsiedlung gewesen. Kaum sind ein paar Tage vergangen, dann ist der Polizeichef von Salzburg mit drei, vier Polizisten gekommen, und die haben alles durchsucht und haben im Lager von Hallein Butter und alles Mögliche gefunden. Dann hat er den Lagerführer und die Köchin gerufen und hat gefragt, warum so viel Ware auf Lager ist, wenn die Leute so knapp zu essen kriegen. Sie hätten für spätere Zeiten sparen wollen, rechtfertigten sich diese. Und da hat der Polizeichef gesagt: »Ihr habt die tägliche Ration an diese Leute zu verteilen, für spätere Zeiten sind andere da!« Immerhin haben wir dann in Hülle und Fülle gekriegt, bis wir das alles aufgebraucht haben. Aber den Lagerführer haben sie an die Front geschickt – es ist ein SS-Hauptmann gewesen – und die Köchin ins KZ.

Abwanderung in Lusern, 1942

Ja, und dann im Herbst ist die Umsiedlung gekommen. Der Vater hat sich eigentlich in Vorarlberg ansiedeln wollen, aber wir sind nach Böhmen gekommen, nach Duben bei Budweis [Ceske Budejovice]. In Duben, Dubne sagen die Tschechen, haben wir am Anfang die Volksschule besucht, gerade so viel, dass wir ein bisschen das Alphabet und ein bisschen schreiben und lesen gekonnt haben, und das Jahr darauf hat die Lehrerin gesagt: »Du bist schon 13 Jahre, du musst nach Budweis in die Hauptschule gehen!« Aber dort habe ich, weil ich keine Mittelschule gehabt habe, praktisch eine Aufnahmeprüfung machen müssen. Sprachlich bin ich eine Niete gewesen, hat mir der Professor gesagt, sei es in Deutsch wie in Italienisch, aber ich habe eine ausländische Sprache wählen müssen. Ich habe gesagt, Italienisch kann ich, was ich als Volksschüler gelernt habe. Und beim Rechnen bin ich sonst immer gut gewesen. In der Hauptschule in Budweis sind mehrere Tschechen gewesen. So viel wie sie habe ich auch Deutsch gekonnt. Und dann haben sie mich in die 4. Hauptschule gegeben, aber diese habe ich nie fertig gemacht. Wie ich das erste Mal das Zeugnis gekriegt habe, sollte ich es mit nach Hause nehmen und am nächsten Tag wieder bringen und ich, Gott sei Dank, habe es vergessen gehabt. Und wie wir in die Schule gegangen sind, ist Fliegeralarm gewesen. Wir sind hinunter in die Keller gegangen, und akkurat die Schule, das »Deutsche Haus«, ist bombardiert worden und alles ist in Schutt und Asche gelegt worden. Wir, zum Glück, haben von den Luftschutzkellern hinüber gehen können zum Museum und dort dann heraus,

aber das was in der Kanzlei war, die Tasche und das Rad und auch das Zeugnis, was gewesen ist, ist alles unterm Schutt gewesen.
Und dann haben sie mich einberufen. Alle Luserner, die in Böhmen gewesen sind, sind kriegsverwendungsfähig gewesen, wären tauglich

Die Familie Ferdinand Nicolussi Castellan Galeno im böhmischen Duben

gewesen. Bei Ende des Krieges im April haben sie diese dann einberufen. Sie sind nach Budweis zur Ausbildung als Volkssturm gekommen. Dann haben sie in der Früh hinaus müssen und dort exerzieren und sind am Abend wieder heimgekommen, bis der Krieg aus gewesen ist. Die Flak hat da ein Lager gehabt, und die haben uns gesagt: »Geht mit uns, mit uns seid ihr sicher!« Und derweil hat unser Pfarrer, den der Brixner Bischof für die Luserner extra nach Böhmen mitgeschickt hat, ein gewisser Dejaco, Dejaco Hans, ein Bruder vom alten Bürgermeister von Brixen, hat gesagt, wir sollen ruhig bleiben, er hat mit dem Budweiser Bischof geredet, und der hat gesagt, die Leute sollen dableiben, bis alles ein bisschen beruhigt ist, und dann können sie ungeniert gehen. Aber dann, wie die Russen als Besatzung gekommen sind, hat der Bischof nichts mehr zu sagen gehabt. Dann sind wir hinaus nach Branisch in so ein Gebäude, wo die Arbeitsmädchen waren, und sind da ein paar Tage lang logiert, und dann haben sie uns hinaus zum Budweiser Bahnhof gebracht. Da haben sich Szenen abgespielt, wie die mit einer Frau, die zu ihrem Mann gesagt hat: »Leg dir das andere Gewand an, nicht das schöne, für die Reise!« »Ja«, hat er gesagt, »soll ich dann das schöne da lassen und das lumpige mitnehmen?« Die Leute haben nicht gewusst, wie sie sich verhalten sollen. Wir sind dann zum Budweiser Bahnhof gekommen. Dort haben sie uns einwaggoniert und sind dann bis Kaplitz gefahren, das ein bisschen vor der Grenze bei Freistadt liegt. Und da ist der Zug nicht mehr weitergegangen. Wir haben aussteigen müssen und in Kaplitz in Scheunen logieren. Da ist nämlich die Demarkationslinie gewesen, Kaplitz ist unter den Russen und Zattersdorf ist unter den Amerikanern gewesen. Aber vorher haben wir schon geahnt, da müssen wir schauen, dass wir wegkommen. Wir haben uns vom Bürgermeister eine Liste aller Luserner machen lassen, als Ausweis praktisch. Wir sind 36 Leute gewesen. Unter der Bahn ist ein Durchlass gewesen, aber dort ist immer eine russische Wache gestanden und die hat uns nicht durchlassen, bis dort eines schönen Tages eine tschechische Wache gewesen ist, und den Hauptmann, der dort gewesen ist, hat mein Vater gekannt und der hat uns durchlassen. Dann sind wir zu den Amerikanern nach Zattersdorf hinüber gekommen. Und in Zattersdorf da haben wir in einem Lazarettzug logiert. Eine ganze Woche sind wir dort gewesen. Und dann ist eine amerikanische Militärautokolonne mit gefangenen Deutschen gekommen, und mit denen haben wir weiterfahren können. Von Zattersdorf sind wir bis Passau gefahren, und in Passau dann haben sie uns in der Panzerkaserne untergebracht, die zuvor ein Kloster gewesen ist. Dort sind wir 14 Tage gewesen. Dann sind wir weiter, manchmal zu Fuß, stückweise mit den Lastern, stückweise mit einem Zug. Ja, und dort in Passau, kann ich mich erinnern auf dem Nibelungenplatz haben sie [Baseball] gespielt, und was mich dort am meisten geärgert hat, sie haben in Hülle und Fülle zu essen gehabt und dann haben sie die Reste, die sie nicht gegessen haben, in die Mülltonne geworfen, und dazu haben sie noch Tschigg [Zigaretten] und alles Mögliche in die Tonne geworfen. Und dann sind die Kinder von Passau gekommen, denn die haben Hunger gehabt, und haben die Mülltonnen umgeworfen und herausgenommen, was sie zu essen gefunden haben, und die Amerikaner sind daneben gestanden und haben gelacht. Das hat mich am meisten geärgert. Ja, und dann sind wir bis Innsbruck gekommen. Die anderen Luserner sind alle weitergefahren, aber der Vater hat gesagt, er geht nicht auf das Geratewohl hinein. Und so sind wir in Innsbruck ausgestiegen und sind zum Dr. Reut-Nicolussi hin. Und der hat den Vater umarmt und hat ihn gefragt: »Seid ihr alle heraus aus der Tschechei? Ich habe mir gedacht, ihr kommt nicht mehr heraus.« Und dann hat ihn der Vater gefragt, wie es drinnen in Lusern sein wird. Der Reut hat

Salvatore (links) in Duben im Frühjahr 1944

den Konsul in Innsbruck gekannt und hat ihn angerufen und der hat gesagt, gleiche Rechte, gleiche Pflichten, sie können ungeniert hineinfahren. Dann sind wir hereingefahren.
Ja, dann sind wir heimgekommen und haben dort wieder von Neuem anfangen müssen.

Anna Palla trat im Jahr 1937 beim damals neuen Mühlbacher Pfarrer Dr. Hans Dejaco die Stelle als Bürogehilfin an und erledigte ihre Arbeit zur vollsten Befriedigung des Geistlichen.

Anna Palla: Es ist dann bald die Zeit der Option gekommen und davon habe ich, ich war noch zu jung, nicht viel verstanden. Mein Vater war schon tot, die Mutter allein. Ich war die letzte in der Familie, die in Mühlbach geblieben war. Die älteren Geschwister haben alle schon ihre Arbeit verloren und mussten deswegen auswandern. Und eines Tages sagt der Herr Pfarrer zu mir: »Ich habe mich jetzt entschlossen, mit den Leuten mitzugehen, die auswandern wollen. Du weißt, es sind schon viele anonyme Briefe an mich gekommen, wo ich beschimpft worden bin, weil ich für Deutschland optiert habe. Ich frage dich, ob du mit mir gehen tätest, weil ich brauche natürlich auch wieder jemanden.« Dann habe ich gesagt: »Ja, grundsätzlich würde ich schon gerne mitgehen, aber ich kann die Mutter nicht alleine daheim lassen.« »Ja, was meinst du, wenn wir die Mutter gemeinsam fragen, ob sie mit uns ginge.« Das haben wir getan, und die Mutter hat sofort gesagt: »Mit euch würde ich mitgehen, ich bin ja allein da und weiß sonst überhaupt nicht mehr, was mit mir passiert.«
Pfarrer Dejaco ist schon im August 1942 abgewandert. Die Mutter und ich sind dann im Dezember des gleichen Jahres auch abgewandert. Die erste Station war ja für jeden Abwanderer Innsbruck, wo man die deutsche Staatsbürgerschaft bekommen hat. Ich bin gleich dienstverpflichtet worden und zwar in ein Hotel auf der Hungerburg, das von einer Boznerin geführt worden ist, die auch in Bozen schon ein Hotel gehabt hat.

Pfarrer Dejaco hatte sich in München niedergelassen, wo ihm in einem Frauenkloster ein Zimmer zur Verfügung gestellt wurde. So konnte er die bis dahin abgewanderten Südtiroler besuchen und betreuen.

Anna Palla: Da hat er dann von einer Gruppe Fersentaler und Luserner gehört, dass die immer noch im Salzburgischen in einem Heim darauf warten, dass ihnen etwas zugewiesen wird, aber bis jetzt hat sich nichts getan. Da ist er dorthin gefahren, hat die besucht und es ist ihm dann gelungen durch die deutsche Bischofskonferenz, die ihn sehr unterstützt hat in seiner Arbeit, dass sie vom Lager herauskommen und irgendwo in der Tschechei Höfe übergeben bekommen. Der Sache ist er nachgegangen, hat auch gleichzeitig eine Wohnung für sich gesucht in Budweis, in dem Gebiet, wo die Siedler dann ringsum untergekommen sind, und wir haben die Mutter zu uns genommen und haben dann diese Wohnung in Budweis bezogen. Von dort weg ist der Herr Pfarrer jeden Tag in die verschiedenen kleinen Ortschaften gefahren und hat die Leute besucht und vor allem diese Fersentaler und Luserner. Die sind auf tschechische Höfe gesetzt worden, die im Beisein der Siedler, unserer Siedler, von den Höfen gejagt worden sind. Unsere Leute sind aber angewiesen worden, mit den Tschechen gut umzugehen, sie in ihre alten Höfe einzuladen und ihnen bei der

Anna Palla, Alois Pompanin (mit Mütze), Hans Dejaco in Lalling

Arbeit zu helfen, ihnen reichlich Lebensmittel zu geben, was die Ablieferung halt erlaubt hat, und sie gegen Bezahlung um Mitarbeit zu bitten. Auf diese Art und Weise sind unsere Siedler gut ausgekommen mit den Tschechen, und die waren auch nicht gegen die Siedler feindselig. Der Pfarrer Dejaco hat bei jeder Gelegenheit diesen Altbesitzern der Höfe beizubringen versucht, sie mögen Geduld haben, das wird nur eine kurze Zeit sein und sie werden ihre Höfe wieder zurückbekommen. So ist es dann auch zu Kriegsende passiert. Unsere Siedler haben dürfen die Höfe verlassen, allerdings ohne irgendetwas mitzunehmen, aber sie sind von den alten Besitzern gut verabschiedet worden. Keinem ist ein Haar gekrümmt worden.

Allerdings hat sich bei vielen Tschechen der Hass, der sich in den Jahren der Besatzung in der Bevölkerung aufgestaut hatte, oft auch auf erschreckende Weise auf die dort lebenden Deutschen entladen.

Anna Palla: Wie dann der Zusammenbruch gewesen ist und schon die Russen einmarschiert sind, haben sich alle Deutschen, die in Budweis gelebt haben, beim Arbeitsamt melden müssen. Wie wir vom Arbeitsamt hinausgekommen sind, sind wir vom Pöbel empfangen worden. Da ist geschlagen worden, wen sie gerade erwischt haben oder es sind in die Moldau geworfen worden, die gerade auf der Brücke waren, und all diese Dinge, und ich wäre zwar noch weggekommen, weil ich ja noch agil gewesen bin, aber es hat sich eine Mitarbeiterin von der Kartenstelle an mich gehängt, es war eine ältere Dame, und die wollte ich nicht allein lassen, so haben wir halt auch die Schläge bekommen, sind aber dann doch schließlich am Abend noch davongekommen und heimgekommen. Der Herr Pfarrer ist dann mitten in der Nacht gekommen – ich war schon in Angst, dass ihm etwas passiert sei – und hat gesagt: »Ich bin die entgegengesetzte Seite von der Stadt gegangen, habe einen weiten Umweg gemacht mit meiner Zigarre und habe mich als Spaziergänger ausgegeben und habe auch mit einigen Tschechen ein paar Worte gewechselt. Die haben gar nicht gewusst, um wen es sich handelt. Sie haben mich nur vom Dom aus gekannt, dass ich dort oft zelebriert habe.« Also ist er gut heimgekommen.

In der aufgeheizten Stimmung, in die die Bevölkerung von Budweis geraten war, war es schwierig und auch gefährlich, die Stadt zu verlassen. In der Straße, wo Pfarrer Dejaco und Anna Palla gewohnt hatten, befand sich ein Kloster, zu dessen Patres Pfarrer Dejaco gute Beziehungen hatte und in seiner Not Hilfe bekam.

Anna Palla: Ein Pater hat gesagt: »Wenn Sie wollen und sich mir mit wenig Gepäck anvertrauen, dann bringe ich Sie von der Stadt hinaus und dann müssen Sie durch den Wald und sehen, wie Sie weiterkommen.« Und das ist dann auch so passiert. Und dem Pfarrer ist noch die Möglichkeit geboten gewesen, einen Siedler herumzuschicken, die Leute zu verständigen, wo wir uns versammeln sollten. Das ist dann in Krumau geschehen, wo die ganzen Siedler zusammengekommen sind, alle mit bloß einer kleinen Tasche, sonst nichts, und von dort sind wir dann drei Wochen zu Fuß unterwegs gewesen. Aber während wir auf der Flucht durch den tschechischen Wald gegangen sind – unsere Gruppe war so 80 oder 90 Leute, alt und jung – da haben wir Siedler vom Sudetenland, denen ein ähnliches Schicksal passiert ist, aber die mit den Altbesitzern nicht so gut ausgekommen sind wie unsere Siedler, auf Bäumen hängen gesehen.

Am Pfingstsonntag 1945 verließen Anna Palla mit Mutter und Pfarrer Dejaco Krumau, kamen auf bayerisches Gebiet, erreichten nach drei Wochen Innsbruck, erhielten aber keine Passierscheine für die Fahrt nach Südtirol. So bot Cousin Friedl Palla, den Anna Palla zufällig getroffen hatte, Unterkunft in seinem Haus in Kaprun an. Pfarrer Dejaco zog aber bald darauf nach München und holte im Jahr 1951 Anna Palla nach dem Tod der Mutter zu sich in seine Mietwohnung. 1952 wurde ihm die Pfarrei Lalling in der Nähe von Deggendorf zugeteilt, wo er die folgenden zehn Jahre als Seelsorger waltete. Als er einen Schlaganfall erlitt, kehrten Anna Palla und Pfarrer Dejaco nach Südtirol zurück und ließen sich in Meran nieder.

Maria Kerschbaumer heiratete im Jahr 1931 ein zweites Mal, diesmal einen Altreier, und mit ihm entschloss sie sich nach der Option für Deutschland im Jahr 1940, Südtirol zu verlassen und sich eine neue Existenz in der »Ostmark«, dem vormaligen Österreich, aufzubauen.

Maria Kerschbaumer Zwerger: Zuerst sind wir nach Innsbruck gekommen und von dort hinunter in die Südsteiermark, sieben Kilometer von der jugoslawischen Grenze entfernt, nach Leibnitz. Das ist eine unsympathische Gegend mit unsympathischen Leuten, halt auch ein Grenzort. Der zweite Mann, der hat sogar einrücken müssen, der

war ziemlich viel älter als ich. Der war am Flughafen und hat da bei der Polizei Dienst machen müssen. 24 Stunden Dienst und zwei Tage frei, von 1941 bis 1945, bis der Krieg aus war. Und ich habe in die Fabrik gehen müssen. Am dritten Tag, nachdem wir nach Leibnitz gekommen sind, haben wir schon einen Brief vom Arbeitsamt gekriegt: Firma Assmann. Und dort, wie wir eingetreten sind, sind einige Südtiroler gewesen, sieben oder acht. Da sind Fahrräder und Motorräder erzeugt worden. Das ist dann umgemodelt worden auf Kriegsmaterial. Ja, und da ist Kriegsmaterial gemacht worden für die Fliegerabwehr. Die ersten zwei Jahre bin ich bei den Maschinen gewesen. Da musste ich irgendetwas anstellen, damit ich von den Maschinen wegkomme. Das war ziemlich streng. Dann bin ich in die Kontrolle gekommen. Und da haben wir die Turnusse gehabt von fünf Uhr in der Früh bis zwei oder bis drei Uhr Nachmittag und von drei Uhr Nachmittag bis um zwölf Uhr in der Nacht und von zwölf in der Nacht bis um sechs Uhr in der Früh. Aber wir haben ja noch keine Wohnung gehabt, wie wir hinausgekommen sind. Wir haben außer Leibnitz mit so einem kleinen Bahnl wie die Grödner Bahn fahren müssen. In der Früh um drei viertel sieben bin ich eingestiegen und um sieben bin ich ausgestiegen und die Zeit, wo die einen schon um fünf Uhr angefangen haben zu arbeiten, habe ich noch müssen am Abend einbringen, dass ich meine Stunden zusammengebracht habe. Wenn sie gesehen haben, dass man nicht mit Leib und mit Seele dabei ist, war man eine Null. Ich kann mich nur an eines erinnern: Ich bin einmal in der Früh um halb sechs Uhr in die Aufnahmekanzlei hinaus gerufen worden. Ich habe geklopft. Herein! Und ich gehe hinein und habe statt »Heil Hitler« »Guten Morgen« gesagt. »Oh! Oh! Wissen Sie nicht, wie man grüßt?« So ein tscherkats [krummes] Weib, ein altes, ist drinnen gewesen. »Gehen Sie hinaus!« Mensch, mir ist vorgekommen, ich könnte sie an der Gurgel nehmen [den Hals umdrehen]. Dann bin ich hinaus, wieder hinein, »Heil Hitler!«
Und ein anders Mal ist unsere Abteilungsleiter in die Kontrolle hereingekommen und hat mir zugeschaut, wie ich da kontrolliert habe. Dann sagt er: »Na, Frau Zwerger, wie gefällt es euch Südtirolern da?« »Ja, mei, Herr Baumgartner«, habe ich gesagt, »wir sind fremd, die Gegend ist uns fremd und alles ist fremd. Wir werden uns schon daran gewöhnen.« »Ja«, hat er gesagt, »jetzt seid's da, jetzt heißt es parieren!« Und er schaut mich mit großen Augen an. »Ach so!« Und zum

guten Glück bin ich dem ein paar Monate nach dem Zusammenbruch einmal auf der Straße begegnet. »Herr Baumgartner, was tun sie jetzt? Jetzt müsst ihr parieren!«

Walter Paregger, Metzger in Klausen, wurde wegen seiner Tätigkeit in der Hitlerjugend in Südtirol für zwei Jahre auf die Inseln verbannt. Eine Generalamnestie zur Beendigung des Abessinienkrieges erlaubte ihm die Heimkehr nach Südtirol. Und dann, 1939, kam die Option und, mit dieser verbunden, die Umsiedlung.

Walter Paregger in der Fallschirmjägeruniform, 1943

Walter Paregger: Das Erste was war, ich habe einen Brief gekriegt, wo es geheißen hat, ich habe sofort für Deutschland zu optieren, weil sonst schicken sie mich hinaus. Dann habe ich halt optiert, für Deutschland optiert, aber weggeschickt haben sie mich noch nicht gleich. Ich habe dann meine Metzgerei weitergemacht und zum Schluss war ich in Sterzing oben in einer ganz gut bezahlten Stellung. Ich bin Stocker gewesen beim »Schwarzen Adler« in Sterzing, beim Gasteiger. Da kommt einmal von draußen ein Omnibus herein, ein Reisebus, und da ist eine Frau dabei gewesen, die hat in Oberkematen in der Nähe von Innsbruck eine Metzgerei gehabt und hat sich für unseren Betrieb interessiert, und da hat der Chef gesagt, ich soll ihr halt die Metzgerei zeigen. Dann habe ich ihr halt alles gezeigt, dann hat sie gesagt: »Nein«, hat sie gesagt, »so einen Bursch täte ich draußen brauchen. Ich habe eine ziemlich große Metzgerei und bei mir da sind die Messerschmitt-Werke, die Jagdflugzeugwerke, und die beliefere ich. »Ich bräuchte halt einen jungen kräftigen Burschen.« Da habe ich gesagt: »Das ist so, wenn Sie mir garantieren können – auswandern muss ich sowieso, ich habe optiert«, habe ich gesagt, »einmal muss ich hinausgehen – wenn Sie mir garantieren können, dass ich nicht einrücken muss, dann gehe ich hinaus, dann komme ich!« »Das garantiert sie«, hat sie gesagt, weil ihre Metzgerei ist ein Kriegsbetrieb, dadurch, dass sie die Messerschmitt-Werke beliefert. Und wenn ich dann bei ihr angestellt bin, dann bin ich so viel wie schon kriegsbedingt. Ja, wenn sie das garantiert, dann ist es recht. Dann habe ich gekündigt, sie hat die Dokumente besorgt und ich bin dann abgewandert. Und wie ich draußen auf dem Bahnhof angekommen bin, habe ich eine Dummheit gemacht. Da ist einer gewesen, ein SA-Mann, der hat gesagt: »Alle Südtiroler zu mir!« Ich bin zu dem SA-Mann da hingegangen, hätte aber zu dem nie hingehen sollen, ich hätte gleich nach Oberkematen gehen sollen, dann wäre alles in Ordnung gewesen. Der hat dann gesagt, ich muss zuerst zur Musterung gehen. Dann bin ich gleich nach Mühlau in so ein Lager gekommen und dort bin ich dann ausgemustert worden. Natürlich bin ich sofort tauglich gewesen.

Walter Paregger leistete zwei Jahre Kriegsdienst an der Ostfront und nahm schließlich noch an den Gefechten gegen die Amerikaner in Frankreich teil.

Der Vater von Helene Gritsch war Gemeindesekretär in Latsch, hat aber im Zeitraum von 1930 bis 1935 zwangsweise in vier verschiedenen Gemeinden Südtirols seinen Dienst versehen müssen, um schließlich im Jahre 1935 ins lombardische Dorf Ganna versetzt zu werden. Im Herbst 1939 stand dann die Entscheidung an, entweder für Italien oder für Deutschland zu optieren.

Helene Gritsch Oberdörfer: Meine Eltern haben sich für die Auswanderung entschieden und dazu mag sicher etwas beigetragen haben, und zwar, dass mein Vater gedacht hat, als Beamter wird er gar keine Chance mehr haben, demnächst nach Südtirol zurückkommen zu können, und somit hat er eben auswandern wollen und mit der Familie nach Deutschland gehen. Im Dorf sind wir dann plötzlich, obwohl mein Vater ein sehr geschätzter Verwalter war, irgendwie scheel [geringschätzig] angeschaut worden und sind von der Dorfbevölkerung so quasi als Verräter betrachtet worden. Andererseits wieder haben damals in der Lombardei sehr viele Deutsche gelebt, die auch dort gearbeitet haben, und zwar haben die als Ingenieure und Techniker hohe Stellungen gehabt, weil die Deutschen, die da in der Lombardei waren, sind sehr tüchtige Leute gewesen. Wie denen dann die Auswanderungsentscheidung meines Vaters zu Ohren gekommen ist, haben sie uns natürlich sehr gelobt. Die einen haben uns also gelobt, die anderen haben uns als Verräter betrachtet.
Erst Anfang Juni hat unser Vater eine Stelle zugewiesen gekriegt, und zwar in Gersthofen bei Augsburg. Da sind wir dann losgefahren.

Zuerst ist es einmal nach Innsbruck gegangen, wo neben einer gesundheitlichen Untersuchung auch noch weitere Formalitäten zu erledigen waren. Erst ein paar Tage später haben wir nach Gersthofen weiterreisen können. Dort sind wir in einem Einfamilienhaus in der Nähe einer Flak-Dienststelle untergebracht worden. Und sehr, sehr oft hat es damals schon, wenn auch in der Gegend keine Bomben gefallen sind, so doch Fliegeralarm gegeben. So manches Mal haben in der Früh Geschossstücke in den Sandsäcken drinnen gesteckt, die wir vor den Kellerfenstern gehabt haben. Und wir Kinder natürlich, und das war etwas Neues für uns, haben um die Wette diese Stückchen gesammelt und gezählt und aufbewahrt. Die Buben haben dann in Augsburg das Gymnasium besucht und ich eine Mädchenoberschule bei den Englischen Fräulein. Meine Deutschkenntnisse waren sehr schwach, vor allem schriftlich. Die Schulen, die ich besucht habe, waren alle italienisch, und ich habe ja dadurch, dass ich in Parma die italienische Schule besucht habe, das Gymnasium, auch nicht einmal gescheit [ordentlich] Dialekt reden können und Hochdeutsch schon gar nicht.

Die Familie Göller nahm im Jänner 1933 das Angebot des »Podestà« ihres Heimatortes Astfeld an und zog nach Borgo Pasubio in die von Mussolini trocken gelegten Pontinischen Sümpfe, wo der Familie Göller ein großes landwirtschaftliches Gut zugewiesen wurde. Durch die angegriffene Gesundheit der Mutter wurde aber eine baldige Rückkehr nach Südtirol von Nöten. Und so wurde dem Vater eine neue Bleibe in Hafling zugewiesen.

Josef Göller: 1939 war ja diese Option und der Vater hat gesagt, nein, er mag nirgends mehr hin, er bleibt jetzt da sitzen und so weiter. Die Mutter war im Krankenhaus in Meran und da hat man ihr gesagt, wenn sie behandelt werden will, dann muss sie nach Innsbruck, also dort ist noch eine Rettung. Sie ist nämlich tuberkulös gewesen. Dann hat halt der Vater der Mutter zuliebe am letzten Tag der Option optiert, obwohl ihm alle abgeraten haben, weil wir hätten den Hof, genau wie unten in Pontinien, nach gewissen Jahren vom Staat bekommen, und das wäre für den Vater natürlich eine Sache gewesen. Aber es ist halt so gekommen, dass der Vater dann für Deutschland optiert hat. Einige Tage darauf, also am 9. Jänner, ist dann die Mutter gestorben. Zurückwählen hat er nicht mehr können. Die Mutter war tot. Der Vater musste wieder mit Kind und Kegel, das heißt der Älteste war 18 Jahre und die Jüngste eineinhalb Jahre, den Wohnort wechseln. Und da hat man ihm, damit er optiert, versprochen, dass er, wenn er hinauskommt, draußen den gleichen Hof kriegt wie herinnen. Da sind wir dann nach Innsbruck gekommen, in die Nähe von Innsbruck, und da haben sie ihn als landwirtschaftlichen Arbeiter

Familie Franz Göller in Fürstenfeld/ Steiermark im Sommer 1940

einsetzen wollen. Also, von Hof war überhaupt keine Rede. Da hat er gesagt, das macht er nicht. Ja, in der Steiermark unten wäre etwas zu haben. Da sind wir in die Steiermark, in die Oststeiermark nach Fürstenfeld. Fürstenfeld ist einige Kilometer von der ungarischen Grenze entfernt. Jetzt hat es unten geheißen, da kommt eine Familie ohne Mutter mit neun Kindern. Die ältesten, die volljährig waren, sind sofort weggekommen zu einem Bauern und bei den anderen Kindern hat es geheißen, dass jede nationalsozialistische Familie so ein Kind aufzunehmen hat. Wir waren da in einem Kloster untergebracht. Der Vater ist in der Früh weggegangen, und da kommen auf einmal einige Mütter daher, und wir sind da gestanden wie die Schafe. Dann sind die Familien gekommen und der eine hat gesagt, ich nimm den, ich nimm ein Mädchen, ich nimm einen Buben usw. Und so sind wir verteilt worden. Und der Vater ist am Abend heimgekommen und wir waren nicht mehr da. Er hat nicht gewusst, wo wir sind. Dann hat es acht Tage gedauert, bis er uns gefunden hat. Es ist auch dann überhaupt ein

Politikum geworden, weil er der NSDAP hätte beitreten sollen, der Nationalsozialistischen Deutschen Arbeiterpartei. Da hat er gesagt, er hat mit dem Mussolini zu tun gehabt, er ist da unten im Süden gewesen und interessanterweise haben sie nie verlangt, dass er der faschistischen Partei beitritt, sondern er ist immer als fleißiger Arbeiter sehr geschätzt gewesen. Jedenfalls ist er nicht der NSDAP beigetreten, und so haben sie ihm, wie gesagt, die Kinder weggenommen. Später sind dann draußen Rücksiedlerhäuser gebaut worden und dann hat er vom Gesetz her auf eine Wohnung Anrecht gehabt und hat die Wohnung auch gekriegt. Wir sind wieder zusammengezogen und dann ist immer wieder der Druck gekommen, Parteimitglied zu werden. Dann haben sie ihn einberufen. Inzwischen ist er zur deutschen Reichsbahn, ist Eisenbahner geworden. Zuerst haben sie ihn zu einem Bauern hin, da hätte er Knecht sein sollen, und das hat er nicht akzeptiert, weil ihm ein Hof versprochen worden ist. Die wollten ihm schon einen Hof geben, aber in Russland drüben, in Galizien, oder in Böhmen. Das haben sich die wahrscheinlich ausgerechnet, dass sie, wenn sie das Land einmal erobert haben, die Südtiroler in Weißrussland und in der Ukraine ansiedeln werden.
Jedenfalls ist er zur Eisenbahn gekommen und ist dann einberufen worden zur Eisenbahn in der Ukraine nach Lemberg und Warschau, in diese Gebiete. Und wir, obwohl man uns wieder zusammengetan hat und die älteste Schwester praktisch den Haushalt geführt hat, sind wieder auseinandergerissen worden.

Die Familie in Fürstenfeld, die daraufhin Josef Göller aufgenommen hatte, war natürlich bestrebt, aus dem Buben aus Südtirol einen »guten« Hitlerjungen zu machen. Diesen Vorsatz konnte die Familie aber nicht verwirklichen, weil Josef Göller nicht verzichten wollte, am Sonntag in die Kirche zu gehen.

Josef Göller: Damit wir nicht beim Hauptgottesdienst in die Kirche gehen können, haben wir müssen als Hitlerjungen immer am Vormittag beim Hauptgottesdienst an der Kirche vorbeimarschieren und laut singen: »Soldaten, Kameraden, hängt die Juden, stellt die Pfaffen an die Wand«, und genau diese Zeilen haben wir ganz laut brüllen müssen, also furchtbar. Aber, ich muss schon sagen, wenn einer in die Kirche gehen wollte, hat er gehen können, nur ist er halt nur zweite

Kategorie gewesen, deshalb bin ich nie ein Führer geworden, obwohl ich ja einer von den besten war und der fleißigste, aber ich bin nie etwas geworden, weil ich in die Kirche gegangen bin.

Am 1. April 1945, hat es schließlich geheißen, dass die Russen Fürstenfeld erreicht haben und man die weiße Fahne schwenken soll.

Josef Göller: Wir haben halt alle die Fahne herausgetan. Jetzt war aber über Nacht ein Angriff der Deutschen und die haben die Russen wieder zurückgedrängt. Jetzt sind viele von den Deutschen erschossen worden, weil sie sich den Russen ergeben hatten. Man ergibt sich dem Feind nicht! Und dem Kommunismus überhaupt nicht! Jetzt haben wir nicht mehr gewusst, wer eigentlich der Feind ist? Kommt er von links oder kommt er von rechts? Und dann eines Tages haben wir erlebt, dass eine Schießerei losgegangen ist. Da habe ich mir gedacht, dass jetzt der Weltuntergang hereinbricht! Da haben die Russen aus allen Rohren geschossen, und dann haben wir erfahren, dass der Krieg zu Ende ist.

Bald nach Kriegsende kam der Vater nach Fürstenfeld zurück und schickte nun Josef Göller und seinen um ein Jahr jüngeren Bruder nach Südtirol zurück. Die beiden Buben marschierten los und erreichten nach vier Tagen Innsbruck und gingen dann schwarz über die Grenze und dann weiter nach Bozen. Der Vater selbst wollte später nachfolgen, in der Meinung, Südtirol würde jetzt wieder zu Österreich kommen und so könnte er sich ja von der Bahn dorthin versetzen lassen.

Aloisia Muntetschiniger war neun Jahre alt, als sie ihr Heimatdorf Schluderns verließ und mit den Eltern und Geschwistern nach Salzburg auswanderte.

Aloisia Muntetschiniger Sapelza: Der Vater hat sich für Deutschland entschieden und ist von seinem Arbeitgeber entlassen worden. Und uns in der Schule ist es gleich ergangen. Es gab nur eine italienische Schule, und italienische Schule bin ich nicht mehr gegangen, nur heimlich in die Katakombenschule. Dann 1940, wie der Vater nach Innsbruck hinaus ist, wäre schon wieder Arbeit gewesen, aber

die Nazis haben ihn ganz närrisch gemacht und haben gesagt: »Hans, geh du!« Sie haben die Leute aufgehetzt und haben ihm den Himmel auf Erden versprochen, und dann hat er sich die Papiere fürs Deutsche Reich besorgt, und im Juni 1940 sind wir dann weg. Und die Mama hat immer geweint, weil sie nicht hat gehen wollen, und wir haben es nicht verstanden, wir haben immer gesagt: »Mama, warum weinst, warum weinst?« In Innsbruck draußen hat sie von der Innbrücke hinunter geweint, und wir haben nicht verstanden, warum sie weint.
Von Innsbruck sind wir nach Salzburg und dort sind wir dann in die Lehnerkaserne gekommen da bei Sitzenheim, bis der Tata die ganzen Papiere beinand gehabt hat, dass er hat in St. Leonhard bei Salzburg, bei Grödig im Sägewerk beim Klappacher, das ist eine Privatfirma gewesen, hat können anfangen zu arbeiten. Zuerst ist er immer von St. Leonhard nach Salzburg in die Lehnerkaserne gefahren, bis wir eine Wohnung gekriegt haben. Dort sind wir zwei Jahre gewesen und haben dann die Wohnung in der Säge gekriegt. Aber das ist eine wilde Wohnung gewesen, weil das oben geklumpert und geklappert hat, und wir darunter haben wohnen müssen. Wir haben nur Küche und eine Stube gehabt und einen großen Hausgang. Ich habe dann in die Schule gehen müssen. Mit zehn Jahren bin ich in die 1. Klasse gekommen. Da haben sie uns alle ausgelacht: Ihr Südtiroler Trampeln hin, Südtiroler Trampeln her, reden haben wir nicht können wie sie, das ist ein Leben gewesen, das sich niemand vorstellen kann. Wir haben zwei Kilometer in die Schule gehen müssen, aber ich bin nur vier Jahre in die Schule gegangen, weil die Schule dann später bombardiert worden ist und es dann keine Schule mehr gegeben hat.
Und dann sind wir erkrankt, ich und mein Bruder. Er ist sieben Jahre jünger, ich habe Scharlach gekriegt, dann hat er ihn gekriegt von mir, und schließlich sind wir in Salzburg ins Spital gekommen. Und der Bruder, wie er wieder daheim gewesen ist, hat noch Diphtherie gekriegt. Dann hat der Tata schnell den Doktor holen müssen, der hat aber gesagt, er hat heute keinen Dienst, der Vater soll einen anderen Doktor holen. Dann ist der Tata um einen anderen gegangen, denn bei dieser Diphtherie geht es um Stunden.
Aber dann haben wir auch wieder Glück gehabt, wir haben in der Nachbarschaft ganz eine liebe Familie gehabt. Also, die hat uns aufgenommen, als wenn wir die eigenen Leute gewesen wären. Die Frau ist Köchin gewesen, in einem Gasthaus hat sie immer müssen aushelfen

und hat die Mama mitgenommen zum Abspülen, so dass sie ein bisschen unter die Leute gekommen ist. Und auch zu Kaffeekränzchen hat sie die Mama mitgenommen, damit sie einmal einen anderen Gedanken gehabt hat, weil die Mama ist furchtbar schwermütig gewesen. Die Flieger sind bei uns erst 1944 gekommen, zuerst einzelne, aber dann ist es losgegangen, und wir haben weit in die Luftschutzkeller in der Zementfabrik gehen müssen. Die Mama hat Gliedersucht gehabt und hat nicht gehen können, und so haben wir sie mit dem Wagele hineinführen müssen, und der Tata hat immer noch auf der Säge bleiben müssen. Er hat immer zu uns gesagt: »Geht ihr nur hinüber und schaut, dass ihr in den Luftschutzkeller hineinkommt, ich werde schon nachkommen, und wenn es nicht geht, dann schlüpfe ich unter die Briegel [Holzstapel] hinein!« Wir haben natürlich auch von St. Leonhard nach Grödig in die Schule gehen müssen, etwa zwei Kilometer, und da hat der Tata immer gesagt: »Luisa, wenn sie bombardieren, wenn Alarm ist, gehst immer in den Wald hinauf, weil diese großen Gebäude bombardieren sie gerne, und tatsächlich ist die Schule bombardiert worden. Es sind 45 Tote gewesen, und wir sind zum Glück im Wald oben gewesen.
Ende 1944 ist es dann richtig losgegangen. St. Leonhard ist zwischen Salzburg und Berchtesgaden gewesen, und in Berchtesgaden auf dem Hohensalzberg hat der Hitler ein Privathaus gehabt, und das haben sie ja zuletzt ganz besonders bombardiert.
Und dann, wie die Besatzung gekommen ist, haben wir nicht mehr hinaus dürfen, nach fünf Uhr hat niemand mehr dürfen hinausgehen, da haben alle daheim sein müssen. Und da haben wir Hunger gelitten und so sind wir halt, ich und meine Freundin, die Mina, hinauf in ein Gasthaus, wo die Amerikaner die Feldküche gehabt haben und haben halt gesagt: »Please, please!« Das haben wir noch erlernt, haben wir gekonnt. Der einen haben sie halt dann ein bisschen Kaffeepulver geben, für die andere hat einer das Ei vom Essen heruntergegeben, der andere hat's weggeworfen, und so haben wir halt unseren Hunger dann gestillt, weil die Männer haben gar nicht hinaus dürfen, nur wir Kinder haben uns dürfen sehen lassen. Das war eine schlimme Zeit, und drum habe ich geschworen, ich werde in meinem Leben nie heikel sein, weil die Not, die wir gehabt haben, die ist etwas Furchtbares gewesen.

Und dann ist die amerikanische Besatzung bei uns gewesen, und da haben die Eltern halt gewaschen für sie und gebügelt und die Wäsche in der Küche aufgehängt, dass die Monturen schnell trocknen. Und so haben sie halt dafür ein bisschen Kaugummi oder ein paar Konservendosen zum Essen gekriegt oder eine Seife oder irgendetwas.
Und dann haben wir uns um etwas umschauen müssen. Der Tata hat immer auf der Säge arbeiten können, und ich bin dann nach Salzburg hinein gefahren, nach Hellbrunn, und habe dort in einer Fabrik gearbeitet, weil Schule ist ja keine mehr gewesen, erstens ist sie bombardiert gewesen, hat einen Volltreffer bekommen, und zweitens bin ich ausgeschult gewesen, bin schon 14 Jahre alt gewesen. Die Mama ist daheim geblieben und hat die Hausarbeit gemacht.
Dann ist die Zeit gekommen, wo der Tata entscheiden musste, nach Südtirol zurückzugehen oder dort zu bleiben, und er hat sich für das Heimgehen entschlossen, weil dort in Salzburg hat es soviel geregnet. Er hat gesagt, dass er den Regen nicht mag, er will herein nach Südtirol gehen. Er ist zuerst allein hereingefahren, um zu schauen, ob die Wohnung frei ist, die wir gehabt haben. Es sind Italiener drin gewesen.
Wie wir nachgekommen sind, ist das Haus noch vermietet gewesen. Es sind immer noch die Italiener drin gewesen. Dann haben uns Verwandte aufgenommen, und wir sind wieder alle zerstreut gewesen. Aber dann ist die Wohnung frei geworden, und wir sind endlich wieder zusammengekommen. Und dann ist da herinnen keine Arbeit gewesen, und wir haben uns eine Arbeit suchen müssen. Der Tata ist wieder auf die Arbeit gegangen wie früher und die Mama hat halt den Haushalt geführt. Aber der Tata hätte so viel Geld in Salzburg draußen gehabt, dass sie immer geraten haben: »Hans, kauf dir einen Grund!« »Ah, ich bleibe nicht da«, hat er gesagt, »ich geh wieder heim!« Aber, wenn er einen Grund gekauft hätte, könnte er heute noch hinausgehen und ihn verkaufen. Und dann ist über Nacht die Geldentwertung gekommen, dann hat man pro Person nur 150 Schilling umtauschen können und alles andere ist verloren gegangen.
Ich persönlich hätte nimmer hereingehen sollen, weil ich mich an Salzburg gewöhnt habe, denn wie ich mit 19 Jahren nach Schluderns hereingekommen bin, bin ich hier ganz fremd gewesen, ich habe die Sprache wieder müssen lernen und habe keine Kolleginnen gehabt, nichts habe ich gehabt.

Die 36
Kastelruther
Optanten

Ein Sonderfall im Rahmen der Option ist die Geschichte der Kastelruther Deutschlandoptanten. Im Frühjahr 1940 wurden nämlich 37 Kastelruther gleichsam über Nacht aus ihrem Heimatdorf vertrieben und ins Deutsche Reich ausgewiesen. Einer von diesen Vertriebenen war Josef Trocker. Er gehörte, wie die anderen auch, der »Illegalen Bewegung« an.

Josef Trocker: Im Rahmen dieser Bewegung haben wir eine Versammlung abgehalten und da hat einer von uns, ein gewisser Karbon, einen Vortrag gehalten und hat gesagt: »Wir können uns als Südtiroler leider wahrscheinlich nicht alleine behaupten, außer wir kriegen eine geschlossene Siedlung«, was ja damals versprochen worden ist, »dann müssen wir halt schauen, wie wir jetzt die beste Entscheidung treffen«, hat er gesagt, »aber wir lassen uns weder vom ›Pomeranzenhändler‹«, den Mussolini hat er gemeint, »etwas vorsagen, und auch nicht vom preußischen Beamtentum«. Und die Versammlung ist dann gesprengt worden, wahrscheinlich auf eine Anzeige hin. Die Carabinieri haben eingegriffen und hätten eigentlich außer den Personaldaten nichts verlangt von uns, aber der Karbon hat unglücklicherweise seine Notizen aus dem Sack herausgezogen und wollte sie hinter das Hemd hineinschieben und dann ist dieser Passus herausgekommen, und es ist darüber geurteilt worden, und dann sind wir in gemeinsamem Ein-

vernehmen, wie die »Alpenzeitung« geschrieben hat, auf die Grenze gestellt worden. Es ist ein Überfallkommando gekommen, an die 30 Polizisten, und die haben uns einzeln gefesselt und dann noch mit einer Kette zu sieben zusammengehängt. Dann haben sie uns auf Überfallwagen verladen und nach Bozen gebracht. Und in Bozen sind wir zwei Tage gewesen, dann hat es geheißen, jetzt werden eure Besitzungen geschätzt und dann werdet ihr über die Grenze gestellt. Das ist dann auch so gewesen. Also, es ist ein Schlag gewesen, der in keiner anderen Gemeinde vorgekommen ist, dass man auf einmal 37 Leute zusammengepackt und über die Grenze geschoben hat.
Am 20. April sind wir dann in Bozen in den Zug verladen worden. Am Brenner oben – wir sind ein Männerchor gewesen – haben wir noch gesungen »Ewig lieb ich meine Berge …«, sodass sich die Polizisten gewundert haben und sich wohl gedacht haben, da muss irgendetwas Seelisches drinnen sein, das die Leute einfach so animiert, um noch zu singen, wenn sie vor der Tragödie stehen. Dann sind wir nach Innsbruck gekommen und in Innsbruck sind wir vom Gauleiter Hofer empfangen worden und sind als die Helden des Tages hingestellt worden: Wir sind halt noch Deutsche und haben dem Führer eine Freude gemacht, weil wir uns für Deutschland bekannt haben, wir werden alle angesiedelt werden, wir werden unsere Arbeit kriegen usw., aber am gleichen Tag noch ist abends ein Sturmbannführer gekommen – wir sind beim »Grauen Bären« in Innsbruck einquartiert gewesen – und der hat gesagt: »Ihr seid um ein Haar am KZ vorbeigegangen!« Dann sind uns erst die Augen aufgegangen. Sie haben aber dann das Versprechen gehalten, und wir sind alle irgendwo untergebracht worden. Ich bin nach Stams als Gutsverwalter gekommen. Unsere Familien sind aber in Südtirol geblieben. Wir sind allein hinausgekommen, bis auf einen Kameraden, der hat einen neunjährigen Buben gehabt und den hat er mitnehmen können. Der ist Witwer gewesen. Alle, die in der Landwirtschaft gearbeitet hatten, sind in Stams geblieben, die anderen sind einem Handwerk nachgegangen und sind alle mehr oder weniger gut untergebracht worden. Allerdings, die Militärdienstreifen sind eingezogen worden und haben natürlich den Zivilrock mit dem Waffenrock eintauschen müssen. Ja, die Frauen und die Kinder sind in Kastelruth geblieben. Man hat ihnen gesagt, sie sollen nachkommen, sobald wir irgendwo angesiedelt sind und eine sichere Existenz haben. Der Besitz ist abgelöst worden, das heißt ohne

unsere Einwilligung und unser Einverständnis ist alles an die »Ente Tre Venezie« übertragen worden. Wir haben dabei keine Lira gekriegt, das ist in Abrechnung gewesen mit der Deutschen Umsiedlungs- und Treuhandgesellschaft. Wenn wir draußen etwas gekauft hätten, hätten wir schon dieses Geld verwenden können, was der Hof geschätzt worden ist, bzw. der Besitz. Bis in die Tschechei haben sie uns Besitz angeboten, aber wir haben irgendwie instinktiv gesagt, da gehen wir nicht hin.

Die Kinder der Kastelruther Optanten

Während meiner Zeit als Gutsverwalter in Stams ist der Stadel abgebrannt und da sind zwei von uns Fütterer gewesen und die haben das Vieh gerettet und haben es in einen Anger hineingetrieben. Das ist nichts Besonderes gewesen. Aber abends ist der Gauleiter von Tirol und Vorarlberg gekommen, der Franz Hofer, mit einem Mordsrausch, und hat gebrüllt: »Hinaus aus meinem Gau, ihr Südtiroler Schweine!« Das ist für uns ein gewaltiger Schlag gewesen, und da haben wir natürlich schon verstanden, dass wir nicht die »lieben Südtiroler« sind, sondern bloß eine Ware, die man wegwerfen kann oder die man anschüren kann oder kaufen kann.
Ich habe dann einen Bauernführerkurs mitgemacht. Ich habe mir gedacht, man muss schauen, dass man irgendwie im Fach bleibt. Ich bin

nach Lorch bei Stuttgart gekommen, und in Lorch haben wir einen netten Kerl gefunden, der uns den Kurs gehalten hat, und dem habe ich gesagt, ich möchte von Tirol weg, da passt es mir nicht. Da hat er gesagt, er wird es versuchen. Dann bin ich in Stuttgart bei der Landesbauernschaft angestellt worden und bin eingeschult worden und bin dann nach Ravensburg gekommen. Und in Ravensburg habe ich dann meine Ruhe gehabt.

Ich habe vielleicht noch etwas zu sagen: Es hat uns niemand gedrängt, Parteimitglieder zu werden, nur einmal ist einer von der Kreisbauernschaft gekommen und hat gefragt, ob ich nicht in die Partei eintreten täte. Da habe ich ihm gesagt: »Bei uns hat der Hofer, der Peter, gesagt, wir sollen nicht in die Partei eintreten, wir sollen warten, bis wir alle geschlossen übergehen.« Und mit dem ist es in Ordnung gewesen, bis dann der Moment gekommen ist und ich mich nicht mehr habe retten gekonnt. Dann ist das Wehrmachtsleben losgegangen, zuerst in Ulm, dann in Straßburg, dann in Dijon und in Besancon bei den Besatzungstruppen. Von dort sind wir nach Holland gekommen und von Holland sind wir wieder nach Straßburg zurück und sind dann abgestellt worden nach Russland.

Wie ich in Ravensburg war, ist meine Frau schwer erkrankt. Dann ist ein Telegramm gekommen, ich soll die Frau besuchen. Und da habe ich ohne weiteres sofort den Pass gekriegt, aber allerdings am Brenner oben haben sie mich gleich vom Zug heraus geholt und haben mich dann unter Begleitung heimgebracht bis zum Haus hin und auf dem Rückweg hat der Carabiniere wieder kommen müssen und hat mich zurückführen müssen bis zum Brenner und dort den deutschen Stellen übergeben. Ich muss sagen, die Carabinieri sind sehr anständig gewesen. Dem Maresciallo haben sie vom Brenner aus telefoniert, er soll so gut sein und meinen Schwager mit einem Pferd nach Waidbruck schicken, sonst hätten wir zu Fuß herauf gehen müssen, und der hat das gleich ausgerichtet. Also, man kann nicht sagen, sie hätten uns sekkiert, im Gegenteil, sie haben sich menschlich verhalten. Der Italiener ist in der Hinsicht überhaupt menschlicher, das muss ich schon sagen. Und auch dann, wie wir zurückgekommen sind, 1945 sind wir entlassen worden und dann bin ich heimgekommen und habe weiter keine Schwierigkeiten gehabt mit dem regelrechten Entlassungsschein. Auf Vermittlung von Senator Raffeiner haben wir die Besitzungen wieder zurückkaufen können, allerdings haben wir sie kaufen müssen, und zwar zu der Summe, die seinerzeit geschätzt worden ist, und das ist natürlich keine Kleinigkeit gewesen.

Während Josef Trocker zum Zwangsaufenthalt im Deutschen Reich verurteilt wurde und später auch noch den Kriegsdienst ableisten musste, musste seine Frau Paula daheim in Kastelruth unter großen Anstrengungen den Bauernhof bewirtschaften und die Kinder großziehen.

Paula Tirler Trocker: Ich habe das Glück gehabt, dass mir mein Bruder bei der Arbeit geholfen hat. Den habe ich freigekriegt, weil ich ein bisschen Beziehung zum Hofer Peter gehabt habe. Er hat dreimal die Zustellung gekriegt. Er ist auch ein 12er gewesen, genau im richtigen Alter, er wäre sonst nicht freigekommen. Weil ich die Frau eines Ausgewiesenen gewesen bin, sind sie schon richtig gehockt auf mir. Wir haben damals 14 Stück Vieh gehabt, und so weit ist es dann gekommen, dass wir nur mehr sechs im Stall gehabt haben. Sie sind einfach jede Woche gekommen und sie hätten nur das Recht gehabt, Vieh zu nehmen, das nicht Milch gegeben hat, Mastvieh oder so was hätten sie nur nehmen dürfen, und mir haben sie die letzte Kuh genommen. Mit zehn Liter Milch habe ich sie abgeben müssen. Und dann bin ich nach Bozen hinunter. Reden habe ich mit niemanden können, weil ich nicht Italienisch kann. Und da bin ich halt in dem Amt unten gewesen und habe geweint. Das hat eine Italienerin beobachtet, und ist mir, wie ich gegangen bin, gefolgt und hat mir einen Zettel in die Hand gegeben, auf welchem ihre Adresse drauf gewesen ist. Und dann bin ich zur Frau Magnago hin, zur alten Frau Magnago damals, ich habe mich ja nicht ausgekannt in Bozen unten, und habe sie gefragt, ob sie mir nicht das Dienstmädchen mitgeben könnte, weil ich nicht weiß, wohin. Da hat sie gesagt, ich kann sie schon mitnehmen. Dann bin ich zu der Italienerin hin, und die hat die Stellungskarte vor meinen Augen zusammengerissen, und seit dem habe ich nie wieder eine Karte gekriegt.

Von da an musste also Paula Trocker keine Milchkuh mehr abtreten und auch das übrige Vieh wurde ihr belassen.

Paula Morandell war sechs Jahre alt, als ihre Eltern im Jahr 1940 Kaltern verließen und nach Baden bei Wien auswanderten.

Ihr Vater war Angestellter der Kalterer Bahn und wurde vor die Wahl gestellt, entweder einzurücken oder auszuwandern. Er entschied sich für die Auswanderung, übersiedelte nach Baden und bekam eine Stelle bei der Reichsbahn. In Baden wurde der Familie eine herrschaftliche Wohnung zugeteilt und dank der kontaktfreudigen Mutter konnten sich alle sehr schnell in die neue Umgebung einleben. Bald aber sollten sie auch vor unangenehmen Erfahrungen nicht verschont bleiben.

Paula Morandell Atz: Unter uns in der Wohnung ist ein ganz ein hoher Nazi gewesen. Den hat man bei Tag nie gesehen, immer nur in der Nacht. Aber die Frau von ihm ist für eine Organisation tätig gewesen, die »Mutter und Kind« geheißen hat. Sie ist ja mit uns persönlich ganz nett gewesen, sie, aber er nicht. Ihn hat man nie gesehen, er ist einfach ein Mensch gewesen, an den niemand herangekommen ist. Aber das hat man schon gewusst, dass er mit den Nazis Verbindung gehabt hat. Sie ist immer in die Häuser gegangen, um Kinder zu betreuen oder ist bei Familien, wo die Mutter krank gewesen ist, eingesprungen. Und ein paar Tage nach dem Besuch hat man gehört, dass die Familie verschwunden ist. Da hat sie etwas gehört und hat es ihm dann gesagt. Man ist da nicht ganz sicher gewesen, hat aber halt immer so ein Gefühl gehabt. Zu mir war sie wirklich nett. Ich habe immer zu ihr hinuntergehen dürfen, sie hat mir kochen gezeigt und wir haben alles gekriegt. Die Buben hat sie nicht so gern gehabt. Und einmal sind wir im Hof gewesen, dann kommt sie und sagt: »Frau Morandell, haben Sie gehört heute im Radio, der Hitler und der Duce haben Freundschaft geschlossen.« Und die Mama sagt – ich bin neben ihr gestanden: »Oje, oje, die wohl Freundschaft schließen, weiß Gott, was die Falotten wieder ausmachen.« Und die Frau ist ganz rot geworden im Gesicht und ist gleich verschwunden. Und die Mama, sie war eine, die einfach alles gesagt hat, was sie gedacht hat, hat gesagt: »Ach, jetzt meine ich, habe ich einen Blödsinn gemacht, das hätte ich nicht sagen sollen.« Wie am Abend der Vater heimgekommen ist, hat sie es ihm erzählt. Dann hat er gesagt: »Ja, kannst du nicht still sein! Bei denen unten stimmt irgendetwas nicht, ihn sieht man nie und sie spioniert immer herum, pass auf, da kann man draufzahlen!« Dann war die Mama ganz auf dem Boden und hat gemerkt, dass sie etwas angestellt hat. Was ist gewesen? Zwei Tage drauf, wie ich gerade bei der Tür hinausgehen will in die Schule, stehen zwei SS-Männer vor der Tür. Mir ist ganz gleich bewusst gewesen, dass sie jetzt die Mama holen, und fange an zu schreien. Dann haben sie gefragt, wo da die Morandell wohnen. Dann habe ich gesagt: »Aber nicht die Mama holen!« »Aber, warum?«, haben sie gesagt. Und ich renne hinunter und sage: »Frau Grete, bitte, oben holen sie die Mama.« »Ja, wieso?« »Ja, weil die Mama zu ihnen das und das gesagt hat.« Dann ist sie mit hinauf und hat mit denen geredet und die haben gesagt, dass die Mama mitgehen muss. Dann ist sie hinuntergegangen und hat mit ihrem Mann geredet – zum Glück ist er damals noch unten gewesen –, dann ist er hinauf und hat nur zwei Worte gesagt, dann sind die SS-Männer gegangen. Dann ist er zur Mama hineingegangen und hat gesagt: »Frau Morandell, ich sage Ihnen nur eines, nur, weil meine Frau euch wirklich gern hat, aber sonst wären Sie jetzt weg, weil Sie reden nicht nur so, Sie horchen auch Schwarzsender, das weiß ich.« Das hat schon gestimmt, weil sie immer alles wissen wollte. »Für dieses Mal lassen wir es durchgehen«, hat er gesagt, »aber das nächste Mal gibt es kein Pardon mehr. Das können Sie nur meiner Frau verdanken.« Daraufhin hat sie freilich nichts mehr gesagt.

Das Leben der Familie Morandell verlief in der Folge ohne besondere Vorkommnisse, ehe am 26. April 1945 die Russen in Baden einrückten und Mutter und Kinder – der Vater war nach Jugoslawien versetzt worden – in arge Bedrängnis brachten.

Paula Morandell Atz: Am Tag vorher ist die Sirene gegangen und überall hat es geheißen, alle müssen von der Stadt Baden weg und müssen auf den Bahnhof hinübergehen und mit dem Zug wegfahren. Die meisten sind ins Helenental gefahren oder halt von der Stadt hinaus, wegen der Russen. Und die Mama hat es eigentlich nie verschlafen, aber damals hätten wir um sieben Uhr am Bahnhof drüben sein müssen, und ich kann mich erinnern, sie weckte uns auf und sagte dann: »Na, jetzt scheint beim Fenster die Sonne herein, wie spät ist es denn?« Es ist neun Uhr gewesen und es ist kein Mensch mehr in der Stadt gewesen, wir waren wirklich allein in der Stadt. Ob sie das absichtlich getan hat, weiß ich nicht, weil danach hat sie gesagt: »Wir wissen sowieso nicht wohin, wir bleiben einfach da.« Wir haben uns unten im Keller einen Raum eingerichtet, denn wir sind alleine im

Haus gewesen. Und am Tag drauf läutete es bei der Tür. Dann sagte sie zu mir: »Geh, schau nach, wer es ist.« Und ich bin hinaufgerannt und habe durch das Glasfenster in der Tür geschaut, wer vor der Tür steht, und es ist ein Russe draußen gewesen. Das haben wir schon gelernt, die Russen haben alle Pelzkappen auf. Und wie ich so eine Pelzkappe gesehen habe, habe ich schon Angst bekommen, denn in der Schule hat es zur Hitlerzeit geheißen, wenn die Russen kommen, stechen sie euch die Augen aus, tun euch martern und so. Jetzt ist der Mensch vor mir gestanden und hat gezeigt, ich solle aufsperren, und ich habe dann zur Mama hinuntergerufen, sie soll heraufkommen. Die Mama ist heraufgekommen und hat aufgesperrt und er ist hereingekommen und hat sie beim Hals gepackt und hat sie zur Mauer gedrückt, bis sie ganz blau gewesen ist. Dann ist sie ohnmächtig umgefallen. Und wir, meine vier Brüder und ich sind heraufgelaufen, wir haben geschrien und wie wir schreien, hat er sie aufgehoben und hat gesagt: »Na«, – er hat deutsch gesprochen – »ich sehe, dass ihr Kinder wirklich nichts dafür könnt, die SS ist in meine Wohnung in Russland hinein und hat die Frau vor mir vergewaltigt und dem zweijährigen Buben die Füße auseinandergerissen und auf die Mauer hinaufgeworfen und die Tochter haben sie vergewaltigt, die ist neun Jahre alt gewesen, und ich habe müssen zuschauen. Und ich bin mit diesem Erlebnis weg und habe mir geschworen, wenn ich einen Deutschen, ein Kind oder eine Frau oder jemanden anders in meine Hände bekomme, die bringe ich alle um. Und jetzt habe ich es tun wollen, aber ich habe gesehen, dass ihr wirklich unschuldig seid.« Dann hat er mit der Mama halt geredet, und die Mama ist halt ein bisschen betäubt gewesen, aber dann ist es schon gegangen. Und dann hat er gesagt: »Verzeiht mir, was ich hier getan habe, ich helfe euch, wo ich nur kann, solange ich da bin.« Und er hat uns auch geholfen. In den nächsten Tagen ist er immer wieder gekommen und hat gesagt, wenn irgendetwas ist, sollen wir es ihm halt sagen. Aber dann wurde er halt versetzt.

Damit waren die Mutter und die Kinder den russischen Soldaten völlig schutzlos ausgeliefert.

Paula Morandell Atz: In der Nacht auf einmal sind so fünf, sechs Russen heruntergekommen und wir haben drinnen in dem Raum geschlafen, und die Mama hat uns extra in den Waschtruhen die Betten gemacht. Und ich habe das kleinste bekommen. Ich habe sie dann gefragt, wieso ich das kleinste bekomme. Sie hat nur gesagt, ich solle da hineingehen und still sein. Und ich habe nicht gewusst, warum. Ja, und jetzt sind die Russen gekommen, haben hineingeschaut und haben halt uns in diesen Waschtruhen liegen sehen, und ich habe die Füße ausgestreckt gehabt. Da ging einer her und hat mich herausgezogen. Sie hat nicht wollen, dass er sieht, dass ich schon zehn Jahre alt war. Und jetzt hat er mich herausgezogen und hat mich mitnehmen wollen. Und die Mama reißt ihm das Gewehr herunter und sagt, er solle uns erschießen. Dann hat er sie zuerst erschießen wollen, dann hat sie gesagt, nein, zuerst mich. Dann haben sie uns alle aufgestellt und auf mich gezielt. Und da kommt einer von hinten und schlägt ihm das Gewehr weg, und der Schuss ist zum Oberboden hinauf gegangen. Sie haben dann angefangen zu streiten und sind dann weggegangen. Wir haben immer den Tod vor den Augen gehabt.

Für die Mutter von Paula Morandell wurde das Leben im Keller immer unerträglicher.

Paula Morandell Atz: Und jetzt hat die Mama gesagt – sie haben sie vergewaltigt, aber nicht nur einer, sondern zehn; die sind dauernd gekommen und gegangen und gekommen und gegangen – jetzt hat sie gesagt, nein, das geht nimmer, da müssen wir weg, da können wir nicht bleiben. Wir haben dann das Wagele genommen, denn der jüngste Bruder ist zwei Jahre alt gewesen, die anderen vier, sechs, acht und ich zehn. Dann haben wir den jüngsten Bruder in den Korbwagen hineingegeben und unsere Gewänder dazu. Und dann sind wir Richtung Helenental hineingefahren und kommen zur Ruine Rauheneck und haben beschlossen, halt unter einem Baum zu schlafen. Und wie wir ins Tal hinunterschauen, sehen wir ein Haus und haben in diesem Haus auch ein Licht brennen gesehen. Da habe ich zur Mama gesagt: »Gehen wir doch hinunter fragen, vielleicht dürfen wir dort irgendwo in einer Ecke schlafen, weil hier heroben ist es kalt.« Dann sind wir hinuntergegangen, um zu fragen. Dann ist drinnen ein alter Herr in einem Rollstuhl gesessen und die Frau oder Haushälterin hat gesagt, sie würde uns gerne eine Unterkunft geben, sie müsse aber zuerst fragen. Dann hat der im Rollstuhl gesagt: »Hinaus mit diesen Zigeunern, das sind nur Zigeuner!« Ja, dann sind wir natürlich gegangen und sind wieder hinauf und haben unter dem Baum oben übernachtet. Und am nächsten Tag in der Früh habe ich die Mama gefragt: »Was tun wir denn, wo gehen wir hin?« Dann hat sie gesagt: »Ich weiß es auch nicht.« In dem Moment kommen wieder vier Russen, haben sie weggerissen und sie vor uns vergewaltigt und wir haben müssen zusehen. Zuerst haben wir geweint und geschrien, dann sind zwei gekommen und haben uns den Revolver vorgehalten und der andere das Gewehr, und dann sind wir still gewesen. Und danach sind sie wieder gegangen. Jetzt sind wir wieder zurück in unseren Keller. Und dort sind wir dann einen ganzen Monat geblieben, aber was wir dort mitgemacht haben, halt dauernd die Russen bei uns gehabt. Einmal haben sie rings um das Haus Strebe getan, Heuballen und Strebe, mit Benzin übergossen und das Haus anzünden wollen. Dann ist auch wieder einer gekommen und hat alles weggetan.

Schließlich sah sich die Mutter doch genötigt, mit den Kindern Baden zu verlassen und nach Südtirol zurückzukehren.

Paula Morandell Atz: Eines schönen Tages hat die Mama gesagt: »Jetzt gehe ich zurück, weil das geht nicht mehr so weiter. Was tun wir denn noch hier in Baden?« Denn von unserem Vater haben wir nichts mehr gehört, der ist nach Jugoslawien versetzt worden, und da haben sie gesagt, da kommt keiner mehr zurück. »In Südtirol«, sagte sie, »haben wir wenigstens den Grund von der Mama und da haben wir gar nichts!« So ist sie auf die Gemeinde gegangen und da war der russische Kommissar. Ich bin mit ihr gegangen, und da hat sie zu ihm gesagt – er hat deutsch gesprochen und ist wirklich nett und freundlich gewesen: »Ich weiß nicht, warum ich so leiden muss. Was haben denn eine Frau und ein Kind verbrochen, dass die mit uns so tun, uns vergewaltigen und so.« Dann hat er gesagt: »Meine gute Frau, es ist Krieg, aber das ist alles noch nichts, was meinen Sie, was die Deutschen uns angetan haben. Mir tut es auch leid.« Dann hat die Mama gesagt: »Wir möchten halt gerne nach Südtirol herein.« Dann hat er gefragt: »Ist Ihr Mann nicht bei der Partei gewesen?« »Nein«, hat sie gesagt. »Dann müssen Sie schwören«, hat er gesagt. »Das kann ich jederzeit«, hat sie gesagt, »wir haben gearbeitet, sind aber bei keiner Partei.« »Dann könnt ihr gehen, dann gebe ich Ihnen die Papiere, aber«, hat er gesagt, »jetzt nach Südtirol zu kommen, ist ja unmöglich. Alle Züge sind unterbrochen.« Der ist wirklich nett gewesen.

Nachdem sie zahlreiche Hindernisse überwunden hatten, kehrte die Familie im November 1945 wohlbehalten nach Kaltern zurück. Der Vater allerdings wurde erst im Jahr 1951 aus der jugoslawischen Gefangenschaft entlassen.

Das bewahrte Erbe

Die Kulturkommission

Im Einklang mit der Durchführung der Option sollte nach den Vorstellungen des Reichsführers-SS Heinrich Himmler, der nach seiner Ernennung zum »Reichskommissar für die Festigung deutschen Volkstums« (RKF) für die Umsiedlung aller Volksdeutschen verantwortlich war, die Sicherung des Kulturgutes der Südtiroler einhergehen.

Im Juli 1935 gründete Himmler in Berlin den Verein »Deutsches Ahnenerbe. Studiengesellschaft für Geistesurgeschichte«, dessen vordringliche Aufgabe es war, die vermeintliche Überlegenheit des »arischen Menschen« wissenschaftlich nachzuweisen. Generalsekretär dieses Vereines wurde Wolfram Sievers. Im März 1937 erhielt dieser Verein dann eine klarere Zielsetzung und den neuen Namen »Das Ahnenerbe«.

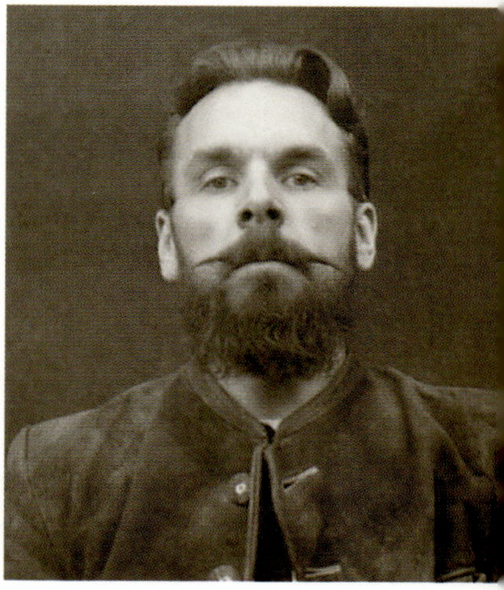

Wolfram Sievers

Das Ahnenerbe der SS wurde nun, gemäß dem Erlass Heinrich Himmlers vom 2. Jänner 1940, mit »der Aufnahme und Bearbeitung des gesamten dinglichen und geistigen Kulturgutes aller umzusiedelnden Volksdeutschen« beauftragt, und der Reichsgeschäftsführer des Ahnenerbes, Wolfram Sievers, wurde von Himmler mit der Leitung einer »Kulturkommission« betraut, die den deutschen Kulturbesitz der Südtiroler Optanten aufzunehmen und ins Deutsche Reich zu überführen hatte. Begleitet und in Abwesenheit vertreten wurde Sievers von seiner Chefsekretärin Dr. Gisela Schmitz-Kahlmann.
Diese volkskundlichen Erhebungen sollten neben der Provinz Bozen auch noch die gemischtsprachigen Gebiete der Provinzen Trient, Belluno und Udine betreffen. Erfasst sollten folgende Be-

reiche werden: Brauchtum und Volkstanz; Geräte und Hausrat; Trachten; Volkserzählung; Sinnbilder, Hausmarken und Sippenzeichen; Hausforschung und Bauwesen; Sprachwissenschaft; Archive; Kirchenbücher; Vorgeschichte und Ortung; Volksmusik; Kunst, Museen und Volkskunst; Bau- und Kunstdenkmäleraufnahme; Volksgeschichte und Stammeskunde.

Helmut Altpeter: Mein Auftrag war zunächst, für den Reichskommissar für die Festigung deutschen Volkstums geeignete Leute aus dem Tiroler Raum namhaft zu machen, die diese Arbeit durchführen könnten. Und es sind also hier Persönlichkeiten vorgeschlagen worden, die wir auch aus der heimatkundlichen Arbeit kennen. Sie langten aber nicht, denn diese Arbeit konnte nicht von einzelnen Persönlichkeiten durchgeführt werden, jeder musste sich einen Stab von Mitarbeitern heranholen, und es hat sich da als zweckmäßig erwiesen, dass das nicht mehr in meiner Kulturarbeit, die ein wenig nach allen Seiten wirkte, bleiben konnte, sondern, dass hier eine eigene Kulturkommission zusammentreten musste.

Gisela Schmitz-Kahlmann: Aber es war klar, dass zunächst einmal die Österreicher in Innsbruck, die ohnehin schon immer eine Nähe zu Südtirol gehabt haben, gefragt wurden; das war der Graf Trapp mit dem Landesmuseum, das war der Ringler, der damals gerade aus dem Volkskundemuseum hinausgeworfen war, dann der Innerebner, der natürlich eher als Prähistoriker bekannt war, und von dort aus wird man dann die Mitarbeiter gefunden haben, die hier in Südtirol von jeher arbeiteten.

Die Kulturkommission hatte sich bereits im Frühjahr 1940 in Bozen niedergelassen und nahm im Herbst ihre Arbeit auf. Wolfram Sievers selbst kam erstmals Anfang März 1940 nach Südtirol, um Vorbesprechungen über seine künftige Tätigkeit zu führen. Schon im Vorfeld gab es laufend Diskussionen und Meinungsverschiedenheiten zwischen den deutschen und den italienischen Stellen.

Gisela Schmitz-Kahlmann: Das war ein ständiges Tauziehen zwischen unserer Kommission und den italienischen Behörden. Den Italienern lag natürlich gar nichts daran, festgestellt zu wissen, dass dieses Gebiet hier nach seiner kulturellen historischen Vergangenheit deutsch war, ihnen lag natürlich daran nachzuweisen, dass hier, von den alten Römern her, dieses Gebiet auch kulturell römisch-italienisch gewesen ist.

Offen geblieben war in der Berliner Vereinbarung vom 23. Juni 1939 vor allem auch die Frage, welche im Besitz der Optanten befindlichen Kunstgegenstände von diesen nach Deutschland mitgenommen werden könnten.

Den Kontakt zu den italienischen Stellen durfte weder Sievers persönlich noch, als Vertreterin der Auswanderungswilligen, die Arbeitsgemeinschaft der Optanten (AdO) herstellen.

Helmut Altpeter: Am Anfang, als der Übergang vom Faschismus zur Umsiedlung war, hatte die Arbeitsgemeinschaft der Optanten ja noch keine richtige Stellung, deswegen war die Amtliche deutsche Ein- und Rückwandererstelle zunächst wichtig für die Überbrückung.

Im Herbst 1940 nahm also die Kulturkommission ihre Tätigkeit auf, nämlich Fachleute im Land herumzuschicken, um alles, was an Kulturdokumenten vorhanden war, aufzunehmen.

Helmut Altpeter: Wir haben uns bemüht, in der Kulturkommission nur Leute aus dem Land zu haben, so dass wir hier mit gutem Gewissen sagen, dass wir nichts aufoktroyieren wollten, es sollte das alles in den Händen des Landes sein.

Gisela Schmitz-Kahlmann: Die Mitarbeiter, die zunächst als Leiter der verschiedenen Sachgebiete berufen wurden, kannten sich natürlich hier im Lande aus und wussten Leute zu nennen, die Bescheid wussten und die für die einzelnen Gebiete sachkundig waren. Die wurden befragt, die wurden entweder mit Ad-hoc-Aufträgen versehen oder sie wurden auch angestellt. Das war ja auch eine interessante Möglichkeit. Manche Leute, die hier irgendwelche Positionen hatten, konnten diese Position ruhen lassen und wurden von der Kulturkommission angestellt, bekamen ihr Gehalt und ihre Spesen. Dazu gehörte zum Beispiel Georg Innerebner, der ja, glaube ich, Beauftragter für die Seilbahnen im Gebiet damals war.

Von den Leitern der einzelnen Sachbereiche in der Kulturkommission kam etwa die Hälfte aus dem Deutschen Reich nach Südtirol. Der Musikwissenschaftler Dr. Alfred Quellmalz

Karl Aukenthaler, Gericke, Alfred Quellmalz, Karl Horak (v.l.n.r.), Seis 1940

(1899–1979) war am Deutschen Volksliedarchiv in Freiburg i. Br. tätig und wurde im Jahre 1938 Leiter der Abteilung Volksmusik des Staatlichen Instituts für Deutsche Musikforschung in Berlin. Quellmalz stieß im Frühjahr 1940 zur Kulturkommission und war dort für die Erhebung der Volksmusik zuständig. Mit ihm nach Südtirol gekommen war auch seine Assistentin am Berliner Institut für Deutsche Musikforschung Gertraud Simon. Ihm zur Seite stand Karl Aukenthaler aus Bozen, der Sachbearbeiter für Volksmusik und Brauchtum in der Arbeitsgemeinschaft der Optanten (AdO) war. Karl Aukenthaler hatte vor allem die Aufgabe, als Einheimischer Quellmalz Gewährsleute zuzuführen, Tonbandaufnahmen vorzubereiten und die von Sievers vorbereiteten Rundbriefe und Fragebogen zu verteilen.

Gertraud Simon und Karl Aukenthaler, Durnholz 1940

Karl Aukenthaler: Ich bin 1940 im Juli zum Dr. Quellmalz gekommen und bin da fest angestellt worden. Ich habe die Aufgabe gehabt, im Land herum die Sänger und Musikanten ausfindig zu machen.

Besonders häufig wurde das Sarntal aufgesucht, auch wenn der Weg dorthin recht beschwerlich war, denn weder Aukenthaler noch Quellmalz besaßen ein Auto. Quellmalz fuhr mit dem Bus und Aukenthaler war zumeist mit dem Fahrrad unterwegs.

Karl Aukenthaler: Von Astfeld hinein nach Durnholz hat es ja noch keine Straße gegeben, nur einen Fahrweg. Wir haben dann die Geräte auf die Haflinger aufladen müssen, und dazu haben wir drei Rösser gebraucht, und so sind wir halt hineingewandert zum Oberhöller Luis. Wir haben die Geräte aufgestellt und dann hat der Dr. Quellmalz gesagt, er möchte halt jetzt die Sänger aufnehmen. Jetzt waren einmal die Leiter-Buam da, die gesungen haben; die waren zu viert: der Lipp, der Hans, der Sepp und der Jochen. Und die Weibel, die war halt die Frau vom Oberhöller. Der Oberhöller Luis hat ein ganz besonders gutes Gehör gehabt. Da haben wir oft gestaunt, wie er alles herausgefunden hat, jede Kleinigkeit.

Durnholzer Kirchtag, 1940

Die Aufzeichnungen der Musikstücke mit dem Tonbandgerät verliefen nicht immer reibungslos.

Karl Aukenthaler: Drinnen war ein kleines E-Werk vom Berger Flor und das erzeugte Gleichstrom. Wir haben die Geräte aufgestellt, aber keiner hat etwas von der Elektrotechnik verstanden, und auf einmal war die ganze Stube voll Rauch. Da hat es die Geräte durchgebrannt, weil man nicht die Schwankungen regulieren konnte.
Die Geräte haben wir dann nach Berlin einschicken müssen und in 14 Tagen oder drei Wochen sind sie wieder aufgetaucht. Dann haben wir wenigstens gewusst, dass wir nur Wechselstrom nehmen dürfen,

mit einer Spannung von 220 Volt. Der Quellmalz hat von der Elektrosache genau so wenig verstanden wie ich.
Wir sind dann wieder hinein nach Reinswald und haben da aufgenommen, hauptsächlich die Leiter-Buam, die Riemer-Mädchen und dann die alte Hofmannin. Reinswald war sehr, sehr musikalisch, da haben wir wirklich sehr schöne Sachen herausgekriegt, alle möglichen Lieder. Ganz besonders interessiert hat sich Dr. Quellmalz für die alten Volksballaden.

Das Tonbandgerät

Karl Aukenthaler: Die Balladen haben ihm halt ganz besonders imponiert, und im Sarntal am meisten das Klöcklerlied. Die singen noch in der großen Quint, hat er gesagt, das hört man überhaupt nicht mehr, also, hat er gesagt, Aukenthaler, die müssen wir ganz gut herkriegen. Das war halt meine Aufgabe, die Klöckler zusammenzubringen. Damals gab es nur mehr wenige Klöckler.

Wenn Quellmalz zu Aufnahmen in damals noch sehr entlegene Täler fuhr, blieb er gleich einige Tage.

Karl Aukenthaler: Im Sarntal sind wir dann fast 14 Tage gewesen, und ich habe dann schon ein bisschen eine Routine gehabt, wie ich das machen muss, und dann habe ich zum Dr. Quellmalz gesagt: »Herr Doktor, ich fahre mit dem Rad voraus und bereite alles vor. Ich werde in den verschiedenen Gegenden die Sänger aussuchen gehen und nachfragen.« Man hat ja müssen einen Kontakt haben, weil das kann ich ohne weiteres sagen, wenn der Dr. Quellmalz für die Aufnahmen nicht hiesige Leute gehabt hätte, dann wären die vier Bände nicht zusammengekommen. Und ich bin dann vorausgefahren mit dem Rad, habe die Sänger aufgesucht, und wenn besonders interessante waren, sind wir zusammen hingefahren, er mit dem Linienbus und ich habe ihn dort abgeholt und habe ihn dann hingebracht und so ist das halt gegangen. Dann musste ich einen Raum ausfindig machen und für ihn und Frau Dr. Simon Unterkunft und Verpflegung besorgen. Die Frau Dr. Simon war seine Assistentin und eine sehr patente Person, muss ich sagen. Sie hat mich sehr gut unterstützt und die Leute haben sie recht gern gehabt. Sie war sehr einfach und hat mit den Leuten auch gut reden können, obwohl sie eine Berlinerin war.

Quellmalz interessierte sich aber nicht nur für die von den Bauern vorgetragene Volksmusik, er wandte sich auch an die alten Dienstmädchen, die aufgrund der nicht immer sehr glücklichen Lebensumstände, unter denen sie aufgewachsen waren, oft sehr schwermütige Lieder gesungen haben.

Karl Aukenthaler: Die haben dann so das »Mariechen saß weinend im Garten« und das »Polenkind« und solche Lieder gerne gesungen, aber auch Lieder wie »Es war ein Pfalzgraf entlang dem Rhein«.

Gesucht hat Alfred Quellmalz vor allem das Urtümliche im Volksliedgut.

Das Quartett von Karl Aukenthaler beim Reinswalder Kirchtag, 1939

Karl Aukenthaler: Es war damals auch der »Kleine Chor« in Bozen, der sehr gut funktioniert hat. Die haben den Quellmalz gefragt, ob er nicht einmal den »Kleinen Chor« aufnehmen möchte. Nein, der war ihm zu künstlerisch. Und auch unseren Chor, die »Bozner Singgruppe«, hat er nur mit drei, vier Liedern aufgenommen. Das hat uns eigentlich damals ein bisschen enttäuscht, weil wir uns gedacht haben, wir singen so viele schöne Lieder.

Karl Aukenthaler konnte nicht an allen Orten, wo Volksmusik aufzunehmen war, gleichzeitig sein und so verpflichtete er Gewährsleute, die ihn bei seiner Arbeit unterstützten. Für das Ultental wandte er sich an den Lehrer und Heimatforscher Ferdinand von Marsoner.

Ferdinand von Marsoner: Josef Kuppelwieser und verschiedene andere Einheimische, Alois Holzner und Hans Schwienbacher und Josef Pircher usw., haben die alten Ultner Lieder, zum Beispiel das Neujahrslied, aber auch andere Lieder aufgenommen und probiert. Und zugleich habe ich auch die Sippenkunde übernehmen müssen, weil das keiner gekannt hat und keiner zu den Pfarrarchiven eine Verbindung gehabt hat. Da habe ich die alten Familien auf Herz und Nieren durchsuchen müssen. Und da war mir hilfreich, dass 1932 Professor Hermann Wopfner von der Universität in Innsbruck nach Ulten gekommen ist und gesagt hat, er möchte das Tal, das da am Rande an der Sprachgrenze ist, seit 1300 Jahren, besser kennen lernen. Der ist, wie halt so üblich, zum Pfarrer gegangen, und der hat gesagt, ja, der Marsoner Hiasl hat einen Buben, der tut studieren, der kennt das ganze Tal und ihn kennen sie auch. Wenn er mitgehen darf, würde er nicht schlecht damit fahren. Ich bin dann einen Monat lang mit dem alle Höfe abgegangen. Einmal bin ich zu einem Hof gekommen und da sind die Faschisten halt ziemlich herum gewesen und Professor Wopfner hat halt schriftdeutsch geredet und das ist ein bisschen verdächtig gewesen, und dann meinte er, ob wir nicht etwas von dem Hof hier erfahren könnten. Dann sagt der, nein, nein, er habe nicht Zeit für diese Herrischen da. Und dann habe ich mir gedacht, jetzt muss nur ich reden. Dann habe ich gesagt, ich bin der Marsoner Ferdl und das ist ein Professor aus Innsbruck und wir hätten --- Ach, das ist dann ganz was anderes. Und dann ist er mit in die Stube hinein und der hat uns nicht wieder gehen lassen wollen. Das hat mir eben geholfen, dass ich als Bub auf diesem Gebiet das eine und andere schon vorher gelernt habe.

Neben Alfred Quellmalz betätigten sich auch noch andere Wissenschaftler mit der Erfassung volksmusikalischer Tradition in Südtirol. Da war einmal Fritz Bose, Leiter der Musikabteilung des Instituts für Lautforschung an der Universität Berlin, der

Volksmusikforscher Karl Horak aus Kufstein, der aber kein Tonband verwendete, sondern sich auf handschriftliche Aufzeichnungen beschränkte, weiters Richard Wolfram vom Institut für Volkskunde an der Universität Wien, der mit der Filmkamera unterwegs war und damit Bräuche und Volkstänze festhielt, und schließlich noch der Musikwissenschaftler Walter Senn aus Innsbruck, der den Bereich Musikgeschichte betreute.

Auch die übrigen Bereiche der Kulturkommission waren größtenteils mit anerkannten Fachleuten bestückt.

Gisela Schmitz-Kahlmann: Da gab es eine große Abteilung Bildende Kunst, der Josef Ringler vorstand, in der auch Oswald Graf Trapp mitarbeitete, dann der Professor Frodl aus Wien, der später Landesdenkmalpfleger wurde, dann einer der Barone Lutterotti, und da gab es dann zahlreiche jüngere Leute, zum Beispiel Ellen Haniel, die spätere Frau vom Lutterotti, oder Erika Hanfstaengl, die Tochter des Direktors der Staatlichen Sammlung in München. Das war die Abteilung Bildende Kunst.
Es gab da auch so Kuriositäten: Die Farbfotografie war ja damals hier zu Lande nicht entwickelt, man konnte also zum Beispiel Runkelstein oder Hocheppan fotografieren, aber eben nur schwarz-weiß. So hat denn damals die Kulturkommission einen reichsdeutschen Kunstmaler namens Herbert Jeschke beauftragt, die Fresken in Hocheppan zu kopieren. Das war natürlich ein aufwändiges Unterfangen. Dieser Maler saß da, ich weiß nicht, zwei oder drei Sommer, quartierte sich dort ein und stieg jeden Tag hinauf nach Hocheppan und malte.
Und dann gab es die Abteilung Architektur, der ein reichsdeutscher Mann namens Dr. Martin Rudolph Greiffenberg vorstand, der mit vielen Bozner Architekten zusammenarbeitete. Diese Architekten hatten die Aufgabe, vor allen Dingen die bäuerliche Kultur aufzunehmen: Die haben die Bauernhäuser vermessen und fotografiert.

Helmut Altpeter: Martin Rudolph Greiffenberg war Professor für Bauwesen in Braunschweig und hat vor allem diese Sachen nicht nur gesammelt, sondern er hat sie auch wissenschaftlich gedeutet. Man wollte ja in einem neuen Siedlungsgebiet nicht das Alte nur aufbauen, sondern neue Formen herausentwickeln. Das sind aber ganze Kreise gewesen, die sich damit beschäftigt haben.

Dann gab es die Vorgeschichte mit dem Innerebner, der auch mit dem Luis Oberrauch zusammenarbeitete, einem Dr. Wilfrontseder, der kam aus Klagenfurt, und natürlich gehörte auch Karl Maria Mayr dazu.
Dann gab es die Abteilung Trachten und Brauchtum von Frau Pesendorfer mit ihren Zeichnerinnen; und ein Karl Theodor Hoeniger hat auch an diesen Aufnahmen des Brauchtums mitgearbeitet.
Dann hatten wir eine Abteilung Sprachforschung, auch mit einem Reichsdeutschen namens Dr. Bruno Schweitzer, der dann an einem Südtiroler Sprachatlas arbeitete.
Alles, was mit den Archivalien zu tun hatte, machte der Professor Huter. Und von Fall zu Fall wurden dann auch andere Experten herangezogen.

Für die Kulturkommission gearbeitet hat auch noch Karl Felix Wolff.

Helmut Altpeter: Karl Felix Wolff war ein verehrter Mann für die Ladiner, und mein Professor Raimund von Klebelsberg und Otto Stolz haben gesagt, wissenschaftlich sei er nicht zu brauchen, aber er sei ein hervorragender Sammler für die ladinische Sagenwelt.

Zum Leiter der Bereiche »Märchen und Sagen« wurde vom »Ahnenerbe« Dr. Wilhelm Mai bestimmt. Er kam im September 1940 nach Bozen, nachdem er seine Erhebungen im Baltikum abgeschlossen hatte, und blieb bis Mai 1941. In Briefen und Tagebüchern, die er regelmäßig an seine Frau Marianne in Deutschland schickte, beschrieb er beinahe lückenlos seine Arbeit, aber auch die vielen Widrigkeiten, die ihn bei seiner Sammeltätigkeit behinderten. Ein besonderes Problem stellte das Tonbandgerät dar, das er mit seinen Kollegen Alfred Quellmalz, Richard Wolfram und Fritz Bose teilen musste.

Marianne Direder Mai: Den Vieren stand für die verschiedenen Aufnahmen ein Magnetophongerät zur Verfügung. Das Magnetophon war für die Arbeit meines Mannes, die Aufnahme von Sagen, ganz besonders wichtig, aber auch für Dr. Quellmalz, der ja das Liedgut aufnehmen sollte. Dieses Magnetophongerät war sehr, sehr anfällig, und mein Mann schrieb in seinen Briefen immer wieder, dass es zur Reparatur nach Berlin gebracht werden musste und er immer wieder wartete, um weiter Aufnahmen zu machen.

Ein Erschwernis für seine Arbeit war, dass ihm kein Auto zur Verfügung stand, wie übrigens den anderen Wissenschaftlern auch nicht. So blieb es Dr. Mai überlassen, wie er die notwendigen zahlreichen Ortswechsel bewältigte.

Marianne Direder Mai: Mein Mann wanderte von Ort zu Ort, im Winter auf Skiern unter sehr schwierigen Bedingungen. Er erzählt mir in seinen Briefen, dass er fast nie ein warmes Zimmer hatte, dass, wenn ein Zimmer zur Verfügung stand, es so abgedunkelt war mit einer Blaulichtlampe, dass er nicht arbeiten konnte und seine Manuskripte nicht ausarbeiten konnte, wie er wollte. Zumeist saß er in der Küche bei den Bauern, und die hatten verständlicherweise wenig Verständnis dafür, dass hier wissenschaftlich gearbeitet werden sollte. Sie gingen ihren Arbeiten nach, kamen, wenn man sie bestellt hatte, manchmal, kamen aber auch nicht, und so waren gerade die Aufnahmen des Sagengutes sehr, sehr schwierig. Auf der anderen Seite musste mein Mann auf Erzähler warten, die ihm aus dem eigenen Erlebnis heraus, die Sagen, die ja damals noch zahlreich in den Tälern in Südtirol vorhanden waren, erzählten.
Bei den mühsamen Wegen, die mein Mann damals von Dorf zu Dorf, von Gasthaus zu Gasthaus bewältigte, schwang bei ihm immer wieder mit, dass er manchmal sehr glücklich war, wenn er fündig geworden ist. Er nennt die einzelnen Täler, die ganz besonders reich waren an Sagengut, so das Ahrntal zum Beispiel, es schwingt aber auch manchmal die Verdrossenheit mit, dass er nach tagelangen mühsamen Wegen etwa im Sarntal oder auf dem Ritten eine einzige Geschichte auf seinen Notizblock bannte.

Die Bergbauern zum Musizieren zu bewegen, war natürlich wesentlich einfacher, als sie in die Rolle des Märchen- und ganz besonders des Sagenerzählers zu drängen.

Marianne Direder Mai: Mein Mann beschreibt, wie es ihn selbst jeden Abend eine neue Überwindung und einen neuen Anlauf gekostet hat, die Bergbauern oder auch Bergbäuerinnen zu motivieren, dass er immer neue Gesprächsanlässe finden musste, denn, ganz im Gegensatz zum Märchen, ist ja die Sage eingebettet in eine Dorfgemeinschaft, in eine Erzählergemeinschaft. Er beschreibt sehr anschaulich, manchmal auch drastisch, wie viel Mühe es gekostet hat, die einzelnen Erzähler, wenn sie schon bereit waren, überhaupt zum Sprechen zu bringen.

Abgesehen von den Problemen, die mit dem Ausfall des Tonbandgerätes verbunden waren, hatte Dr. Mai auch noch mit anderen Schwierigkeiten zu kämpfen.

Marianne Direder Mai: Seine Stenogramme – er hatte ja nicht immer ein Magnetophongerät zur Verfügung – in schreibmaschinengeschriebene Berichte umzusetzen, bereitete ihm große Mühe. Er fand schließlich in Sterzing zum Beispiel oder in Bruneck Stenotypistinnen, die freiwillig und ehrenamtlich am Abend bereit waren, seine Diktate aufzunehmen. Und auch das schien mühsam zu sein, denn im Zeichen der Verdunklung fand sich oft keine ruhige Ecke – wie er schreibt – wo er diktieren konnte. Er beschreibt auch sehr humorvoll, wie er manche Sagen, originelle Sagen, aber sehr deftige Sagen, den Mädchen gar nicht diktieren konnte, weil sie Zoten enthielten. Er hat also diese Diktate dann ausgelassen und hat sie später selbst noch eingefügt. Auf jeden Fall war er für jede Bereitschaft seitens der Südtiroler sehr dankbar, ihm bei der Niederschrift der – man muss sich vorstellen – weit über tausend Stenogramme zu helfen.
Ich darf gleich dazu sagen, dass die ganzen geschriebenen Berichte mit meinem Mann zusammen nach Berlin kamen, aber nicht abgeliefert wurden, sondern sie blieben in unserem privaten Besitz, und ich habe sie von Luftschutzkeller zu Luftschutzkeller im Rucksack immer wieder mitgeschleppt, weil mein Mann mir sagte, gib acht auf die Südtiroler Sammlung, sie muss erhalten bleiben, sie darf nicht im Bombenhagel untergehen. Und so ist sie letzten Endes gerettet worden.

Im Laufe der Sammelarbeit stellte sich für Dr. Mai heraus, dass die Zeitspanne von einem halben Jahr, die für die umfangreiche Arbeit in Südtirol vorgesehen war, viel zu kurz angesetzt war.

Marianne Direder Mai: Mein Mann machte daher für den Vorsitzenden der Kulturkommission Sievers einen Bericht, etwa nach einem halben Jahr, dass er voraussehe, mit der gestellten Arbeit nicht fertig zu werden, und er stellte nun anheim, dass er wieder zurückgehe zur Wehrmacht, also an die Front komme, und für die Arbeit in Südtirol ein Ersatz für ihn eingesetzt werde oder aber eine Verlängerung seines Auftrages eingeplant werde. Daraufhin hat Sievers eindeutig reagiert: Mein Mann sei ein solcher Experte in Sachen Sagensammlung, aber auch in Sachen des tätigen Sammelns, dass mein Mann vorderhand nicht an die Front zurückgehen könne, er müsse weiter in Südtirol die Arbeit fortsetzen. Die Reaktion bei meinem Mann war damals schwankend, und in seinen Briefen klingt immer wieder mit – inzwischen war ja 1941 der Russland-Krieg ausgebrochen – er sammle mitten im Krieg in einer entscheidenden Phase friedlich Sagen, während seine Kameraden draußen an der Front stünden. Er wollte an die Front zurück, sollte aber seine Arbeit weitermachen, und dieser Konflikt zwischen Pflicht auf der einen Seite und Soldatenpflicht auf der anderen Seite ist immer zwischen den Zeilen auch zu lesen. Immerhin war mein Mann fast ein Jahr in Südtirol tätig, bis er dann auf sein eigenes Bitten hin an die Front zurückging, und schließlich ist er ja dann auch gefallen.

Nachdem die Arbeiten in der Kulturkommission angelaufen waren, dürfte sich auch bald schon die Zielsetzung, die man mit dieser Arbeit ursprünglich angestrebt hatte, gewandelt haben.

Gisela Schmitz-Kahlmann: Es ging eigentlich jetzt gar nicht mehr um diesen eigentlichen Zweck, das Vermögen abzuschätzen, sondern es ging jetzt um die Bestandsaufnahme dessen, was hier an Südtiroler eigener Kultur vorhanden war. Und es war auch niemals vorher und niemals nachher die Gelegenheit da, so gründlich diesen Raum hier in Bezug auf alle kulturellen Bezüge und Verflechtungen zu untersuchen, denn es standen ja quasi unbegrenzte Mittel zur Verfügung. Ich kann mich nicht erinnern, dass es einen Etat gegeben hätte, dass irgendjemand hätte einen Antrag stellen müssen, etwas aufnehmen zu können. Das funktionierte so, dass Frau Pesendorfer zum Beispiel sagte, ich will jetzt mal ins Sarntal fahren und da will ich mal das und das aufnehmen, dann kriegte Frau Pesendorfer ein Auto oder zwei Autos und man wurde da hingefahren.

Für die einheimische Bevölkerung war es natürlich überraschend, dass plötzlich für eine kurze Zeit Gesetze außer Kraft gesetzt wurden, an die man sich in den Jahren faschistischer Unterdrückung nur schwer gewöhnen konnte.

Gisela Schmitz-Kahlmann: Es durften ja keine Feste mehr gefeiert werden, es durften keine Chöre mehr singen, es durften auch keine Prozessionen und Bittgänge mehr veranstaltet werden, aber wenn die Kommission wünschte, dass ein Bittgang, eine Prozession, ein Fest stattfinden sollte, dann wurde mit den italienischen Behörden, und vielleicht machte das der Dr. Altpeter, das weiß ich nicht mehr, wer das eigentlich machte, verhandelt, dann wurde das genehmigt, und

Volkstanz bei der Fragsburg, 1940

Kindervolkstanz in Auer, 1941

dann konnten die Leute das unbefangen so machen, wie sie es immer gemacht hatten. Und das lief dann immer unter dem Vorwand, die Kulturkommission muss das aufnehmen, sie muss das filmen, sie muss das fotografieren, ja, sie muss das festhalten. Und davon habe ich natürlich noch gute Eindrücke: Das war eine große Begeisterung, und die Leute haben das also mit der allergrößten Freude gemacht und haben sich auch nicht als Darsteller empfunden. Es war nun endlich wieder einmal Gelegenheit, sich als Südtiroler unbefangen in der Heimat zu bewegen.

Wenn die Kulturkommission einigen Südtirolern für die Zeit ihres Mitwirkens die Spur einer Erleichterung beschert hatte, so bot der Aufenthalt in Südtirol den meisten der Reichsdeutschen, die hier gearbeitet hatten, ein von Zwängen freieres Leben.

Gisela Schmitz-Kahlmann: Für uns war dieses Land eine Oase und eine Art Fluchtburg, hier waren wir von parteiamtlicher Bevormundung weit entfernt, hier brauchte man sich nicht zu verstecken oder zu flüstern, hier wusste man eigentlich im Großen und Ganzen, mit wem man es zu tun hatte. Hier hatte man das Gefühl, hier gibt es eigentlich keine so recht gestandenen Nazis.

Kontakte zu den politischen Stellen in Südtirol wurden von der Kulturkommission nicht gepflegt. Die hätte damit ihre Befugnisse überschritten.

Gisela Schmitz-Kahlmann: Diese Kontakte gingen ja immer über die Amtliche deutsche Ein- und Rückwandererstelle. Damit hatte die Kulturkommission gar nichts zu tun, nur unsere Mitarbeiter, also speziell auch wieder die Kunstkommission mit Ringler und Trapp hatten ihre persönlichen Beziehungen dorthin und konnten vielleicht auch durch persönliche Beziehungen einmal etwas regeln, aber sonst musste sich die Kulturkommission immer in solchen Fragen über die Amtliche Deutsche Ein- und Rückwandererstelle Genehmigungen einholen oder rechtliche Dinge klären lassen.

Mit dem Einmarsch der deutschen Truppen am 8. September 1943 war die Arbeit der Kulturkommission in Südtirol offiziell beendet. Mit der Errichtung der »Operationszone Alpenvorland« durch den Gauleiter Franz Hofer hatte sie ihre eigentliche Funktion verloren.

Gisela Schmitz-Kahlmann: Aber Sievers selbst ist auch hinterher noch öfter in Südtirol gewesen, hat den Rest der Kulturkommission da besucht. Ich selbst nicht.

Eine Schule für die Südtiroler

Die Reichsschule für Volksdeutsche in Rufach

In den letzten Oktobertagen des Jahres 1940 erreichte ein mit jungen Südtirolern vollbesetzter Sonderzug die Kleinstadt Rufach im Elsass, um dort, in der »Reichsschule für Volksdeutsche«, für die kommenden Jahre Aufnahme zu finden.

Für die bevorstehende Abwanderung bereiteten die unzureichenden Kenntnisse der deutschen Sprache, worunter die Kinder als Folge der faschistischen Schulpolitik zu leiden hatten, erhebliche Sorgen.

So wurde, um den sprachlichen Anforderungen in den Schulen des Deutschen Reiches entsprechen zu können, für die Kinder der Optanten – die Kinder der Dableiber blieben ausgeschlossen – nach einer Lösung gesucht.

Helmut Altpeter: In Verbindung mit der Inspektion der deutschen Heimschulen in Deutschland wurde im Elsass, in Rufach, ein großes Anstaltsgelände angeboten, das nach dem Ersten Weltkrieg als Reparationen von einem Mannheimer Architekten gebaut worden ist. Man rechnete mit etwa 600 bis 700 Kindern, und es wurde als besonders günstig angesehen, dass dazu eine Landwirtschaft gehörte, so dass auch die Ernährung keine Schwierigkeiten machen würde.

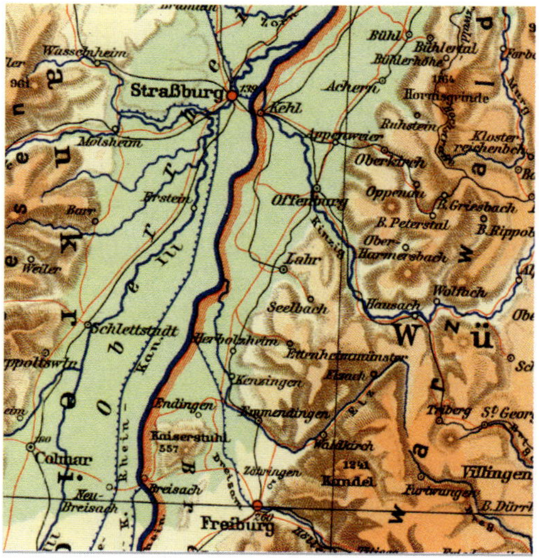

Dank der Bemühungen von Dr. Josef Strobl wurden für die Optantenkinder die beiden »Reichsschulen für Volksdeutsche« in Rufach und in Achern gegründet.

Josef Strobl: Von April bis Oktober 1940 habe ich in Bozen gearbeitet, und zwar im Rahmen der Arbeitsgemeinschaft der Optanten, der AdO, und zugleich habe ich auch zusammengearbeitet mit der Amtlichen Deutschen Ein- und Rückwandererstelle, der ADEuRST, und zwar mit dem »Amt für Kultur«, das damals von Dr. Altpeter geleitet wurde. Meine Aufgabe war hauptsächlich die Sammlung von Schülern, die eine höhere deutsche Schule besuchen sollten, denn über die Grundschule hinaus war in Südtirol selber kein Deutschunterricht erlaubt. Wer also die Volksschule schon abgeschlossen hatte oder sich bereits in einer italienischen höheren Schule befand – deutsche Schulen hat es ja keine gegeben –, der musste, wenn er mit der Auswanderung rechnete, beziehungsweise die Eltern, dann musste er eine deutschsprachige Schule im Ausland besuchen. Und da haben sich dann die deutschen Behörden entschlossen, für die Südtiroler, sowohl für Mädchen in Achern, als auch für Buben in Rufach, im Elsass, eine Heimschule zu errichten. Die Sammlung der Schüler und die Vorbereitung dieser Übersiedlung von jungen Leuten nach Deutschland beziehungsweise ins Elsass, für die hatte hauptsächlich ich zu sorgen. Also, ich habe da viel Korrespondenz geführt mit deutschen Stellen, habe dann auch alle Lehrprogramme der italienischen höheren Schulen ins Deutsche übersetzt, vor allem auch mit vielen Eltern gesprochen, denen ich natürlich nicht alle gewünschten Auskünfte geben konnte, denn mir selber war ja weder Achern noch Rufach bekannt.

Wer schließlich die Fahrt nach Achern oder Rufach antreten durfte, war nicht dem reinen Zufall überlassen.

Helmut Altpeter: Es war gar kein Zweifel, dass Leute aus gebildeten Familien sich leichter taten in diesen Auslesen, sagen wir einmal, aufzufallen als Kinder, die nicht so die Möglichkeit hatten, geistig weiter gefördert zu werden. Aber wir haben eigentlich immer wieder erfahren, wenn wir die Kinder rausbrachten, dass die Direktionen ganz begeistert waren, was hier für eine Jugend aus Südtirol kam.

Die Burschen sollten also in der Reichsschule von Rufach im Elsass Aufnahme finden. Zugleich sollten die Töchter der Optanten ihre Ausbildungsstätte im badischen Achern bevölkern.

Josef Außersdorfer: Am 26. Oktober 1940 fuhr der erste Sonderzug der Südtiroler Schüler zuerst über Innsbruck Richtung Lindau. Wir kamen fast bis nach Mannheim hinauf und sind dann über Freiburg hinübergekommen ins Elsass und waren tags darauf am frühen Nachmittag in Rufach.

Abfahrt vom Bozner Bahnhof am 26. Oktober 1940

Der Besuch der Reichsschule von Rufach bedeutete für die Südtiroler Burschen den Eintritt in eine Gemeinschaft, die sich auf ihre weitere Entwicklung entscheidend auswirken sollte.

Josef Strobl: Rufach liegt im südlichen Elsass zwischen Mülhausen und Colmar. Und dort war für die Schule ein großer Häuserkomplex

Eingang in die Anstalt

vorgesehen. Das war früher eine Nervenanstalt gewesen, die war aber im Zuge des Krieges von den Franzosen geräumt worden und stand also uns zur Verfügung.

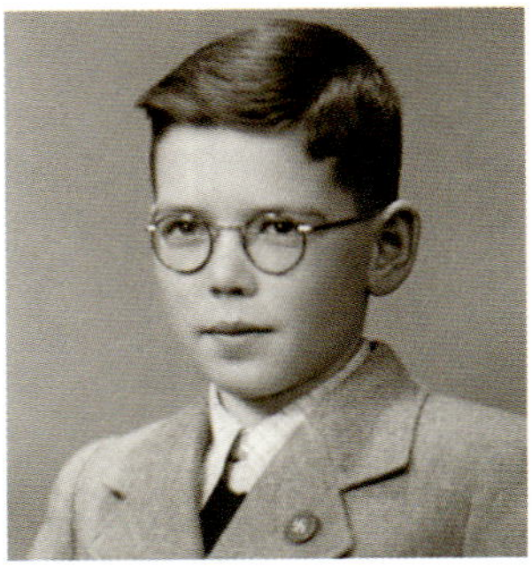

Günther Viehweider: Es war für die damalige Zeit etwas so Modernes, dass man es heute fast gar nicht mehr glauben kann. Dieses Dorf mit ungefähr 40 Gebäuden, einer Kirche, einem Kinosaal, einem Turnsaal, einem Gutshof, einem großen Bauernhof, der zur Versorgung diente, wurde von einer einzigen Stelle aus, vom Kesselhaus aus, beheizt und mit warmem Wasser beliefert.

Diesem ersten Schülertransport im Herbst 1940 folgten in den nächsten Jahren noch drei weitere. Insgesamt besuchten 650 Burschen aus Südtirol im Alter von zehn bis sechzehn Jahren die Schule in Rufach.

Ankunft der Südtiroler in der Anstalt

Arthur Obwexer: Ich habe keine Oberschule besucht, kein Gymnasium und keine Handelsschule, nur die italienischsprachige Schule in Kurtatsch. Eines Sonntags kommt der Vater und fragt mich: »Möchtest du nach Deutschland in die Schule gehen?« Und ich war sofort begeistert: »Ja«, habe ich gesagt, »nur weg von hier!« Bedenken eigentlich hatte nur meine Mutter. Meine Mutter war sehr religiös und fragte natürlich auch den Pfarrer, was er davon hält, und der Pfarrer hatte natürlich in religiöser Beziehung seine Bedenken. Aber, wie gesagt, ich war so begeistert, dass mein Vater mich dann anmeldete. Mein Vater arbeitete ja damals als Ausgeher, als Portier, an der »Amtlichen Deutschen Ein- und Rückwanderersteile«, die ja diese Schule auch in Rufach organisierte.

Arno Hofer: Wir hatten enorm viel Gepäck. Es war einfach zu staunen, was man alles hat mitnehmen können. Man hat bei dieser Abfahrt geradezu eine Truhe von Utensilien und Bekleidung aufgeben können.

Josef Oehler: Es war schon die Fahrt nach Rufach im Herbst 1941 für einen 12 ½-jähriger Buben ein großartiges Erlebnis. Ich fuhr das erste Mal über den Brenner. Vom Brenner weg waren alles deutsche Aufschriften, das war einfach überwältigend. Wir waren ja etwas Anderes in Südtirol gewohnt.

Luis Lunger: Für mich als Tierser war natürlich alles vollkommen neu. Ich war vorher im Patergymnasium in Salern. Natürlich eine vollkommen neue Welt.

Die 06 mit Luis Lunger (1. Reihe, 1.v.l.) und Arno Hofer (1. Reihe 3.v.l.)

Und in dieser neuen Welt lernten die jungen Südtiroler ihnen bisher völlig unbekannte Lebensformen kennen und mussten sich mit fremdartigen Wertvorstellungen auseinandersetzen.

Werner von Fischer: Die größte Überraschung für die jungen Südtiroler war der Erhalt einer Uniform. Man hatte ja nicht gedacht, dass man da uniformiert wie die Soldaten herumlaufen wird, sondern man hat geglaubt, man bleibt in Zivil, und es war natürlich für uns ein Erlebnis, als wir diese Uniformen bekamen. Die ersten Uniformen waren die HJ-Uniformen und zwar im Winter die dunkelblauen Hosen, also lange Hosen und ein blaues Käppi, und im Sommer die normale HJ-Uniform mit den braunen Hemden und der schwarzen kurzen Hose. Dass wir uniformiert wurden, das hat sich eigentlich keiner erwartet.

Rufach beherbergte eine achtklassige Oberschule, eine sechsklassige Mittelschule und eine Grundschule mit den oberen Klassen. Die Volksschule war im »Bau 24« – also im Gebäude Nr. 24 – untergebracht.

Werner von Fischer: Bau 24, das war die Volksschule im Rahmen der Reichsschule für Volksdeutsche, und zwar für diejenigen, die eben dadurch, dass sie bis dahin nur italienischen Unterricht gehabt hatten und niemals richtig schreiben gelernt hatten, in der Volksschule das dort nachholen konnten.

Arthur Obwexer: Und so waren meine Deutschkenntnisse, außer dem Unterlandler Dialekt, den ich sprach, sehr, sehr dürftig. Und wir, sagen wir, die von den Randgebieten kamen, die kamen dann in einen besonderen Kurs. In unserem Kurs waren Grödner, Gadertaler, Buchensteiner und auch Unterlandler, aus Leifers und Neumarkt und ich aus Kurtatsch.

Gerhard Brandstätter: Ich bin in die Oberschule gekommen und war in Bozen in der Handelsschule. Das war für mich ein Problem. Ich habe es auch laufend gespürt. Musikerziehung, Sport, Kunsterziehung im Allgemeinen, das war vollkommen neu, etwas was wir in Südtirol nicht gekannt haben.

Zum Lehrkörper in Rufach gehörten auch rund zehn Professoren, die mit ihren Schülern von Südtirol ins Elsass gezogen sind. Unter ihnen waren die Professoren Josef Leitgeb, Alois Staindl, Anton Zelger, Josef Strobl und Siegfried Posch.

Das Anstaltspersonal

Günther Viehweider: Die andern waren von draußen: Es waren Studienräte und Oberstudienräte, die aber irgendwie ob ihrer Kriegsversehrung nicht mehr fronttauglich waren und deshalb zur Erziehung der Jugend verwendet wurden.

Albert Ritter: Die Schule war sehr streng. Wer nicht gut war in der Schule, ist innerhalb Weihnachten von der Schule eliminiert worden. Die Professoren haben sich vor dem Weihnachtsurlaub zusammengesetzt und haben gesagt, wer das Klassenziel erreichen wird, kann weitermachen. Nachprüfungen und Sitzenbleiben hat es sowieso nicht gegeben. Einer unserer Professoren war ein Wissenschaftler, ein Mathematiker, den sie vom Krieg freigestellt haben. Das war ein SS-Mann, der immer in der schwarzen SS-Uniform gekommen ist. Wenn einer nichts wusste, hat er den mit einer Hand beim Haarschopf genommen und hat ihm mit der anderen Hand eine Ohrfeige verabreicht und hat gesagt, »manche Studenten müssen vor Gebrauch geschüttelt werden«.

Hubert Deutsch: Die Erziehung war sehr korrekt, muss ich sagen, war spartanisch, war auch etwas militärisch. Wir mussten zum Beispiel immer zum Schulgang und zum Essen in Reih und Glied antreten und mussten unter Umständen dazu auch ein Lied singen. Ich war zu jener Zeit der sogenannte Jungmann-Zugführer, habe also die Aufgabe gehabt, diese meine Mannschaft, diese Klasse, Zug genannt, mit 27 Schülern zum Essen oder zur Schule oder sonst irgendwohin zu führen.

Josef Oehler: Jeden Montag hat es auf dem Appellplatz den Appell gegeben. Dann mussten wir die ganzen Reden anhören. Ich kann mich auch genau erinnern, wie wir militärisch geschliffen worden sind und hinaus in die Stoppelfelder getrieben worden sind. Wenn es nicht geklappt hat, mussten wir hinüber in den Gutshof gehen, Erdäpfel abkeimen usw. Wir haben zwar innerlich gekocht, aber fürs spätere Leben war, für mich jedenfalls, Rufach eine gute Schule.

Der Appellplatz

Flaggenparade zur Feier des 1. Mai 1941

Im Rückblick also konnten die Beteiligten den strengen Rufacher Erziehungsmethoden durchaus positive Seiten abgewinnen und in den örtlichen Gepflogenheiten auch einen persönlichen Gewinn erblicken.

Werner von Fischer: Im Bau 25 war die Reichsschule für Volksdeutsche untergebracht und zwar die O-Klassen, also die Oberschule O1, O2, O3, O4 und O5. In diesem Gebäude haben wir geschlafen, gegessen, unsere Schulaufgaben gemacht und einfach gelebt. Vom Dach des Baus 25 mussten wir einmal in ein Sprungtuch springen. Das Haus war sicher zehn oder zwölf Meter hoch, und das hat natürlich eine große Überwindung gekostet, aber erzieherisch hat das natürlich unser Selbstbewusstsein bedeutend gestärkt. Ich weiß keinen, der sich geweigert hätte hinunter zu springen. Die Burschen waren alle schneidig [mutig].

Sprung vom Fenster, eine Mutprobe

Arno Hofer: Und wir sind dann schon gesprungen, aber ich weiß, dass ein Freund, der Seebacher, zwar gesprungen ist, sich aber das Bein gebrochen hat.

Natürlich waren nicht alle Schüler mit den Erziehungsmethoden in der Rufacher Anstalt einverstanden und lehnten den militärischen Drill ab.

Herbert Gluderer: Die ganze Erziehung war ja konzentrisch auf vormilitärische Wehrertüchtigung ausgerichtet: Die Kommandos, das Marschieren und die Schleiferei, das Robben, die Geländespiele, immer so in dem Hügelgelände der Vogesen, die Kampfspiele, 200 gegen 200, zum Teil auch bei Nacht bei Vollmond, das ist kribbeliger so, das Anschleichen und die Burgen mit der roten und mit der blauen Fahne und Überfall, Hinterhalt, kurzum also militärische Spiele, Kampfspiele zur Ertüchtigung.

Am 1. Oktober 1941 formte sich dann aus der »Reichsschule für Volksdeutsche« die »Nationalpolitische Erziehungsanstalt«, die NPEA oder NAPOLA, wie sie gemeinhin genannt wurde.

Werner von Fischer (Mitte, 4.v.l.) Heymo von Grebmer (Mitte, 6.v.l.)

Haymo von Grebmer: Auf einmal hat es geheißen, wir kommen in den N-Zug, also in die NAPOLA. Ohne dass man uns gefragt hat, sind wir da hineingekommen. Wir waren nicht viele, in unserer Klasse waren nur 12 bis 14.

Werner von Fischer: Das Hauptgebäude der NAPOLA war der Bau 18, und da waren die Klassen von N4 bis N7 drinnen.

Die »Nationalpolitische Erziehungsanstalt« diente vor allem zur Ausbildung von Schülern aus Südtirol; erst im Laufe des Jahres 1941 kamen dann auch einige so genannte Reichsdeutsche hinzu.

Josef Außersdorfer: Auch Volksdeutsche aus der Bukowina und aus Bessarabien besuchten die Schule in Rufach, dann kamen zwei Bulgaren, das waren Söhne von Ministern – Bulgarien war damals noch mit dem Deutschen Reich liiert –, die kamen in die O4 und einer in die O5.

Hubert Deutsch: Sie war natürlich schon politisch ausgerichtet, aber soviel wir dann auch später gehört haben, hätten sich die Absolventen dieser NPEA nur verpflichten müssen, dann im Privatleben auch irgendwie politisch tätig zu sein.

Haymo von Grebmer: Einmal beim politischen Unterricht hat man halt über die SS gesprochen, dass die also der Grundpfeiler der Partei ist. Da habe ich gesagt: »Ja, ja, da ist eigentlich kein großer Unterschied, die Jesuiten sind das bei der Kirche und die SS ist das bei der Partei!«, und das hat man mir sehr übel genommen.

Unter der Aufgliederung in zwei Schulen litt die Beziehung von Reichsschule zu NAPOLA aber nicht.

Günther Viehweider: Das Verhältnis der Schüler der Reichsschule zu den Schülern der NAPOLA war ein ganz normales Verhältnis. Es waren zwei getrennte Schulen. Ich weiß nicht, ob die Schüler der NAPOLA sich uns gegenüber als Elite verstanden haben, wenn es so war, dann war das aber nie manifest geworden, so dass wir nicht den Eindruck haben konnten, wir seien zweite Garnitur.

Der Rufacher Schule wurden häufig auch »hohe Besuche« abgestattet. Es erschienen Offiziere des Heeres und der SS sowie der Gauleiter vom Elsass, Robert Wagner. Und natürlich kam auch der Inspektor der Nationalpolitischen Erziehungsanstalten, SS-Obergruppenführer August Heißmeyer, und zwar in Begleitung seiner Frau, der Reichsfrauenführerin Gertrud Scholtz-Klink.

Besuch des Inspekteurs der Nationalpolitischen Erziehungsanstalt SS-Obergruppenführer August Heißmeyer und seiner Frau Reichsfrauenführerin Gertrud Scholtz-Klink, 1942

Werner von Fischer: Wir hatten auch Besuche von Ritterkreuzträgern, die uns schmackhaft machen sollten, zum Militär zu kommen, und da waren Flieger dabei, natürlich auch Panzerleute, also es wurde schon ziemlich viel gemacht, um uns für das Heer bzw. die SS oder für die Luftwaffe oder für die Marine zu begeistern. Als junge Leute sind wir damals natürlich mit Begeisterung dazu gegangen und, ich kann mich erinnern, ich habe schon 1940 gezittert und gefiebert und gedacht, hoffentlich dauert der Krieg noch so lange, dass auch ich dabei sein kann.

Herbert Gluderer: Ich kann mich erinnern, einmal hat ein Offizier, ich meine, es war ein SS-Offizier, schwerkriegsversehrt, der ein Bein verloren hatte, ein Ritterkreuzträger, eine zündende, feurige Ansprache gehalten. Ich war damals 13½ Jahre alt. Das hat so gewirkt, dass ein Mensch, der für eine Sache bereits ein schweres Opfer gebracht hat, noch so von ihr entflammt ist, sich so für sie begeistern kann, das hat unmittelbar gezündet und es hat sich anschließend ungefähr die halbe Klasse freiwillig als Kandidaten gemeldet, als Aspiranten sozusagen. So hat der Funke gezündet.

Das Essen in der Rufacher Anstalt kam aus einer zentralen Küche. Es wurde mit eigens dafür konstruierten Fahrzeugen hingebracht und dann vor dem Servieren in kleinen Warmhalteküchen aufbereitet.

Georg Unterpertinger: Das Essen war anfangs sehr reichlich, vielseitig, mit Vorspeisen, mit Fleischspeisen, mit allen Beilagen und Salaten, aber je länger wir draußen waren, ich kann mich erinnern, im dritten Jahr, das war im Jahr 1943, ist es immer spärlicher geworden, und man ist hauptsächlich auf die Sagosuppe, wir haben sie die »Fischeiersuppe« geheißen, übergegangen. Die ist uns natürlich mit der Zeit zum Hals herausgehängt. Und die Lauchsuppe haben wir schon gar nicht vertragen. Und die Kartoffeln, da haben wir die Pellkartoffeln bekommen, und einige haben die geschält und haben nur die Kartoffeln gegessen, die geschälten, und andere haben sie mit der Schale gegessen und wieder andere haben aus Hunger auch die Schale mitgegessen, die sie von den Nachbarn erwischen konnten. Und da muss man auch sagen, dass die Leute den Kohl, da war Kohl in der Nähe, den Kohl herausgerissen und ihn dann roh gegessen haben. Also, es war mit der Zeit praktisch Hunger.
Zum Frühstück haben wir zuerst Butterbrote bekommen, mit der Zeit ist es Schmalz geworden, Schmalzbrote, und Marmelade, die ich in sehr guter Erinnerung habe. Aber es ist dann immer weniger geworden und zum Schluss hinaus war das schon sehr dürftig. Es waren sehr kleine Portionen und man hat sogar beim Brot eher sparen müssen.

Die Gärtnerei

Kartoffelernte

Josef Oehler: Zwei Mitschüler, und zwar die Gebrüder Peer von der Pferdemetzgerei in Bozen, die hatten immer von zu Hause ziemlich eine Menge von Geselchtem mit, und das war halt so eine Ausnahme, die uns gutgetan hat.

Zur Anstalt gehörten auch ein Gutshof und ein großer Bauernhof, die für die Versorgung mit landwirtschaftlichen Produkten aufzukommen hatten. Es wurde der eigene Wein produziert und es wurden Getreide, Kartoffeln und Gemüse angebaut. Auch der Fleischbedarf für das Anstaltspersonal und die Schüler kam aus eigener Produktion. Ein Objekt der Begierde waren aber die vielen Kirschbäume.

Georg Unterpertinger: Und die Kirschbäume haben sie dann gespritzt mit einem Farbenmittel. Das haben wir nicht gewusst: Wir sind Kirschen stehlen gegangen und da sind wir in die Anstalt zurückgekommen und dann hat es geheißen: »Hände herzeigen!« Und natürlich, die Diebe haben sie gleich gehabt, es haben alle vollgeschmierte Finger gehabt.

Den Schülern wurde im Allgemeinen eine strenge, geradezu militärische Disziplin in ihren täglichen Verrichtungen abverlangt. So musste die Nachtruhe mit dem Zapfenstreich um neun Uhr abends genauestens befolgt werden.

Werner von Fischer: Und in der Früh um sechs Uhr da wurde der Weckruf auch mit Trompeten geblasen, und die Jungs mussten ruck, zuck aus dem Bett raus, also da gab es kein Noch-einmal-Umdrehen und ein bisschen usw., da war schon ein Erzieher da, der beobachtet hat, dass ja alle sofort herausspringen und fit sind.

Norbert Deutsch: Die Betten mussten von uns selber gebaut werden, und auch dafür hat es genaue Regeln gegeben, und wehe, das Bett war nicht richtig gebaut, dann wurde alles herausgeschmissen und man konnte sich die einzelnen Teile wieder zusammensuchen und musste dann das frisch und gut gemachte Bett dem jeweiligen Zugführer oder Jungmannzugführer vorführen.

Der Spind

Anschließend musste man eiligst zum Appell antreten.

Werner von Fischer: Vorher sind wir praktisch in der Unterhose herumgelaufen, und auf einmal hat es geheißen: »In vier

Minuten antreten!« und natürlich schnell anziehen und runter und wehe, wenn da jemand zu spät kam, aber im Großen und Ganzen hat es immer mehr oder weniger geklappt.

Albert Ritter: Wenn man pünktlich gekommen ist, war es schon fast zu spät. Da hat es geheißen: »Fünf Minuten vor der Zeit ist des Soldaten Pünktlichkeit!«

Große Bedeutung wurde in Rufach der sportlichen Betätigung beigemessen.

Günther Viehweider: Man hat gemeinsam Sport betrieben. Es sind dann Wettbewerbe veranstaltet worden, wo auch das HJ-Sportabzeichen in Gold, Silber und Bronze zu erwerben war, und es hat dann auch, was bei uns Jungen sehr beliebt war, Geländespiele gegeben. Da hat eine Gruppe gegen die andere Gruppe gewissermaßen Krieg geführt. Man hatte einen Wollfaden um den Arm gebunden bekommen, und, wenn der vom Gegner weggerissen wurde, war man gefallen.

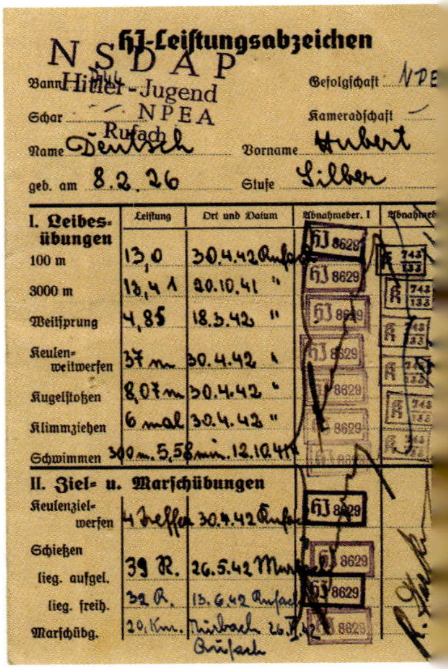

HJ-Leistungsabzeichen

NSDAP Hitler-Jugend NPEA Rufach

Bann ... Gefolgschaft NPE...

Schar – Kameradschaft –

Name Deutsch Vorname Hubert

geb. am 8.2.26 Stufe Silber

I. Leibesübungen	Leistung	Ort und Datum	Abnahmeber. I	Abnahmeb...
100 m	13,0	30.4.42 Rufach	HJ 8629	
3000 m	13,41	20.10.41 "	HJ 8629	
Weitsprung	4,85	18.3.42 "	HJ 8629	
Keulenweitwerfen	37 m	30.4.42 "	HJ 8629	
Kugelstoßen	8,07 m	30.4.42 "	8629	
Klimmziehen	6 mal	30.4.42 "	8629	
Schwimmen	300 m. 5,58 min.	12.10.41		
II. Ziel- u. Marschübungen				
Keulenzielwerfen	4 Treffer	30.4.42 Rufach	HJ 8629	
Schießen				
lieg. aufgel.	39 R.	26.5.42 ...	HJ 8629	
lieg. freih.	32 R.	13.6.42 Rufach	HJ 8629	
Marschübg.	20 Km.	... 26.?.42 Rufach	8629	

Natürlich war die Bedeutung der sportlichen Ertüchtigung im Programm der Rufacher Schule auch im Zusammenhang mit dem Kriegsgeschehen ringsum zu sehen. Dies war auch mit ein Grund, warum den Schülern in Rufach die Ausbildung zum Segelflugpiloten ermöglicht wurde.

Bannsportfest in Gebweiler, 1944

100-Meter-Lauf

Werner von Fischer: Der Bollenberg war eine wilde Wiese in Hanglage ganz in der Nähe der Anstalt. Wir konnten dort etwas Segelflug betreiben und zwar mit Schulgleitern SG 38, die uns vom NSFK [Nationalsozialistischen Fliegerkorps] zur Verfügung gestellt wurden. Die wurden mit einer Haltemannschaft hinter dem Flugzeug und einer Seilmannschaft vor dem Flugzeug gestartet, und durch das Ausziehen des Gummiseils und durch das Loslassen des hinteren Teils konnten die Maschinen so zirka 30 bis 40 Sekunden in der Luft bleiben und dann unten in einer Wiese landen. Die anderen, die da nicht mitgemacht haben, mussten natürlich auch arbeiten, indem sie die Steine wegräumten, die auf dem Gelände gelegen sind.

Segelflug am Bollenberg, 1944

Die sportliche Betätigung kannte in Rufach keine Winterpause, zumal in der Umgebung das Skilaufen gut praktiziert werden konnte. Gelegenheit dazu gab es im Umfeld der Anstalt, aber auch in den Vogesen, in Schnepfenried und am Trehkopf, wo man sogar über Skihütten verfügte. Das war natürlich ein Skifahren unter sehr einfachen Bedingungen. Man musste auf bequeme Aufstiegshilfen verzichten und zu Fuß den Berg hinaufsteigen.

Die Skihütte

Die Skifahrer

Arno Hofer: Und dann herunter die kurze Strecke mit den Holzskiern, und das war natürlich auch mehr eine Hetz als eine sportliche Leistung, möchte ich sagen.

Neben dem Sport wurde natürlich auch der Musik eine wichtige erzieherische Rolle beigemessen.

Norbert Deutsch: Unser Zugführer Webel hat es verstanden, aus den 44 jungen Bürschchen etwa 20 Leute herauszusuchen, die ein bisschen singen konnten; und er hat da mit uns einen Chor aufgebaut und wir hatten sogar die Möglichkeit bei den Gebietsmeisterschaften in Baden im Elsass mitzutun. In Freiburg, kann ich mich erinnern, im Jahre 1943 im Herbst, sind wir sogar Gebietsmeister geworden.

Der Chor im Sommer 1941

Während in Rufach die Burschen ihre schulische Ausbildung erhalten hatten, waren die Mädchen in Achern, in Baden-Württemberg, in einer ähnlichen Anstalt untergebracht. Und es gab durchaus auch Kontakte zwischen den beiden Anstalten.

Norbert Deutsch: Die etwas älteren unter uns, die schon wussten, dass es zweierlei Menschen gibt, die hatten auch briefliche Kontakte zu Achern hin. Ich persönlich auch, weil meine Schwester dort war, und ich kann mich da an einen Besuch erinnern, den wir zwei Brüder dort abgestattet haben.

Es statteten aber auch die Mädchen manchmal einen Gegenbesuch ab, wie zum Beispiel im Jahre 1940.

Besuch der Mädchen aus Achern

Hubert Deutsch: Im Jänner dann ist eine Klasse von den Mädchen aus Achern zu uns rüber gekommen. Die haben sich zirka eine Woche aufgehalten. Mit denen haben wir uns dann unterhalten, haben Ausflüge gemacht und haben auch Volkstänze aufgeführt.
Die gemeinsamen Veranstaltungen wurden vor allem in der großen Festhalle der Anstalt in Rufach abgehalten.

Werner von Fischer: Wir haben im Festsaal Theaterstücke und Konzerte aufgeführt. Dort wurden auch Besuche empfangen, verschiedene Male auch die Mädchen aus Achern. Mit diesen zusammen haben wir dann Aufführungen gemacht.

Der Festsaal

Die kulturellen Begegnungen und zwischenmenschlichen Beziehungen wurden natürlich auch außerhalb der Festhalle gepflegt.

Hubert Deutsch: Dann sind wir auch zweimal in die Oper gefahren, einmal nach Mülhausen und einmal nach Colmar. Natürlich haben wir viele Abende in der Anstalt selbst verbracht mit Musik und sonstigen Vorführungen. Auch Besucher von anderen NAPOLAS waren da. Die haben uns auch allerhand vorgeführt, und so haben wir den Tag und auch die Wochen sehr gut herumgebracht.

Der streng geregelte Tagesablauf, der zum Sinnieren nur wenig Zeit ließ, konnte aber nicht verhindern, dass manchmal auch Heimweh aufkam. Und davon wurden vor allem die Jüngsten geplagt.

Arthur Obwexer: Wir waren ja 11, 12, 13 Jahre alt in unserer Gruppe in unserer Volksschule und abends beim Schlafengehen fehlte uns selbstverständlich die Mutter. Wir hatten ja nur Erzieher. Es war kein weibliches Personal in der Anstalt, es war keine einzige Lehrerin, es waren nur Lehrer, Professoren, und da hatte jemand die gute Idee, dass man doch für die Jüngsten eine Heimmutter bestellen könnte. Diese Heimmutti versammelte uns nach dem disziplinierten strengen

Tag abends noch und erzählte uns ein Märchen, erzählte uns und fragte uns, wie es zu Hause war, wie wir zu Hause schlafen gegangen sind, und so schliefen wir eigentlich dann ganz gut ein.

Für Abwechslung zum gewohnten Rhythmus in der Anstalt sorgte der Gang in die zwei Kilometer entfernte Stadt Rufach. Dieser wurde ein- bis zweimal in der Woche erlaubt.

Albert Ritter: Und da waren alle Geschäfte, da konnte man Brot und Getränke, Wein und Gemüse und Obst und so bekommen. Wir haben einen sehr guten Kontakt mit der Bevölkerung gehabt. Die Gegend ist, man meint, man ist im Überetsch, ringsum in riesige Weinberge eingebettet. In dieser Beziehung haben wir uns fast zu Hause gefühlt. Die Störche sind über uns hinweggeflogen. Das Wahrzeichen von Rufach ist eben ein Turm mit einem Storch oben, weil da immer Störche sind.

Entgegen der Befürchtung vieler Eltern, ist den Burschen der sonntägliche Kirchgang nicht untersagt worden.

Günther Viehweider: Im Laufe der Jahre ist die Kirche im Inneren der Anstalt geschlossen worden, und so sind wir als gute Südtiroler Buben ins Dorf, ins Städtchen hinausgegangen, um am Sonntag die heilige Messe zu besuchen. Und der Pfarrer von Rufach, der Abbé Klein – Abbé nennt man auf Französisch den Pfarrer – der Abbé Klein hatte die Tiroler »Büeble« seinen Pfarrkindern als Beispiel hingestellt.

Die katholische Kirche in der Anstalt

Das Münster von Rufach

Allmählich machte sich auch in Rufach der Krieg bemerkbar. Zuerst bloß in seiner harmloseren Form.

Albert Ritter: Und mit 17½ Jahren waren wir eben reif. Da ist die Bevölkerung, die elsässische Bevölkerung, gemustert worden, und da sind wir Rufacher auch zusammen mit den Elsässern gemustert worden, und nach einer Art Kriegsmatura ist man mit 17 Jahren dann einberufen worden, heimgeschickt worden zur Einberufung.

Josef Außersdorfer: Es war der 12. Juli 1943, als der Großteil von den so genannten Rufachern die Anstalt verließ und entweder anderen Schulen zugewiesen wurde oder wie ich auf eigenen Wunsch auf die Handelsoberschule nach Bregenz gekommen bin. Die älteren Jahrgänge sind damals schon alle freiwillig eingerückt. Wir trugen ja schon auf der HJ-Uniform, auf dem rechten Schulterstück, den dünnen roten Streifen, der bedeutete ROB – Reserveoffiziersbewerber.

Als aber das Kriegsgeschehen dem Elsass immer näher kam, musste auch für die Jüngeren der Aufenthalt in Rufach allmählich zu Ende gehen.

Josef Strobl: Die Heimfahrt im Dezember 1943 war dann endgültig, denn inzwischen hatte man beschlossen, nach dem 8. September [1943], in Südtirol selber je eine Oberschule für Mädchen und für Buben zu errichten. Diese Schule für Mädchen konnte den Betrieb bereits im Jänner 1944 aufnehmen, während für die Buben die Schule erst im März, gegen Ende März 1944, bereit war. Ich selber und auch andere Südtiroler Kollegen blieben dann bis Ende Februar in Rufach und dann wurden wir abgestellt für den Dienst an der deutschen Oberschule in Südtirol. Im Brixen wurden wir im Vinzentinum untergebracht, und zwar bis Ende Oktober 1944, dann mussten wir das Haus verlassen, weil es als Lazarett verwendet wurde, für verwundete Soldaten, und die Schule wurde nach Wolkenstein verlegt. Dort waren drei Hotels requiriert worden für diesen Zweck und zwar das »Hotel Oswald«, das »Hotel Mondschein« und die »Post«. Und in diesen drei Häusern wurden dann die Schüler untergebracht und auch die Unterrichtsräume.

Im Februar 1945 wurde in Wolkenstein noch ein richtiges Abitur durchgeführt, das einzige, das in Südtirol nach damaligem deutschen Muster durchgeführt wurde, und, ich glaube, auch eine der wenigen Reifeprüfungen, die damals im ganzen deutschen Sprachbereich durchgeführt wurden, weil ja die meisten jungen Leute früher einrücken mussten. Aber in Wolkenstein war im Februar 1945 eine ganz normale Reifeprüfung.

Ende April 1945, nach dem Zusammenbruch, wurde die deutsche Oberschule in Gröden aufgelöst und die Schüler wurden nach Hause geschickt.

Norbert Deutsch: Und ich kann mich noch erinnern, da musste jeder sehen, wie er irgendwie halt aus dem Grödental wieder heraus und nach Hause gekommen ist.

Eine Bildungsstätte für Südtirolerinnen

Die Reichsschule für Volksdeutsche in Achern

Am 27. Oktober 1940 trafen über 100 Schülerinnen aus Südtirol mit einem Sonderzug im kleinen Städtchen Achern im Schwarzwald ein, am gleichen Tag wie die Südtiroler Schüler im elsässischen Rufach.

Kinderzeichnung

Die »Illenau«

Liesl Hellweger Kritzinger: Vom Bahnhof wurden wir dann in das Heim »Illenau« gebracht, das fortan »Reichsschule für Volksdeutsche« hieß.

In der »Reichsschule für Volksdeutsche« sollten zwischen 1940 und 1944 nach und nach etwa 240 Südtiroler Mädchen untergebracht werden. Es waren ausnahmslos Töchter von Deutschland-Optanten. Sie sollten ja – wie die Buben in Rufach – für das Leben im Deutschen Reich vorbereitet werden, also eine gediegene schulische Ausbildung erhalten, damit sie nach der Abwanderung keine beruflichen Nachteile erleiden müssten. Zuständig für die Einweisung nach Achern war der Oberschlesier Helmut Altpeter als Leiter der »Hauptabteilung Kultur« in der »Amtlichen Deutschen Ein- und Rückwandererstelle«.

Helmut Altpeter: Die Kinder der Deutschoptanten durften die staatlichen Schulen nicht mehr besuchen und waren dann monatelang ohne schulische Erziehung. Es wurden alle möglichen Versuche gemacht, Ersatz für die öffentliche Schule zu bieten. Man wich in Gasthäuser aus, aber die damalige Regierung hat das aus baupolizeilichen Gründen nicht angenommen, so dass man sich nach einer Lösung im Reich umsehen musste.

Helmut Altpeter mit Schülerinnen

Diese bot der Gauleiter von Baden, Robert Wagner, der damals Reichsstatthalter für das Elsass war. Er stellte für die Söhne der Optanten in Rufach, südlich von Colmar, einen großen Gebäudekomplex in Aussicht, der früher eine Nervenheilanstalt war.

Helmut Altpeter: Er hat, als nun dieses Angebot von Rufach kam, uns auch ein Angebot gemacht in Achern, wo Platz war, auch etwa 500 Schüler unterzubringen. Man hat sich dann im Kreise des Reichskommissars für die Festigung deutschen Volkstums, Reichsführer-SS Heinrich Himmler, entschieden, die Buben nach Rufach zu tun und die Mädchen nach Achern.

In der Schulabteilung der »Amtlichen Deutschen Ein- und Rückwandererstelle« im Hotel Mondschein in Bozen wurde sogleich mit der so genannten »Einschulung ins Reich« begonnen. Damit betraut wurden Dr. Josef Strobl und Hilde Nicolussi.

Hilde Nicolussi: Da ist für alle Optanten überall ein Aufruf erlassen worden, durch die Zeitung auch, dass diese Möglichkeit besteht, dass die Mädchen nach Achern geschickt werden und die Buben nach Rufach, und dass da verschiedene Schulen entstehen, also nicht mehr Volksschulen, sondern so genannte Mittelschulen und Oberschulen.

Helmut Altpeter: Die Schwierigkeit war, diese Kinder auszusuchen für diese Schulen. Und hier wurden gerade durch die Arbeitsgemeinschaft der Optanten auf der Seiser Alm gruppenweise die Kinder zusammengerufen.

Zur Auslese der Mädchen für die Schule in Achern kamen sogar der Leiter der Reichsschulen für Volksdeutsche in Rufach und Achern,

SS-Hauptsturmführer Dr. Erich Schmidt, und die Unterrichtsleiterin der Reichsschule für Volksdeutsche in Achern, Untergauführerin Klara Keit, nach Südtirol. Das Angebot fand regen Zuspruch.

Gertrud Pardeller: Ich habe einen Mordslerndrang gehabt. Und wie einmal ein Kurs ausgeschrieben war, so ein Auslesekurs für Auswandererkinder, da habe ich mich dazu gemeldet und bin dann ausgesucht worden für die Schule in Achern.

Antonia Lobis Janssen: Ich bin in die italienische Schule gegangen, und das war für mich ein Horror. Man hat nicht richtig Deutsch schreiben können, und lesen nur, was man halt zu Hause gelernt hat, und kein Wort Deutsch reden können. Dann habe ich von dieser Schule gehört. Meine Mutter war dagegen. Da waren auch die Geistlichen dahinter, aber in einem gewissen Alter setzt man sich einfach durch.

Berta Platter: Warum ich hinausgekommen bin oder durch wen, das weiß ich nimmer, ich glaube, auf Empfehlung vom Arbeitgeber meines Vaters, der mich vorgeschlagen hat, aber ich musste keinen Test machen und keine Aufnahmeprüfung, gar nichts, und meine Mutter hat mir nur gesagt: »Schau, du hast die Möglichkeit in Achern eine weiterführende Schule zu besuchen, damit du endlich Lehrerin werden kannst.«

Judith Pohl Knoll: Wir sind in die italienische Volksschule gegangen. Eine Zeitlang hat uns dann mein Bruder daheim unterrichtet und dann sind wir nach Achern gekommen. Das war die einzige Möglichkeit, und wir waren froh, dass wir in eine deutsche Schule gekommen sind, das war damals wie ein Geschenk für uns.

Herlinde Deutsch Gruber: Der Abschied ist am Anfang nicht leicht gefallen, aber es war für uns in gar keiner Weise dramatisch, so weit wegzukommen, sondern einfach das Gefühl, jetzt tut sich was

Anderes, und man kommt endlich in eine gute Schule, die wir ja vorher nicht gehabt haben.

Am 26. Oktober 1940 wurde in Bozen ein Sonderzug zusammengestellt, der Buben und Mädchen aus allen Teilen des Landes nach Rufach und Achern bringen sollte. Es war der Start aus der Abgeschiedenheit Südtirols in eine unbekannte neue Welt.

Abfahrt vom Bahnhof in Bozen

Adelgunde Leiss Rammlmair: Wir sind dann im Hotel Mondschein im Garten zusammengerufen worden. Da haben sich alle Kinder mit den Eltern versammelt und dann sind die Kinder aufgerufen worden, und wir sind dann gemeinsam am »Froschbrunnen« vorbeimarschiert bis zum Bahnhof und am Bahnhof sind wir in den Zug eingestiegen.

Der »Froschbrunnen« in Bozen

Gertrud Pardeller: Auf der ganzen Eisacktaler Strecke bis zum Brenner sind überall wieder Mädchen dazu gestiegen. Dann sind wir über Bregenz und Lindau nach Freiburg gefahren, und da war dann Nacht, und am nächsten Tag in der Früh sind wir in Offenburg mit einem Frühstück verpflegt worden. Da sind dann die Rufacher von uns getrennt worden. Die sind über Kehl nach Straßburg und dann nach Colmar gefahren, und wir weiter nach Achern.

In Achern angekommen bezogen die Mädchen die »Illenau«.

Berta Platter: Die »Illenau« war eigentlich eine Irrenanstalt, hat auch damals diesen Namen gehabt, und ist 1842 von einem Erzherzog Leopold als erste Irrenanstalt gegründet worden. Und wie dann das Naziregime aufgekommen ist und diese Schule gegründet wurde, da wurden die irgendwo anders hingebracht. Uns hat man gesagt, die sind in andere Anstalten gekommen.

Blick auf Achern

Aber Genaues darüber dürften die Mädchen vorerst nicht erfahren haben.

Antonia Lobis Janssen: Also, wie wir hingekommen sind, da war, wie uns die Leute im Dorf erzählt haben, knapp davor die Irrenanstalt aufgelöst worden, und das hat noch nicht ganz geklappt, da waren noch die Rundzellen, da waren die Schlüssel noch nicht da, da musste die Schwester, die Schwester Afra, mit dem Vierkantschlüssel noch alles aufmachen, bis dann endlich die Schlüssel gekommen sind, oder die Türklinke gekommen ist, womit man bei der Tür rein konnte.

Die erste Begegnung mit der Anstalt machte auf die Mädchen einen großen Eindruck.

Liesl Hellweger Kritzinger: Beim Hereinkommen ist uns der schöne Aufgang aufgefallen und die Riesenfassade von dem Haus. Das hat uns natürlich sehr beeindruckt. Man hat ja damals auch noch keine Gelegenheit gehabt, etwas Derartiges zu sehen, und wir haben uns vorgestellt, das ist da wie in einem Schloss. Auf dem Vorplatz wurden sowohl Turnübungen aufgeführt als auch die Fahnenhissung zelebriert, besonders zu den Staatsfeiertagen, zu Hitlers Geburtstag und anderen Anlässen.

Im Hauptgebäude waren die Schulklassen untergebracht, in den Nebengebäuden die Lehrer und Schüler, dann gab es ein Krankengebäude und ein Wirtschaftsgebäude. Hinzu kam noch eine große Landwirtschaft, so dass die Schule mehr oder weniger Selbstversorgerin war.

Ankunft im neuen Heim

Das Anstalts-
gebäude

Herlinde Deutsch Gruber: Die gesamte Anlage war eigentlich schön, weil es auch so viel Grün gegeben hat und eine schöne Parkanlage. Und anschließend auf der Rückseite war so ein kleiner Hügel, sehr nett bewaldet mit einem Mischwald, und da sind wir halt besonders gerne hinauf. Das durften wir schon. Wir durften uns sowieso immer frei bewegen.

Viel Sorgfalt wurde auf die Verteilung der Schülerinnen auf die verschiedenen Klassenzüge verwandt.

Liesl Hellweger Kritzinger: Die Schule war so eingeteilt, dass nach den fünf Volksschulklassen acht Klassen der Oberschule folgten für diejenigen, die bereits Deutschunterricht hatten. Wir waren dann in der zweiten Oberschule hier und auch die dritte Klasse haben wir hier absolviert, angefangen hat es aber schon mit den Kleinen in der ersten Klasse.

Herlinde Deutsch Gruber: Ich bin dann in die Oberschule gekommen. Ich bin in die Klasse O 4 eingeteilt worden, und so ist es dann weitergelaufen.

Liesl Hellweger Kritzinger: Für die Ladinerinnen gab es eine besondere Schule. Die Ladinerinnen wurden alle zusammengefasst, nachdem sie ja vorher keine Möglichkeit hatten, einen Deutschunterricht zu bekommen.

Gertrud Pardeller: Ich war Mädelführerin in einem Zug, den hat man den »Grödnerzug« geheißen, mit vielen Mädeln aus Gröden, und da haben wir uns sehr gut verstanden, und das war eigentlich eine schöne Zeit. Ich bin gar nicht gerne weggegangen von dem Zug.

Schockierend wirkte auf die Mädchen die Anwesenheit der »Polenkinder«.

Judith Pohl Knoll: Ich erinnere mich, dass wir angehalten wurden, den Kindern aus Polen, angeblich Volksdeutsche aus Polen, behilflich zu sein, wenn sie Sprachschwierigkeiten haben.

Berta Platter: Wie die zu uns gekommen sind, hat man uns gebeten, wir sollten, irgendwelche kleinen Geschenke, sei es Kleider oder Wäsche oder sonst was für sie zur Verfügung stellen. Das war eigentlich das Einzige, weil man sagte, sie hätten überhaupt nichts, aber Kontakt haben wir eigentlich keinen gehabt.

Antonia Lobis Janssen: Wir durften mit diesen Kindern aus Polen nicht viel sprechen. Sie haben ja auch nicht Deutsch können. Es ist nur aufgefallen, dass sie alle blond waren und alles deutsche Typen waren. Und wir haben dann erfahren, dass anscheinend diese Kinder wirklich ihren Eltern in Polen genommen wurden und zum Erhalt der deutschen Rasse herübergekommen sind.

Für Ordnung und Disziplin zuständig waren in erster Linie die Erzieherinnen. Diese stellten gleichzeitig auch das Lehrpersonal, das teilweise aus Südtirol und teilweise aus Deutschland kam.

Gertrud Pardeller: Die Lehrer sind für diese Schule dienstverpflichtet worden und haben eigentlich, wie sie mir später erzählt haben, keine Vorstellung gehabt, wie sie uns behandeln, einteilen und betreuen sollen.

Berta Platter: Meine Erzieherin, also meine Zugführerin, war eine Kiem aus Algund und die ist jedes Mal mit uns hereingefahren und jedes Mal wieder mit uns hinaus.

Dr. Anna Kiem mit Schülerinnen

Antonia Lobis Janssen: Ja, die Frau Professor Kiem, die haben wir gehabt in Italienisch als Fremdsprache, dann die Frau Dr. Schreiber, die Frau Dr. Zauner und die Frau Tatz.

Gertrud Pardeller: Bei uns im Heim hat es Zugführerinnen gegeben, das waren die Studienrätinnen, und die Mädelführerinnen, das waren die Mädchen für alles.
Die Mädelführerinnen wurden unter den älteren Schülerinnen ausgewählt.

Antonia Lobis Janssen: Ihre Aufgabe war es, für Ordnung zu sorgen, nämlich dass die Schülerinnen in der Früh aufgestanden sind und sich gewaschen haben, das Bett gemacht wurde, dass die Lernzeit eingehalten wurde und dass sie wieder pünktlich unten beim Essen waren, nachschauen, wenn eine krank war, und dass man gesorgt hat, dass sie in die Krankenstation kommt.

Magdalena Kofler: Man hat auch zuerst zum Essen antreten müssen, und dann sind wir gemeinsam durch die Gänge, weil da haben ja unendlich lange Gänge zum Speisesaal geführt, nicht dass jede da herumgaukeln konnte und kommen, wann sie gewollt hat. Da bist du hingeführt worden, wo dein Platz gewesen ist. Es war schon Ordnung. Sie haben sich die größte Mühe gegeben, uns halbwegs zu Menschen zu erziehen.

Zum täglichen Ritual gehörte der »Bettenappell«. Es war Aufgabe der Mädelführerinnen, darauf zu achten, dass die Betten tadellos gemacht waren.

Auch in der Kleiderordnung wurden strenge Maßstäbe angewandt. Es stand natürlich der Geist der Zeit Pate.

Gertrud Pardeller: Bald haben wir auch eine Uniform bekommen, die BDM-Uniform, die wir zu Feierlichkeiten angezogen haben, zum Appell im Hof, zur Fahnenhissung und wenn besondere Besuche gekommen sind. Sonst hat man gerne gesehen, dass wir im Dirndl angetreten sind.

Mädelführerinnen auf der Bühler Höhe

Herlinde Deutsch Gruber: Die Uniform war eigentlich ganz nett: Ein schwarzer Rock, eine weiße Bluse, dann dieses schwarze Tuch mit dem braunen Knoten und so ein braunes kurzes Jäckchen, das eigentlich recht kleidsam war; hellbraun war das, hellbraun, ja.

Auch der Tagesablauf hielt sich an ein festes Muster.

Liesl Hellweger Kritzinger: Also, morgens Frühstück. Das war schon um acht, und dann Schule, den ganzen Vormittag Schule, dann Mittagessen und dann Nachmittag eventuell noch im Arbeitsraum Aufgaben machen. Abendessen und Abendruhe war so gegen acht, aber es ist immer etwas später geworden.

Die Fahnenhissung

Berta Platter: Und einmal im Bett, musste man Ruhe geben. Da wurde eine Weile noch kontrolliert, ob wir wohl im Bett lagen, ob wir nicht miteinander redeten, ob es still war, denn in meinem Schlafsaal waren mindestens 30 Mädchen.

Ein Bereich, der natürlich die Stimmung der Mädchen in Achern merklich beeinflusste, war die Art und die Menge der angebotenen Verpflegung.

Liesl Hellweger Kritzinger: In unserem großen schönen Speisesaal haben wir an langen Tischen gegessen. Das Essen war nicht gerade gut, aber auch nicht schlecht. Was wir am meisten gehasst haben, war der so genannte »Weiße Käse«, eine Art Quark. Mit dem haben wir uns einfach nicht anfreunden können, und zwar niemand.

Der Speisesaal in Achern

Herlinde Deutsch Gruber: Aber im Übrigen haben wir eine ganz gute, ausgeglichene Ernährung gehabt. Wir sind jedenfalls immer ziemlich gut genährt zurückgekommen, also vielleicht ist das auch aufgrund der vielen Kartoffeln gewesen, die wir bekommen haben.

Bei der Kartoffelernte

Gertrud Pardeller: Und dann ist es halt sukzessive schlechter geworden. Da war ein Winter, da haben wir fast nur mehr Kartoffeln und Rübengemüse gekriegt und gegen Ende hin haben wir Hunger gehabt, weil ich weiß vom Abitur, da sind wir in den Lehrerinnenspeisesaal geschlichen, schauen, ob nicht noch Brotreste drinnen wären, aber es sind auch keine mehr gewesen.

Das Angebot an Schulgattungen an der Reichsschule für Volksdeutsche in Achern war vielfältig.

Berta Platter: Am Anfang hat es eigentlich nur die so genannte Oberschule gegeben und eine Handelsschule, und diese Oberschule, die entspricht in den ersten drei Klassen unserer Mittelschule und dann dem Lyzeum. Volksschule hat es in den ersten Jahren überhaupt keine gegeben, denn wir, die Jüngsten, waren ja elf Jahre alt. Wir kamen alle aus einer italienischen Volksschule, also die Volksschule hatten wir schon gemacht. Und dann wurden wir einfach altersmäßig in die 1., 2., 3., 4. oder 5. Oberschule gesteckt.

Edith Pohl Knoll: Mädchen für die die Oberschule etwas zu schwierig war, oder die nicht die nötigen Voraussetzungen gehabt haben, sind in die V6 und in die V7 gekommen, also in die Volksschule.

Den einzelnen Unterrichtsfächern wurde eine unterschiedliche Bedeutung beigemessen.

Berta Platter: Aus den Zeugnissen geht jedenfalls hervor, dass Leibesübungen, also Turnen, wichtig waren. Das stand an oberster

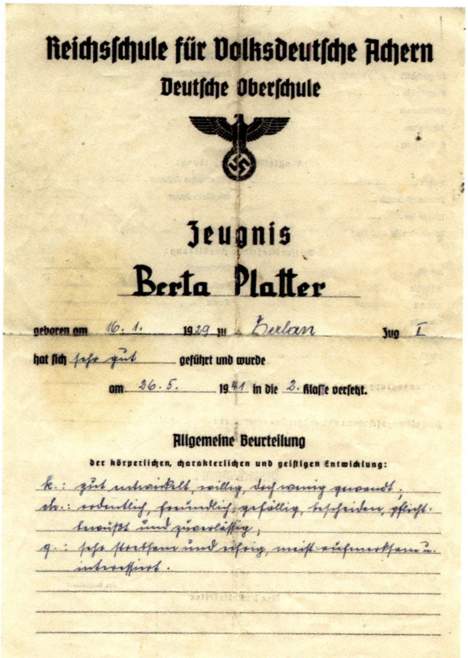

Reichsschule für Volksdeutsche Achern
Deutsche Oberschule

Zeugnis

Berta Platter

geboren am 16. 1. 1929 zu Terlan Zug I

hat sich sehr gut geführt und wurde

am 26. 5. 1941 in die 2. Klasse versetzt.

Allgemeine Beurteilung

der körperlichen, charakterlichen und geistigen Entwicklung:

k.: gut entwickelt, willig, doch wenig gewandt;
ch.: ordentlich, freundlich, gefällig, bescheiden, pflichtbewußt und zuverlässig;
g.: sehr strebsam und eifrig, meist aufmerksam u. interessiert.

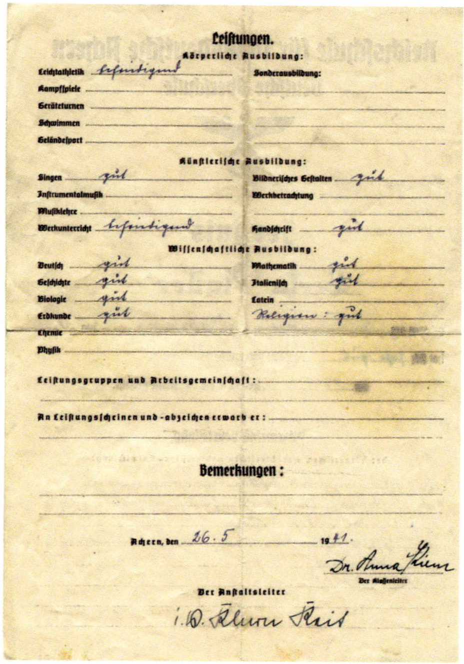

Leistungen.

Körperliche Ausbildung:

Leichtathletik befriedigend
Kampfspiele
Geräteturnen
Schwimmen
Geländesport
Sonderausbildung:

Künstlerische Ausbildung:

Singen gut
Instrumentalmusik
Musiklehre
Werkunterricht befriedigend
Bildnerisches Gestalten gut
Werkbetrachtung
Handschrift gut

Wissenschaftliche Ausbildung:

Deutsch gut
Geschichte gut
Biologie gut
Erdkunde gut
Chemie
Physik
Mathematik gut
Italienisch gut
Latein
Religion: gut

Leistungsgruppen und Arbeitsgemeinschaft:

An Leistungsscheinen und -abzeichen erwarb er:

Bemerkungen:

Achern, den 26. 5 1941.

[illegible]
Der Klassenleiter

Der Anstaltsleiter
[illegible]

Stelle. Und dann vor allem Leichtathletik und Spiele, Ballspiele hauptsächlich. Dann hatten wir Singen, Musikerziehung, auch sehr wichtig, dann bildnerisches Gestalten, also Kunstgeschichte und Zeichnen und was dazugehört, Handarbeit hatten wir auch, dann die anderen Fächer: Deutsch, Geschichte, Biologie, Erdkunde, Mathematik, Italienisch – für alle Südtiroler Pflichtfach, Englisch, eine spanische Arbeitsgruppe hat sich gebildet, und in den ersten Jahren Religion, wurde benotet.

Gertrud Pardeller: Bei uns ist es auch wie in Rufach gewesen, es hat keine Wiederholung gegeben und keine Nachprüfung, und in Latein haben wir bei den Schularbeiten kein Wörterbuch haben dürfen.

In die Freizeit hinein gereicht hat der Musikunterricht.

Magdalena Kofler: Wir hatten alle Möglichkeiten. Wer gewollt hat, hat sich melden können. Eine Erzieherin ist gekommen für Geige, eine für Ziehorgel, eine für Klavier, dann für Flöte sowie-

so. Für das Singen ist auch eine gekommen. Und das ist dann im Lehrprogramm schon vorgesehen gewesen.

Judith Pohl Knoll: Wir haben einen Chor gehabt, und unsere Zugführerin war gleichzeitig die Musiklehrerin der ganzen Anstalt, und da haben wir sehr viel gesungen, und Klavierstunden habe ich beim Fräulein Hofer gehabt. Wir haben da viele alte Volkslieder auch gesungen, Lieder, die in der Zeit zu singen üblich waren. Insgesamt war das sehr schön. Wir haben das alle gerne gemacht.

Adelgunde Leiss Rammlmair: Wir haben noch eine andere Singlehrerin gehabt, das Fräulein Jürgens. An die erinnere ich mich heute noch sehr gerne, weil wir wunderschöne Volkslieder von ihr gelernt haben, und die hat auch die Gabe gehabt, uns das mit viel Freude beizubringen. Und die meisten Volkslieder, die ich kenne, habe ich eigentlich aus Achern mitgebracht.

Die Mädchen waren in Achern zwar sehr behütet, aber in ihrer Bewegungsfreiheit nicht völlig eingeschränkt.

Antonia Lobis Janssen: Wir haben Ausgang gehabt und sind dann in die Stadt hinunter, aber meistens hat man ja nichts kaufen können, weil Geld haben wir wenig gehabt und noch weniger Marken. Man hat ja alles nur auf Marken gekriegt. Und ins Kino sind wir manchmal gegangen, aber da sind wir schon mit der Schule dann gegangen.

Den Mädchen in der Reichsschule in Achern war es aber auch vergönnt, regelmäßig Ausflüge in die nähere Umgebung zu machen.

Auf dem Weg in die Stadt

Antonia Lobis Janssen: Im Winter sind wir sogar auf die Hornisgrinde hinauf zum Skifahren, wer halt

Ski mitgehabt hat oder Ski fahren konnte, hauptsächlich die Grödner. Die haben dann natürlich gesagt: »Mein Gott, bei uns ist ein Misthaufen größer als die Hornisgrinde!«

Die größeren Mädchen aus der Oberschule durften gelegentlich auch längere Fahrten zu Konzerten unternehmen, etwa nach Freiburg, Pfaffenhofen, Heidelberg oder ins schöne Rokokotheater nach Schwetzingen.

Antonia Lobis Janssen: Da hat man uns eine Jause, ein Abendessen mitgegeben in Form eines Brotes mit einem stinkigen Käse drinnen, und da sind dann in der ersten Pause die Leute alle schön herausgekommen ins Foyer, und wir haben unsere stinkigen Käsebrote ausgepackt und haben mit Genuss den Käse da gegessen.

Gertrud Pardeller: Da weiß ich, da war immer das Problem, was ziehe ich an, aber das war dann wieder keines, weil es geheißen hat, dann gehen wir in Uniform, dass niemand diskriminiert ist.

Bei einem bunten Abend in Straßburg

Zusammen mit den Buben aus Rufach veranstalteten die Mädchen aus der Reichsschule in Achern einmal einen bunten Abend in Straßburg. Da wurden Heimatlieder gesungen und Volkstänze aufgeführt.

Antonia Lobis Janssen: Und da haben wir eben den Dr. Mayr dort getroffen, der da Musikprofessor war in Straßburg, und der hat sich sehr, sehr gefreut, so viele Südtiroler auf einmal zu treffen.

Anton Mayr

Im ersten Jahr mussten die Mädchen von Oktober bis Juni durchgehend in Achern bleiben. Es war eine sehr harte Maßnahme, Weihnachten nicht im Kreise der Familie verbringen zu dürfen. So fanden die Weihnachtsfeiern eben in Achern statt. Am Nachmittag des Heiligen Abends wanderten alle geschlossen durch den verschneiten Wald bis zu einer Lichtung.

Berta Platter: Eine Tanne stand in der Mitte, und da waren Lichter, also ein richtiger Christbaum, und wir haben gesungen. An ein Lied erinnere ich mich besonders, das war »Hohe Nacht der klaren Sterne«, ein ganz getragenes feierliches Lied.

Das in der christlichen Tradition stehende »Stille-Nacht«-Lied war hingegen vom Nationalsozialismus verboten worden.

Berta Platter: Die eigentliche Weihnachtsfeier fand dann im großen Speisesaal in Achern, in unserer Schule statt; da stand ein Christbaum und darunter ein Knusperhäuschen.

Weihnachten 1940

Das Zuckerhäuschen aus Lebkuchen

Antonia Lobis Janssen: Und jede hat ihr Geschenk gekriegt, wirklich jede. Da haben sich die Erzieherinnen sehr bemüht, dass sie jeder das geschenkt haben, wo sie gedacht haben, da könnte sie Freude damit haben.

Trotz der Fürsorge der Heimleitung um die ihnen anvertrauten Mädchen wurden viele vom Heimweh geplagt, besonders die ganz Kleinen, auch weil Besuche von Verwandten aus Südtirol in Achern eine große Seltenheit waren.

Berta Platter: Im zweiten Jahr hat mich meine Mutter besucht. Das war ein Ereignis. Wir waren ganz einfache Leute und Geld haben wir bestimmt nicht viel gehabt. Meine Mutter ist nach Achern gekommen und ist fast eine ganze Woche dort geblieben und hat im Heim wohnen können, und dann durfte ich mit ihr nach Heidelberg fahren.

Magdalena Kofler: Mein Bruder ist in Ahrweiler in der Landwirtschaftsschule gewesen, der ist dann auf der Heimfahrt in Achern zugekehrt. Was für ein Fest, wenn bei den hundert Mädchen einmal ein netter Bub zugekehrt ist. Ja, aber nur auf der Durchreise. Sonst haben wir von zu Hause wenig Besuch gekriegt.
Besuche offizieller Art gab es allerdings häufiger in Achern.

Berta Platter: Der Dr. Altpeter ist sehr oft gekommen, hat uns besucht, hat gefragt, wie es uns geht, hat unsere kleinen und größeren Sorgen angehört.

Helmut Altpeter inmitten von Schülerinnen

Manchmal bekam die Schule Besuch vom Schulleiter Dr. Erich Schmidt, der zugleich Schulleiter bei den Buben in Rufach war. Aber es gab auch Besuche aus Berlin. Einmal erschien auch der Inspektor der Nationalpolitischen Erziehungsanstalten August Heißmeyer, der durch sein forsches Auftreten den Unmut vieler Mädchen geweckt hatte.

Gertrud Pardeller: Ich kann mich noch erinnern, dass Heißmeyer gekommen ist und dass er unsere Ordnung kontrolliert hat, und ein Mädchen hatte die Schuhlitzen geknüpft, nicht zusammengenäht, und da machte er einen Mordskrach daraus.

Ab und zu fuhren aber auch Gruppen von 25 bis 30 Mädchen aus Achern zu offiziellen Besuchen zu den Buben in die Reichsschule für Volksdeutsche nach Rufach und manchmal kamen auch Buben aus Rufach nach Achern. Private Kontakte gab es aber nur ganz selten.

Herlinde Deutsch Gruber: Da sind meine Brüder gekommen auf Besuch zusammen mit Brüdern von anderen Schülerinnen und das war's dann auch. Und da haben wir halt ein bisschen zusammen sein können, aber ansonsten kann ich mich wirklich nicht an Besuche erinnern.

Besuch aus Rufach

Judith Pohl (1.v.l.), Herlinde Deutsch (4.v.l.), Hubert Deutsch (6.v.l.)

Hubert Deutsch (1.v.l.), Herlinde Deutsch (3.v.l.),

Allerdings, zu einem besonderen Zwecke durften Schüler aus Rufach zu einem längeren Aufenthalt nach Achern fahren: Sie wurden verpflichtet, für die Mädchen einen Sportplatz zu bauen.

Gertrud Pardeller: Das haben die größeren Schüler ganz gern gemacht und haben dabei ihre Hetz gehabt, aber sie haben es, glaube ich, manchmal auch streng gehabt.

Von Mitte August 1941 bis zum Frühjahr 1942 wechselten sich drei Züge der Reichsschule von Rufach in der Arbeit am Sportplatz ab.

Der Sportbetrieb beschränkte sich aber nicht nur auf diesen Sportplatz in Achern, die tüchtigsten Sportlerinnen durften sich auch an Wettkämpfen außerhalb des Anstaltsgeländes beteiligen.

Zum Turnen angetreten

Adelgunde Leiss Rammlmair: Wir haben in Achern sehr viel Sport betrieben, und da ich sehr sportlich war, meine Schwester auch, hat man an der Leichtathletik eine besondere Freude gehabt. Ein-, zweimal waren die Reichssportwettkämpfe in Baden-Baden. Da sind natürlich von der Schule aus dann die besten Turnerinnen und Leichtathletinnen ausgewählt worden, und wir durften dann dorthin fahren. Meine Schwester war Zehnkämpferin und ich, die jüngere, war eine Fünfkämpferin, und wir haben beide halt für die Schule den ersten Preis geholt mit großem Hallo, und da haben sie schon eine Freude mit uns gehabt.

Sportfest in Bühl

Wintersport wurde nicht von allen Mädchen in Achern betrieben.

Gertrud Pardeller: Da haben wir von der Schule Skier geliehen gehabt und das waren so Brettlen und die Bindungen, na, ich habe Schuhnummer 35 gehabt, ich habe keine Bindung gefunden, die gehalten hätte. Natürlich, manche Mädchen haben schon ein bisschen Ski fahren können, aber das waren wenige.

In der Reichsschule für Volksdeutsche in Achern wurden auch abseits vom Sport talentierte Mädchen besonders gefördert.

Liesl Hellweger Kritzinger: Zum Ende unseres ersten Schuljahres wurden aus unserer Klasse fünf Mädchen herausgeholt, eine kleine Prüfung zu machen, um dann in die NAPOLA aufgenommen zu werden, die später dann NPEA hieß, weil das NAPOLA so italienisch geklungen hat.

Diese NAPOLA oder NPEA – Nationalpolitische Erziehungsanstalt – sollte eine Art Ausleseanstalt sein, und zwar in mehrfacher Hinsicht.

Mädchen in der NAPOLA

Gertrud Pardeller: Da war eine Mitschülerin, die war in allen Fächern prima, im Turnen vielleicht nicht so, aber sie war rundlich und sie war dunkelhaarig, und da haben sie diese Schülerin in der NPEA nicht genommen. Sie hat nicht der Rasse entsprochen.

Die Mädchen aus der NAPOLA wurden schon im ersten Jahr mit einer außergewöhnlichen Aufgabe betraut.

Liesl Hellweger Kritzinger: Wir blieben nur zwei Monate in Achern und wurden dann nach Schweiklberg beordert, das ist bei Vilshofen westlich von Passau in Niederbayern. Wir sollten dort eine Schule aufbauen, so wurde das genannt, und zwar für die Rufacher.

Die Benediktinerabtei Schweiklberg wurde »wegen staatsabträglichen Verhaltens und staatsfeindlicher Betätigung ihrer Insassen« – wie es hieß – im April 1941 beschlagnahmt, um dann etwa 250 Südtiroler Schülern aus Rufach für eineinhalb Jahre Platz zu bieten.

Benediktinerabtei Schweiklberg bei Vilshofen

Liesl Hellweger Kritzinger: Zu Weihnachten sind wir fünf Südtirolerinnen dann auf eigene Faust nach Hause gefahren. Und nach den Weihnachtsferien kehrten wir wieder nach Schweiklberg zurück. Im Februar hieß es, wir haben jetzt unsere Aufgabe erfüllt und kommen wieder nach Achern.

Im Unterschied zu den Buben in Rufach herrschte zwischen den Mädchen und ihren Erzieherinnen in Achern ein eher ungezwungener Umgangston. Selbst die Anstaltsleiterin Klara Keit fiel durch ein verbindliches Verhalten auf.

Gertrud Pardeller: Die Lehrerinnen haben wohl Uniformen bekommen, so dunkelblaue, die haben sie aber nur zu bestimmten Anlässen getragen. Nein, fanatisch, fanatisch ist es bei uns nicht zugegangen.

Klara Keit

Auf gepflegte Umgangsformen ist in der Reichsschule in Achern natürlich Wert gelegt worden.

Magdalena Kofler: Also, wie oft hat die Lehrerin gesagt: »Mädchen, sitzt gerade beim Essen, Mädchen, stützt nicht die Ellenbogen beim Essen auf!« Ja, mein Gott, das, wenn da 100 Gitschen essen. Oder: »Es wird nicht so laut gesprochen!«

Der Besuch sonntäglicher Gottesdienste war den meisten der Mädchen aus Südtirol ein echtes Bedürfnis.

Gertrud Pardeller: Wir haben am Anfang eine Kapelle gehabt in der Schule, und da sind die Südtiroler Mädchen halt Kirchen gegangen. Und da ist ein Pfarrer gekommen aus der Umgebung, einmal aus Achern und einmal aus Sasbach, und hat uns am Sonntag Gottesdienst gehalten. Das ist dann bald einmal abgestellt worden.

Herlinde Deutsch Gruber: Da durften wir dann außerhalb der Anstalt nach Sasbach oder in die Nähe zur nächsten Kirche gehen.

Liesl Hellweger Kritzinger: In der NPEA war es etwas schwieriger, da haben sie uns dann genau die Fahnenhissung auf die Zeit gesetzt, wo die Messe gewesen wäre, und da mussten wir halt früh aufstehen und Frühmesse gehen, aber das haben wir durchgesetzt.

Die Kriegsgeschehnisse ringsum gingen anfangs beinahe spurlos an den Mädchen in Achern vorüber. Aber schließlich wurden auch sie von der Wirklichkeit wachgerüttelt.

Berta Platter: Schon in der Hälfte des zweiten Jahres hat man mehr davon gemerkt, vor allem waren da schon Luftangriffe. Es wurde Alarm gegeben, und wir mussten alle in den Keller hinunter. Diese Kellerräume waren beeindruckend, also, wenn da eine Bombe eingeschlagen hätte, dann wären wir alle verbrüht gewesen, denn da gingen die Rohre für die Zentralheizung frei durch die Kellerräume.

Gertrud Pardeller: Die Schule ist am Ende des Krieges so sukzessive aufgelöst worden. Manche Mädchen haben noch zusammen mit Erzieherinnen den Westwall schöpfen gehen müssen. Das waren dann traurige Zeiten. Sie sind von einem Schulort in den anderen verlegt worden. Wir waren die Letzten, die das Abitur gemacht haben, 1944.

Adelgunde Leiss Rammlmair: Wir haben eigentlich Kameradschaft gelernt, auch Bescheidenheit, und dass man sich nicht über alles aufregen soll und dass man auch ein bisschen tapfer sein soll. Meine Eltern waren auch immer dafür, ein Mädchen muss nicht immer gleich weinen. Und das hat man sich so eingeprägt, dass ich mich mein ganzes Leben eigentlich daran gehalten habe.

Liesl Hellweger Kritzinger: Ich kann immer nur mit einem guten Gefühl an diese Zeit denken. Ich muss natürlich dazu sagen, dass wir von allen nationalsozialistischen Gräueln nichts wussten. Heute sieht man das mit anderen Augen, aber die Grundwerte, die wir fürs Leben mitgekriegt haben, die sind geblieben.

Tod aus heiterem Himmel

Die Lehrerbildungsanstalt in Feldkirch

Knapp einen Monat nach Ablauf der Optionsfrist kam es am 26. Jänner 1940 zum Abschluss einer Vereinbarung zwischen dem Leiter der Amtlichen Deutschen Ein- und Rückwandererstelle (ADEuRST), SS-Obersturmbannführer Wilhelm Luig, und dem italienischen Schulamtsleiter in Bozen, Armando Frattini, welche die Einführung von deutschen Sprachkursen für die Kinder der Optanten vorsah. Diese Kurse mussten sich auf den reinen Sprachunterricht beschränken und unterstanden organisatorisch der Arbeitsgemeinschaft der Optanten für Deutschland (AdO). Das Ziel dieser Sprachkurse bestand einerseits darin, einen deutschen Sprachunterricht für die Kinder der Optanten anzubieten, andererseits aber auch die Vorraussetzungen dafür zu schaffen, dass sich nach der Abwanderung im zugewiesenen, neuen Siedlungsraum leichter wieder eine deutsche Schule aufbauen ließe.

Damit die Deutschen Sprachkurse eingeführt werden konnten, musste vor allem einmal der Mangel an geeigneten Lehrkräften behoben werden. Die Organisatoren der Sprachkurse sahen sich genötigt, auf alte Lehrer und auf Hilfslehrer zurückzugreifen. Diese allein waren aber nicht in der Lage, den großen Bedarf an Lehrkräften zu decken. In Südtirol selbst war durch die Schließung der Lehrerbildungsanstalt in Bozen im Jahr 1924 eine Ausbildung von Fachkräften nicht möglich und so mussten andere Wege beschritten werden. Die Organisatoren fassten den Beschluss, für diesen Beruf geeignete Mädchen und Buben an Lehrerbildungsanstalten in Österreich, der damaligen »Ostmark«, zu schicken. Im Sommer 1940 erstmals, dann im darauf folgenden Jahr ein zweites Mal, wurden von der AdO unter der Leitung von Josef Strobl auf der Seiser Alm Auswahllager abgehalten, bei welchen über die Zulassung der Schülerinnen und Schüler zu den Lehrerbildungsanstalten in der »Ostmark« entschieden wurde. Schon im Herbst 1940 wurden diese zukünftigen Lehrpersonen auf ihre Bestimmungsorte in Innsbruck, Salzburg, Klagenfurt,

Graz, Wels und Feldkirch verteilt. Insgesamt kamen 354 Schülerinnen und Schüler aus Südtirol in den Genuss dieser Maßnahme.

Die Lehrerbildungsanstalt in Feldkirch

In die Lehrerbildungsanstalt in Feldkirch wurden insgesamt 103 Schüler und Schülerinnen aus Südtirol eingewiesen. Die Schülerin Erna Gamper aus Latsch kam etwas früher als alle anderen und nicht über eines der Auswahllager nach Feldkirch.

Erna Gamper: In Absprache mit den Eltern, die ja für Deutschland optiert hatten, haben wir uns, meine Schwester und ich, beim Umsiedlungsamt in Meran, im Hotel Bristol, gemeldet und mitgeteilt, dass wir auswandern wollen. Wir haben unmittelbar danach einen Brief gekriegt, und am 2. Juli 1940 sind wir dann mit einem Sonderzug nach Innsbruck gefahren. In Innsbruck angekommen, hat man uns beim »Speckbacher« untergebracht. Das war ein Gasthaus, wo immer die Südtiroler, die vom Zug gekommen sind, untergebracht worden sind. Und wir haben dann jeden Tag vom »Speckbacher« weg auf das Umsiedlungsamt im Hotel »Viktoria« – das war damals die Zentrale, wo man sich melden konnte – gehen müssen. Dort haben sie nämlich die Arbeitsstellen vermittelt. Nachdem meine Schwester auf dem Postamt gearbeitet hat, ist sie bald einmal, in ein paar Tagen, vom Postwesen Innsbruck übernommen worden. Ich hingegen war ja nur Kindermädchen. Hausgehilfinnen waren im Grunde genommen nichts. Mich hat man dann zu einer Familie gebracht, und da habe ich müssen meinen RAD-Dienst machen – »Reichsarbeitsdienst« hat das damals geheißen –, aber mein Wunsch war immer schon eine schulische Ausbildung zu erhalten. Und da bin ich mit anderen Südtirolerinnen hingegangen, und da haben wir gesagt, wir möchten halt eine Studienstelle, ganz gleich wo. Und dann hat es geheißen, ja, wir sollen einmal zum Gauleiter Hofer gehen. Wir sind dann hingegangen und haben ihn auch gesehen, aber kein Gespräch mit ihm persönlich geführt. Und dann habe ich wirklich nach zwei Monaten einen Brief gekriegt, und da hat es geheißen, ich werde in die Lehrerbildungsanstalt in Feldkirch in Vorarlberg aufgenommen. So habe ich also meinen Koffer gepackt – meine Schwester ist in Innsbruck geblieben, die hat schon ihre Arbeit gehabt – und bin halt nach Feldkirch gefahren. Die Schule war so ein bisschen abseits gegen die Schweizer Grenze hin. Da war so ein Hügele und da war die LBA, ein großes Haus mit zwei Trakten, ein Trakt für die Buben, wo die Buben das Heim gehabt haben und auch die Schulklassen waren, und dann war ein Quertrakt, und im Trakt vis-a-vis von den Buben war das Mädchenheim. Und da haben wir es dann eigentlich ganz nett gehabt, aber für mich war das Studium dort schlimm, weil ich in der Klasse mit den Vorarlbergerinnen zusammengekommen bin und die Vorarlbergerinnen haben eine ganz eigene Sprache und eine andere Schulbildung gehabt; die haben schon da die Pflichtschule und die Mittelschulen gemacht. Dann kommt einmal der Herr Direktor in die Klasse herein und hat gesagt: »Gamper, jetzt kommt ein Sonderzug aus Südtirol mit Schülern und Schülerinnen, und die werden bei uns da aufgenommen, und sobald die da sind«, hat er gesagt, »versetzen wir dich in die Südtiroler Klasse.« Und da war bei mir schon ein Hoffnungsschimmer. Ich habe mir gedacht, da geht es vielleicht besser.

Am Abend des 28. November 1940 traf der Sonderzug aus Südtirol am Bahnhof in Feldkirch ein. Mit im Zug war auch Josefa Habicher aus St. Valentin auf der Heide.

Josefa Habicher: Wir sind also im November1940 am Abend nach Feldkirch gekommen und haben dann zur LBA hingehen müssen. Das war ziemlich ein Stück. So 20 Minuten hat man leicht gehen müssen. Es war schon Nacht, alles unbekannt, und dann haben wir halt unsere Schlafstätten zugewiesen gekriegt. Wir haben einen Schlafsaal für 45 Madln [Mädchen] gehabt, und von den 45 war eine einzige eine Österreicherin und das andere waren alles Südtirolerinnen.

Ein Anwärter für die Lehrerbildungsanstalt in Feldkirch war auch der Bozner Karl Seebacher.

Karl Seebacher: Im Sommer 1940 gab es ein großes Ausleselager auf der Seiser Alm, und da kamen wir hinauf und da wurden wir geschult und wurden auserlesen für die verschiedenen Schultypen, und ich meldete mich für die Lehrerbildungsanstalt und kam dann mit einer Klasse im November 1940 nach Feldkirch. Es war eine Bubenklasse und eine Mädchenklasse. Wir waren 41 Schüler und wurden dort festlich empfangen.

Auch Sieglinde Oberbacher aus Welsberg wurde als Tochter eines Lehrerehepaares, zusammen mit ihrer Schwester, mit dem Sonderzug an die LBA in Feldkirch geschickt.

Volkstanz im Bund Deutscher Mädchen (BDM)

Sieglinde Oberbacher: Man hat uns mit Liebe aufgenommen, die Südtiroler. Allerdings hat man uns ein kleines bisschen mit Unbehagen betrachtet, weil für die Vorarlberger waren wir seltsame Typen. Die haben zu uns immer gesagt: »Ihr könnet ja net Dütsch!« Also, wir haben nicht Deutsch gekonnt und wir haben nicht verstanden, was sie alles gesagt haben. Über die Vorarlberger Sprache, das Alemannische, bin ich dann im Spital, wie ich krank war, aufgeklärt worden. Da habe ich gelernt, dass die »Grundbira« die Kartoffeln sind, weil da hat es einmal geheißen, am Abend gibt es Grundbira. Da habe ich mir gedacht, was wird denn das sein. Ja, da sind Kartoffeln auf den Tisch gekommen.

Für den Unterricht in der Lehrerbildungsanstalt wurden natürlich aus Südtirol oft nicht die allerbesten Voraussetzungen mitgebracht. Die rein italienische Schule hatte ihre Wirkung nicht verfehlt.

Erna Gamper: Ich bin von der italienischen Volksschule heraus in die Oberschule in Feldkirch eingetreten. Mir haben da viele Fächer einfach gefehlt. Und da habe ich mich ganz schwer eingefunden. Ich weiß, ich habe im Bett oft noch Grammatik gelernt. Für mich war das alles unbekannt. Ich habe nie eine Deutschstunde als Vorbereitung gehabt.

Josefa Habicher: Wir haben uns hart getan und manche haben die deutsche Schrift gar nicht gekannt. So habe ich einen Vorteil gehabt, wie manche andere auch. Manche haben die Katakombenschule gehabt. Das hat es bei uns im oberen Vinschgau, also im Oberland, muss ich sagen, nicht gegeben, aber dadurch, dass ich in Bruneck zur Schule gegangen bin, bei den Ursulinen, habe ich die Schrift gekannt. Dann ist das eigentlich ganz gut gegangen. Wir haben viele Deutschstunden gehabt und statt Englisch haben wir Italienisch als Fremdsprache gehabt. Wir sind dann eigentlich ganz gut über die Runden gekommen. Wir haben verschiedene Erzieherinnen gehabt. Eigentlich sind sie alle ganz fein gewesen mit uns. Direktor war der Direktor Kunkel, das war ein Reichsdeutscher, aber der hat auf uns Südtiroler Madeln ganz besonders geschaut.

Sieglinde Oberbacher: Er war uns ein Vater und wir haben ihn alle verehrt. Er hatte Verständnis für junge Menschen. Ich kann mich erinnern, einmal wollten wir in die Stadt, um einen Film anzuschauen – weil Kino hatten wir in der LBA keines – und da haben die Mädchen mich zu ihm geschickt, und er hat gefragt: »Was wollt ihr denn sehen, Sieglinde?« Dann habe ich gesagt: »›Die große Liebe‹ mit Zarah Leander.« Dann hat er gesagt: »Ja, ja, ja, geht nur und schaut euch ›Die große Liebe‹ an.« Nicht so verständnisvoll war unsere Heimleiterin. Die hat immer Misstrauen gehegt, wenn man sich ein bisschen modisch gekleidet hat. Da war ich ihr Sorgenkind. Ich kann mich erinnern, wie ich einmal von den Ferien zurückgekommen bin, da hatte ich ein paar Sandalen mit einer dicken Korksohle. Die habe ich ausziehen müssen, und sie hat sie mit der Hand gewogen, ob sie wohl nicht schwer sind. Also, mit Frau Henschel

Ausgang in Uniform

hatten wir manchmal ein kleines bisschen Probleme, aber es war nicht schlimm.

Die Erziehung von Buben und Mädchen dürfte in der LBA nicht immer nach denselben Grundsätzen erfolgt sein.

Sieglinde Oberbacher: In Feldkirch hat man uns eigentlich, das muss ich ehrlich sagen, nicht nazistisch erzogen. Natürlich hat es »Heil Hitler!« geheißen und natürlich hat man diese BDM-Uniform getragen, und, was mich am meisten geärgert hat, war, dass man uns sehr wenig Freizeit gelassen hat. Immer, wenn ich mir gedacht habe, heute Abend lese ich ein Buch, heute Abend schreibe ich einen Brief, dann hat es geheißen: »Alle im Dirndl, wir tun singen, alle in der Uniform, wir gehen marschieren, alle im Sportanzug, wir haben Sport!« Also, das hat mir nicht gepasst.

Die Buben mussten sich mit wesentlich strengeren Maßnahmen abfinden, wurde ihnen doch auch eine politische Erziehung zuteil.

Karl Seebacher: Die politische Erziehung war weitgehend der Hitlerjugend überlassen. Wir hatten einen HJ-Führer, und der hat uns entsprechend geschult oder auch später dann auf dem Schulhof exerzieren lassen als vormilitärische Ausbildung. Nach und nach sind auch von der Klasse die älteren Jahrgänge eingezogen worden, die 24er und 25er. Dann waren nur mehr die 26er in der Klasse. Nach Stalingrad hat sich das ganze Schulleben verschärft, auch die Verpflegung wurde knapp und die Propaganda nahm zu. Wir hörten nicht mehr die Sondermeldungen, sondern eher die Parolen zum Durchhalten. An der großen Karte, die wir in der Klasse hatten, wurden die Fronten immer weiter zurückgesteckt, man sprach von heldenhaften Abwehrkämpfen, aber die Begeisterung war weitgehend verflogen. Im Frühjahr 1943 wurden wir ausgemustert – wir waren knapp 17 Jahre alt, von 16½ bis 17 – und wurden natürlich alle als tauglich erklärt. Und dann wurde großer Druck auf uns ausgeübt. Wir sollten uns freiwillig zur SS melden. Da wurden eigene Veranstaltungen mit verwundeten Frontsoldaten gemacht. Es gab ja in Feldkirch ein Lazarett. Und die haben uns dann von ihren Erlebnissen berichtet und der

HJ-Führer hatte immer wieder darauf gedrängt, dass man sich eben freiwillig melden sollte. Jedoch keiner von der ganzen Klasse meldete sich freiwillig zur SS. Dazu müsste ich vielleicht sagen: Einmal waren es die Familien, die uns auferlegt hatten, dass wir aus religiösen Gründen nicht der SS beitreten sollten, und dann waren es wohl auch die eigenen Überlegungen. Es war nicht ein offener Widerstand, wir haben darüber nicht laut diskutiert, aber wir haben das System doch intuitiv ein wenig kritisch erlebt. Vor allem haben wir uns an unserem Jugendführer gestoßen, der ein paar Jahre älter war als wir: Von uns hätte er verlangt, wir sollen freiwillig an die Front gehen und er selbst hat es sich im Hinterland recht gut gehen lassen.

Eine besondere Bewandtnis hatte es mit der sonntäglichen Messfeier. Vielen war es ja ein echtes Bedürfnis, am Sonntag den Gottesdienst zu besuchen.

Erna Gamper: Um sieben Uhr in der Früh war immer Fahnenhissung am Sonntag, dann Frühstück und Studierzeit. Wir sind also um fünf Uhr in der Früh aufgestanden und zur Messe gegangen, weil wir unbedingt zur Messe gehen wollten. Eines Tages sind wir zum Herrn Direktor gegangen und haben zu ihm gesagt, dass wir halt eine Messe haben möchten. Dann hat er gesagt: »Wir machen es anders, wir gewähren jetzt am Sonntag in der Früh zwei Stunden Ausgang anstatt an einem Wochentag und dann«, hat er gesagt, »habt ihr die Wahl: Wer will, kann Kirchen gehen, wer nicht will, kann hierbleiben.«

Weniger großzügig war die Bereitschaft der Heimleitung bezüglich der Sonntagsmesse den Buben gegenüber.

Karl Seebacher: Am Anfang durften wir am Sonntag selbst den Gottesdienst besuchen und dann hat man uns das vereitelt, indem man genau zu dieser Zeit einmal ein üppiges Frühstück servierte, was schon eine Seltenheit war, da hätte man darauf verzichten müssen, und dann den HJ-Dienst zu dieser Zeit ansetzte.

Während über den Buben in Feldkirch stets das Damoklesschwert eines bevorstehenden Fronteinsatzes schwebte, empfanden die

Mädchen den Aufenthalt in der Lehrerbildungsanstalt im Großen und Ganzen als durchaus angenehm. Am 1. Oktober 1943 sollte sich in Feldkirch aber so manches ändern. Josefa Habicher besuchte damals die dritte Klasse.

Ausflug der 3. Klasse der Lehrerbildungsanstalt nach Hohenems

Josefa Habicher: Am 1. Oktober 1943 hat unsere Klasse Schulpraxis gehabt, und zwar in Hohenems. Wir sind in der Früh weg, alle außer zwei. Und wie wir dann aus der Schule weg sind, in Hohenems, da waren wir am Bahnhof und da haben wir es krachen gehört und dann haben wir gesagt, es wird wieder die Liechtensteiner Flak schießen. Dann waren so ein paar Männer da und die haben gesagt: »Das ist nicht die Flak, das sind Bomben!« Und dann, wie wir nach Feldkirch hinaufgekommen sind zum Bahnhof, dann sind die Buben herunten gewesen und haben halt gesagt, dass sie uns das Haus bombardiert haben.

Sieglinde Oberbacher: Und kaum sind wir in Feldkirch angekommen, da sind uns schon die Buben entgegengekommen – das waren unsere Mitschüler – und haben uns erzählt, das Mädchenheim ist bombardiert worden. Die Bombe ist genau oberhalb der Haustüre hineingefallen in den Gang, und da waren die meisten Schülerinnen beisammen. Man hat uns nämlich, wenn Fliegeralarm war, immer in die Duschen getrieben, und da wollten wir gar nicht hinein, weil wir gesagt haben, wenn was passiert, dann ertrinken wir. Hingegen die Duschen sind intakt geblieben und die Bombe ist genau ins Stiegen-

Das bombardierte Mädchenheim

Bombentrichter

haus hinein, und da hat es so viele erwischt, Schülerinnen und auch drei Professorinnen und zwei Mädchen aus unserer Gruppe. Die waren nämlich krank und sind nicht mit uns gegangen zum Praktikum und darum haben sie da ihren Tod gefunden.

Karl Seebacher erlebte als Schüler den Angriff der amerikanischen Bomber aus allernächster Nähe.

Karl Seebacher: Der 1. Oktober 1943 war ein ganz normaler Schultag, ein schöner, sonniger Herbsttag. Es ist vielleicht zu sagen, dass bis dahin keine großen Flugzeugangriffe im Gebiet von Tirol und Vorarlberg stattgefunden hatten und wir eigentlich in einer Studien- und Lazarettstadt lebten, ohne den Krieg direkt verspürt zu haben. Wir hatten natürlich Alarmübungen, aber den Ernst hatten wir noch nie kennen gelernt. Und zu Mittag, als die Schüler die Klassen verließen, um in den Speisesaal zu gehen, war plötzlich ein furchtbarer Knall, der uns durcheinandergeworfen hatte, und völlig unerwartet war eine Bombe explodiert, und dann hörten wir noch weitere Ex-

Die Bubenklasse

plosionen. Ich war im Gang des Schulhauses und wurde die Stiegen hinuntergeworfen durch den Luftdruck, und als ich langsam wieder aufstand, sah ich nur eine riesige Staubwolke, und eine unheimliche Stille herrschte. Und als sich dann diese Staubwolke verzog, da entdeckten ich und die anderen Mitschüler, dass der Flügel des Hauses, wo die Mädchen wohnten, zusammengebrochen war, von einem Volltreffer getroffen. Und langsam fingen wir an, das Unheil zu begreifen.

Auf dem Schulhof da irrten einige total verstaubte Gestalten herum und dann wurde uns gesagt, dass die Mädchen durch einen Volltreffer getroffen worden seien. Im Nachhinein haben wir das etwa so erfahren, dass eine alliierte Bomberstaffel das Bodenseegebiet bombardieren wollte, dann von einem deutschen Jagdgeschwader angegriffen wurde und sich nicht dem Kampf stellte, sondern über die Schweiz abzog und vor der Schweizer Grenze noch die tödliche Fracht entladen hatte und dabei die Hauptgebäude gezielt getroffen hatte. Das war nämlich unsere Schule und gleich darüber war ein vollbesetztes Lazarett, das ebenfalls zerstört wurde. Auch einige Wohnhäuser wurden getroffen. Wir haben dann begonnen, aufzuräumen, uns in den Schutt vorzuarbeiten und wir haben immer wieder Mitschülerinnen gefunden. Einige waren verletzt, einige sogar nur leicht verletzt, aber dann gab es auch Schwerverletzte und auch viele Tote. Insgesamt war die Bilanz sehr traurig: Es gab 41 tote Mädchen und drei tote Erzieherinnen, und unter den toten Mädchen waren 20 Südtirolerinnen.

Eine sehr schwierige Aufgabe hatte in der Folge Erna Gamper zu bewältigen. Der Direktor hatte sie und einige ihrer Mitschülerinnen gebeten, die toten Mädchen in der Turnhalle, wo die Leichen alle aufgebahrt waren, zu identifizieren.

Erna Gamper: Wie da die Tür aufgegangen ist, und wie wir die vielen Leichen gesehen haben, das war ein Moment, wo dir vorgekommen ist, du kannst nicht mehr weiter gehen. Dann kriegst du natürlich Mut. Dann sind wir zwischen den Leichen durch und haben versucht, die Leichen zu erkennen. Die eine haben wir am Ohrring erkannt, weil man ja miteinander gelebt hat die Jahre im Heim, die andere hat, ich kann mich erinnern, so Schuhe mit Latzlen gehabt – man hat ja genau gewusst, wie die angezogen waren: Wir haben die Leichen an Kleidungsstücken und am Schmuck identifizieren können. Und da haben wir immer müssen die Zettel hinauftun.

Am darauffolgenden Sonntag fand dann im Stadtzentrum von Feldkirch eine große Totenfeier statt.

Josefa Habicher: Mitten in der Totenfeier ist die Sirene gegangen. Also, das war eine makabre Sache. Es sind halt alle weg. Wir sind unter die Schattenburg hinaufgelaufen, in die Stauden. Natürlich haben wir Angst gehabt, aber es ist dann nichts gewesen.

Die Totenfeier

Mit dem zerbombten Mädchenheim ging natürlich auch die Unterkunft für die Mädchen verloren. Die Verantwortlichen umsorgten die Schülerinnen aber auf die bestmögliche Weise.

Zur Erinnerung
an unsere unvergeßliche Tochter und Schwester
Anneliese Galehr
Lehramts-Kanditatin
welche am 1. Oktober 1943 durch einen feigen Terrorangriff im blühenden Alter von 17 Jahren ihr Leben für ihr geliebtes Vaterland gab.

Erna Gamper: Jetzt sind wir natürlich alle schnell in einem Nothotel untergebracht worden. Alle jene, die sie heim schicken haben können, sind heim geschickt worden, aber wir Südtiroler haben dableiben müssen. Dann ist der Direktor gekommen und hat gesagt: »Es tut mir leid, die Schule muss weitergehen!«

Kurzfristig eine Unterkunft für so viele Mädchen zu finden, dürfte gar nicht so einfach gewesen sein.

Josefa Habicher: Und dann haben wir nach Haiming am Eingang zum Ötztal gehen können. Da war so ein Jugendhaus. Wir waren so zehn Tage in Haiming. Wie wir von Haiming zurückgekommen sind, haben wir in Altenstadt in einem Gasthaus logiert. Geschlafen haben wir im großen Speisesaal in Stockbetten und zur Schule haben wir müssen fast eine halbe Stunde gehen. Das Essen haben sie uns mit einem Wagele von der LBA heruntergebracht. Manchmal ist es nicht mehr sehr gut gewesen, manchmal auch halb kalt, aber wir haben nie gejammert. Und da sind wir den ganzen Winter gewesen. Und das vierte Jahr dann haben wir im Hotel »Löwen« logieren können in Feldkirch. Dort ist es uns natürlich besser gegangen.

Allmählich ging aber dann doch für die Klasse von Erna Gamper die Zeit in Feldkirch zu Ende.

Erna Gamper: 1944 in der zweiten Schulhälfte haben wir dann die schriftliche Matura ablegen müssen. Das war damals so, dass man eine Teilmatura gemacht hat, einmal die schriftliche, dann musste man ein Praktikum ablegen, und dann kam die mündliche. Nach der schriftlichen Matura sind wir also nach Südtirol zurückgefahren und haben da das Praktikum machen können. Ich habe damals in der 5. Klasse Volksschule in Schlanders mein Praktikum abgelegt und dann sind die Ferien gekommen. In den Ferien haben wir immer einen RAD [Reichsarbeitsdienst] machen müssen, und den haben wir belegen müssen, wenn wir dann wieder in die Schule hinaus gefahren sind. Dann sind wir also im Herbst hinaus und dort hat es geheißen, sich auf die mündliche Matura vorzubereiten. Und dann haben sie uns ganz schnell die Matura abgenommen, und sobald alle geprüft waren, hat man uns heim geschickt, für immer.

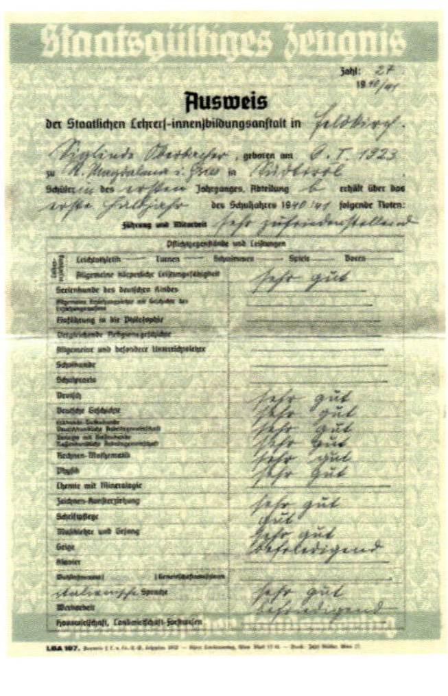
Staatsgültiges Zeugnis

Zahl: 27 1940/41

Ausweis

der Staatlichen Lehrer(-innen)bildungsanstalt in Feldkirch.

Sieglinde Oberbacher, geboren am 6.7.1923

Schülerin des ersten Jahrganges, Abteilung b erhält über das erste Halbjahr des Schuljahres 1940/41 folgende Noten:

Führung und Mitarbeit: sehr zufriedenstellend

Pflichtgegenstände und Leistungen

Allgemeine körperliche Leistungsfähigkeit	sehr gut
Seelenkunde des deutschen Kindes	
Einführung in die Philosophie	
Vergleichende Religionsgeschichte	
Allgemeine und besondere Unterrichtslehre	
Schulkunde	
Schulpraxis	
Deutsch	sehr gut
Deutsche Geschichte	sehr gut
	sehr gut
	sehr gut
Rechnen-Mathematik	sehr gut
Physik	sehr gut
Chemie mit Mineralogie	
Zeichnen-Kunsterziehung	sehr gut
Schriftpflege	gut
Musiklehre und Gesang	sehr gut
Geige	befriedigend
Klavier	
italienische Sprache	sehr gut
Werkarbeit	befriedigend
Hauswirtschaft, Landwirtschaft, Fachwesen	

LBA 107.

Diese, wenn auch vielleicht etwas überstürzt abgenommene, aber nichtsdestotrotz abgelegte Maturaprüfung wirkte sich auf das spätere Berufsleben der Schülerinnen sehr vorteilhaft aus.

Sieglinde Oberbacher: Als wir hereingekommen sind nach dem Krieg, waren die Feldkircher eigentlich die einzigen, die ein Maturazeugnis in der Hand gehabt haben, und das haben wir dem Direktor Kunkel zu verdanken gehabt, weil er vorausgesehen hat, wenn er bis zum Sommer wartet, dann kommt keine Matura mehr zustande.

Für die Buben ging der Aufenthalt in der Lehrerbildungsanstalt in Feldkirch bereits im Jahr 1943 zu Ende.

Karl Seebacher: Nach dem 1. Oktober waren es sehr unruhige Wochen. Wir haben andere Klassen beziehen müssen, weil der Raum eng wurde, aber das hat nicht sehr lange gedauert, denn zu Weihnachten hat sich dann die Schulklasse aufgelöst, da wir alle den Einberufungsbefehl erhielten zum Reichsarbeitsdienst und dann später zum Militär.

Nach der Musterung des Jahrgangs 1926

Im Wehrertüchtigungslager

Nach 1945 waren es in erster Linie die Schülerinnen aus den Lehrerbildungsanstalten in Feldkirch und in anderen Städten der vormaligen »Ostmark«, die wesentlich am Aufbau einer neuen deutschen Schule in Südtirol beteiligt waren. Die Schüler hingegen, die Krieg und Gefangenschaft überlebt hatten, konnten erst etwas später in den Schuldienst übernommen werden. Sie mussten, meist unter erheblichen Opfern, noch die verlorenen Ausbildungsjahre nachholen.

Das Deutsche Institut für Ausländer an der Universität Berlin

Südtiroler im Hegel-Haus

Das Bedürfnis, eine höhere deutsche Schule zu besuchen und einen deutschen Abiturabschluss zu erweben, war natürlich vor allem bei Kindern von Optanten besonders ausgeprägt. Ihnen stand ja die Auswanderung nach Deutschland bevor. Um diesem Wunsch entgegen zu kommen, wurden auf dem Gebiet des Deutschen Reiches die »Reichsschulen für Volksdeutsche« und andere Bildungsstätten mit unterschiedlicher parteipolitischer Prägung ins Leben gerufen. Eine ähnliche Zielsetzung hatte auch das »Deutsche Institut für Ausländer«, das »Hegel-Haus«, das bereits am 19. Juli 1922 im Gebäude der Berliner Universität errichtet und seitdem von Prof. Dr. Karl Remme geleitet wurde.

Das »Hegel-Haus« in Berlin

Das Institut bildete den Sammelpunkt des Ausländerstudiums in Berlin und war zunächst für solche Personen bestimmt, deren Sprachkenntnisse für das Studium in Deutschland noch nicht ausreichten. Dies betraf natürlich auch die Südtiroler, die ja durch den erzwungenen Besuch rein italienischer Schulen der deutschen Muttersprache nicht in ausreichendem Maße mächtig waren, um den Ansprüchen deutscher Universitäten zu genügen.

Im Auftrag des Referates des Reichskommissars für die Festigung des deutschen Volkstums (RKF) waren im Mai 1940 für Schüler der letzten Oberschulklassen in Südtirol Maturakurse eingerichtet worden mit dem Ziel, diese auf die deutsche Reifeprüfung vorzubereiten. Nachdem ihrer Anfrage zur Teilnahme an den Kursen stattgegeben worden war, fuhr Imma Moosbrugger Ende Mai mit dem Zug nach Berlin und wurde mit weiteren zehn Südtirolerinnen im »Hegel-Haus« aufgenommen. Das Gebäude lag im Zentrum der Stadt und wurde einst vom Philosophen und Hochschullehrer Georg Wilhelm Friedrich Hegel bewohnt – daher der Name für das Wohnheim in Berlin.

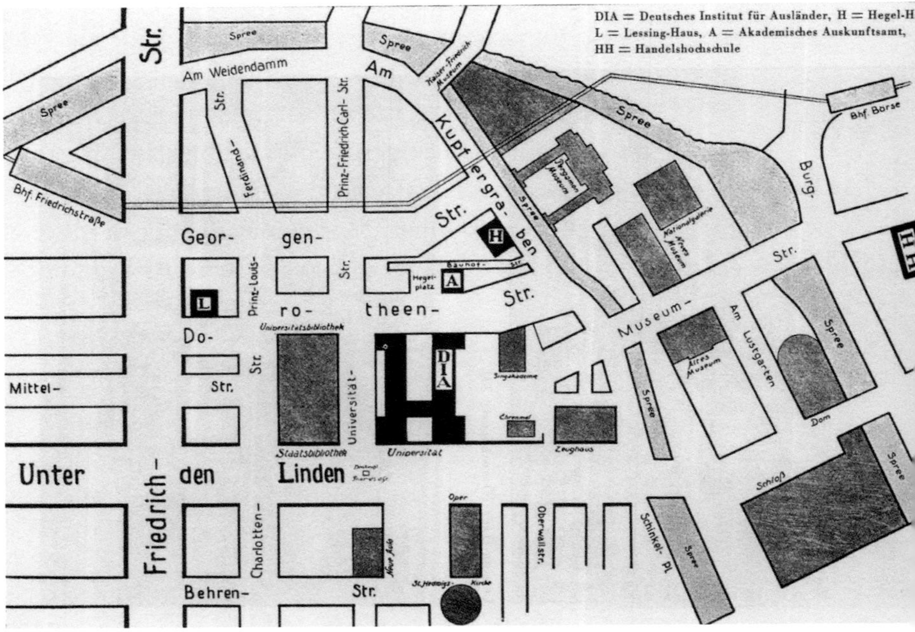

Plan des Universitätsgeländes mit dem »Hegel-Haus« in Berlin

Imma Moosbrugger von Zieglauer: Unser Gesamtkurs bestand aus 69 Knaben und 11 Mädchen. Ein Teil davon, 44 Knaben und 2 Mädchen, legten im September 1940 die Reifeprüfung ab, der zweite Teil, zu dem ich gehörte, mit 25 Knaben und 9 Mädchen im Dezember. Alle Knaben und Mädchen hatten Schulen mit italienischer Unterrichtssprache besucht.

Paul Penn aus Kastelruth hatte zunächst im Johanneum und dann im Vinzentinum das Gymnasium besucht. In Brixen wohnte er im Missionshaus, wurde aber als Sohn eines Optanten 1940 nicht mehr im Missionshaus aufgenommen.

Paul Penn in Berlin »Unter den Linden«

Paul Penn: Und so bin ich am 15. Mai 1940 von Südtirol nach Berlin ausgewandert und im Hegel-Haus untergekommen. Ich habe dort einen Teil der 7. Klasse und die 8. Klasse bzw. die letzte Klasse besucht. Der Unterschied war natürlich gewaltig. Wenn man sich vorstellt, dass wir von diesen Heimen heraus in eine Großstadt – damals haben dort 4.300.000 Menschen gewohnt – versetzt wurden, und auf einmal hat man uns für voll genommen. Wir durften unsere Freizeit selber gestalten, wir bekamen Taschengeld, nicht allzu viel, 20 Mark im Monat, mussten natürlich unsere Pflichten erfüllen, studieren und Ordnung halten. Pünktlichkeit war gefragt und sportliche Betätigung, aber sonst politisch wurden wir kaum belästigt. Unsere Aufgabe war studieren und das Studium zum Abschluss zu bringen. Und das haben wir auch gemacht.

Imma Moosbrugger von Zieglauer: Der Unterricht wurde von ausgezeichneten Professoren erteilt, die durchaus Verständnis für unsere Situation hatten. Das Aufnehmen des Lehrstoffes und das sprachliche Umdenken in nahezu allen Fächern erforderte unseren ganzen Einsatz. Als Unterrichtsfächer wurden angeboten: Deutsch, Latein, Griechisch, Italienisch, bei Bedarf auch Französisch oder Englisch, dann Geschichte, Erdkunde, Mathematik und Physik, Chemie, Biologie und Gymnastik. Es gab sowohl die Möglichkeit, die Fächer eines

Gesellschaftsraum und Bibliothek im »Hegel-Haus«

humanistischen Gymnasiums zu belegen als auch die eines wissenschaftlichen Lyzeums.
Ohne Sorge blickten wir stets dem Lateinunterricht entgegen. Während wir in unseren Herkunftsschulen Titus Livius, Cicero und Horaz durchgenommen hatten, durften wir uns im »Hegel-Haus« mit Caesars »De bello Gallico« befassen.
Auffällig war, dass im »Hegel-Haus« kaum nationalsozialistische Schulung stattgefunden hat. Im Laufe von sieben Monaten wurden wir zwei Mal von Außenstehenden zu größeren Treffen in dieser Absicht eingeladen. Gezielter war eine nationalsozialistische Schulungswoche außerhalb Berlin: für die Mädchen im Elbsandsteingebirge bei Dresden, für die Buben in der Marienburg in Ostpreußen.

Im »Hegel-Haus« waren allerdings nicht nur Schülerinnen und Schüler aus Südtirol untergebracht.

Richard Linter: Im »Hegel-Haus« war ein internationales Studentenheim, und zwar waren da Studenten aus verschiedenen Ländern, es waren Türken da, Perser, Japaner, Chinesen, damals, ich rede jetzt vom Jahr 1940, Franzosen usw. Das war ein internationales Heim ohne große Parteigeschichten, nichts. Die Studenten haben volle Freiheit gehabt, und wir wurden auch politisch nicht bedrängt, und das hat uns zusammengeführt ein bisschen, wir haben miteinander Kontakt gehabt, wir haben keinen Unterschied gemacht zwischen dem einen und dem anderen. Die schlechtesten von uns aber waren die Japaner. Die Japaner waren eigenartige Vögel und geizig und ehrgeizig bis dorthinaus und mit den Chinesen haben sie immer schon ein angespanntes Verhältnis gehabt, aber sonst war es, ehrlich gesagt, eine wunderbare Unterkunft. Jeder hat ein Zimmer gehabt mit einem Vorzimmer.

Eine weitere Aufgabe des »Hegel-Hauses« bestand darin, den studierenden Ausländern durch Vorträge über deutsche Geschichte, Kunst und Literatur das Verständnis für deutsche Kultur und das deutsche Geistesleben entgegenzubringen. Ferienkurse, Besichtigungen, Führungen, kürzere und längere Studienreisen vervollständigten den Unterrichtsplan.

Paul Penn: Mir hat es jedenfalls gut gefallen und keiner hat sich beschweren brauchen. Wir haben zum Essen gehabt, sind gut untergebracht gewesen und haben unsere Freizeit auch frei und selbständig gestalten können. Wir haben uns auch sportlich betätigen können. Unser Direktor besaß am Wannsee eine Fischerhütte bzw. ein Bootshaus und da hat er uns Boote zur Verfügung gestellt. Da konnten wir schwimmen und Boot fahren. Und was die Großstadt uns zu bieten hatte, das haben wir auch ziemlich ausgenützt. Aber ich habe bis heute noch nicht ganz verstanden, wer das finanziert hat. Wir konnten alle Theateraufführungen besuchen, Opern, Operetten, Kinos, und die Züge haben wir auch kostenlos benützen können. Ich weiß nie, dass ich was gezahlt hätte. Wir haben Freikarten gehabt für alles und haben uns sehr häufig auch im Reichssportpalast mit Sudetendeutschen getroffen, und der damalige Sportminister hat uns eingeladen und hat uns da auch bewirtet. Da waren wir einige 100 Jugendliche und da sind Volkstänze aufgeführt und Meinungen und Erfahrungen ausgetauscht worden, aber von, sagen wir, direkt politischen Vorträgen, wie sie sie später gehabt haben, nationalsozialistische Kurse, haben wir keine mitgemacht.

Bootsfahrt auf dem Wannsee bei Berlin

Die politische Entwicklung im Deutschen Reich des Jahres 1940 ging aber dennoch nicht ganz spurlos an den Bewohnern des »Hegel-Hauses« vorüber.

Imma Moosbrugger von Zieglauer: Sorge haben uns die zunehmenden Bombenangriffe auf die Stadt bereitet. Das Heulen der Sirenen holte uns in der Nacht öfters aus den Betten. In Decken gehüllt eilten wir in den Luftschutzkeller und verbrachten dort einige Stunden in Angst, wenn das Dröhnen der Flugzeuge näher kam und die Explosionen der Flakgeschosse zu hören waren. Doch so manches ernste Erlebnis hatte auch seine komischen Seiten: Wir versorgten uns untertags mit Proviant, um den Aufenthalt im Luftschutzkeller etwas angenehmer zu gestalten. Auch

Aufmarsch in Potsdam

der sympathische Chinese Yau-Nau-Wang aus Shanghai war mit uns im Keller und hatte stets ein Metallkästchen bei sich. »Was bringst du mit?«, fragten wir ihn eines Tages. »Das ist die Asche meiner Braut«, antwortete er lächelnd, und wir waren verblüfft!

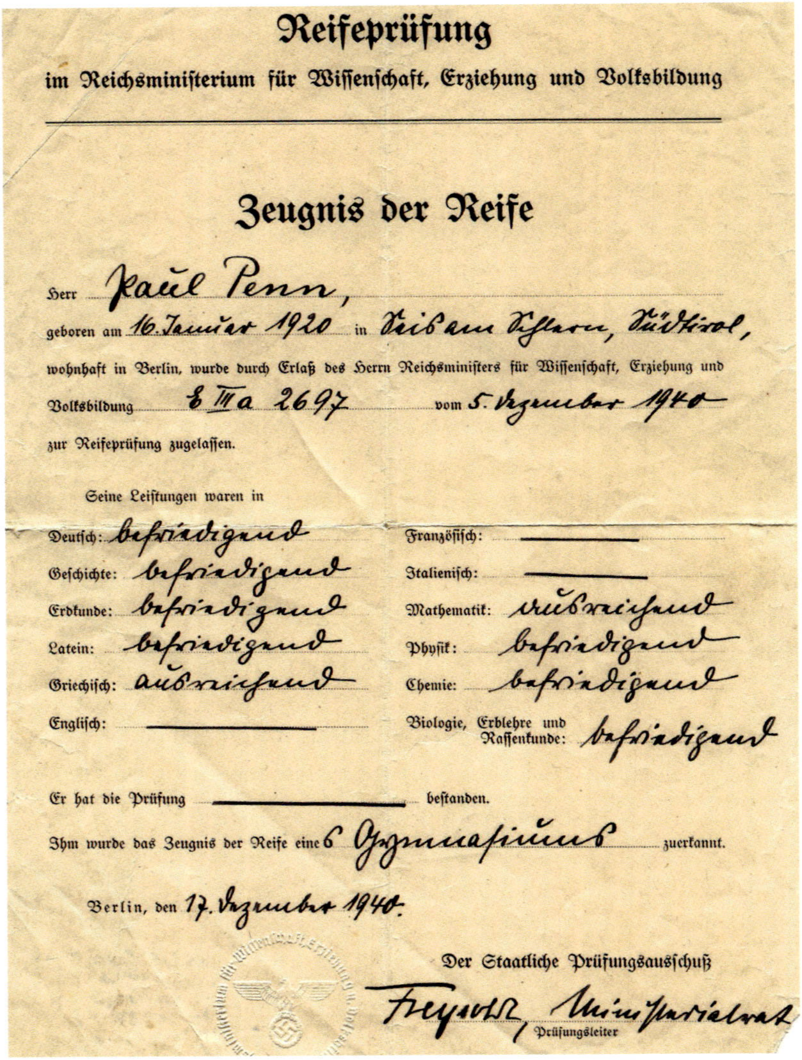

Reifeprüfung

im Reichsministerium für Wissenschaft, Erziehung und Volksbildung

Zeugnis der Reife

Herr Paul Penn,

geboren am 16. Januar 1920 in Seis am Schlern, Südtirol,

wohnhaft in Berlin, wurde durch Erlaß des Herrn Reichsministers für Wissenschaft, Erziehung und Volksbildung E IIIa 2697 vom 5. Dezember 1940 zur Reifeprüfung zugelassen.

Seine Leistungen waren in

Deutsch:	befriedigend	Französisch:	—
Geschichte:	befriedigend	Italienisch:	—
Erdkunde:	befriedigend	Mathematik:	ausreichend
Latein:	befriedigend	Physik:	befriedigend
Griechisch:	ausreichend	Chemie:	befriedigend
Englisch:	—	Biologie, Erblehre und Rassenkunde:	befriedigend

Er hat die Prüfung ——— bestanden.

Ihm wurde das Zeugnis der Reife eines Gymnasiums zuerkannt.

Berlin, den 17. Dezember 1940.

Der Staatliche Prüfungsausschuß

Freysoldt, Ministerialrat
Prüfungsleiter

Nach bestandener Reifeprüfung im Dezember 1940 kehrten die »Hegelhäusler« – wie sie auch genannt wurden – wieder aus Berlin nach Südtirol zurück, wo auf die Burschen der Einberufungsbefehl in den Krieg wartete, in dem viele ihr Leben lassen mussten.

Zur besonderen Verwendung

Südtiroler in der Division Brandenburg

Admiral Wilhelm Canaris

Zu Beginn des Zweiten Weltkrieges wurde vom deutschen Abwehrdienst unter Admiral Canaris eine Spezialtruppe aufgestellt, die für Sondereinsätze vorgesehen war. Sie sollte sich in kleinen Gruppen vorwiegend hinter die gegnerischen Linien begeben, um bereits vor dem Antreten regulärer Verbände Kommandounternehmungen durchzuführen.

Ziel der geplanten Einsätze dieser Truppe – der so genannten »Brandenburger« – war die handstreichartige Besetzung kriegswichtiger Anlagen wie Brücken, Tunnel, Bunker und bedeutender Verkehrsknotenpunkte.

»Brandenburger« vor dem Einsatz

Dabei kam es darauf an, sich möglichst lautlos und unauffällig den gegnerischen Linien zu nähern, das Bewachungspersonal zu überrumpeln und auszuschalten, Sprengsätze zu entschärfen oder auszubauen und dann die Stellung bis zum Eintreffen der eigenen Infanterie und der Panzerverbände zu halten.

Das Regimentszeichen der »Brandenburger«

Häufig erfolgten diese Einsätze in der Uniform des Gegners. Die fremden Uniformen wurden allerdings nur zur getarnten Annäherung an die Objekte verwendet. Vor Aufnahme des Kampfes wurden sie abgelegt, und die »Brandenburger« waren wieder in ihrer Gebirgsjägeruniform als deutsche Soldaten erkennbar.

Luis Kompatscher: Unsere Einheit hat als Tarnuniform zum Einsatz gegen den Russen, die russische Uniform gehabt. Ich bin heute noch froh, dass ich sie nicht habe anziehen müssen, weil ich beim Granatwerfer war. Das war eine gefährliche Sache. Wenn sie da einen erwischt haben, dann hat er schon gewusst, wo er hingehört.

Tarneinsatz mit russischer Uniform, 1942; Robert von Fioreschy (4.v.l. stehend)

Nach der Haager Landkriegsordnung hätten die »Brandenburger« – in fremden Uniformen gestellt – kein Anrecht darauf gehabt, als Kriegsgefangene im völkerrechtlichen Sinne behandelt und somit geschont zu werden.

Den Namen »Brandenburger« erhielten die Angehörigen dieser kleinen Spezialtruppe nach ihrem Entstehungsort Brandenburg an der Havel. Und Brandenburg war anfangs, im Herbst 1939, auch ihre Garnisonstadt.

In Brandenburg an der Havel

Michael Thomaser: In Berlin hat man uns ins Zeughaus geführt, da wo die ganzen Waffen sind, und abends sind wir dann nach Brandenburg einmarschiert. Marschieren haben wir alle gekonnt, wir sind ja alle von den »Illegalen« gewesen. Wir sind marschiert und haben gesungen und gejodelt, und die Leute in Brandenburg sind von uns begeistert gewesen. Wenn wir ausmarschiert sind, haben sie sogar den Laden zugetan, um zu hören und dabei zu sein, wenn wir da heimgejodelt haben.

Die kleine Truppe hieß bald nach ihrer Gründung im Oktober 1939 Lehrregiment »Brandenburg z.b.V. 800«, z.b.V. – zur besonderen Verwendung – in Anspielung an die Sondereinsätze, die von dieser Einheit erwartet wurden.

Der ursprüngliche Ausbildungsort für die »Brandenburger« war die Pfeiffermühle im Allgäu.

Leistung des Fahneneides in Baden bei Wien, 1940

Michael Thomaser: Wir haben noch in Sonthofen unsere Ausrüstung, die Bekleidung usw., holen müssen, und dann haben sie dort eine Kompanie, die 8. Kompanie, aufgestellt. Es sind da alles Südtiroler gekommen, und der Giampietro war auch dabei, der Sepp de Giampietro, der das Buch über die »Brandenburger« geschrieben hat.

An die Mannschaften dieser Sondereinheiten wurden bei der Ausbildung hohe Anforderungen gestellt.

Gottlieb Unterthiner: Unser Unterricht hat sich direkt auf den Einsatz bezogen, also Taktik und vor allem Reaktion, das wurde ganz großgeschrieben. Wir hatten einen Oberjäger namens Krims, der sagte immer: »Männer, das Denken könnt ihr dem Gegner überlassen. Bis die gedacht haben, müsst ihr schon reagiert haben!« Da hat er vollkommen Recht gehabt. Unsere Themen beim Unterricht waren außerdem: Umgang mit feindlichen Waffen, Zusammensetzen von Sprengladungen und Entfernen von Sprengladungen.

Die »Brandenburger« wurden von der Heeresleitung bevorzugt behandelt.

Der »Opel Blitz«

Michael Thomaser: Wir haben die besten Waffen gehabt, die besten Autos [Opel Blitz Allrad-Geländewagen] und die beste Verpflegung. Wir waren eben eine Sondereinheit.

Die Einsätze der »Brandenburger« waren kaum bekannt. Sie wurden nur ganz selten – und dann ohne sie beim Namen zu nennen – im Wehrmachtsbericht erwähnt.

Und geheim blieb auch der jeweilige Standort der »Brandenburger«.

Gottlieb Unterthiner: Wir wurden kaum in Kasernen untergebracht, immer in Hotels oder Villen. Wenn neue Waffen herausgekommen sind, dann waren wir wahrscheinlich die ersten, die diese Waffen bekommen haben. Zum Beispiel das MG 42, das war bestimmt die gefürchtetste Waffe, Infanteriewaffe, und 1944 bekamen wir die so

genannte Herma-MP, das war eine lautlose MP [Maschinenpistole], also die hatte ein Aufsatzstück, einen Schalldämpfer. Die hatten auch nur wir.
Wir waren vollmotorisiert. Während die anderen tausende Kilometer marschieren mussten, zum Beispiel die 1. Gebirgs-Division oder wohl alle Infanteriedivisionen, wurde bei uns nur gefahren, solange der Treibstoff reichte. Dies war auch ein Privileg.

Die Stärke der »Brandenburger« bestand im Wesentlichen darin, dass sie fremde Sprachen beherrschten, gute Kenntnisse von Sitten und Gebräuchen in den gegnerischen Ländern besaßen und über genaue Ortskenntnisse in den Einsatzgebieten verfügten. Für die Aufnahme in diese Kommandotruppe eigneten sich ganz besonders die Volksdeutschen. Dazu gehörten auf dem Balkan die Rumäniendeutschen und in Russland die Wolgadeutschen. Bei den Brandenburgern meldeten sich aber Deutschstämmige aus allen Kontinenten, aus Süd- und Nordamerika, aus Australien und Japan und ganz besonders viele Südtiroler.

Ein Grund für die massive Eingliederung von Südtirolern in die Reihen der »Brandenburger« waren die Südtiroler selbst, die eifrig unter den Gleichaltrigen für die Aufnahme in diese Truppe warben.

Willy Acherer: »Brandenburg« hatte die Möglichkeit, Leute anzufordern. Und was hat man denn dann gemacht? Da ist jeder her und hat irgendwie einen Freund oder Bekannten einfach angefordert. Somit haben wir Südtiroler, die wir damals bei der [illegalen] Jugend waren, uns gegenseitig angefordert und sind alle in der gleichen Kompanie, in der 7. oder 8. Kompanie, zusammengekommen.

Im Unterschied zu den anderen Truppenteilen der deutschen Wehrmacht gehörten den »Brandenburgern« ausschließlich Freiwillige an.

Die politische Einstellung des Einzelnen spielte bei der Aufnahme keine Rolle. Danach wurde nie gefragt.

Richard Linter: Wir waren eine normale Einheit und handelten nach dem Grundsatz, wo die anderen noch nicht oder nicht mehr konnten, da könnten wir. Das war der Grundsatz, der Leitspruch, ohne dabei Nazis zu sein. Kein einziger von uns hat jemals Politik betrieben, sondern wir waren einfach Soldaten, und keine Profis, auch die Ausbildenden nicht.

Die ersten Einsätze leisteten die »Brandenburger« bereits während des Frankreichfeldzuges im Frühjahr 1940.

Richard Linter: Nachdem die Engländer gerade abgehauen sind und der Zusammenbruch draußen war, sind wir nach Calais hinaus gekommen, noch als Rekruten, und da haben wir dann die ganzen Villen besetzt. Wir waren alles Villenbesitzer! Wir waren zu dritt, zu viert in einer Villa, wo alles drin war: Zu essen und zu trinken und Bäder und jeder Luxus. Da haben die Franzosen Luxusvillen gehabt, und die haben wir dann besetzt.

Von Frankreich aus war dann ein etwas fantastisch anmutender Plan gefasst worden, nämlich ein Sondereinsatz zur Eroberung von Gibraltar.

Robert von Fioreschy: Wir sind dann ad hoc ausgebildet worden in Südfrankreich auf die Landung in Gibraltar. Ich habe einige Spähtrupps in die Gegend von Gibraltar gemacht, ich war dann in Nordspanien herum usw.

Robert von Fioreschy in Spanien

Von diesem Unternehmen wurde dann aber Abstand genommen.

Ende Mai 1940, nach dem Frankreichfeldzug, wurden die drei Bataillone des Lehrregimentes »Brandenburg z.b.V. 800« auf drei Standorte verteilt: Das II. Bataillon, dem der Großteil der

Südtiroler angehörte, wurde in die Gegend von Wien verlegt, die beiden anderen Bataillone hatten als Standorte Brandenburg und Düren im Rheinland.

Michael Thomaser: Im Herbst sind wir nach Bad Vöslau bei Wien versetzt worden und da sind wir in einem Hotel, in einem Judenhotel, einquartiert worden. Dort sind wir auch nicht lang gewesen, dann haben sie uns nach Baden bei Wien in die Weilburg verlegt.

In den Garnisonen von Baden und Bad Vöslau musste das II. Bataillon nun einer harte Ausbildung über sich ergehen lassen.

Josef Patauner: Unsere Ausbilder waren alles Leute vom 100.000-Mann-Heer seinerzeit in Deutschland. Das sind scharfe Kollegen gewesen alle miteinander. Die haben uns ja ab und zu gehalten wie Tiere. Die Namen, die sie uns gegeben haben, wenn ihnen was nicht gepasst hat, das haben wir müssen akzeptieren. Einen haben wir schon gehabt, den Zieglauer aus Bruneck, der hat in Bruneck die Apotheke geführt, und der hat sich halt einmal nicht hingelegt, dann hat ihn der Ausbilder gleich hergerichtet: »Sie«, hat er gesagt, »warum wollen Sie sich nicht hinlegen?« »Ja, wollen tue ich nicht, aber wenn ich muss, schon!« Es hat auch solche Kollegen gegeben.

Am 6. April 1941 begann der Krieg mit Jugoslawien.

Auf dem Weg nach Jugolsawien

Michael Thomaser: Und da hat es geheißen, Essen nicht mitnehmen, alles liegen lassen, nichts mitnehmen, nur Munition. Ich habe halt zwei Kisten zu tragen gekriegt, sonst hat man nur eine in der Hand tragen müssen. Wir sind noch ein paar Stunden marschiert, dann hat es geheißen, still, still, dass ja die anderen nichts hören. Die Pioniere sind mit den Autos bis aufs Eck und sind hinüber, und wir haben müssen da hin schleichen.

Gleich zu Beginn des Jugoslawienfeldzuges erhielten die »Brandenburger« den Auftrag, unverzüglich am so genannten »Eisernen Tor« an der jugoslawisch-rumänischen Grenze Sicherungsaufgaben zu übernehmen. Die an dieser Stelle durch Felswände stark eingeengte Fahrrinne der Donau bei Orsova, das »Eiserne Tor«, war die gefährdetste Stelle des gesamten Flussverlaufes. Der alliierte Geheimdienst hatte nämlich die Absicht, die rumänischen Ölfelder und den Schiffsverkehr auf der Donau lahmzulegen, um so die Versorgung Deutschlands mit dem für die Kriegführung so wichtigen rumänischen Erdöl zu unterbinden.

Jugoslawisches Schiff am »Eisernen Tor«

Michael Thomaser: Die Donau war dort einen Kilometer breit. Wenn man hinübergeschaut hat, sind die Leute nur ganz klein gewesen, so weit war das. Und da haben sie dann einen Kanal gebaut, denn auf der Donau ist, wenn sie wenig Wasser geführt hat, die Schifffahrt einfach unmöglich gewesen. Die Schiffe wären auf Grund gelaufen. Dann

haben sie diesen Kanal gebaut, das »Eiserne Tor«, und das war eigentlich das wichtigste Objekt da von Jugoslawien, und das haben die »Brandenburger« besetzen müssen. Der Dampfer ist mit eigener Kraft durchgefahren und die Kähne mit den Ladungen wurden von zwei ganz großen Lokomotiven heraufgezogen.

Josef Patauner: Sobald wir im Morgengrauen die Donau überquert hatten, ist natürlich von unserer Einheit ein Brückenkopf gebildet worden. Dann war es genau so: Kommt ein Schiff daher, beladen mit Zement, und das hätte den Auftrag gehabt, in diesem Kanal drin zu sprengen, und damit wäre die Donau nicht mehr schiffbar gewesen. Zudem war auf einer Anhöhe an Land ein Gebäude, das wir dann auch eingenommen haben, und von diesem Gebäude aus ist die Schifffahrt für die Durchfahrt in diesem Kanal gelenkt worden. Die haben vom Wasser aus und vom Kanal aus gesehen, ob frei ist, weil kreuzen hätten sie da drinnen nicht gekonnt.

Der Lastkahn

Bei diesem Einsatz trugen die »Brandenburger« als Tarnung die Uniformen des bulgarischen Verbündeten.

Die »Brandenburger« kamen auch im Feldzug gegen Griechenland zum Einsatz. Im Handstreich und in jugoslawischen Uniformen wurde die für den Vormarsch so wichtige 400 Meter lange Holzbrücke über den Fluss Vardar bei Axioupolis vor der Sprengung durch die englischen Hilfstruppen bewahrt.

»Brandenburger« in bulgarischer Uniform

»Brandenburger« auf der Akropolis in Athen

Willy Acherer: Der weitere Weg führte uns dann bis Athen, wo wir wiederum Objektschutz hatten und bereitgestellt wurden für den Sprung nach Kreta. Zu diesem Sprung ist es nicht gekommen; Kreta wurde dann unter unwahrscheinlichen Opfern von Fallschirmjägern und Gebirgsjägern erobert.

Anfang Mai 1941 befand sich der Großteil der »Brandenburger« wieder in ihren Standorten in Bad Vöslau und Baden und war vorerst zum Müßiggang verurteilt, was offensichtlich nicht von allen gutgeheißen wurde.

In Baden bei Wien

Herbert Kiem: Ich habe dann schon einmal – beim Leutnant bin ich Putzer auch einmal gewesen und habe ihn halt so gut gekannt – gesagt: »Sagen Sie mir einmal, wo werden wir eingesetzt, immer nur herumliegen, das wird nicht gehen!« »Ja, Kiem, wir kriegen noch zu tun genug«, hat er gemeint. Dann habe ich mir gedacht, ja, daran wird es nicht fehlen.

Am 22. Juni 1941 begann das »Unternehmen Barbarossa«, der deutsche Angriff auf die Sowjetunion.

Herbert Kiem: Da ist dann tatsächlich der Alarm gewesen, und wir sind gefahren, aber von den Soldaten hat niemand gewusst, wohin es geht, geht's Russland zu oder nach Frankreich oder sonst wohin. Erst mit der Zeit haben wir gesehen, dass wir nach Böhmen hinauf gekommen sind, und es gegen Osten gehen muss. Schon die Art der Bauten und der Siedlungen haben das gezeigt. Und dann sind wir in Polen oben gelandet.

Die 7. und 8. Kompanie des II. Bataillons der »Brandenburger« wurde in Frontnähe an die ehemalige Grenze zu Litauen verlegt.

Michael Thomaser: Am 21. Juni 1941 haben sie uns in der Nacht aufgeladen, und dann sind wir hin zur Grenze gefahren.

Einmarsch in die Sowjetunion bei Tilsit

Ihre Aufgabe war es, die Straßen- und Eisenbahnbrücken der Vormarschstraße in Richtung Dünaburg, 230 Kilometer südlich von Riga, in die Hand zu bekommen und für die nachfolgenden Angriffsspitzen zu sichern.

Am frühen Morgen des 22. Juni überschritt die 7. Kompanie mit den Südtirolern die Grenze und bewegte sich, in heftige Kämpfe mit den russischen Grenzsoldaten verwickelt, auf die lettische Hauptstadt Riga zu und sicherte unter großen Verlusten eine wichtige Brücke über die Düna.

Michael Thomaser: Die Ersten waren die Panzer und die Pak [Panzerabwehrkanonen] und dann sind wohl gleich die »Brandenburger« gekommen.

In der Vorstadt von Riga

Mit der Einnahme dieser Brücke konnte die nachrückende Infanterie ungehindert zur lettischen Hauptstadt vorstoßen.

Michael Thomaser: In Riga drüben haben wir übernachtet, dann haben sie uns drei Mädchen gebracht. Es hat geheißen Kommissarinnen, sogenannte »Flintenweiber«. Die sind da neben uns gelegen, und wir haben sie müssen bewachen. Wir haben allerdings auf die einen Zorn gehabt, weil am Tag zuvor unsere Kollegen da gefallen sind. Mir tut es aber heute noch leid, dass ich denen nicht wenigstens ein Stück Brot geschenkt habe, denn es hat wohl geheißen, das wären Kommissarinnen, aber ich glaube, es sind alles Ärztinnen gewesen.

Russische Kommissarinnen, sogenannte »Flintenweiber«, in Riga

Richard Linter: Riga war für uns die zweite Heimat. In Riga haben wir auch mit dem Metropoliten, das ist ein orthodoxer Bischof gewesen, Kontakt aufgenommen. Und der hat uns gesagt, dass die Kommunisten, die Sowjets, die Elite der

Im Hafen der lettischen Hauptstadt Riga

Jugend entführt, in Zwangslager gesteckt und zum Teil umgebracht haben.

Die große Dünabrücke bei Dünaburg

Im Morgengrauen des 26. Juni begann dann die 8. Kompanie mit ihrem Handstreich auf die große Dünabrücke bei Dünaburg.

Willy Acherer: Unsere Männer waren auf dem LKW unter einer Zeltplane verdeckt und vorne im Führerhaus saß ein russischsprechender Balte. Wir sind, mit einem leichten Sowjetmantel getarnt, über diese lange, lange Brücke gefahren, die bereits zur Sprengung vorbereitet worden war. Wir waren vier LKWs. Ich bin mit unserem Kommandeur im ersten gefahren. Ich weiß noch, wie wir bei diesen großen Sprengpaketen vorbeigefahren sind. Wir haben gehofft, dass die anderen Kameraden, die bereits drüben angegriffen haben, die Kabel rechtzeitig durchschneiden. Wir hatten nur einen Gedanken, wir müssen über diese Brücke, und über diese Brücke sind wir gekommen, mitten in die Russen hinein. Die sind rechts und links in Stellung gewesen. Inzwischen ist es gelungen, und da war wieder wesentlich ein Südtiroler, der Putzer Hans aus Brixen, beteiligt, die Zündschnur zu finden und zu durchschneiden, und somit waren die Voraussetzungen geschaffen, vor allem dass die Brücke intakt blieb und auch wir die Möglichkeit hatten, das zu überleben. Der zweite LKW, da war der Führer ein Balte, ist durch eine Handgranate umgeschmissen worden und da hatten wir unsere Toten.

Die zerstörte Brücke über die Düna bei Riga

Doch lang nicht alle Kommandounternehmungen der »Brandenburger« waren erfolgreich. Der Versuch, zwei Tage später eine weitere Straßenbrücke über die Düna bei Jakobstadt nordwestlich von Dünaburg in Besitz zu nehmen, scheiterte kläglich.

Willy Acherer: In Jakobstadt an der Düna, das war 100 Kilometer weiter in Richtung Meer, wurde der gleiche Einsatz geplant, der vollkommen danebengegangen ist. Nur ein sich tot stellender Verwundeter ist davongekommen. Da haben die Russen gemerkt, dass das nicht eigene Soldaten waren, und somit war das auch das Ende von diesem Kommandounternehmen in Jakobstadt. Da sind auch Südtiroler dabei ums Leben gekommen.

Verleihung des Eisernen Kreuzes II. Klasse an »Brandenburger« nach dem Einsatz auf der Brücke in Dünaburg (2.v.r. stehend: Willy Acherer)

Die große Zahl der an »Brandenburger« verliehenen Tapferkeitsmedaillen ist ein beredtes Zeichen dafür, dass die Leute dieser Kampftruppe oft gnadenlos geopfert wurden, wenn es darum ging, vorrückenden Verbänden ein erleichtertes Weiterkommen zu ermöglichen.

Nach seinen verlustreichen Einsätzen im Baltikum bezog das II. Bataillon der »Brandenburger« wieder seinen Heimatstandort in Baden bei Wien. Doch der Aufenthalt in Baden sollte nicht zu lange dauern.

Anfang Juli 1942 wurde das II. Bataillon in Wien auf die Bahn verladen und in die Sowjetunion in den Raum Nikolajew am Bug

gebracht. Von dort ging es weiter auf den Opel-Blitz-Autos nach Rostow am Don. Am 25. Juli 1942 erstürmten Angehörige der 8. Kompanie unter Führung von Hauptmann Siegfried Grabert die Straßenbrücke, die die Vorstadt Bataisk mit Rostow verband.

Willy Acherer: Da war der Fluss und ein Sumpfgelände und über dieses Sumpfgelände lief ein Damm mit der Eisenbahnbrücke und der Straßenbrücke, und diese Brücken sollten eben genommen werden.

Die Straßenbrücke von Bataisk bei Rostow

In Bataisk waren aber die Russen verschanzt, die sich da ganz schwer gewehrt haben, und wie dann diese Halbkompanie unter Hauptmann Grabert wohl über die Brücke hinüber gekommen ist, aber nachher auf einen derartig verbissenen feindlichen Widerstand gestoßen ist, dass der eine nach dem anderen ausgefallen ist. Wir haben damals einen Verlust von 53 Mann gehabt. Hauptmann Grabert selber ist dort gefallen, und das war ein großer Tiefschlag für unsere Einheit. Es ist dann Bataisk genommen worden mit Hilfe von Stukas. Unsere Leute waren da praktisch wie

Gräber von gefallenen Südtirolern

auf einem Präsentierteller auf diesem Damm oben, und die Russen haben mit der Pak auf jeden Einzelnen geschossen. Es war ein Spießrutenlaufen, nicht unter Gewehr-, sondern unter Pakgeschossen, die famose »Ratschbumm« [im Landserjargon die Bezeichnung für die sowjetische Divisions-Kanone 7,62 cm], wo man zuerst den Aufschlag und dann den Abschuss gehört hat.
Ich selber war bei Bataisk dabei, und da war wiederum Glück für mich im Spiel, wie es so oft im Leben halt ist. Wie wir über den Damm hinübersetzen, stellte plötzlich Hauptmann Grabert fest, dass die Granatwerfer ihre Munition vergessen hatten, worauf er mich abkommandierte, die Munition zu holen. Ich musste dann wieder über den Damm zurück und rauf und durch das noch immer umkämpfte Gebiet durch, und wie ich wieder zurückgekommen bin und zu meinen Kameraden vor bin, war das Massaker schon geschehen. Diese Munition haben die dann nicht mehr gebraucht. Das ist eben das Soldatenglück oder das Schicksal, wie man das nennen will.

Auf der Fahrt in den Kaukasus (2.v.l.: Willy Acherer)

Einige Tage später brachen die noch verbliebenen »Brandenburger« bereits erneut auf und fuhren in Richtung Kaukasus.

Robert von Fioreschy: Wir sind von den Tschetschenen mit offenen Armen empfangen worden. Die haben uns Feste gemacht, die

»Brandenburger« im Kaukasus

haben uns Reitervorführungen geboten und alles Mögliche, die haben uns geradezu als Befreier empfangen. Denn die Heeresspitzen, das war auch an anderen Fronten festzustellen gewesen, sei es im Osten wie im Westen, sind immer von der Bevölkerung gut empfangen worden und nicht abweisend. Das Übel ist erst dann gekommen, mit dem Tross sozusagen hintenher, dann ist die Unterdrückung gekommen.

Brennendes Dorf

Der Anblick der kaukasischen Berge weckte natürlich bei den Südtirolern heimatliche Gefühle.

Willy Acherer: Das Erlebnis Kaukasus war großartig. Wir sind da hinter der Panzerspitze durch diese meilenweiten Sonnenblumenfelder gefahren und haben dann im Süden diese immer höher werdende eisige Front gesehen, also die Berge des Kaukasus, die bei unsrer Bergfreudigkeit die Herzen hat wieder höher schlagen lassen.

Endlose Sonnenblumenfelder im Kaukasus

Der Vorstoß zum Kaukasus wurde zwar von großartigen Naturerlebnissen begleitet, es stellten sich aber auch unerwartete Schwierigkeiten ein.

Richard Linter: Es war heiß, enorm heiß, und Hunger haben wir auch gehabt. Wir haben nichts zu essen gehabt, weil der Nachschub nicht nachgekommen ist, wir waren zu schnell. Ausfälle waren fast keine, die Feindberührung mittelmäßig. Und ich kann mich noch gut erinnern, wir haben Melonen gegessen, ich habe mein Leben lang noch nie so viele Melonen gegessen. Im Kuban ist alles gewachsen. Also, wunderbar war das.

Richard Linter mit einem alten Tschetschenen

Ende Dezember 1942, als sich bereits deutlich die Niederlage bei Stalingrad abzeichnete, erhielten die »Brandenburger« den Befehl zum Rückzug aus dem Kaukasus. Dabei wurden sie fortwährend von den russischen Panzerspitzen bedrängt, die ihnen knapp auf den Fersen gefolgt waren.

Michael Thomaser: Die Russen haben die Häuser angezündet, so dass alles hell erleuchtet war. Dann sind die russischen Panzer aufgefahren und haben alles, was sich bewegt hat, abgeschossen.

Luis Kompatscher: Jetzt haben wir immer müssen in der Nacht fahren ohne Licht, zurück und zurück und zurück, und die Russen sind uns immer gefolgt. Dann haben wir die ganzen Brücken sprengen müssen, und der Russe ist immer gleich wieder hinter uns nachgekommen. Alle zwei, drei Tage wieder zurück, zurück. Das ist gegangen über 1000 Kilometer bis Rostow. Natürlich haben wir immer mehr Mann verloren durch den Krieg und sind immer weniger Mann gewesen und haben immer weniger Autos gehabt.
In Rostow hat es geheißen, so, jetzt bekommt ein jeder eine Auszeichnung und einen Urlaub. Gekriegt haben wir gar nichts. Wir haben am nächsten Tag wieder in den Einsatz müssen, und so ist es weitergegangen.

Unerlässlich für das Überleben an der Front war natürlich die Wachsamkeit beim Posten stehen.

Luis Kompatscher: Ich habe einmal in der Nacht Posten stehen müssen am Berg draußen und Radelow, hat er geheißen, ein Wolgadeutscher, ist bei mir gewesen. Ich habe eine russische Maschinenpistole gehabt, er eine deutsche, und auf einmal schreit einer von weitem: »Wo ist Leutenant, wo ist Leutenant?« Und der kommt immer näher, und ich sage noch: »Der Leutnant wird schon im Bunker drin sein.« Und auf einmal steht er vor mir – das war ja in der Nacht – und da sehe ich erst, dass das ein Russe war – Stiefel an, Pelzkappe auf – und er sieht, dass ich ein Deutscher bin. Der Russe hat sich verlaufen und hat seinen Leutnant gesucht. Und jetzt kommt er her, das Gewehr war auf mich angezielt, wir waren nur zwei Meter auseinander, und ich reiße die Maschinenpistole herunter und Radelow auch, aber keiner schießt. Wieso schießt der nicht? Keiner schießt, und der Russe ist abgehauen, hat auch nicht geschossen. Und ich schreie zum Radelow: »Schieß! Schieß!« Der hat aber nicht geschossen. Und ich habe ihn dann gefragt: »Ja, warum hast du nicht geschossen?« »Hemmungen!« Alle haben eine Ladehemmung gehabt. Unser Glück, muss ich ehrlich sagen. Keiner hat einen Schuss hinausgebracht. Der Russe ist abgehauen und ich habe eine Leuchtkugel abgeschossen.

Gefürchtet waren an der Ostfront ganz besonders die russischen Scharfschützen.

Gräberfeld in Russland

Alois Schönauer: In Russland war ich auch als Scharfschütze eingesetzt. Da habe ich einmal im Fernglas einen russischen Scharfschützen gesehen, und er hat mich gesehen. Wir haben alle beide gewusst, dass die Gewehre auf uns gegenseitig gerichtet waren, und im Fernglas siehst du auch den Menschen. Ich sehe das Gesicht und denke mir, ja, der hat mir ja nichts getan. Kurz darauf hat es gekracht, und mein Kamerad hat einen Kopfschuss gehabt. Daraufhin habe ich mir gesagt, ich denke von nun an nicht mehr.

Während die »Brandenburger« beim Vormarsch immer die ersten sein mussten, stellten sie beim Rückzug stets die Nachhut.

Die Ersten beim Vormarsch und die Letzten als Nachhut

Willy Acherer: Nur der, der etwas vom Kriegführen versteht, kann das ermessen, was das heißt, im Winter immer der Letzte am nachdrängenden Feind zu sein. Und so sind wir als Allerletzte noch über den gefrorenen Damm bei Rostow rübergekommen. Da haben uns noch ein Dutzend Tigerpanzer den Weg frei gehalten vor den bereits schon heranrückenden Russen von Stalingrad her, und somit sind wir da wieder, sagen wir, verhältnismäßig heil und glücklich aus dieser Falle herausgekommen.

Kämpfe mit russischen Verbänden gab es aber in einem fort. Am 1. April 1943 entstand aus dem alten »Lehrregiment Brandenburg z.b.V. 800« die »Division Brandenburg«. Aus der Kommandotruppe »zur besonderen Verwendung« wurde nun eine normale Kampfeinheit.

Mit der Umbenennung und der neuen Gliederung in vier Regimenter fielen den Brandenburgern neue Aufgaben zu.

In Jugoslawien hatten sich inzwischen unter der Führung von Marschall Tito starke Partisanenverbände gebildet, die den deutschen Truppen erhebliche Schwierigkeiten bereiteten. Bekämpft wurden die Partisanen dort hauptsächlich von der 1. Gebirgs-Division und der SS-Gebirgs-Division »Prinz Eugen«. Unterstützt wurden diese Verbände auch von Einheiten der Division »Brandenburg«.

Herbert Kiem: Die »Brandenburger« haben sie die Balkanfeuerwehr geheißen, erstens, weil wir Autos gehabt haben, wir sind also eine motorisierte schnelle Einheit gewesen, und dann, weil wir überall hingefahren sind, wo es gebrannt hat. Wenn Partisanen zu weit von den Bergen vorgerückt sind, sind die Brandenburger gekommen und haben sie wieder zurückgeworfen. Das hat aber alles nichts genützt.

Überall mussten die »Brandenburger« gefasst sein, auf Partisanen zu stoßen.

Luis Kompatscher: An einem Sonntagnachmittag hatten wir frei. Was mache ich? Ich gehe zu den Bauern hinauf in die Berge, um Eier zu holen. Ich gehe also hinauf zu einem Bauern und gehe durch das Tor in den Hof hinein. Was ist da los? Ein Mordsfeuer im Hof drin, alle tanzen um das Feuer herum, so 30 Leute, Frauen und Männer, und ich gehe hinein, grüße schneidig – musst ja grüßen. Es kommt eine Frau daher. Was ich will? Ja, Jeiza!. Jeiza! Eier! Die bringt mir zwei Eier, dann hat sie gesagt: »Dawei, dawei!« Ich soll schnell abhauen. Da waren alles Partisanen, und ich gehe da hinein zu dem Volk.

Wenn die mich hernehmen täten und ins Feuer hinein, dann wäre ich schön gebraten.

Der Partisanenkrieg wurde in Jugoslawien mit besonderer Grausamkeit geführt, und zwar auf beiden Seiten.

Herbert Kiem: Der Sanitäter ist nach dem Gefecht mit den Partisanen noch nach vorne gegangen schauen, ob von uns niemand liegen geblieben ist, und dann haben ihn die Partisanen geschnappt. Und am nächsten Tag haben wir einen Vorstoß gemacht und dann haben wir ihn in einer Hütte drin gefunden auf einem Scheiterhaufen. Der halbe Mensch ist abgebrannt gewesen, verstümmelt haben sie ihn gehabt und dann noch lebend auf das Feuer hinauf geworfen. Geschlachtet haben wir nie einen Partisanen oder bei den Füßen aufgehängt. Wir haben sie erschossen, aber dann fertig, aus.

Den »Brandenburgern« gelang es trotz großer Anstrengungen nicht, Marschall Tito gefangen zu nehmen.

Josip Broz Tito

Luis Kompatscher: Dort war meistens das 1., 2. und 3. Bataillon. Da haben wir schwer gekämpft gegen den Tito. Der hat Spezialtruppen gehabt. Mit denen haben wir schwer zu kämpfen gehabt, mit den Männern da unten. Das waren zähe Burschen. Und den Tito hätten wir auch bald gefangen, aber der hat noch zum Glück, zu seinem Glück, einen Fieseler Storch [ein deutsches Kurzstartflugzeug der Fieseler Flugzeugwerke] unten gehabt und ist dann abgehauen mit dem Fieseler Storch. Der war von uns nur mehr ein paar Meter entfernt. Und dann ist er abgehauen, der Tito, sonst hätten wir den noch geschnappt.

Ein weiterer Versuch, Tito gefangen zu nehmen misslang beim Angriff auf ein großes Kloster unweit von Prijepolje in Brodarevo, mitten in den montenegrinischen Bergen, wo sich dieser verschanzt hatte.

Robert von Fioreschy: Wir haben eine Angriffslinie gebildet und haben auch Italiener mitverwendet und vor allen auch musel-

Robert von Fioreschy

manische Miliz. Nota bene, die muselmanische Miliz hat treu zu den Deutschen gehalten, das waren unsere verlässlichsten Kampfgenossen, obwohl ihr Kampfesmut damals begrenzt war. Es waren halt unausgebildete Leute und die haben halt auch versucht, ihre Haut zu retten, wo es nur ging. Jedenfalls, wir haben zum Angriff auf dieses Kloster angesetzt und ich habe mit der MG-Gruppe meiner Kompanie zum Sturm angesetzt, habe das MG dem MG-Schützen I abgenommen, bin vorausgestürmt, bin in Stellung gegangen und der MG-Schütze I und der Munitionsträger kamen gleich hinter mir nach und dann kam eine MG-Garbe von oben herunter und hat uns niedergemäht. MG-Schütze I und II waren tot, ich bin am Bein verwundet worden. Sie war nicht arg die Verwundung – es war ein Durchschuss unter dem Knie – die Verwundung war nur insofern schlimm, als sie eine Lähmung verursacht hatte. Also, ich bin dann da mit einigem Glück herausgekommen, und zwar hatte der Tito ein Frauenbataillon als seine Leibwache gehabt, die hat er gerne gehabt, und es war unheimlich, weil die zum Gegenangriff angesetzt haben. Und wie diese schreienden Weiber ausgebrochen sind und von oben in den Wald herunterkamen, wo wir lagen, mit diesem schrillen Geschrei »Hurre, Hurre!«, Also, da ist einem schon ein bisschen kalt über den Rücken gegangen.
Ich lag verwundet dort und rundherum sind alle stiften gegangen [geflohen], die Italiener waren weg, die Muselmanen sind weg gewesen, ich war dann plötzlich allein, und dann kam noch ein Einzelgänger, ein Muselmane, heruntergestürmt, und ich habe geschrien, er soll mich mitnehmen. Er hat einmal gestutzt und ist stehen geblieben, ist aber dann weitergerannt, und da habe ich ihm nachgeschossen. Darauf ist er stehen geblieben und ist zurückgerannt gekommen. Der hat mich dann an einem Bein erwischt und hat mich am Bein hinuntergezogen, bis hinunter, wo meine Truppe die Sammelstelle hatte. So bin ich herausgekommen.

Während sich die Bataillone der »Brandenburger« im Landesinneren schwere Kämpfe mit den Partisanen lieferten, rückten über Rumänien starke sowjetische Verbände vor. Bei Milanovac,

am »Eisernen Tor«, wo die rumänisch-jugoslawische Grenze verläuft, bezogen die »Brandenburger« ihre Stellungen, um dem russischen Vormarsch Einhalt zu gebieten.

Gottlieb Unterthiner: Ich habe mir ein ganz schmales Loch mit zwei, drei Meter lang und zwei Meter tief gemacht. Da haben meine Kameraden gesagt: »Spinnst du, was willst denn mit dem Loch?« Und ich habe geantwortet: »Wenn ich nicht direkt eine auf den Schädel krieg, dann kann mir nichts passieren!« Die Russen waren auf der anderen Seite und wir auf der Seite, sind wir neben der Donau im Sand drin gelegen und haben uns die Sonne auf den Bauch scheinen lassen. Auf einmal kommen von der rumänischen Seite drei oder vier Flugzeuge, die Il-2, das war der gefürchtetste Kampfflieger der Russen. Ich habe sie im letzten Augenblick gesehen. Ich konnte also mein Splitterloch nicht mehr erreichen und bin nur mehr in diese Kaverne hinein, in den Unterstand da, und dann hat's schon gekracht. Der Spuk dauerte nicht mehr als zehn Sekunden, dann waren sie wieder weg. Von oben ist der Flinz und Sand herunter gekommen, und ein Freund von mir hat gesagt: »Liebl, geh hinaus in dein Loch!« »Warum? Sind die alle weg?« »Schau dir nur dein Loch an!« Bin ich raus. Ein Loch war schon, aber es war ein Bombentrichter. Also, wenn ich fünf Sekunden mehr Zeit gehabt hätte, dann wäre ich sicher in mein Splitterloch hinein. Dann wäre es vorbei gewesen.

Die Stellungen in Milanovac waren ausgebaut und man wartete jetzt nur mehr auf das, was kommen würde, auf den russischen Großangriff.

Gottlieb Unterthiner: Wir haben die 2. Kompanie abgelöst. Dann haben uns die Russen den ganzen Tag von drei Seiten beschossen, mit Artillerie, mit der »Ratschbumm« und mit Granatwerfern. Jeder Russlandkämpfer weiß, was eine Ratschbumm ist. »Ratsch« deswegen, weil zuerst der Einschlag kommt, und dann hörte man erst den Abschuss »Bumm«. Bei der Artillerie hast du den Abschuss gehört und dann hast du als erfahrener Frontsoldat die Richtung fast ein

wenig erkannt, aber die »Ratschbumm« war die gefährlichste und unliebsamste Waffe, die die Russen gehabt haben. Die Stalinorgel hatte mehr eine moralische Wirkung. Wenn man bei der Stalinorgel den ersten Einschlag gesehen hat, dann wusste man, vor diesem Einschlag kommt kein weiterer Einschlag mehr, die kommen alle hinter dem ersten Einschlag.
Und um fünf Uhr hörte auf einmal die russische Artillerie auf zu schießen. Dann wussten wir, jetzt kommen sie. Ich bin mit meinem Maschinengewehr dagelegen, ich muss sagen, die Nerven waren zum Zerreißen. Die Russen sind gekommen in vier Linien, alle mit aufgepflanzten Bajonetten. Wahrscheinlich waren sie alle besoffen, weil die haben geschrien, die höre ich heute noch: »Napret proletarie!« »Napret proletarie« heißt »Vorwärts Proletariat«, und sie haben nicht »hurra« geschrien, sondern »hurre«: »Hurre, napret proletarie!« Also, wenn man eh schon mit den Nerven angespannt ist, dann noch dieses Geschrei dazu. Dann sind sie immer näher gekommen und noch immer kein »Feuer frei« von unserer Seite. Man hat schon die Gesichter gesehen von den Russen. Dann kam endlich das »Feuer frei«. Das war unvorstellbar, das werde ich nie vergessen. Die erste Linie der Russen ist auch gleich gefallen, die zweite Linie hat sich davon aber nicht beeindrucken lassen und ist auch gefallen. Dann sind wir vorgestürmt. Man hat dabei aufpassen müssen, dass man nicht auf einen Bauch oder auf einen Kopf getreten ist, so dicht lagen sie beieinander. Und dann kamen russische Panzer. Ich weiß noch gut, neben mir ist einer gewesen, der hat gesagt, jetzt ist's aus. Und in dem Moment flogen ganz knapp über unseren Köpfen drei oder vier Flugzeuge hinweg – auf ein deutsches Flugzeug hat kein Mensch mehr gedacht – und stürzten sich auf die russischen Panzer. Soviel ich gehört habe, war es das Geschwader Ilmenmann von Oberst [Hans-Ulrich] Rudel. Der hatte ja Panzerkanonen drauf auf den Sturzkampfbombern Ju 87 oder 88. Von den Panzern ging eine Rauchwolke nach der anderen hoch, und in fünf Minuten waren die Panzer alle erledigt.

Ein Stuka Ju 87

Das war am 9. Oktober 1944. Am Tag darauf setzten sich die »Brandenburger« von Milanovac ab und schlossen sich dem allgemeinen Rückzug in Richtung Belgrad an. Aber auch die Front in Belgrad musste bald darauf dem russischen Ansturm weichen. Schließlich hatte es zuletzt in Jugoslawien keinen Nachschub mehr gegeben.

Herbert Kiem: Da ist es ja viel zu weit hinunter gewesen. Wie wir hinunter gefahren sind, haben wir von Admont bis Belgrad bei den vielen gesprengten Tunnels acht Tage gebraucht.

Wenn kein Weg mehr offen war, blieb den letzten »Brandenburgern« nur noch die Hoffnung, nicht in die Hände der Partisanen zu fallen, sondern in sowjetische Gefangenschaft zu geraten.

Michael Thomaser: Zum Schutze vor jugoslawischen, aber auch tschechischen Partisanen, haben die Russen Befehle herausgegeben, dass kein deutscher Soldat erschossen werden darf.

Ein Großteil der Division »Brandenburg« in Jugoslawien wurde in Obrenovac, wenige Kilometer südlich von Belgrad, gefangen genommen.

Gottlieb Unterthiner: Ich wurde dort gefangen genommen, und wenn es nach den Partisanen gegangen wäre, dann wären wir alle auf der Stelle erschossen worden, und da kommt zum Glück ein russischer Oberstleutnant dazwischen. Das hätte ruhig ein Preuße sein können, weil er war groß und blond und hatte blaue Augen und der erste russische Offizier, den ich gesehen habe, der von Kopf bis Fuß perfekt sauber angezogen war. Rote Stiefel hat er gehabt. Und der hat dann in diese Menge hineingeschrien, sie solle von uns ablassen. Als die Partisanen nicht gehorchen wollten, hat er die Pistole gezogen, und erst dann haben sie seine Rufe befolgt. Aber bis auf Unterhose, Hemd und Mütze haben sie uns dennoch ausgezogen.
In diesen fünf Tagen der Gefangenschaft in Obrenovac haben wir dreimal nackt bei einer Bretterwand eines aufgelassenen Schießstandes gestanden, um erschossen zu werden. Am ersten Tag, wie wir da herausgekommen sind zu der Wand, kam ein Partisanenoffizier und sagte – er hat ein wenig Deutsch gesprochen: »Heute vor drei Jahren SS schießen kaputt 300 Partisanen. Heute ihr schießen kaputt!« Genau so hat er gesagt. Und nach 20 Minuten ungefähr haben sie uns

wieder in den Keller befördert. Zwei Tage später war genau dieselbe Prozedur wie vorher. Das dritte Mal, muss ich ehrlich sagen, habe ich mit meinem Leben abgeschlossen gehabt. Eine Erschießung hätte fast eine Erlösung bedeutet. Das dritte Mal wurden uns die Hände auf den Rücken gebunden, und wir kamen wieder vor die Bretterwand. Und dann kam wieder dieser Oberstleutnant, genau dieser, und hat als Erstes befohlen, die Hände auf dem Rücken von den Fesseln zu befreien, und dann hat er gesagt, dass niemand mehr erschossen wird. Wir werden arbeiten müssen und bekommen zweimal täglich ein warmes Essen.

Trotzdem waren die Gefangenen in den jugoslawischen Lagern unmenschlichen Lebensbedingungen ausgesetzt und mussten harte Fronarbeit verrichten.

Aus Südtirol stammende Brandenburger wurden gegen Kriegsende wegen ihrer Italienischkenntnisse zur Partisanenbekämpfung auch in Italien eingesetzt.

Erich Klemera: Ich mit meiner Gruppe erlebe, wie fünf junge Burschen mit Kindern und Frauen auf unseren Hof, wo wir uns niedergelassen hatten, zukommen, worauf wir natürlich sofort geschalten [verstanden] haben, das sind Partisanen, die sich mit den Frauen halt da irgendwie absichern. Sie sind hinein ins Bauernhaus gegangen, und ich bin auf das Dach hinauf. Nachdem wir ja alle Italienisch können, haben wir gesagt, wenn ihr nicht gleich herauskommt, dann fliegt die Handgranate bei eurem Kamin hinunter und ihr seid alle hin! Worauf sie dann schön herausgekommen sind. Wir haben die fünf geschnappt und hätten die Berechtigung gehabt, sie sofort zu erschießen, weil nach Kriegsrecht jeder, der als Zivilist mit Waffen angetroffen worden ist, ohne einen Prozess hätte erschossen werden können. Da habe ich gesagt, nein, die nehmen wir mit! Wir nehmen sie mit und kommen auf einen Dorfplatz.
Da kommt unser Leutnant zu mir und fragt, was wir mit den fünf Männern da machen. »Herr Leutnant«, sage ich, »was sollen wir mit denen? Wenn wir die erschießen, dann müssen wir sie vergraben, müssen darüber Rechenschaft ablegen und Bericht erstatten. Wir gehen hinüber nach Macerata, liefern sie in der Kommandantur ab und der Fall ist erledigt!« »Einverstanden!«

Heftige Auseinandersetzungen mit italienischen Partisanen hat es auch im Aostatal gegeben.

Angehörige der »X MAS«

Hans Staffler: Wir haben dann schon einige Gefangene gemacht, die wir dann dieser italienischen Einheit »X MAS« übergeben haben, die dann mit diesen gefangenen Leuten fürchterlich umgegangen sind, das hätten wir nicht zuwege gebracht, was diese Faschisten damals mit den eigenen Leuten dort aufgeführt haben. Ich habe einmal einen Gefangenen bei dieser Einheit abgeliefert und diese Einheit musste ich dann diensthalber nach einigen Tagen wieder aufsuchen, und dann hat man mir diesen Mann wieder gezeigt, den ich abgeliefert habe, dann habe ich ihn nicht mehr erkannt. Den haben sie so zusammengeschlagen usw., also dort sind dann schon Sachen aufgeführt worden, die ich als Frontsoldat an der Stellungsfront im hohen Norden nie erlebt habe.

Die Südtiroler »Brandenburger«, die »zur besonderen Verwendung« in den Krieg gezogen waren, hatten an wagemutigen Einsätzen teilgenommen. Sie hatten aber auch unglaubliche Opfer auf sich nehmen und ihre Verwegenheit mit einem gewaltigen Blutzoll bezahlen müssen. Die gemeinsame Herkunft aus der unterdrückten Heimat hatte ein Zusammengehörigkeitsgefühl in ihnen geweckt und schließlich für einen fortwährenden Ersatz für die gefallenen Kameraden gesorgt. Vielfach aber wurden sie für ehrgeizige Pläne ihrer Vorgesetzten skrupellos missbraucht. Treue, Verlässlichkeit und Pflichterfüllung der »Brandenburger« aus Südtirol hatten durchaus nicht immer die »besondere Verwendung« gerechtfertigt.

Der Krieg im Norden

Südtiroler an der Eismeerfront

Hans Staffler: Wenn ich heute noch an den Krieg denke, obwohl ich ja versuche, das zu vermeiden, weil die Kriegszeit war nicht besonders lustig, trotzdem, wenn ich daran denke, dann fällt mir halt immer wieder die Eismeerfront ein.

Die Eismeerfront, die sich in einem weiten Bogen von Nord-Norwegen über Finnland bis zum russischen Murmansk spannte, war für sehr viele Südtiroler, vor allem aber für die Gebirgsjäger in der deutschen Wehrmacht, ein bevorzugtes Einsatzgebiet während des Zweiten Weltkrieges.

Im September 1939 hatten deutsche Truppen Polen angegriffen und besetzt und damit den Zweiten Weltkrieg ausgelöst. Hitler wandte sich nun nach Westen und bereitete den Angriff auf Frankreich vor. Doch Kampfhandlungen fanden vorerst nur auf See statt. An Land schwiegen noch die Waffen. Man befand sich in einem »Sitzkrieg«.

Anders in Skandinavien. Dort hatte im November 1939 die Sowjetunion versucht, Finnland unter ihre Kontrolle zu bringen. Im so genannten »Winterkrieg« konnten die russischen Truppen nach anfänglichen schweren Verlusten die Oberhand gewinnen und Teile Finnlands besetzen.

Skandinavien weckte aber auch das Interesse der Westmächte und Deutschlands.

Großbritannien und Frankreich wollten die Eisenerzlieferungen aus den schwedischen Erzlagern von Kiruna und Gällivare nach Deutschland unterbinden. Für die deutsche Kriegswirtschaft war die Einfuhr von Eisenerz, die über den norwegischen Hafen Narvik erfolgte, von allergrößter Wichtigkeit. Außerdem eigneten sich die norwegischen Küstenstädte als ideale Stützpunkte für die deutschen Marineeinheiten. So begann ein Wettlauf zwischen den Westmächten und dem Deutschen Reich um die Vorherrschaft in Norwegen und vor allem um die Kontrolle des Hafens von Narvik.

Am 9. April 1940 gab Hitler das Startzeichen für die Operation »Weserübung« zur Besetzung Dänemarks und Norwegens. Am Skagerrak und längs der norwegischen Küste lauerten aber starke englische Marineverbände, um den Transport von Truppen und Waffen nach Norwegen zu unterbinden, und auch Norwegens Küstenbatterien verstanden es, den unerwünschten Eindringling zu stören.

Abfahrt nach Norwegen

Hans Staffler aus Völser Aicha diente bei der 2. Gebirgs-Division, die zusammen mit der 3. Gebirgs-Division an diesem Unternehmen maßgeblich beteiligt war.

Hans Staffler: Wie wir das erste Mal hinaufgefahren sind, mussten wir über den Skagerrak nach Norwegen fahren. Der Konvoi bestand aus drei Transportschiffen und einigen Begleitschiffen. Plötzlich ist Alarm gewesen, Torpedoalarm. Da mussten wir alle hinauf auf Deck und haben die Dinger schön langsam unter Wasser heranschwirren gesehen. Beim Schiff, wo ich drauf war, ist ein Torpedo hinten und ein Torpedo vorne vorbei, aber das Schiff in der Mitte hat es erwischt. In maximal zwei Stunden hat man davon überhaupt nichts mehr gesehen. Es ist alles untergegangen, Mensch und Tier und Zeug einfach weg.

Luis Kompatscher aus Völs war bei der 3. Gebirgs-Division.

Luis Kompatscher: Da war ein Sturm mit Windstärke 11 bis 12. Die Wellen sind wuchtig über das Schiff hereingebrochen, und dann gab es Alarm, und man hat auf das Deck hinauf rennen müssen, und dann haben sie gegen die feindlichen U-Boote eine Wasserbombe abgeschossen. Wir hatten einen Geleitschutz von 14 Schiffen. Bei uns, auf unserem Schiff, waren ja über 2000 Mann drauf.

Erich Peintner aus Bruneck war ebenfalls bei der 3. Gebirgs-Division.

Erich Peintner: In Oslo haben wir uns in einem Stadion einquartiert, aber nach kurzer Zeit ist es weitergegangen, über Lillehammer nach Trondheim und von Trondheim weiternach Snasa. In Snasa haben wir unser Lager aufgebaut, draußen im Freien bei den Bauern. Nach kurzer Zeit ist es aber wieder zurückgegangen, und da sind wir zirka 80 Kilometer bis Steinkjer zurückmarschiert und dort sind wir nach einigen Tagen verladen worden, und dann ist es Richtung Schweden gegangen.

Franz Tumler aus Laas, gehörte ebenso der 3. Gebirgs-Division an. Er wusste um die Gründe für die Wahl des Landweges.

Franz Tumler: In Trondheim ist der Seeweg zu gefährlich geworden, weil die Engländer mit allem Möglichen gepasst [gelauert] haben: Seeminen, Flieger, Unterseeboote, alles war da. Wir sind dann mit verklebten Fenstern, ohne Waffen, durch Schweden gefahren.

Luis Kompatscher: Und da haben uns die Rote-Kreuz-Schwestern gut behandelt. Wir haben ja aus dem Zug nicht aussteigen dürfen. Die haben Essen gebracht und Getränke, bis hinauf nach Narvik.

Diese Fahrt mit der Eisenbahn durch Schweden war der kürzeste und auch ungefährlichste Weg, um den deutschen Truppen in und um Narvik die dringend benötigte Verstärkung zu bringen. Mit der kämpfenden Truppe kam auch die Abwehr, also der militärische Geheimdienst, nach Norwegen.

Der Meraner Raymund Öttl war bei der Gebirgsartillerie, wurde aber aus praktischen Erwägungen der Abwehr zugeteilt.

Ankunft in Narvik

Raymund Öttl: Aufgrund meiner Schwedischkenntnisse hat man mich nach Norwegen geschickt. Und da bin ich dann nach Oslo gekommen und in ein Hotel einquartiert worden, und da stand noch das Frühstücksgeschirr auf den Tischen, von denen, die vorher gefrühstückt hatten. Die Bedienung hat gesagt, dass das Engländer und Franzosen waren. Die sind abgehauen, kurz bevor wir eingetroffen sind. Der Kaffee war noch warm.
Ich habe in Oslo schwedische Zeitungen ins Deutsche übersetzen müssen, und auch von der Briefzensur oder vom Abhören der Telefone sind Texte da gewesen.

Mit dem Einmarsch der Deutschen setzte sich der norwegische König Haakon VII. nach England ab und rief vom Exil aus sein Volk zum Widerstand gegen die Besatzer auf. Dieser Aufruf sowie englische Spionagetätigkeiten zogen auf deutscher Seite polizeiliche Maßnahmen nach sich.

Johann Spechtenhauser aus Algund kam mit dem SS-Polizeigebirgsjägerregiment 18 nach Norwegen.

Johann Spechtenhauser: Wir haben den Auftrag gehabt, so einen Berg zu durchsuchen, weil die Wehrmacht halt oft Angst gehabt hat, dass sie auf dem Berg einen Spion abgesetzt haben. So hat man halt wieder den Berg abgesucht, aber selten einmal irgendetwas gefunden.

Und dennoch kam es zu zahlreichen Verhaftungen von norwegischen Widerständlern.

Johann Spechtenhauser: Und in diesem Zusammenhang bin ich halt für drei Monate Gefängniswärter geworden in Oslo. In dem Stock, den wir zugeteilt bekommen haben, sind wir 12 oder 15 Männer gewesen. Die haben sich Tag und Nacht abgewechselt. Und wenn du da einen Monat lang immer in dem gleichen Stock hin und her gehst durch den Gang, immer wieder in die Zellen hineinschaust, dann kann es eben leicht vorkommen, dass du in eine Zelle halt öfter auch hineingehst. Und da habe ich so einen Krog Johansen kennen gelernt und habe mit dem ein bisschen geredet. Dann hat es angefangen: »Überbringe meiner Schwester«, die hat in Oslo gewohnt, »einen

Angehörige des SS-Polizeiregimentes 18 in Oslo

Gefängnis von Oslo

schönen Gruß von mir und sage, dass es mir hier soweit gut geht.« Dann habe ich der Schwester einen schönen Gruß gesagt und immer wieder einen schönen Gruß überbracht, und das ist dann so weitergegangen und mit der Zeit hat es geheißen: »Ach, kannst nicht ein paar Zeilen hineinbringen?« Das habe ich auch getan. Und dann mit der Zeit: »Nimm mir halt ein Stück Kuchen mit herein!« Ja, habe ich noch getan, und dann bin ich glücklich gewesen, wie ich von dem Gefängnis wegkommen bin, weil ich gemerkt habe, dass ich mit einem Fuß schon selbst im Gefängnis drin war. Wenn sie mich erwischt hätten, wäre ich drin gewesen. Und dort habe ich mir geschworen, mich streng an die Vorschriften zu halten und fertig.
Das ist damals schon die Zeit gewesen, wo es festgestanden hat, dass wir von Norwegen wegkommen und nach Hammersbach verlegt werden. Von den anderen Landsern hat keiner gewusst, wo Hammersbach ist, aber Krog Johansen hat genau gesagt, wo dieses Hammersbach liegt, nämlich in der Nähe von Garmisch, wo das Höllental hineingeht und dass da die Wachensteine sind und dahinter die Zugspitze. Der

hat alles genau gewusst. Und der hat mir dort auch einmal, wie ich in die Zelle hineingekommen bin, gesagt: »Herr Spechtenhauser, heute hat Deutschland den Krieg verloren!« Und ich habe nicht gewusst, warum. Ja, was ist da los? »Ja, Deutschland hat Russland den Krieg erklärt!«

Während im Süden Norwegens keine bedeutenden Kampfhandlungen zu verzeichnen waren, kam es im Norden um den Erzhafen Narvik zu – für beide Seiten – verlustreichen Schlachten.

Erich Peintner: Wir sind mit dem Zug in Narvik gelandet. Der ganze Hafen war voll von untergegangenen Schiffen. Wir sahen auch die sechs Zerstörer, die von den Deutschen selbst versenkt worden sind.

Deutsche Zerstörer im Hafen von Narvik

Ein deutscher Flottenverband von zehn Zerstörern hatte gleich am ersten Tag den Hafen von Narvik eingenommen und dabei zwei norwegische Kriegsschiffe und einige Handelsschiffe versenkt. Die mitgeführten Gebirgsjäger unter Generalleutnant Eduard Dietl gingen an Land und besetzten den Hafen. Die deutschen Zerstörer wurden allerdings in den zwei folgenden Tagen von einem überlegenen englischen Flottenverband angegriffen und von britischen Geschützen und Torpedos, aber auch von der eigenen Mannschaft versenkt.

Die Kämpfe um Narvik hielten noch bis zum 8. Juni 1940 an. Dann zogen die Briten ihre Truppen ab und Narvik geriet wieder in deutsche Hand. Damit konnte auch die Lieferung von schwedischem Eisenerz nach Deutschland wieder aufgenommen werden. Die deutschen Soldaten im Norden verbrachten nun eine ruhigere Zeit, und so bot sich ihnen die Gelegenheit, die Wunderwelt der nordischen Landschaft bewusst zu erleben.

Hans Staffler: Da oben sind nur zwei Jahreszeiten, Winter und Sommer, und der Sommer, der dauert drei Monate und in diesen drei Monaten da ereignen sich drei Jahreszeiten, das ist das Frühjahr, der Sommer und der Herbst, das ist alles in drei Monaten, weil im September schneit es schon wieder. Dort kann man zuschauen, wie die Schwammerln wachsen, da kann man zuschauen – wir haben dazu beim Wachestehen oder beim Wacheliegen reichlich Gelegenheit gehabt – wie Birkensträucher im Frühjahr von einer Stunde zur anderen grün werden. Das ist schon faszinierend, das habe ich Gott sei

Dank alles gesehen und beobachtet. Ich habe da oben auch die Tiere gesehen, die sich da im finnischen Urwald bewegen, beim Wiesel und Hermelin angefangen bis zu den Rentieren. Selbst in der schrecklichsten »Scheißgasse« hat man noch etwas erleben können, wenn man aufgepasst hat.

Die Mitternachtssonne

Eindruck auf die Gebirgsjäger machte aber auch die Mitternachtssonne.

Franz Tumler: Wenn wir oben auf der Eismeerstraße gegangen sind, am Nordkap, und es ist Sommer gewesen, da haben wir um zwölf Uhr in der Nacht Briefe geschrieben, heraußen auf dem offenen Gelände haben wir Briefe geschrieben.

Josef Marcher: Drei Monate ist da oben keine Nacht, ist immer nur Tag. Die Sonne kreist um den Horizont. Das war ganz angenehm, es war irgendwie nicht kalt, also eine angenehme Temperatur. Aber irgendwie den Schlaf hat die Sonne ganz durcheinandergebracht, man hat nicht gewusst, wann man schlafen soll, wenn durchaus Tag ist. Um die Mittagszeit ist so eine leichte Dämmerung wie bei uns daheim, wenn die Sonne untergegangen ist.

Diese Schlafstörungen durch die Mitternachtssonne hatten mitunter verheerende Auswirkungen auf den seelischen Zustand der Frontsoldaten.

Erich Peintner: Ein guter Kollege ist zu mir gekommen und hat gesagt: »Du, pfüat dich, ich gehe jetzt heim!« Und ich habe sofort gemerkt, das ist jetzt so ein typischer Fall. »Ja«, habe ich gesagt, »ein bisschen musst du schon noch Geduld haben und dableiben.« »Nein«, sagte er, »ich halte es keinen Moment mehr aus!« Und dann ist er hinausgegangen, und das ist dem Sanitäter gemeldet worden, und der Mann ist weggekommen und man hat nichts mehr von ihm gehört.

Nachdem Hitler am 22. Juni 1941 das Unternehmen »Barbarossa«, also den Angriff auf die Sowjetunion eingeleitet hatte, verschärfte sich die Lage an der Eismeerfront, denn fünf Tage später trat auch Finnland in den Krieg gegen die UdSSR ein. Finnland begriff den Kriegseintritt als »Fortsetzungskrieg«: Es wollte sich die im »Winterkrieg« von 1939 verloren gegangenen Gebiete wieder zurückholen.

Nun wurden Teile des deutschen »Gebirgskorps Norwegen«, die 2. und die 3. Gebirgs-Division, von Narvik in das 1000 Kilometer entfernte Kirkenes verlegt, mit der Absicht, den ganzjährig eisfreien russischen Hafen von Murmansk für den Nachschub von Kriegsmaterial unbrauchbar zu machen.

Erich Peintner: Mit finnischer Unterstützung sind wir ohne weitere Kampfhandlungen durch dieses Gelände gekommen und nach einigen Tagen haben wir effektiv gesehen, und zwar am 29. Juni 1941, also zu Peter und Paul, im Norden oben die Flugzeuge, die Stukas, die Bunkerlinie angreifen. Das hat einige Tage gedauert, bis diese Bunkerlinie ausgeräuchert war, und wir – die 3. Division – hätten die Aufgabe gehabt, dieses Russenlager, die Bunkerlinie und alles rechts einzukreisen und da sind wir in diesem unwegsamen Gelände bis fast an die Liza vorgestoßen.

Wie man versucht hatte, die russischen Bunkeranlagen zu zerstören, gab man sich auf deutscher Seite ebenfalls sehr viel Mühe, zum eigenen Schutz sichere Bunker anzulegen. Dabei musste auch Hermann Nogler aus St. Ulrich in Gröden von der 6. Gebirgs-Division Hand anlegen.

Hermann Nogler: Auf dem »Römerberg« waren zwei Bunker und in einem waren 18 Artilleriebeobachter drin. Auf einmal haben die Russen einen Großangriff begonnen. So haben sie eineinhalb Tage lang zu uns auf das Köpfl hergeschossen, weil sie die Artilleriebeobachter ausschalten wollten. Auf einmal in der Früh, wir waren in unserem Bunker, hörten wir Schlachtflieger und Aufschläge von Bomben, und zwei Bomben sind zu uns hineingefallen da, wo wir geschlafen haben, durchs Fenster. Sie sind aber beide nicht losgegangen, waren Blindgänger. Und im Nebenbunker, wo die ganzen Artilleriebeobachter waren, sind alle tot gewesen, sind alle in die Luft gegangen.

Bunker vor Murmansk

Während bei Kirkenes die Gebirgsjäger zum Einsatz kamen, wurde im finnischen Mittelabschnitt, an der Kiestinki-Front, im Juni 1941 die neu aufgestellte SS-Gebirgsdivision Nord zum Einsatz gegen die sowjetischen Truppen bereitgestellt. Bevor die Leute dieser Einheit in die Auseinandersetzungen eingreifen mussten, erhielten sie in ihrem Lager in der finnischen Stadt Oulu noch eine spezielle Ausbildung, die sie mit den besonderen Bedingungen in diesem Land vertraut machen sollte. Josef Runer aus Terlan und Otto Messner aus Bozen mussten da ihre bitteren Erfahrungen machen.

Josef Runer: Die sind streng gewesen, ganz gewaltig. Wie sie uns abgehärtet haben, schon wegen der Kälte. Da haben wir im Freien die Gewehre halten müssen, und erst wenn die Finger weiß geworden sind, haben wir sie herunternehmen dürfen und die Hände mit Schnee einreiben, vorher nicht. Und dann haben sie uns in einen Raum hineingesteckt, da sind oben Sprüher gewesen. Dann haben sie das Wasser aufgedreht, heiß zuerst und dann wieder kalt. Kneippkur haben sie da gemacht. Und sonst haben sie uns herumgetrieben, das ist unglaublich gewesen. Wir sind marschiert, manchmal so 75 Kilometer mit voller Ausrüstung. Wenn welche umgefallen sind, sind die liegen geblieben, sind allerdings dann vom nachfolgenden Auto mitgenommen worden. Aber ich sage halt, wir haben es gebraucht, sonst wären wir alle nicht mehr heim gekommen. Abgehärtet haben sie uns. Allerdings, die 75 Kilometer sind nicht so arg gewesen, da waren die 25 Kilometer Eilmärsche viel schlimmer.

Otto Messner hatte bei der vorhergehenden Grundausbildung in Hallein den Zynismus der Ausbilder kennen gelernt.

Otto Messner: Diese Ausbildung war schon der Weltuntergang. Also, wie sie uns dort drangsaliert haben, aber schon ganz verrückt! In den Letten [Schlamm] hinein – »Maskenball« hat das geheißen – bist voller Letten gewesen, nachdem du den ganzen Tag schon geschliffen worden bist. Nach fünf Minuten Maskenball hast müssen wieder mit einer sauberen Uniform antreten. Und wenn einer sich irgendwas zu Schulden kommen hat lassen, das kleinste, oder wenn in der Früh um fünf Uhr Wecken war, da hast müssen auf den Pfiff von dem Unteroffizier heraußen sein. Da hat es nicht gegeben, dass einer nicht aufsteht. Da ist er gleich mit dem Büchl herein gekommen, und ist da einer gelegen, hat er den Namen aufgeschrieben. Und was war dann? Mit dem Zahnbürstl das Klosett putzen oder das Trottoir kehren mit dem Zahnbürstl oder auf einen hohen Baum hinaufsteigen und oben rufen: »O Herr, ich bin dumm und weiß nicht warum« oder »Es ist so schön, Soldat zu sein« und solche Sprüche. Die mindeste Strafe war das Kartoffelschälen in der Küche. Dort waren Berge von Kartoffeln aufgetürmt. Da sind 30, 40 Leute herumgesessen, und die Erdäpfel sind einfach nicht weniger geworden. Und, ja, dann war die Vereidigung. Da hat jeder auf den Führer schwören müssen. Da bist nicht ausgekommen. Ein Einziger hat die Hand nicht aufgehoben, der hat nicht geschworen. Dann sind zwei gekommen und haben den geholt, und den haben wir seitdem nicht mehr gesehen.

Bei der Ausbildung in Oulu kam eine weitere Erfahrung hinzu.

Otto Messner: Dann habe ich was Grausiges erlebt: Ein Hamburger aus unserer Einheit hat irgendwie das Gefühl gehabt, er überlebt das Ganze nicht, weil er gehört hat, dass dauernd der Russe angreift und dass wir so viele Verluste haben. Der hat sich das geistig und seelisch so zu Herzen genommen, dass er fast übergeschnappt ist. Dann hat er von einem Kameraden den Urlaubsschein gestohlen. Bei uns hat man nicht einmal ein Schloss auf ein Kastl hinauf tun dürfen, weil es geheißen hat, in unserer Einheit wird nichts gestohlen. Da mussten alle antreten mit der Aufforderung, es soll sich der melden, der das getan hat. Es meldete sich aber keiner, und mit der Zeit hieß es halt, ja, wir werden den schon finden, denn wenn die Gestapo kommt, die treibt jeden in die Enge. Jedenfalls, der hat sich dann einmal versprochen und hat zugegeben, dass er das getan hat. Das Urteil ist verkündet worden, ganz kurz. Also, Diebstahl! Das gibt es sowieso nicht bei uns, ein deutscher Soldat tut das nicht. Wir hatten vor unseren Kasernen einen Baum mit einem riesigen waagrechten Ast. Auf diesem Ast haben sie das Seil befestigt, haben dem Hamburger das Seil um den Hals gelegt und ihn noch um den letzten Wunsch gefragt. Sein letzter Wunsch war: Marmelade! Die Hamburger waren schon immer so Marmeladeesser. Jetzt haben sie ihm so einen Tegl [Topf] mit drei Kilo Marmelade hingestellt, und er hat am Fuß von dem Baum gesessen und hat seine Marmelade gelöffelt. Er hat vielleicht so 20 Löffel gegessen, dann haben sie angefangen, das Seil hinaufzuziehen. Sie haben es zweimal eingeschnitten, so zu drei viertel eingeschnitten. Das war auch wieder so eine Gestapomethode. Sobald der oben auf Halbweg war, ist das Seil gerissen. Normalerweise, in anderen Ländern, war das so, dass, wenn das Seil gerissen ist, dann ist der Todeskandidat frei gekommen. Das war so ein altes Gesetz. Hier nicht! Und dann ist er noch ein zweites Mal heruntergefallen. Schließlich haben sie ihn noch ein drittes Mal hinaufgezogen, vor uns allen. Das war eine Lektion für uns. Das hat uns schon demoralisiert.

Die Unterbrechung in Oulu diente auch dazu, der Einheit eine Nahkampfausbildung für den Krieg im finnischen Urwald zu geben.

Otto Messner: In der Nahkampfausbildung wurde gezeigt, wie man sich mit dem Messer gegen einen Menschen verteidigt, oder auch, wie man im Urwald angreifen muss, damit es nicht zu laut ist. Einen Schuss im Urwald hört man weiß Gott wie weit, hat es geheißen, aber mit dem Messer geht das lautlos. Und da würden demnächst Finnen kommen, hat es geheißen, und die würden uns da ausbilden. Und die Finnen haben uns dann auch ausgebildet.

Finnischer Urwald

Russische Maschinengewehrstellung

Dann bin ich kurz an die Front gekommen. Ja, und das war wieder eine schlimme Erfahrung. Man hat so eine gewisse Vorstellung vom Krieg gehabt: Hier ist die Friedenszone und dort geht der Krieg los. Da ist irgendwo eine Linie, und da fängt der Krieg an. Ich war damals 17½ Jahre alt. Wir fuhren mit unserem Bus schön durch das finnische Karelien Richtung Front und hörten schon von Weitem Maschinengewehrsalven, und auf einmal kam eine ganze Garbe durch unsere Fenster herein und verursachte zwei Tote. Dann haben wir uns gefragt: Moment, wir sind ja noch nicht einmal an der Front, wie kann denn das sein, dass so was geschieht? Dann haben uns die Unteroffiziere schon aufgeklärt: Ja, das ist der Krieg! Der Krieg kann überall sein und zu jeder Zeit!

Abgesehen von den direkten Kampfhandlungen gehörten die Spähtruppgänge im norwegisch-finnischen Urwald zu den wichtigsten, aber auch gefährlichsten Unternehmungen.

Ein deutscher Spähtruppe im Winter

Hans Staffler: Im Schneesturm haben wir uns da verirrt und dann hat es sich später herausgestellt, das wussten wir ja nicht, dass wir weit, weit schon hinter der Murmanskbahnlinie waren, wir waren schon halb in Sibirien drüben. Wir haben nichts mehr zum Essen gehabt und Feuer durften wir auch keines machen. Dann haben wir uns mit Hilfe des Marschkompasses und der Sterne wieder in Richtung Westen begeben und sind nach neun Tagen ohne Verluste zur Einheit zurückgekehrt. Wir haben aber russische Spähtrupps vor uns hin- und herlaufen sehen und mussten schauen, dass wir keine Spuren hinterlassen. Das war, ich möchte sagen, kein ausgesprochen kriegerischer Einsatz, sondern eher ein Abenteuer.

Otto Messner: Beim Spähtruppgehen ist bei uns immer wieder ein Finne vorausgeschlichen. Auf den war Verlass, der hat uns gesagt, wir sollen da in Hocke gehen bzw. uns niederlegen, auf den Ellebogen robben, und er wird das schon machen. Und der hat immer wieder einen Russen gefunden. Irgendeinem Posten hat er einfach den Hals umgedreht bzw. den Kehlkopf herausgeschnitten oder hat ihn sonst irgendwie umgebracht. Wir sind dann in den Bunker hinein und haben ihn ausgeräuchert. Wir sind mit einem Mordshurra hinein, dadurch sind die Russen erschrocken. Wir haben die Maschinenpistolen, die da gestanden sind, auf die Seite getan und haben sie herausgeholt und haben sie in die Einheit gebracht, von der sie dann zurück transportiert worden sind. Und so ist es eigentlich immer ganz gut gegangen.

Bei solchen Spähtruppeinsätzen lief man immer wieder Gefahr, in die gleichermaßen von deutscher wie von russischer Seite gefürchtete Gefangenschaft zu geraten.

Hans Staffler: Der Kompaniechef hat gesagt: »Dann nimmst mir den Russen mit, den wir da gefangen haben, und gibst ihn dort ab!« Und dann sind wir halt ungefähr zweieinhalb, drei Stunden durch den Schnee gelaufen, und der Russe ist immer brav mit uns gegangen. Den haben wir nicht müssen anhängen, der ist ganz brav mit uns gegangen. Und dann sind wir an diese Höhe herangekommen, wo man in das Lizatal hinunter gesehen hat, wo der Bunker gestanden ist, wo unser Bataillon lag, und der Russe sieht das da unten und sieht die deutschen Landser unten herumlaufen und zieht plötzlich ein rostiges Taschenmesser heraus und schneidet sich die Gurgel [Kehle] durch. Also, das war ein Eindruck, den werde ich nie vergessen. Der hat sich da die Gurgel aus lauter Angst durchgetrennt.
Wir sind ja auch propagandamäßig abscheulich unterrichtet worden: Lasst euch nicht fangen, ihr werdet alle hingerichtet usw., und das wird wahrscheinlich bei den Russen auch so gewesen sein. Der hat eine Panik gekriegt und hat sich einfach umgebracht.

Doch nicht allein bei den Spähtruppeinsätzen, sondern auch beim alltäglichen Postenstehen war man zahlreichen Gefahren ausgesetzt.

Josef Runer: Ich bin draußen im Urwald Posten gestanden und habe geglaubt, etwas gehört zu haben. Und plötzlich steht so ein Rus-

Auf Posten im finnischen Urwald

se vor mir. Ich bin dort wie angenagelt gestanden, das Gewehr in der Hand und das war alles. Aber der Russe ist genauso erschrocken, wie ich erschrocken bin, hat sich umgedreht und weg ist er gewesen. Mich hat nur gewundert, wie er hereingekommen ist durch die Minensperre.

Otto Messner: Dann ist es passiert, dass die Russen Agenten hereingeschmuggelt haben, sogar in unsere Stellung hinein. Das war ja eine gewaltige Blamage für uns. Wir haben vor dem Bunker einen Posten stehen gehabt, und da kommen zwei deutsche Offiziere in der richtigen deutschen Uniform, kommen her zu dem Posten und stellen sich vor, Offizier So und So und Offizier So und So und sie wollen zum Kompaniechef hineingehen. Der Posten wollte sie zuerst nicht durchlassen, weil jeder hat das Losungswort sagen müssen, und die haben zum Posten gesagt, er soll sein Maul halten, sie wissen schon, wie das Losungswort heißt, er kann nicht von einem hohen Offizier das Losungswort verlangen. Obwohl, es war ja Pflicht für jeden, das Losungswort zu nennen. Dann sind die zwei Russen hineingeschlichen, durch den Posten durchgegangen, sind hinein und haben den ganzen Bunker mit den Offizieren und der Mannschaft in die Luft gesprengt, sind dann wieder auf die russische Seite hinüber gekommen und es ist ihnen nichts passiert. Schuld daran war eigentlich, dass die Offiziere, die da drin waren, es waren Offiziere in erster Linie drinnen, besoffen waren. Da ist nämlich gesoffen worden, ganz wild, Schnaps. Als Verpflegung hat jeder am Tag ein Weinglas voll Schnaps gekriegt, als Verpflegungsschnaps, und dann hat es die so genannte »Führer-Spende«, die »Goebbels-Spende«, die »Göring-Spende« und die »Terboven-Spende« [Josef Terboven war Reichskommissar in Oslo] gegeben. Da hat man immer eine Flasche Schnaps gekriegt. Unter meinem Kopfpolster waren immer zehn bis zwanzig Flaschen. Ich selber habe minimal getrunken, aber manche sind ins Saufen gekommen, so dass ich mir gesagt habe, wenn die einmal später heim kommen, ich weiß nicht, wie es dann daheim zugeht.

Die arktischen Temperaturen bis zu minus 40 Grad im Winter trafen die Truppe im hohen Norden völlig unvorbereitet.

Skiausfahrt bei eisiger Kälte

Hans Staffler: Für solche Winter sind wir überhaupt nicht ausgerüstet gewesen, das ist erst später alles nachgekommen. Die Offiziere haben bald einmal so eine Lammfelljacke gekriegt, aber wir haben keine gekriegt. Das war schon gemein, ja. Ich habe zwei Paar Schuhe verbrannt oben, nur weil ich solch erfrorene Füße gehabt habe. Überhaupt, in dem Mai-Einsatz im Jahre 1942 war dort diese strenge Kälte, und man hat dort sehr viele Erfrierungen gehabt.

Erich Peintner: Ja, und in Setermoen da haben wir dann die ersten Lieferungen von Skiern und Pelzmänteln usw. gekriegt und davon haben wir natürlich sehr Gebrauch gemacht, denn beim Wachestehen bei dieser riesigen Kälte ist man wie vermummt gewesen in diesen Pelzjacken und den Filzstiefeln, und dann war es halt halbwegs ein bisschen auszuhalten.

Otto Messner: Dann ist wieder etwas Furchtbares passiert: Da hat der Bataillonskommandant einer Einheit von Gebirgstruppen in unserer Nachbarschaft angeordnet, diese soll vor der russischen Stellung die ganze Nacht auf dem Bauch liegen, bis die Russen aus der Stellung herauskommen, und dann sollen sie die angreifen. Jetzt sind die Gebirgsjäger die ganze Nacht auf dem Bauch gelegen, aber nicht mit Filzstiefeln an den Füßen. Wir haben alle Filzstiefel gehabt gegen diese Kälte, es waren ja 30 bis 40 Grad unter Null da oben, und die haben die normalen Bergschuhe angehabt. Unsere Bergsschuhe haben ja die Nägel drunter gehabt, die waren ja noch einmal so kalt, die normalen Bergschuhe, die normalen Uniformen und die normalen grünen Mäntel, statt der Pelzanoraks, wie sie wir immer gehabt haben. Jetzt hat da fast die Hälfte von der Einheit die Füße erfroren gehabt. Die sind ins Spital eingeliefert worden, wo auch ich drin war, und der Reihe nach sind denen die Haxen [Beine] weggesägt worden.

Zur großen Kälte im Winter kamen noch andere Plagen, die der Truppe zu schaffen machten: Das »Land der 70.000 Seen« war im Sommer Brutstätte für Mücken.

»Land der 70.000 Seen«

Johann Spechtenhauser: Die Moskitos haben uns da oben fürchterlich geplagt. Ja, wenn wir nicht mit der Zeit Moskitonetze gekriegt hätten, ja, da hättest dich nicht halten können. Man kann sich nicht vorstellen, was da oben Mücken sind.

Eine allgemeine Plage stellten auch die Läuse dar.

Vor dem Unterstand

Johann Flor: Da sind wir zu einem Ort gekommen, wo wir uns selber einen Unterschlupf haben richten müssen. Wir haben uns den schönsten Bunker gebaut, wo wir drinnen haben aufrecht stehen können, weil es ein Bombentrichter gewesen ist. Und wir haben noch keine Läuse gehabt, die anderen sind schon voller Läuse gewesen. Aber der Oberjäger hat unbedingt eine Musik haben wollen. Wir haben ja nichts gehabt, kein Radio und gar nichts, und der Kompanie-Schneider hat aus Griechenland ein Grammophon mitgebracht. Ja, eine Musik. Und ich sage ihm noch: »Nimm nicht den Schneider in unseren Bunker herein, der bringt die ganzen Hudern [Lumpen] von den ganzen lausigen Männern und dann sind wir auch voller Läuse.« Er hat sich das aber nicht nehmen lassen. Und auf einmal gehe ich in den Bunker hinein, weil ich Musik gehört habe, und wer war denn drinnen in unserem Bunker, der Schneider! Auf unseren zwei Pritschen lagen alles Hudern, Hosen, Joppen [Jacken] und Mäntel, die er gerichtet hat. Und am nächsten Tag haben wir schon Läuse gehabt, wir zwei herunten und der Oberjäger oben noch keine. So gegen Mittag haben alle gelaust. Dann habe ich gesagt: »Schaut, ich habe da eine Schachtel, tut die lebendigen Läuse alle in diese Schachtel hinein, weil dann tu ich irgendetwas damit.« Und so habe ich Läuse gesammelt. Dann bin ich hinunter in den Bunker und habe sie dem Oberjäger hinters Hemd hineingeleert. Und wie er aufgestanden ist und in die Küche hinüber gegangen ist, hat er festgestellt, dass er auch Läuse hat. Da habe ich zu ihm gesagt: »Trottl du, ich habe dir ja gesagt, nimm nicht den Schneider in unseren Bunker herein, der bringt uns nur Läuse!«

Als sich in Russland Ende 1942 allmählich die Wende abzeichnete und die Sowjetunion zum Gegenschlag ausholte, wirkte sich dies auch auf die Front in Finnland aus. Die Überlegenheit der Russen wurde immer drückender.

Erich Peintner: Die Russen haben Leute gehabt, die von den Gefängnissen herausgekommen sind, und denen hat man gesagt, wenn die Schlacht gewonnen ist, dann werden sie frei kommen, dann wird ihnen die Strafe nachgelassen. Und wir waren immer die gleichen Landser, haben kaum einen Nachschub bekommen, und das hat sich besonders bei der Mitternachtssonne ausgewirkt. Es ist ja nie Nacht geworden. Wir haben nie eine Ruhepause gehabt, dass wir einmal hätten schlafen können, denn die Russen haben wellenweise angegriffen. Die Russen sind wie die Ameisen gekommen mit ihren braunen Uniformen und mit dem fürchterlichen Kriegsgeschrei, und wir haben uns dann mit Händen und Füßen und mit allen Waffen, die wir zur Verfügung gehabt haben, verteidigen müssen, und dann ist gleich die zweite Welle gekommen und dann die dritte Welle, so dass wir einfach außerstande waren, diese Wellen alle zurückzuwerfen.

Josef Marcher: Und wie es dann gescheppert hat, da sind einem zuerst schon die Hosen voll geworden. Es war unheimlich: Auf einmal hat es getuscht. Mit der Artillerie haben uns die Russen leicht erreichen können.

Johann Spechtenhauser: Wir haben uns auch kaum getraut, zurückzuschießen. Wenn wir hinüber geschossenhaben, einen Schuss hinüber gefeuert haben, haben sie uns halt 40, 50 wieder herüber lassen. Wir sind oben völlig machtlos gewesen, weil das Gebiet ja viel zu groß ist, es hört ja nirgends mehr auf.

Neben das Gefühl der Hilflosigkeit gegenüber dem Gegner trat auch bald eine seelische Anspannung, der viele nicht gewachsen waren.

Erich Peintner: Es ist auch so gewesen, dass die Leute das Gewehr weggelegt haben, weil sie einfach das ewige In-der-Gefahr-sein nicht mehr ertragen konnten. Die Granaten von den Granatwerfern und die Geschosse von der Schweren Artillerie sind über uns hinweggesaust, und wir haben zu wenig Munition gehabt, um zurückzuschießen, und das hat bei den Leuten einfach einen Stress hervorgerufen, dem viele nicht mehr widerstehen konnten, und so sind sie einfach in eine Lethargie gefallen und haben oft sogar den Verstand verloren.

Die Großoffensive der Sowjetunion Ende 1942 konzentrierte sich vor allem auf den Mittelabschnitt bei Kiestinki. Die 6. SS-Gebirgsdivision Nord, die ja dort gelegen ist, hatte fast zur Hälfte aus Südtirolern bestanden.

Otto Messner: Dann ist bald einmal die Sache brenzlig geworden, denn es hat geheißen, wenn die so aufmarschieren, dann ist was los. Dann hat es geheißen, es werden »Stukas zu Fuß« eingesetzt. »Stukas zu Fuß« war bei uns der Ausdruck für eine Art von Granaten, die einen Meter hoch waren, 28 cm Durchmesser hatten und die von einem Holzgestell abgeschossen worden sind. Die waren laut Genfer Konvention streng verboten, aber es hat damals auch geheißen, die Russen kommen mit Gas, das ja auch verboten war. Unsere Einheit hat alle zwei Monate so eine Granate zugewiesen gekriegt, die wurde mit Pressluft betrieben, und wenn die abgeschossen worden ist, sind wir verständigt worden, vielleicht zehn Minuten vor dem Abschuss. Wir sind ganz vorne gelegen beim Russen, also 70 Meter weg in unserem Fall. Am Bauch haben wir liegen müssen, die Füße ganz ausgestreckt, den Mund aufgerissen und die eine Hand vor dem Mund gehalten und die andere Hand ganz ausgestreckt. Das war die Verhaltensvorschrift, damit es einem nicht die Lungen zerreißt. Nach dem Einschlag der Pressluftgranaten hat man von den Russen nur mehr Fleischfetzen und Kleidungsstücke auf den Bäumen oben gesehen. Da haben wir dann ohne weiteres mit Stoßtrupps in die Stellung hinein können, da hat sich nichts mehr gerührt. Das waren die »Stukas zu Fuß«, haben wir sie geheißen. In der Militärsprache waren es die DO-Geräte.

Am 19. September 1944 wurde schließlich zwischen Finnland und der Sowjetunion ein Waffenstillstandsabkommen geschlossen, in welchem Finnland verpflichtet wurde, die bisher verbündeten deutschen Truppen aus dem Land zu vertreiben. Es kam nun – allerdings in verhaltenem Maße – zu Zusammenstößen zwischen deutschen und finnischen Einheiten. Bei diesen als »Lapplandkrieg« bezeichneten Auseinandersetzungen, die bis zum 11. Jänner 1945 anhielten, wurden viele finnische Dörfer ein Raub der Flammen und die Stadt Rovaniemi zum Großteil zerstört.

Otto Messner: Dann sind wir nach Rovaniemi gekommen, und kurz bevor wir die Stadt betreten hatten – wir waren auf einem Hügel oben – ist ein Munitionszug in die Luft geflogen. Und wir haben uns eigentlich auch geärgert, weil wir Waggone gesehen haben, die mit wunderschönen Polstermöbeln beladen waren, die von Offizieren der Luftwaffe abtransportiert werden sollten. Wir haben uns geärgert, weil die mit den Zügen und den Luxusmöbeln abhauen wollten, während wir weiß Gott wie weit Munition tragen mussten und völlig fertig waren.

Das brennende Rovaniemi

Anders im Nordosten bei Kirkenes an der norwegisch-russischen Grenze: Dort wurde die deutsche »Lappland-Armee« in verlustreiche Kämpfe mit den sowjetischen Truppen verwickelt.

Josef Marcher: Die Russen sind immer näher gekommen. Bis auf Handgranatenwurf sind die Stellungen der Russen von den unseren entfernt gewesen. Man hat geahnt – geredet hat niemand – dass eines schönen Tages ein Großangriff startet, und das ist dann prompt am 7. Oktober gekommen. Das war wie ein Weltuntergang. Mit der »Stalinorgel« haben sie auf unseren Stützpunkt geschossen und auch alle anderen Stützpunkte haben sie niedergehalten. Auf unseren Stützpunkt sind schätzungsweise 20.000 Granaten niedergegangen. Aber die Bunker haben vielfach standgehalten und die Masse hat sich doch noch absetzen können.

Johann Flor: An dem Tag, als der Rückzug angegangen ist, haben sie orange Kugeln geschossen. Dann haben wir gefragt, was diese orangen Kugeln sind. Wir sind eingeschlossen, haben die Offiziere dann gesagt. Eigentlich sind wir schon zwei Jahre eingeschlossen gewesen und haben es nicht gewusst. Es ist keine Post mehr herunter gekommen und auch keine Post mehr hinauf gegangen. Dann habe ich mir gedacht, jetzt schreibst dir gerade einmal selber. Dieser Brief ist dann wieder zurück an den Absender gekommen. Nicht erreichbar! Wie es geheißen hat, »Post ist gekommen«, habe ich mich schon gefreut und wie ich gesehen habe, wer geschrieben hat, bin ich enttäuscht gewesen.

Beim Briefe schreiben

Die Kämpfe mit den vorrückenden Russen hielten nicht lange an. Der eilige Rückzug in Richtung Norwegen begann.

Johann Flor: Wir sind immer nur in der Nacht marschiert, bei Tag haben wir uns immer verstecken müssen, weil die russischen Schlachtflieger immer über uns drüber weggeflogen sind.

Dann sind wir einmal zu einer Hütte gekommen, wo Lappen drin gewesen sind, und ich hätte müssen mit einem Strohbündel die Hütte anzünden. Und die Lappen sind eher kleine Männer. Dann ist das Lappenweibele da gewesen und hat so gebeten, ich soll ihr nicht das Haus anzünden, und ich habe alleweil gedacht, schau, ich habe daheim ja auch eine hölzerne Baracke, und habe so lang gezögert und habe schließlich das Strohbündel nicht angezündet.

Marsch auf der Eismeerstraße

Zur selben Zeit wie an der Murmansk-Front begann der fluchtartige Rückzug der deutschen Truppen auch von der Kiestinki-Front in Mittelfinnland.

Otto Messner: Inzwischen ist der Rückzug losgegangen. Da sind wir mitten in der Nacht gestartet, und der Russe hätte das alles nicht hören sollen in der Stellung vis-a-vis. Der Russe ist dort zwei Tage vor dem Generalangriff gestanden, der hat Einheiten aus allen Gegenden herangezogen und hätte uns total fertig gemacht. Und nun wollten wir den Russen fast um Stunden zuvorkommen. Inzwischen haben unsere Pioniere den ganzen Knüppeldamm, die Hauptnachschublinie, alles schon unterminiert gehabt, schon die letzten Wochen. Am ersten Tag sind wir 82 Kilometer durchgehend marschiert. Es hat von uns jeder die Haxen blutig und eitrig gehabt in den Schuhen drinnen. Gegangen ist man wie auf allen Vieren. Es hat geheißen, wir müssen Abstand gewinnen von den Russen. Und eine Einheit von uns, ein Zug, hat noch hinten bleiben müssen, bis die Russen angreifen. Da sind drei oder vier DO-Geräte aufgestellt gewesen. Man hat ja bei uns den Angriffstermin gekannt, und genau fünf Minuten vorher wurde die Zündung losgelassen und 20 bis 25 Minen in die Luft gehen lassen. Und der Russe hat vorne natürlich Riesenverluste gehabt, weil die ganze Bunkerlinie mit den Geschützen im Visier gewesen ist.

Der lange Rückzug zu Fuß mit den schweren Waffen und dem Proviant für die lange Wegstrecke war äußerst anstrengend.

Otto Messner: Da waren vier Berliner, die haben einfach nicht mehr können, die haben sich nebeneinander hingehockt, jeder hat das Gewehr mit dem Lauf in den Mund hineingesteckt und hat abgedrückt. Die waren verzweifelt. Der älteste war 19 Jahre alt. Und so ist es immer wieder unterwegs gewesen. Und wenn einer zum Offizier gesagt hätte, ich kann nimmer, was unterwegs ein paar Mal passiert ist, dann hat es geheißen, »ja dann müssen Sie halt sitzen bleiben, der Russe wird Sie schon holen«. Und wir haben aber inzwischen erfragt, dass wenn die Russen einen von uns erwischt haben, das hat man dann auch gesehen mit den Gruppen, die zurückmarschiert sind, haben sie ihm die Nase weggeschnitten und die Ohren weggeschnitten und sonst noch was weggeschnitten.
Und so sind wir halt wieder weitermarschiert, aber es war schon nur mehr ein Kriechen. Oft ist passiert, dass man auf der Straße gegangen ist und vor lauter Müdigkeit während des Gehens eingeschlafen ist. Da ist man vielleicht zehn Meter gegangen, dann ist man schön langsam links abgebogen oder rechts. Wenn man gesehen hat, dass einer eingeschlafen ist, hat man versucht, ihn aufzufangen. Und geschlafen hat man ja auf der Straße selber, auf der Eismeerstraße direkt, weil es dort am ehesten flach war und kein Wasser war, dann im Straßengraben unten oder im Wald drinnen.

An der Grenze stoppten die Russen ihren Vormarsch, denn Norwegen gehörte zum Einflussbereich der Engländer.

Josef Marcher: Wir sind dann über Norwegen herunter, 200.000 auf einer Straße. Das ist ein Kunststück gewesen von den Deutschen, dass sie die ganze »Lappland-Armee« da im Herbst oder Winter schon über die Straße, über die Reichstraße 50, zurückgeführt haben, dass sie da überhaupt durchgekommen sind. Wir sind über Narvik und Trondheim bis nach Sarpsborg südlich von Oslo gekommen. Von Trondheim bis nach Oslo sind wir mit dem Zug gefahren und dann von Sarpsborg mit dem Schiff nach Arhus in Dänemark.

Und damit hatte das Abenteuer der deutschen »Lappland-Armee« an der Eismeerfront ein Ende gefunden.

Die Besitznahme Griechenlands

Tiroler Gebirgsjäger im Einsatz

Im Spätfrühling 1941 plante Hitler das Unternehmen »Barbarossa«, die Invasion der Sowjetunion. Dazu musste er sich aber auf dem Balkan den Rücken frei halten. Durch den Beitritt Jugoslawiens zum Achsenbündnis am 25. März 1941 sah sich Deutschland von dieser Seite aus zunächst abgesichert, aber zwei Tage darauf wurde der deutschfreundliche jugoslawische Prinzregent Paul entmachtet. Sein Nachfolger, der minderjährige König Peter II., wandte sich mit seiner Regierung den Engländern zu und schloss mit der Sowjetunion einen Nichtangriffs- und Freundschaftspakt. Diese Entwicklung in Jugoslawien stieß in Deutschland auf heftige Reaktionen. Schon am 6. April begann der Einmarsch der deutschen, ungarischen und italienischen Verbände, eingeleitet durch einen dreitägigen Luftangriff auf die Hauptstadt Belgrad. Das von innenpolitischen Gegensätzen geschwächte Jugoslawien konnte den konzertierten Angriffen der Achsenmächte nichts Gleichwertiges entgegensetzen. Dazu kam, dass die jugoslawische Armee nur ungenügend ausgerüstet war. Schon am 11. April rief die »Us-

Belgrad nach dem Luftangriff

Start nach Griechenland

tascha«-Bewegung in Agram [Zagreb] den unabhängigen kroatischen Staat aus und begab sich in den Schutz des Deutschen Reiches und Italiens. Am 17. April wurde in Belgrad der Waffenstillstand unterzeichnet.

Auf der Fahrt nach Griechenland

Gleichzeitig mit dem Angriff auf Belgrad rückten deutsche Truppen von Bulgarien aus, das sich schon am 1. März den Achsenmächten angeschlossen hatte, auch gegen Griechenland vor, mit dem Ziel, die englischen Truppen, die sich in Griechenland und auf Kreta festgesetzt hatten, zu vertreiben. Außerdem sah Hitler die für ihn lebenswichtigen rumänischen Ölgebiete durch britische Luftangriffe bedroht.

Das Parlamentsgebäude in Zagreb

Im Nordwesten Griechenlands waren schon vorher die Italiener tätig geworden. Nachdem sie bereits im Jahr 1939 ihr Protektorat Albanien besetzt hatten, fielen sie am 28. Oktober 1940, ohne die Deutschen vorher von ihren Absichten in Kenntnis gesetzt zu haben, von Albanien aus in Griechenland ein, wurden aber von den griechischen Truppen nach anfänglichen Erfolgen wieder nach Albanien zurückgedrängt.

Unter diesen Voraussetzungen wurde am 6. April 1941 von Bulgarien aus der Angriff auf Griechenland gestartet. Beteiligt am Einfall im Norden Griechenlands waren neben anderen Truppenteilen vor allem auch die 5. Gebirgs-Division des Generals Ringel und die 6. Gebirgs-Division des Generals Schörner, in welchen auch zahlreiche Südtiroler ihren Kriegsdienst leisteten.

Vormarsch in Bulgarien

Als großes Hindernis für den Einmarsch in Griechenland stellte sich die »Metaxaslinie« dar, benannt

Die »Metaxaslinie«

nach dem griechischen Politiker und General Ioannis Metaxas, der dieses Bollwerk nach seinem Antritt als Regierungschef im Jahre 1936 in Auftrag gegeben hatte. Mit der »Metaxaslinie« ist ein Gebirgsfestungsgürtel ähnlich der »Maginotlinie« in Frankreich

An der griechischen Grenze

entstanden, der allen Angriffen zu trotzen schien. Die Besatzung sollte dank starkbewehrter Bunker, Maschinengewehrkanzeln und in die Felsen hineingetriebener Stellungen, die miteinander durch unterirdische Gänge verbunden waren, auch gegen stärkstes Artilleriefeuer und heftige Flugzeugangriffe gesichert sein.

Einen Tag vor dem Angriff

Um den Durchbruch durch die »Metaxaslinie« zu erzwingen, wurden bereits am Vortag des Angriffstermins, am 5. April, an der bulgarisch-griechischen Grenze bei Petric von den beiden Gebirgs-Divisionen Vorbereitungen getroffen.

Alfons Rier aus Kastelruth war bei der 5. Gebirgs-Division:

Alfons Rier: Wir sind einen Forstweg hinauf bis an die Grenze und oben haben wir Bunker bauen müssen.

Kurz vor dem Angriff

Am nächsten Morgen erfolgte der Angriff, an dem auch der Grödner Hermann Nogler von der 6. Gebirgs-Division beteiligt war.

Hermann Nogler: Und dort haben die Stukas in der Früh die Befestigungen bombardiert gehabt und dann war der Angriff.

Bombadierung der »Metaxaslinie«

Auch Bernhard Anrather aus Margreid war bei der 6. Gebirgs-Division.

Bernhard Anrather: Es sind dort drei Reihen Bunkerlinien gestaffelt gewesen und dazwischen einen Meter dicke Betonmauern. Und da haben wir mit unseren Kanonen halt draufgeböllert, aber das hat den Mauern nicht viel angetan. In den Schießscharten haben sie überall vier MGs, Maschinengewehre, gehabt. Wir haben halt auf die Schar-

Eroberung der Bunkerlinie

ten hingeschossen. Und dann sind die Pioniere gekommen. Die sind mit den Handgranaten hinten hinein und auf die Bunker hinauf und haben oben dann Benzin hinuntergeleert.

Alfons Rier: Sie haben sie dann mit den Flammenwerfern ausgeräuchert wie ein Wespennest.

Mit dabei war auch Stefan Andergassen aus Oberplanitzing. Er gehörte dem Nachrichtenzug des Gebirgsjäger-Ersatz-Regimentes 137 an.

Stefan Andergassen: Bei diesem Angriff sind viele von den griechischen Soldaten verwundet worden, haben also Haare und Augen verbrannt gehabt.

2

Von den Bestimmungen auf Seite [illegible] und 56 habe ich Kenntnis genommen

Andergassen Stefan
(Eigenhändige Unterschrift des Inhabers – Rufname, Familienname)

Größe in Zentimetern 166 | Augenfarbe braun
Körperbauform schlank | Haarfarbe braun

Besondere Kennzeichen (z. B. Brillenträger)

Blutgruppe B

Funktrupp bei Funkgeräten

Alfons Rier: Am zweiten Tag hat der Oberleutnant Klöcker, ein Kärntner, der schon beim Ersten Weltkrieg einen Arm verloren hat,

Ein Toter der griechischen Bunkerbesatzung

Grab eines Gebirgsjägers

zu mir gesagt: »Rier, gehst mit mir vor an die Front?« Dann sind wir wohl hinauf. Ich bin auch neugierig gewesen, wie es da vorne ist. Da sind schon Tote gelegen von uns. Dann sind wir den Graben hinüber und haben hinübergeschaut und haben die Schussscharten und den Bunker gesehen und haben beobachtet, wie die Granaten eingeschlagen haben.

Bernhard Anrather: Mit der Zeit ist dann der Kommandant herausgekommen, ein Feldmarschall ist es gewesen, und der hat dann die weiße Fahne herausgehalten, dann hat bald einmal der Krawall aufgehört, aber wir haben dann noch viel zu tun gehabt.
Die Griechen haben auch Scharfschützen in den Bunkern gehabt: Mir hat einer den Stahlhelm vom Kopf heruntergeschossen. Zwei Zentimeter tiefer und dann wäre ich tot gewesen. Ich habe nur Glück gehabt damals. Und danach habe ich den Kameraden immer wieder zeigen müssen, wo ich im Stahlhelm den Einschuss gehabt habe.
Wir haben viele Tote gehabt, viele Tote, weil wir bei diesen Bunkern nicht herangekommen sind.

Am 8. April 1941 konnte die »Metaxaslinie« schließlich doch überwunden werden.

Stefan Andergassen: Dann hat sich der Major mit einer Gruppe von Nachrichtlern in Richtung Neo Petric begeben. Da unten ist dann der Eingangsstollen zum Befestigungswerk entdeckt worden, und diesen Eingangsstollen haben wir dann gesprengt. Und nachdem wir die Sprengungen gemacht hatten, haben sich die Griechen ergeben und sind als Gefangene abgeführt

Neo Petric

Vor dem Befestigungswerk

worden. Und da muss ich ehrlich sagen, wir haben ihre Tapferkeit bewundert.

Der anschließende steile Abstieg von den Bergen in die griechische Ebene sollte sich dann aber noch als äußerst beschwerlich erweisen.

Hermann Nogler: Und dann haben wir müssen mit den Krädern [Krafträder] von der »Metaxaslinie« hinunter Richtung Mazedonien fahren. Mit Seilen haben wir die Kräder hinuntergelassen, so steil war alles. Da sind unheimliche Berge. Vor allem war noch Schnee oben.

Deutscher Panzer als Begleiter

Die Gebirgsjäger drangen daraufhin gemeinsam mit der 5. Panzerdivision nach Süden vor. Der zügige Vormarsch verursachte auf deutscher Seite erhebliche Nachschubprobleme vor allem bei der Verpflegung, so dass die Truppe gezwungen war, sich an der Bevölkerung, die selbst an Lebensmittelknappheit litt, schadlos zu halten, mitunter auch auf recht ungebührliche Weise.

Bernhard Anrather: Da ist ein Reichsdeutscher, ein Oberjäger, in ein Haus hinein, und da ist eine Familie beim Abendessen gewesen. Sie haben alle aus einer Schüssel herausgegessen, die Frau und die fünf oder sechs Kinder. Dann hat er ihr die Schüssel weggenommen und ist mit der Schüssel zu seinem Bunker hinauf und hat das dort mit den anderen gegessen. Und das Weibermensch hat so geweint, dass sie mir erbarmt hat. Das war das einzige, was sie für die Kinder zum Essen hatte. Dann bin ich hinüber ins andere Haus. Da ist ein Hennenstall gewesen und ich habe einfach die Eier aus dem Stall gestohlen und sie der Bäuerin hingebracht. Die hat mir gedankt und mich gebusst.

Hütte einer griechischen Bauernfamilie

Bei ihrem weiteren Vormarsch überwanden die Gebirgsjäger auf dem Olymp die neuseeländischen und australischen Truppen und

Auf dem Olymp

Vor Larissa

zogen am 19. April in Larissa ein, das ebenfalls von englischen Hilfstruppen verteidigt wurde.

Olivenhaine

Bernhard Anrather: Die Neuseeländer sind oben an den Olivenbäumen mit Ketten angebunden gewesen. Und bevor sie nicht die Munition fertig gehabt haben, haben sie nicht herunterkommen dürfen. Und das ist alles unter dem englischen Kommando passiert. Die Engländer sind hinten gewesen und haben das Kommando geführt, und die armen Teufel haben vorne geschwitzt und gekämpft.

In Larissa konnten sich die Gebirgsjäger an den prall gefüllten Lebensmittelverstecken der Griechen und an den zurückgelassenen Vorratskammern der Engländer gütlich tun. Johann Flor aus Neumarkt von der 6. Gebirgs-Division kam auch in den Genuss dieser Hinterlassenschaft.

Johann Flor: Die Griechen haben alles unter den Heustock hinein gesteckt, Würste, Wein in Flaschen und alles. Dann haben wir gesagt, heute ist Sonntag, heute kochen wir Knödel. Dann haben wir das Brot aufgeschnitten und ein Stück Wurst und Speck und Petersilie habe ich gesucht im Garten. Dann ist der Hildpold gekommen und hat gesagt, er hat das Mehl auch schon gefunden. Der Teufelskerl hat aber Gips gefunden gehabt. So haben wir die Knödel mit Gips gemacht. Und dann haben wir nichts anderes gehabt als einen zähen Gigger [Hahn], der ist wie eine Ziehharmonika gewesen, ist ein alter Gigger gewesen. Und sonst haben wir nichts zum Essen gehabt. Wie wir dann weiter-

Die Feldküche

gegangen sind, haben wir ein Versorgungslager der Engländer gefunden, und dort sind dann Lebensmittel gewesen.

Zum Leidwesen der Gebirgsjäger waren aber auch viele der zurückgelassenen Lebensmittel ungenießbar.

Stefan Andergassen: Die Konserven haben sie alle aufgestochen, also gelocht, und mit Benzin übergossen. Da hast nichts essen können vor lauter Benzingeruch. Wir hatten Hunger gehabt auf dieser Strecke, weil es nichts gegeben hat als ab und zu Bienenstöcke, und bei denen haben wir die Waben herausgenommen, angezündet und über dem Feuer gerüttelt. Die armen Bienen sind halt tot gewesen.

Nach der Einnahme von Larissa rückten die Gebirgsjäger zum Thermopylenpass vor. Dort hatten die Engländer eine Auffang-

Fahrt zum Thermopylenpass

Gebirgsjäger im Vormarsch

stellung aufgebaut, in der sie hartnäckig Widerstand leisteten, um Zeit für die Evakuierung ihres Expeditionsheeres aus Griechenland zu gewinnen.

Zerstörte englische Fahrzeuge

Stefan Andergassen: Die Engländer haben uns auf der Larissa-Ebene erwartet. Da ist diese Schlucht hineingegangen zum Tembi-Pass. Auf der rechten Seite ist die Bahn hineingegangen und auf der linken Seite vom Fluss die Straße, aber die Straße haben die Engländer, bevor wir gekommen sind, schon gesprengt gehabt. Dann haben wir nur mehr das Bahngeleise gehabt, und übers Bahngleis sind auch unsere drei oder vier Panzer gefahren, und die sind dann durch das Wasser hinüber und wollten auf der anderen Seite hinauf, aber kaum dass sie drüben hinauffahren wollten, haben die Engländer das Feuer eröffnet und sie nach und nach abgeschossen.

Rast im Olivenhain

Am 24. April ergab sich die griechische Armee der deutschen Übermacht, und am selben Tag wurde damit begonnen, die in

Erbeutete englische Geschütze

Gefangene Neuseeländer

Griechenland stationierten englischen Soldaten und deren Hilfstruppen aus Neuseeland und Australien von kleinen Häfen und Meeresstränden Südgriechenlands aus einzuschiffen. In der Nähe von Kalamata auf der Peloponnes wurden 8000 Soldaten und 1400 jugoslawische Flüchtlinge gerettet. Insgesamt konnten bis zum 30. April 1941 etwa 50.000 der ursprünglich 62.000 in Griechenland stationierten englischen Soldaten und deren Hilfstruppen über das Mittelmeer entkommen, die meisten nach Kreta.

Die griechische Hauptstadt Athen wurde am 27. April von deutschen Panzern und der 6. Gebirgs-Division besetzt.

Gebirgsjäger auf der Akropolis

Hermann Nogler: Wir sind auf die Akropolis hinauf und die Panzer sind ins Zentrum hinein gefahren, und wir haben auf der Akropolis die Fahne gehisst. Das waren die Kradschützen.

Hinter diesem Erfolg der Gebirgsjäger lagen ein dreiwöchiger Kampf und eine Marschleistung von 600 Kilometern.

Mit den Geschützen am Fuß der Akropolis

Bernhard Anrather: Wir haben die Socken voll Blut gehabt. Wenn wir die Socken ausgezogen haben, ist bei den Socken die Haut hängen geblieben. Wir sind schon armselig dran gewesen und haben doch marschieren müssen.

Die Gebirgsjäger auf einem Fußmarsch von 600 Kilometern

In Athen hatte die 6. Gebirgs-Division von General Schörner auch die Aufgabe, den Wachdienst zu versehen.

Johann Flor: Und dann haben die Griechen einmal die drei Fahnen heruntergerissen, es ist die deutsche in der Mitte gewesen, links die »walsche« [italienische] und rechts unsere [die Divisionsfahne], und dann hat der Schörner angeschaffen, dass heute die Bäcker nicht backen, und wenn die Griechen kein Brot hatten, hatten sie nicht gegessen. Dann sind sie wohl gekommen auf den Knien, um Brot zu betteln. Aber wir sind mit ihnen nicht kleinlich gewesen.

Die 6. Gebirgs-Division vergnügte sich in Athen aber auch gemeinsam mit den italienischen Besatzungstruppen mit einem Rückblick auf die Geschichte Griechenlands. Auf etwas kuriose

Szenen aus der nachgespielten Schlacht bei Marathon

Weise wurde die berühmte Schlacht bei Marathon nachgespielt, in der im Jahr 490 v. Chr. das kleine Griechenland die mächtigen Perser besiegte.

Johann Flor: Wir haben alle Gewändern aus Schilf gehabt, wie es die Römer gehabt haben. Eine Lanze haben wir aus einem Stecken gemacht. Dazu kamen ein Schild und der kurze Kittel und der Stahlhelm, auf den wir Gras hinaufgetan haben, und so haben wir in Marathon gegen die Italiener gekämpft.

Mit der Besetzung Athens am 27. April war der Griechenlandfeldzug der deutschen Wehrmacht noch nicht abgeschlossen. Bereits zwei Tage zuvor hatte Hitler befohlen, für Mitte Mai das Unternehmen »Merkur«, wie die Landung deutscher Truppen auf Kreta bezeichnet wurde, anzusetzen. Der Einfall in Kreta, der strategisch außerordentlich wichtigen Mittelmeerinsel, sollte sich als kräfteraubender erweisen, als zu diesem Zeitpunkt angenommen. Durch die vom griechischen Festland auf Kreta übergesetzten britischen Truppen wuchs nämlich die Stärke der Verteidiger auf beachtliche 42.000 Mann an, 11.000 davon waren Griechen. Der Angriff auf die Insel erfolgte am 20. Mai 1941. Zuerst traf es die Fallschirmjäger. Johann Rapp aus Matrei am Brenner wurde ursprünglich zum Gebirgsjäger ausgebildet, wechselte dann aber von der 2. Gebirgs-Division zu den Fallschirmjägern.

Johann Rapp: Am 17. Mai 1941 ist es schon losgegangen, da hat man uns schon gesagt, ja, wir werden auf eine Insel springen. Wir haben auf Kreta oder Rhodos getippt, aber der Adjutant hat uns einmal versammelt und hat gesagt: »Ja, diese Insel hat den Namen von einem schönen Mädchen!« Er spielte da auf die Greta Garbo an. Und wir haben dann endgültig gewusst, dass wir nach Kreta kommen werden. Und er hat dann noch gesagt: »Ja, soviel wir den Aufklärungsflugzeugen entnehmen konnten, sind keine größeren Truppenverbände dort, es sind zwar so Tücher ausgespannt, das dient aber zum Trocknen der Trauben!« Das sagte er im Mai.

Es folgten dann drei Tage der Vorbereitung auf den heiklen Einsatz.

Johann Rapp: Es ist uns gesagt worden, wir werden ein leicht verdauliches Essen bekommen, Reis mit Rindfleisch aus Konserven, das ist schnell wieder verdaut, für den Fall dass einer einen Bauchschuss kriegt. Wir haben zwei Stunden bis dorthin, zu unserem Absprunggebiet, gebraucht, und derweil ist es verdaut, und wir brauchen keine Angst zu haben, auch vor einem Schuss durch den Körper nicht, wenn er nicht direkt ein tödlicher ist. Wir haben dann unsere Ausrüstung vervollständigt, haben zum Beispiel die Tarnhauben über die Helme bekommen und auch Schwimmwesten. Da ist uns schon ein bisschen mulmig geworden, aber, bitte, das haben wir verdaut. Und dann hat es geheißen, ja, morgen ist Verpflegungsausgabe. Es bekommt jeder zwei Brotbeutel, da kann er Verpflegung und Handgranaten hineingeben und auch zwei Feldflaschen, die sind voll Tee, weil wir rechnen müssen, es könnte eine Woche dauern, bis wir gewöhnliches Wasser bekommen. Wir haben auch das Hundefutter, das waren so getrocknete Weizenbrotschnittenteile bekommen, so kleine Kekse, ein hochwertiges Nahrungsmittel, und dann auch die Schokokola, das waren runde Dosen, handflächengroße Dosen, die haben wir als Notverpflegung bekommen. Wir hatten die Fliegeruniform an, dann drüber den Knochensack, dann die Schwimmweste, ja, Munition hatten wir auch noch, Gewehrmunition.

Dann kam der Einsatztag, der 20. Mai. Am Vormittag wurde das Fallschirmsturmregiment über Chania, der Hauptstadt der Insel, abgesetzt und am Nachmittag war dann Johann Rapp an der Reihe.

Johann Rapp: Wir haben dann das Mittagessen bekommen und um 15.15 Uhr waren wir verstaut. Im Flugzeug drinnen ist alles noch überprüft worden, und dann um 15.45 Uhr sind wir gestartet. Es ging zuerst zum Meer hinaus, und da habe ich die Insel Milos unter uns gesehen, die hat eine besondere Form, wie ein Hufeisen. Da sind wir drübergeflogen, aber dann meldete sich bei mir noch etwas, was schon von meiner Jugend an war, ich wurde seekrank, habe also Brechreiz bekommen. Und, ja, was mache ich, ich kann nicht die ganze Maschine da beschmutzen. Da habe ich meine Springerhandschuhe ausgezogen, das sind Lederhandschuhe, die ziemlich weit zurückreichen, und habe in diese Springerhandschuhe hineingekotzt.

Es wurde mir etwas besser, und dann kam das Zeichen »tüt« zum Fertigmachen. Dann mussten wir unseren Fallschirm mit dem Haken in der Maschine einhängen, weil da waren Drahtseile gespannt, die als Gegendruck dienten, die uns, wenn wir hinaussprangen, gehalten haben. Und dann hat es nimmer lang gedauert, dann sagte auf einmal der Gefreite Bartels zu mir: »Mei, mich hat's, mich hat's!« und zeigte mir einen Streifschuss am Unterarm. Und dann sah ich auch gleich, wie außen auf der Tragfläche auf einmal Löcher waren. Dann kam schon das »Fertig zum Absprung!« und »Fertig!« Das kam da fast zugleich, aber wir waren ja noch mindestens 200 Meter über der Erde, weil springen sollten wir in 80 bis 100 Meter Höhe, damit wir den Feinden, die am Boden stehen, kein langes Ziel abgeben. Ja, ich bin dann hinausgesprungen, als ich an der Reihe war. Das musste schnell gehen, da musste der Eine dem Andern fast mit dem Fuß in den Arsch treten, damit der schnell genug hinauskommt. Ich bin hinausgekommen, es hat dann ein bisschen hin und her geschaukelt, und man hat helle Schüsse gehört, wie wenn sie von der Pistole herrühren, oder auch einen dumpferen Knall aus Waffen mit größerem Kaliber. Ich bin hinuntergekommen und bin in einem Weinberg gelandet und habe einen Mordsstoß auf den Hintern bekommen. Das war schmerzhaft. Gesehen habe ich zuerst niemanden, nur unsere Leute. Die sind auch alle herunter. Unsere Maschine ist glücklicherweise gut über die Küstenlinie hinausgekommen, unsere Nachbarmaschine aber hat angefangen zu rauchen, ist abgeschmiert und ist ins Meer gestürzt.

So landete Johann Rapp trotz des Beschusses von Seiten der britischen Bodentruppen unverletzt in einem Weinberg östlich der Stadt Rethymnon.

Johann Rapp: Ich bin dann unten heraus, so wie es uns eingedrillt wurde, und habe versucht, einen Waffenbehälter zu erwischen, weil die größeren Waffen, auch die Gewehre, sind in Kreta in einem Behälter verstaut gewesen, und da waren auch MG drinnen, Munition und verschiedenes andere. Und wie ich da herumsause, kommt eine Staffel englischer Spitfire [Jagdflugzeuge] daher und hat aus vollen Rohren auf uns geschossen. Ich war Gott sei Dank ganz nahe an einem Olivenbaum, einem dicken und knorrigen Olivenbaum, bin um den herum, damit ich von der einen Seite gedeckt war, aber dann haben die

Flugzeuge wieder kehrt gemacht und haben uns von der anderen Seite bepflastert, aber es ist, soviel ich weiß, niemand zu Schaden gekommen.

Gebirgsjäger in Rafina bei Athen

Einen Tag nach der Landung der Fallschirmjäger folgten die Gebirgsjäger. Sie wurden samt ihrer Ausrüstung im Hafen von Chalkis, einem Städtchen an der Enge zwischen Euböa und dem Festland, auf griechische Fischerkähne verladen. Diese kleinen Motorsegler wurden von zwei oder drei griechischen Seeleuten gesteuert, die zu diesem Dienst zwangsverpflichtet worden waren.

Im Hafen von Chalkis

Schlauchboote als Lebensretter

Bernhard Anrather: Dann sind wir halt eingeschifft worden auf Motorboote. Es sind so 20, 30 Leute auf so einem Boot oben gewesen, und so 30, 40 Motorboote haben wir gehabt, von den Griechen beschlagnahmt. Und da hat einer von den Griechen oder zwei mitfahren müssen, die sich mit dem Motor ausgekannt haben. In der Nacht sind wir eingeschifft worden und sind dann die ganze Nacht hindurch gefahren. Dann haben wir einen so heftigen Sturm erlebt, dass es die Boote nur mehr so herumgeworfen hat. Und wenn du nach vorne geschaut hast, hast du wieder so ein Schiffl gesehen, dann hast auf einmal nichts mehr gesehen. Dann habe ich gesagt: »Schau, da drüben sind wieder welche untergegangen!« Dann haben es die Wellen wieder hinaufgehoben und auf einmal ist das Schiff wieder da gewesen. Uns haben dann die Wellen immer wieder herumgeschleudert und zweimal haben wir das Wasser herausschöpfen müssen, damit wir nicht untergehen. Wir sind halt in den Sturm hineingekommen und da hat es uns arg herumgebeutelt. Wir haben zwei Tage nichts gegessen und haben uns nur mehr erbrochen. Wir sind dann ziemlich weit bis fast zur Insel hinübergefahren und haben schon die Berge in der Ferne gesehen, aber wir haben es dann doch nicht hinüber geschafft.

Trotz der zu diesem Zeitpunkt noch deutlichen Überlegenheit der deutschen Luftwaffe gegenüber der englischen wurde der Konvoi mit den Gebirgsjägern von einem britischen Flottenverband angegriffen.

Stefan Andergassen: Am zweiten Tag, am 22. Mai, sind wir schon vor Kreta gestanden und haben in der Früh dann vier, fünf Schiffe von der südwestlichen Seite von Kreta herausfahren gesehen und da haben wir im ersten Moment gesagt, ah, die Italiener kommen, um uns beizustehen.

Ein Boot aus der Vogelperspektive

Es hat eine Zeitlang gedauert, dann haben wir gesagt, nein, die Italiener haben diese Farbe nicht, die haben eine andere Tarnung als diese Schiffe da. Dann sind die Engländer näher gekommen, und wie sie fast vis-a-vis von uns gewesen sind, hat ein Schiff eine Salve vor uns ins Wasser hineingeschossen. Das heißt: »Schiff stoppen!« Gestoppt ist es aber nicht geworden, und dann hat es nicht lange gedauert, dann haben wir eine Salve auf das Oberschiff gekriegt. Dann sagt der Leutnant Prater: »Andergassen, tun Sie die Hakenkreuzfahne herunter, wir müssen uns ergeben! Also, Hakenkreuzfahne herunter und ein weißes Tuch hinauf. Nehmen S' dazu mein Handtuch.« Er hat schon Blut gebrochen, weil er einen Splitter gekriegt hat. Dann haben wir halt das weiße Handtuch hinaufgetan und haben uns praktisch ergeben, das heißt, wir haben nichts angerührt, wir sind da gewesen und haben gewartet, dass sie uns aufnehmen.

Dazu ist es aber nicht mehr gekommen. Die Rettung nahte aus der Luft.

Ein »Stuka« vor dem Start

Stefan Andergassen: Auf einmal sind die deutschen Flugzeuge gekommen, und zwar alles Stuka-Flieger, ein ganzes Geschwader, und ist auf die Schiffe heruntergestoßen. Und da ist von den Schiffen ein Feuer auf die Flugzeuge hinaufgelegt worden, und von dem ganzen Geschwader sind höchstens vier oder fünf davongekommen. Und dann ist das zweite Geschwader gekommen. Die haben sich gleich verteilt und sind von allen Richtungen rundherum herangeflogen. Die haben dann ein Schiff versenkt und ein anderes hat gebrannt.

Die Gebirgsjäger sprangen von ihrem sinkenden Boot ins Wasser, in der falschen Hoffnung, von den Engländern aufgenommen zu werden. Die englische Besatzung hielt sie aber mit Maschinengewehr-Salven auf Distanz.

Stefan Andergassen: Das Schlimmste, was wir nun erlebt haben, war ja, dass wir bei jedem Flugzeug, das über uns hinweggeflogen ist – den ganzen Tag sind immer wieder Ju 52 mit Gebirgsjägern oder

mit Fallschirmjägern nach Kreta geflogen – um Hilfe geschrien haben. Und so ging's den ganzen Tag. Und gegen Abend hat man dann schon viele nur mehr so liegen gesehen. Und das Schiache [Hässliche] war, wie sie noch den letzten Schnaufer gemacht haben und dann im Wasser wie Stopsel gelegen sind. Also das ist das Schiachste gewesen, was ich in meinem Leben gesehen habe, wie sich der Mensch da wehrt und wehrt und dann die paar Zucker macht und fertig ist es.
Das ist gegangen bis um drei Uhr Nachmittag. Dann ist ein Flugzeug über uns her und dieses hat uns erkannt. Drin war von uns, von der Nachrichtenabteilung, der erste Trupp mit dem Major Treck. Und die sind dann über uns gekreist und haben uns ein Schlauchboot abgeworfen, das im Wasser alleine aufgegangen ist, und da sind drei Dosen von Schokolade drin gewesen mit einem Isolierband herum, damit kein Wasser dazukommt.
Und so ist es dann gegangen bis zum nächsten Tag in der Früh. Um elf Uhr Vormittag sind wir das erste Mal von einem Seenotflugzeug gesucht worden. Und um zwei oder halb drei haben sie uns gefunden und haben uns ein Seil zugeworfen, um uns herauszuziehen, und dann haben sie jeden Einzelnen wie ein Kind ins Lazarett hineingetragen. Keiner hat stehen können. Wir sind total fertig gewesen. Und da haben sie uns dann kuriert. Von dort weg haben sie uns dann mit dem Lazarettschiff abgeholt und zurück nach Athen gebracht, und da sind wir dann in ein Lazarett gekommen.

Das Seenotflugzeug

Ein ähnliches Schicksal wie Stefan Andergassen ereilte auch die anderen in den Booten, die nach Kreta wollten.

Bernhard Anrather: Da ist ein englischer Geleitzug gekommen mit einem Schlachtschiff und Unterseebooten und alles, was sie gehabt haben da drüben, haben sie da eingesetzt. Dann haben sie mit den Scheinwerfern die Nussschalen [kleine Boote] erfasst und mit der Artillerie beschossen. So sind dann viele im Meer geschwommen. Die meisten haben Schwimmwesten angehabt, aber auf Dauer hat das auch nichts mehr genützt. Da sind so hohe Wellen gewesen, dass es sie nur mehr so herumgehauen hat. Und ins Schiff herauf haben wir sie auch nicht lassen können, weil sonst wären wir alle ersoffen. Dann hat es viele noch in die Schiffsschraube hineingezogen. Die sind dann wie bei einer Wurstmaschine hinten herausgeflogen. Wir sind zum Glück ein bisschen abseits gewesen und so haben uns die Engländer nicht erreicht. Wir haben halt Glück gehabt.

Außerdem kamen Einheiten der italienischen Kriegsmarine zu Hilfe und zwangen durch ihren Einsatz die englischen Seestreitkräfte zum Rückzug.

Italienische Zerstörer vor Anker

Bernhard Anrather: Es hat uns dann bis zur Insel Milos abgetrieben, weil unser Motor nicht mehr gegangen ist, und das ist unser Glück gewesen. Und die zwei Matrosen, die zwei Griechen, haben sich nicht ausgekannt, nicht wollen wahrscheinlich, weil sie sind auch nicht gerne für einen anderen in den Krieg gezogen.

Die Insel Milos

Dann sind wir halt zurück gefahren, denn plötzlich ist der Motor wieder gegangen. So sind wir wieder nach Griechenland zurückgefahren. Das hat wieder völlig einen Tag gedauert. Wie wir das Schiff verlassen haben, haben wir nicht mehr stehen können, haben uns niedersetzen müssen und sind umgefallen, als wenn wir besoffen gewesen wären.

Nach dem missglückten Versuch, mit Booten die Insel Kreta zu erreichen, zog man es vor, für den Transport der Gebirgsjäger den Luftweg mit den Ju 52 zu wählen.

Mit der Ju 52 auf dem Flug nach Kreta

Bernhard Anrather: Am nächsten Tag hat es geheißen, wir sollten mit den Flugzeugen hinüberfliegen nach Kreta. Daraufhin haben sich in der Nacht zwei das Leben genommen, haben sich erschossen. Gut, dann sind wir hinaus auf den Flughafen. Der ist auf der Halbinsel Peloponnes gewesen. Und von da weg sind wir dann in der Früh mit einer Ju 52 geflogen. Wir waren so 13, 14 Leute mit dem ganzen Zeug, was im Flugzeug Platz gehabt hat. Ausbildung haben wir für das Fliegen wenig gehabt. Wir haben uns nur gedacht, wenn wir mit der Jägermontur ins Meer stürzen, ist das gleich wie bei einer Fliege in der Suppe. Der Berger Hans ist neben mir gesessen, der hat einmal schnell die Schuhe aufgetan und die Bänder herausgenommen, weil mit den Schuhen kannst nicht schwimmen. Wir haben alle gerechnet, dass wir von der Flak abgeschossen werden.

Der Flugplatz von Maleme westlich von Chania wurde inzwischen von den Fallschirmjägern besetzt, so dass die Ju 52 mit den Gebirgsjägern landen konnten.

Auf dem Flugplatz von Maleme

Bernhard Anrather: Wir haben zur Landung angesetzt und da waren schon an die 20 Flugzeuge unten. Es ist nur ein Sandstrand gewesen, nicht ein Flughafen, ein Strand draußen am Meer. Da sind viele Flugzeuge aufeinander aufgefahren, ein Blechhaufen ist dort gewesen, sodass fast keiner mehr landen konnte. Aber für die Piloten hat der Befehl gelautet: Unbedingt landen. Wir sind hinunter, immer niederer und immer niederer. Ich bin beim Fenster gesessen und schau hinunter und habe fünf, sechs Leute in einem Erdäpfelacker liegen sehen. Die sind alle schon tot gewesen. Und dann haben wir ja genau gewusst, dass uns die Flak drüben empfangen wird. Die Flugzeugfenster haben immer nur so gezittert. Dann sind wir halt gelandet und dann sind uns die Räder unten weggebrochen, und wir haben dann eine Bauchlandung gemacht. Einer von uns ist leicht verletzt gewesen und sonst ist eh nichts passiert. Dann sind die Offiziere gekommen und haben Druck ausgeübt, dass wir ausladen und wegkommen. Wir haben ja wie die Schweine geschwitzt, heiß ist es auch gewesen, 50 Grad im Schatten haben wir gehabt. Dann haben wir halt schnell ausgeladen und sind gleich marschbereit gewesen.

Vor dem Einsatz in Kreta

Den Fallschirmjägern vor ihnen ist es wesentlich schlechter ergangen.

Bernhard Anrather: Die Fallschirmjäger sind fast alle abgeschossen worden. Die haben sie alle in der Luft schon heruntergeholt. Wie wir hineinmarschiert sind, haben wir schon gesehen, was da gespielt wird. Sie sind auf den Telegraphenstangen und auf den Bäumen und auf den Dächern und auf den Knotten [Felsen] oben gehangen. Die haben alle oben verrecken lassen oder sie haben noch draufgeschossen, wie sie schon weg [tot] waren. Die haben sie heruntergeholt wie die Vögel. Die sind nicht einmal heruntergekommen auf den Boden und sind schon tot gewesen. Die zweite und die dritte Welle ist komplett vernichtet worden. Man hat sie direkt in die feindlichen Stellungen hineingeworfen.

Friedhof von Gebirgsjägern

Johann Rapp und sein Kamerad Herbert Sutter hatten also die Landung in den Weinbergen unversehrt überstanden. Und so begaben sich die beiden auf die Suche nach anderen Fallschirmspringern.

Johann Rapp: Dann ist er mit mir durch diesen Weinberg aufwärtsgegangen zur Kuppe hin, und da ist uns auf einmal unser Major, der Bataillonskommandeur, entgegengekommen und hat gesagt: »Ja, Sie, Sie suche ich. Gehen Sie da schnell in den Weinberg hinein, da sind eigene Leute, die schießen auf mich. Sagen Sie, dass unsere Leute hier sind! Ja, und vorerst geben Sie mir mal was zu trinken!« Das habe ich überhört. Ich habe keine Anstalt gemacht, ihm etwas zu trinken zu geben, weil's geheißen hat, wir müssen da acht Tage auskommen. Dann sagte er: »Sie, Sie kenne ich, Sie sind aus meinem Bataillon!« Aber ich habe das überhört und bin mit meinem Kameraden Sutter bis zur Kuppe dieses Weinbergs hinaufgegangen.
Wir sind zu einem Haus gekommen, das muss erst kurz davor fertiggestellt worden sein, und ich wollte eine Handgranate hineinschmeißen, aber der Sutter sagt: »Na, die sind gezählt, wir müssen die vollzählig wieder zurückbringen!«

Als sie nun weitergingen, wurde sein Kamerad von einem englischen Kommando erschossen, das hier Stellung bezogen hatte. Johann Rapp konnte hingegen hinter einem Dornenbusch Schutz finden.

Johann Rapp: Dann sehe ich, wie sich diese Gruppe von Tommies [Engländer] auflöst, und einer ist aufgestanden, hat in meine Richtung geschaut und ist zum Haus hinunter gerannt. Ich habe die Pistole ganz eng an die Wange gepresst gehabt, so dass ich noch gut zielen konnte, und dann sehe ich, wie dieser Tommy so langsam zu mir heranschleicht. Und dann kommt er zu der Öffnung in der Dornenhecke, wo er mich sehen musste. Dann hat er gestutzt, und derweil habe ich meine Pistole viermal abgefingert und dann hat er gleich angefangen zu stöhnen. Und da ist ein Lärm losgegangen. Die haben von der Seite mit allen möglichen Dingern hergeschossen, und ich habe geglaubt, jetzt ist für mich das letzte Stündlein gekommen.

Versprengte Engländer

Aber schließlich rettete ihn die einbrechende Dunkelheit vor dem Beschuss durch die Engländer.

Johann Rapp: Dann bin dann weitergegangen und bin vielleicht um ein Uhr herum dem Gefreiten Albers begegnet. Der war von meiner Kompanie. Ich musste mich dann beim Unteroffizier melden und habe irgendeine Einweisung bekommen und dann durfte ich schlafen gehen.

Am nächsten Morgen war die Kompanie damit beschäftigt, die abgeworfenen Waffenbehälter einzusammeln.

Johann Rapp: Und dann am nächsten Tag habe ich beobachtet, wie Fallschirmjäger eine griechische Stellung nehmen wollten, hier in unserem Rücken, aber weiter oben in der Höhe. Zuerst sind sie hinaufgelaufen und die Griechen haben heruntergeschossen, aber es wurden immer weniger Fallschirmjäger. Dann haben nur mehr die Griechen

Friedhof der Fallschirmjäger

Ausgebrannter Rumpf einer Ju 52

geschossen, und dann war Schluss. Die sind alle gefallen. Und dann ist die nächste Welle Fallschirmjäger vorgegangen und da ist wieder derselbe Effekt gewesen, dass alle, weil sie von unten eine verhältnismäßig steile Berglehne hinaufliefen, gefallen sind. Und dann hat's geheißen – das war schon am nächsten Tag wieder – wir machen einen Angriff auf die Griechen vor uns, weil vor uns war teils Schilfgelände teils Ackerland oder viele abgeschossene Flugzeuge, aus denen heraus Griechen und Tommies dauernd auf uns geschossen haben. Und dann hat sich da eine Schar vielleicht von 12, 15 Leuten mit einem Leutnant gemeldet, und die haben mich mitgenommen und wir gingen vor, vielleicht ein paar hundert Meter, und dann kam da auf einmal die Durchsage, ja, wir sind zu schwach, vor uns sind Australier, und da kommen wir nicht durch, wir müssen zurück, und einer übernimmt die Sicherung nach rückwärts, und weil ich der am linken Flügel war, hat's mich getroffen. Ja, wir sind dann zurück.

Bei diesem Rückzug wurde Johann Rapp am Gesäß verwundet. Er musste aber bis zum Abend ausharren, ehe er geborgen werden konnte.

Johann Rapp: Ich kam dann ins Lazarett, es war so ein Notlazarett, da sind zwei Zimmer gewesen und drinnen sind Verwundete gelegen: Ein paar deutsche Soldaten, aber da waren noch drei Engländer, drei Tommies, die haben sich als willig gezeigt, die Verwundeten zu versorgen bzw. zu helfen. Einer hieß Frank Collins, der war aus Melbourne, und einer hieß Charly Drike, der war aus Perth in Westaustralien, das war ein sehr netter. Ich habe mich mit dem gut unterhalten, und der hat dann zu mir gesagt: »We expected you on the 17th of May!« – »Wir erwarteten euch am 17. Mai!«

Dass die Engländer den Angriffstermin kannten, war mit ein Grund, warum die Zahl der getöteten Fallschirmjäger auf Kreta so enorm hoch war.

Ab dem 28. Mai verstärkten sich die Angriffe der Engländer und Griechen.

Johann Rapp: Hätten wir nicht die Gebirgsjäger gehabt, die uns herausgehauen haben oder die Tommies vertrieben haben, dann wäre es schief ausgegangen.

Es war schließlich der Einsatz der 5. Gebirgs-Division von General Julius Ringel, der am 1. Juni 1941 die Briten, Neuseeländer, Australier und Griechen auf Kreta zur Aufgabe zwang.
Es war eine Auseinandersetzung um die Vorherrschaft auf Kreta, die von beiden Seiten mit äußerster Grausamkeit geführt wurde.

Englische Transporter in der Sudabucht

Bernhard Anrather: Bevor wir eingeschifft worden sind, hat es geheißen, keine Gefangenen machen. Dann haben wir alle unterschreiben müssen, Frauen, Kinder und alles, was uns unterkommt, niederzumachen. Und wir sind katholische Leute gewesen, das haben wir nicht richtig kapieren können.

Gefangene Engländer

Auf Kreta mussten die Gebirgsjäger dann mit der erbarmungslosen Wirklichkeit des Krieges Bekanntschaft machen.

Bernhard Anrather: In Heraklion haben wir die Fallschirmjäger auslösen müssen. Die haben sie eingesperrt gehabt in einem Keller. So 25 sind drin gewesen, ausgezogen und vier bis fünf sind nur mehr so auf dem Boden herumgekrochen. Die sind schon fünf bis sechs Tage eingesperrt gewesen. Die Tür ist mit Brettern zugenagelt gewesen, und links und rechts ist ein Offizier, ein englischer, gestanden. Die haben wachen müssen, damit keiner mehr hinkommt. Dann sind wir

In Heraklion

halt hinein in dieses Lokal. Dann sind sie heraus, aber gekrochen. Das waren Leute zum Erbarmen, die haben sie gefoltert und geschlagen. Nun haben die Fallschirmjäger auf das Zivilvolk so einen Zorn gekriegt, dass sie die Weiber und Kinder alles niedergemacht haben.

Und dazu ist es auch noch ein anderes Mal gekommen.

Bernhard Anrather: Da ist ein Fallschirmjäger gewesen und so ein 60 Jahre alter Grieche, und der fragt den Fallschirmjäger um eine Zigarette und der hat ihm auch eine gegeben. Der andere dreht sich um, und der Fallschirmjäger hat schon zwei Schuss im Rücken gehabt. Die Männer und die Kinder und die Frauen, alle Griechen haben eine Pistole oder eine andere Waffe gehabt.

Die Fallschirmjäger, die meistens in kleinen Gruppen unterwegs waren, liefen leichter Gefahr, in die Hände von Einheimischen zu geraten.

Bernhard Anrather: Ich bin in ein Haus hineingekommen, da ist einer über Kopf auf den Füßen aufgehängt gewesen mit einem Radlschlauch. An einem Fuß haben sie ihn aufgehängt und haben ihn so verrecken lassen. Weiß Gott, wie lang der noch gelebt hat, einen Tag oder zwei. Und einer ist beim Tisch gesessen und hat die Augen ausgestochen gehabt.

Ein anderes Mal kam die Rettung durch die Gebirgsjäger gerade noch einmal zu spät.

Feldpostkarte

Bernhard Anrather: Dann haben die Engländer Benzin hineingeschüttet in ein Haus und haben es angezündet. Und wenn sie bei einem Fenstern haben hinaushupfen wollen, haben sie die Engländer heraußen abgeschossen. So haben sie lebendig verbrennen müssen. Und bis wir hinunter gekommen sind, ist alles schon schwarz gewesen, alle verbrannt gewesen, diese Fallschirmjäger.

Nach der Vertreibung der Engländer musste noch weiterhin ein deutsches Truppenkontingent auf der Insel verbleiben. Alfons Rier von der 5. Gebirgs-Division verließ am 2. Juni 1941 auf einem Truppentransporter Piräus in Richtung Kreta.

Alfons Rier: Wir haben da zwei italienische Zerstörer gehabt und zwei Flugzeuge als Begleitschutz. Und dann sind wir die ganze Nacht durchgefahren und abends ist es dann kalt geworden und dann hat es den Befehl gegeben, alles muss auf Deck bleiben, damit wir, wenn ein Torpedo das Schiff versenkt, uns mit einem Sprung ins Wasser noch retten können.
Um drei Uhr Nachmittag sind wir dann auf Kreta angekommen. Wir waren die ersten, die mit den Schiffen angekommen sind. Und dann haben wir dort ausgeladen und haben alles zusammengestellt, was wir gehabt haben und dann sind wir weitergefahren per Achse [mit Autos] bis Heraklion. Dort war der Stab einquartiert, direkt am Meer draußen, und da haben wir dann müssen Wache schieben. Und dort sind wir dann den ganzen Sommer gewesen.

Nach ihrem Einsatz in Griechenland wurde die 5. Gebirgs-Division zuerst an die Ostfront und dann nach Italien versetzt, während die 6. Gebirgs-Division an der Eismeerfront zum Einsatz kam.

Krieg in Nordafrika

Südtiroler Gebirgsjäger in Tunesien

Fast genau drei Monate nach dem Kriegseintritt Italiens an der Seite des Deutschen Reiches eröffnete Benito Mussolini am 13. September 1940 seinen »Parallelkrieg« gegen die britischen Truppen in Ägypten. Nach anfänglichen Erfolgen gegen die zahlenmäßig weit unterlegenen englischen Kräfte erlitten innerhalb von zehn Wochen Mussolinis Truppen bei einem Gegenangriff der Engländer Anfang Dezember 1940 eine vernichtende Niederlage und verloren die gesamte Cyrenaika an die Briten. 130.000 Italiener gerieten dabei in englische Gefangenschaft.

Generalfeldmarschall Erwin Rommel

Mussolini hatte ursprünglich ein deutsches Hilfsangebot abgelehnt, weil er um die Führungsrolle im Afrikafeldzug fürchtete, die desolate Lage in Libyen zwang ihn aber, seine Haltung zu ändern. Mitte Februar 1941 traf das Deutsche-Afrika-Korps unter General Erwin Rommel in Libyen ein. Es folgte ein Siegeszug Rommels, der am 21. Juni 1942 in der Eroberung von Tobruk gipfelte. Rommel verfolgte nun die Briten bis nach Ägypten hinein und wurde erst vor El Alamein gestoppt. An den für das Deutsche-Afrika-Korps entscheidenden Kämpfen bei Tobruk und El Alamein nahm auch Josef Hermann Pitscheider aus Brixen teil.

Josef Hermann Pitscheider: Ich bin zu einer Einheit gekommen, die eigentlich aus ehemaligen Fremdenlegionären bestand. Ich habe das nicht gewusst, was das für eine Einheit ist. Das waren radikale Burschen, die sind, weil sie in der Fremdenlegion waren, als Strafeinheit in Nordafrika eingesetzt worden. Es ist das Regiment 361 gewesen, Nicht-Legionäre waren nur ganz wenige, der Chef, also der Hauptmann von der Kompanie, und der Leutnant und ein paar andere noch und ich als Melder. Die Fremdenlegionäre waren Panzergrenadiere, die haben die Panzer gesprengt und waren Draufgänger, also bessere Soldaten haben sie keine gehabt in Afrika wie die da. Das Regiment 361 war das von den Engländern am meisten gefürchtete Regiment. Das waren alles erfahrene Leute, die waren ja schon alle in Algier und in Indochina, das waren alles schon gesetzte Männer, die haben nichts zu verlieren gehabt.
Der Feldmarschall Rommel hat einmal zum Chauffeur gesagt: »Jetzt kommen wir zum Regiment 361, hänge die Räder gut an, weil sonst sind die auch noch weg!«
Wir sind in Al Ghazalah eingesetzt gewesen und sind dann nach Tobruk gekommen, haben Tobruk eingenommen und sind von dort aus bis El Alamein vorgerückt. Aber in Al Ghazalah war der Teufel los. Wir sind auf einem Hochplateau gelegen, wo wir keine Löcher haben machen können, und die Engländer haben uns mit der »Ratsch-Bumm«, das war so eine Schnellfeuerkanone, mit der haben sie uns beschossen, bis es Nacht geworden ist. Wir haben viele Verwundete gehabt und Tote und darunter auch mein Zugführer, der Leutnant. Das war eigentlich ein Geistlicher und ein Bluter. Er hat mir gesagt, wenn er einmal verwundet werden sollte, soll ich sofort die Sanität holen, weil er ein Bluter ist – ich habe nicht einmal gewusst, was das ist – und dann hat er mir das erklärt. Und in Al Ghazalah hat er dann das Leben verloren. Eine Granate hat ihm den Kopf einfach weggerissen. Da habe ich nicht die Sanität holen brauchen.
Wir sind dann weitergezogen und in Tobruk haben wir um vier Uhr in der Früh im Sandsturm Minen wegräumen müssen, damit die Panzer nachkommen. Und da habe ich einen Brixner Kollegen getroffen.

Der war Panzerführer, und von dem habe ich einmal davor in Brixen ein Paar Schuhe abgekauft. Wir haben uns gleich wiedererkannt, und er hat mir gleich eine Verpflegung gegeben, die er vom Panzer herausgeholt hat, und dann sind wir wieder weiter und haben wieder Minen weggeräumt und dann haben wir uns in einer Lebensmittelbaracke verschanzt. Auf der einen Seite sind noch die Engländer gewesen und haben geschossen und auf der anderen Seite haben wir die Kisten aufgemacht und haben uns verpflegt. Und dann haben wir über 30.000 Gefangene gemacht und am nächsten Tag waren noch Malaysier ganz in den Felsen drinnen, die haben wir auch noch herausgeholt, und da sind drei Südtiroler von unserer Truppe dabeigewesen. Und da ist ein Major gewesen, ein Engländer, und der hat mir die Pistole gegeben und hat gesagt, er hätte nie geglaubt, dass Hitler bis hierher kommt. Und wir haben uns dann einen Lastwagen gekapert und sind weiter bis zur Grenze zwischen Libyen und Ägypten, und von dort aus sind wir dann nach Mersa Matruh und nach Mersa Matruh ist Folgendes passiert: Wir sind auf eine Mine gefahren mit unserem englischen Lastwagen und sind natürlich alle herausgeflogen von dem Auto. Es sind ein paar Tote gewesen, und einem Freund von mir, einem gewissen Kogler aus dem Oberpustertal, dem hat es beide Beine weggerissen und er ist da verstorben. Bevor er gestorben ist, hat er mir noch gesagt: »Teufel, jetzt kann ich Holz hacken auch nicht mehr!«

Am 4. November 1942 musste sich Rommel dann seinem neuen Gegner, General Bernard Law Montgomery, geschlagen geben und eiligst den Rückzug antreten. Zur selben Zeit landeten nämlich amerikanische Truppen in Marokko und Algerien und stießen gegen das von den Achsenmächten Italien und Deutschland besetzte französische Tunesien vor.

Die Schlacht von El Alamein hatte durch enorme Verluste die Kampfkraft von Rommels Truppen entscheidend geschwächt, und der Nachschub an Kriegsmaterial aus Deutschland war in keiner Weise ausreichend, um den verlustreichen Krieg in Nordafrika mit Erfolg weiter zu führen. Daran konnte natürlich auch das Gebirgs-Jäger-Regiment 756 nichts ändern, das im Dezember 1942 nach Tunesien geschickt wurde und stark mit Südtirolern durchsetzt war.

Norbert Brandt: Am 20. Juli 1942 sind wir in Bozen eingerückt, das heißt sind wir von Bozen gestartet und nach Innsbruck gefahren. Wir haben uns eine Woche lang in der Klosterkaserne aufgehalten und sind dann nach Bludenz gekommen. Dort haben wir die Ausbildung mitgemacht. Die hat zwei Monate gedauert. Da sind jede Menge Südtiroler gewesen, vier Kompanien auf jeden Fall.

Verabschiedung am Bahnhof Bozen: unter anderen Hilde Nicolussi, Hildegard Straub Mayr-Nusser, Josef Ferrari, Hugo Nicolussi, Franz Waldner, Aribo Ladurner

Peppi Kusstatscher: Wir waren in Bludenz bis Mitte Oktober 1942. Dann sind wir erst zu den verschiedenen Waffengattungen verschickt worden, die einen zur Artillerie, die anderen zu den Funkern oder zu den Pionieren oder zu den Hochgebirgsjägern und ich und andere 16 Mann aus allen Teilen Südtirols nach Salzburg in die Jägerpionierkaserne. In Salzburg haben wir bis Mitte November 1942 eine Pionierausbildung durchgemacht. Dann haben wir neue Uniformen gekriegt und sind ins Truppenübungslager Grafenwöhr, das liegt nördlich von Nürnberg, gekommen.

Wir sind dort bis zum 23. Dezember 1942 geblieben, und dann ist meine Kompanie, die Stabskompanie, durch unsere Heimat Richtung Süden gefahren, während die anderen drei Bataillone genau 24 Stunden später gefolgt sind. 250 bis 300 Südtiroler waren es, die also am Heiligen Abend durch unsre Heimat Richtung Süden gefahren sind, mit jeweils einer Stunde Aufenthalt in Branzoll.

Am Bahnhof von Branzoll

Alfons Giovanett: Wir sind hinunter bis Neapel. In Neapel sind wir ein paar Tage geblieben und sind dann weiter nach Palermo. In Palermo haben wir auch noch zwei, drei Tage Aufenthalt gehabt und dann sind wir eingeschifft worden und mit einem Zerstörer nach Afrika hinübergeschafft worden, und ich kann mich erinnern, da war ein Seegang, dass der Zerstörer mehr unter Wasser gewesen ist als über Wasser. Ich habe das Glück gehabt, mit einem Offizier, einem Marineoffizier, Freundschaft zu schließen und so bin ich auf und nicht unter dem Deck gewesen, weil unten drinnen hat es ja verheerend ausgeschaut.

Auf dem Zerstörer »Palermo«

Ankunft in Bizerta

Die anderen Kompanien des Gebirgs-Jäger-Regimentes 756 wurden auf drei vor Anker liegende Torpedoboote verteilt.

Alfons Obermair: Natürlich haben alle unter Deck hinunter müssen und jeder hat ein »Speibsackl« [Brechbeutel] gekriegt, weil man befürchtet hat, dass viele seekrank werden. Ich habe das Glück gehabt, Dolmetscher zu machen, und bin auf dem Deck oben gewesen. Die Überfahrt hat sich aber nicht reibungslos abgespielt. Um vier Uhr in der Früh ist Alarm gewesen: Angriff von englischen Fliegern. Jetzt, was haben die gemacht? Die haben einen Zickzackkurs eingeschlagen. Jetzt kann man sich vorstellen, wie das unter Deck zugegangen ist. Da waren mehr Leichen als normale Leute. Die Landung drüben hat auf See stattfinden müssen, auf kleinen Booten, weil die Einfahrten in Bizerta mit versenkten Schiffen belegt und der Seegang

Einfahrt in Bizerta (in Bildmitte Alfons Obermair)

auch nicht der ruhigste war und es ist halt ein bisschen dramatisch zugegangen.

Ähnliche Erfahrungen wie die anderen Kompanien machte in Palermo auch die Stabskompanie.

Peppi Kusstatscher: In Palermo sind wir ausgeladen worden und haben dort noch Neujahr gefeiert und am anschließenden Tag sind wir eingeschifft worden in einen Zerstörer, 1300 Tonnen, also das ist kein großes Schiff. Man hat uns vorne in den Mannschaftsräumen untergebracht. Wir haben alle Schwimmwesten anziehen müssen und haben versucht, nebeneinander Platz zu finden. Der Platz war eng,

Im Hafen von Palermo

die Luft stinkig und es hat nach Dieselöl gerochen, und da haben wir halt gewartet, bis das Schiff ausläuft. Das muss gegen zehn Uhr nachts gewesen sein.
Wir sind dann ausgelaufen und ein starker Seegang hat uns allen sehr zu schaffen gemacht. Das hat sich dann immerzu verschlimmert. Der Seegang wurde so stark, dass wir oft in der Luft waren und das Ruder unten und dann wieder umgekehrt, wir waren unter Wasser und die Schraube war in der Luft und hat das ganze Schiff zum Vibrieren

Palermo

gebracht. Und so hat es fünf oder sechs Stunden gedauert, bis diese Überfahrt abgebrochen worden ist, wegen zu starkem Seegang und weil scheinbar Fliegeralarm in der Zwischenzeit war, und wir haben auch die Abschüsse von den Fliegerabwehrkanonen gehört. Wir waren jedenfalls froh, als wir, kaum dass es gedämmert hat, wieder in Palermo im Hafen waren.

Wir sind dann in einem Park untergebracht worden. Da waren Orangenbäume und natürlich, sobald wir abtreten durften, war der erste Überfall auf diese Orangenbäume. Jeder hat sich einige in die Taschen gesteckt und zurück in die Zelte, die wir im Park aufgestellt haben und haben die essen wollen, aber da war nichts zu machen, das waren die Bitterorangen, mit denen man höchstens Marmelade machen kann.

Am 6. Januar 1943 sind wir dann wieder zum Hafen hinausmarschiert und sind auf einen etwas größeren Zerstörer verladen worden. Aus

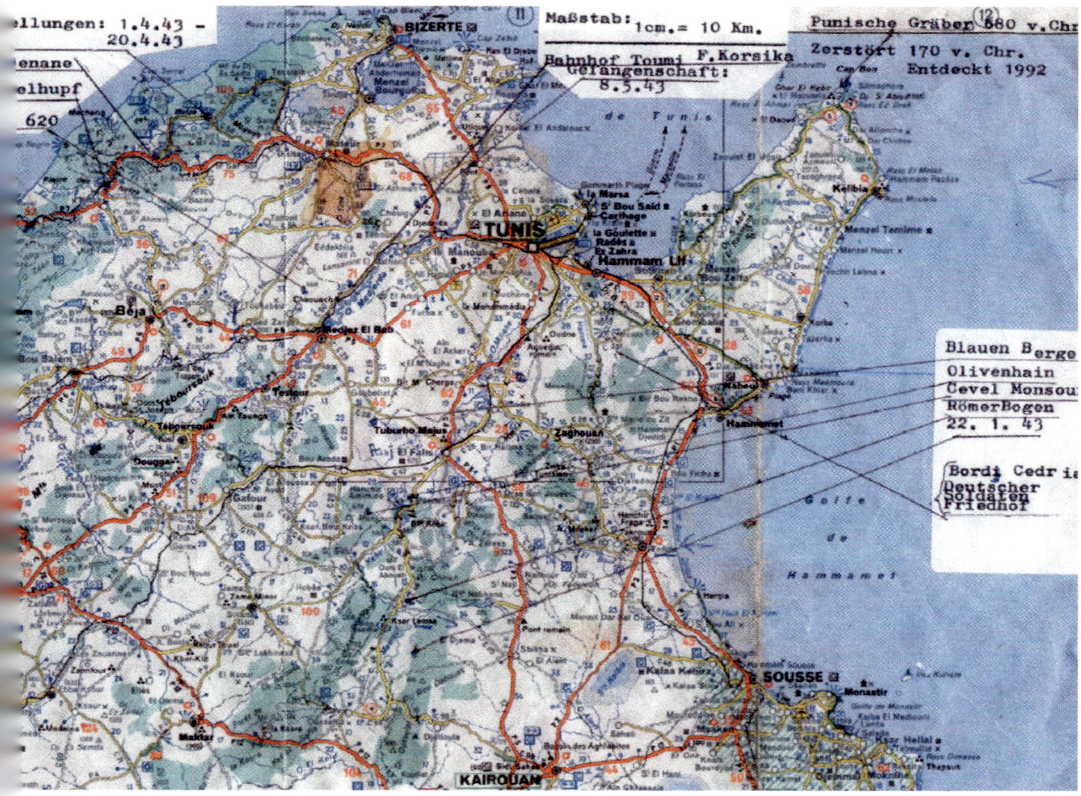

den Erlebnissen während der ersten Überfahrt habe ich gelernt und gleich versucht, mit den Matrosen Verbindung aufzunehmen und bekam auch die Erlaubnis, mich am Rand von einem Geschütz, vorne am Bug, niederzusetzen.

Franz Comploj: Die erste Berührung mit dem Gegner hatten wir nach der Bereitstellung in einem Olivenhain bei Pont du Fahs. Das ist ein Hügel gewesen mit einer Autostraße hinauf, und da sind wir hinaufmarschiert und auf einmal hat es geheißen, jetzt ist der Feind da vor uns, jetzt müssen wir uns aufteilen. Dann sind wir so durch den Wald durch gegangen und auf jeden Fall haben wir keine Feinde gesehen, und wir haben ja eine Mordsfreude gehabt, weil zwei Tigerpanzer neben uns auf der Straße hergefahren sind. Auf einmal hat es angefangen zu schießen von oben herunter. Wir haben keinen Menschen gesehen. Dann hat einer gesagt, das müssen Baumschützen sein. Ich habe herumgeschaut und auf einmal hat mich der Feldwebel angeschrien, Bömbeck hat er geheißen, ich soll mich hinwerfen, ob ich närrisch bin. Dann habe ich mich hingehauen auf den Boden und dann habe ich eine Pflanze neben mir gesehen, die war wie eine Brennnessel, die hat nacheinander alles Löcher gekriegt in den Blättern. Da bin ich erschrocken und habe mich hinuntergedrückt auf den Boden. Dann auf einmal hat dieses Feuer aufgehört. Wir sind dann auf die Spitze hinaufgekommen und haben gesehen, dass zwei, drei Unterstände gewesen sind. Da sind vielleicht zehn oder fünfzehn Soldaten oben gewesen, mehr waren nicht oben.

Alfons Giovanett: Auf der Höhe 620 haben wir alle die »Feuertaufe« erlebt, da haben sie mit der Artillerie hergeschossen. Wir haben genau gesehen, von wo es herkommt, vom Medjez-el-Bab. Die Englän-

»Feuertaufe« auf der Höhe 620

der haben 30, 40 Batterien dort stehen gehabt und mit denen haben sie durchaus geschossen. Dann haben die Unseren die Stukas angefordert. Am ersten Tag sind sieben, acht Stück gekommen. Die sind im Sturzflug heruntergegangen und dann hat man genau gesehen, wie die Flak hinaufgeschossen und einen abgeschossen hat. Am nächsten Tag sind nur mehr sechs gekommen und so ist es weitergegangen, bis keiner mehr gekommen ist.

Peppi Kusstatscher: Am 17. Jänner 1943 war in einem Olivenhain bei Pont du Fahs eine Menge Munition gestapelt. Da sind Ami- und Tommyflieger [amerikanische und englische Flugzeuge] gekommen und über uns hinweggeflogen. Wir haben uns unter den Olivenbäumen versteckt, aber die haben uns dennoch entdeckt, sind umgekehrt und haben sich auf uns gestürzt. Und da war ganz in der Nähe unter einem Gleis durch, für einen Bach, ein Kanal gelegt worden. Dort habe ich Schutz gesucht und habe alles gut überstanden, aber die ersten Verwundeten, leicht Verwundeten, hat es schon dort gegeben.

Da war ein Berg vor uns, der Djebel Mansour, der in der Geschichte von uns Gebirgsjägern eine große Rolle gespielt hat. Der Feind hat nämlich von dort aus bis nach Tunis das ganze Gelände überschauen können. Wir Pioniere sind zwar beim ersten Angriff am 18. Jänner nicht zum Einsatz gekommen, haben aber am 19. Jänner den Weg dort hinauf entminen müssen, Minen ausgraben. Das war auch wieder so ein Himmelfahrtskommando. Am Bauch liegend mit der Nase am Boden, hat man mit dem Seitengewehr erstens einmal die Mine suchen müssen und dann rund-

Der »Gugelhupf«

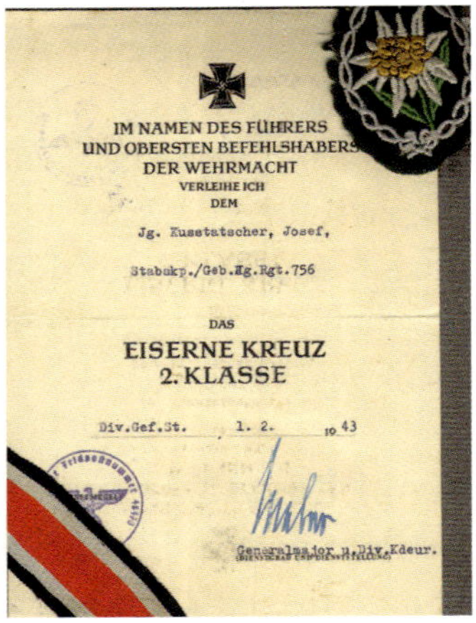

IM NAMEN DES FÜHRERS
UND OBERSTEN BEFEHLSHABERS
DER WEHRMACHT
VERLEIHE ICH
DEM

Jg. Kusstatscher, Josef,

Stabskp./Geb.Jg.Rgt.756

DAS

EISERNE KREUZ
2. KLASSE

Div.Gef.St. 1. 2. 1943

Generalmajor u. Div.Kdeur.

herum frei stochern, mit der Hand die Erde und die Steine herausnehmen und die Mine hochheben. Über 120 solcher Minen haben wir herausgeholt, und dann war die Straße wieder frei.

Franz Comploj: Zweimal haben wir den Djebel Mansour angegriffen. Das zweite Mal am 5. Februar sind wir durchgebrochen, sind hinauf und dann sind wir auf der rückwärtigen Seite gleich wieder hinunter und denen nach und haben die noch verfolgt, ich meine, so eine Woche fast und haben immer in diesem Wadi [wasserlosen Flusstal] geschlafen, haben uns hineingelegt in das Wadi, weil es gut als Deckung gedient hat.

Alfons Obermair: Ich war am Djebel Mansour bei einer SMG-Gruppe, Schweres Maschinengewehr. Und wie wir den Berg erobert gehabt haben – die meisten waren Fremdenlegionäre, die sich dort ergeben haben – sind wir noch zwei Nächte oben geblieben. Dann haben wir den Berg unseren Verbündeten, den Italienern, übergeben und sind abgezogen. Wir sind dann in so ein Wadi gekommen, und da hat es geheißen, da kriegen wir wieder einmal eine Verpflegung und da bleiben wir jetzt, bis wir wieder weiter müssen zu irgendeiner anderen Aufgabe. Wir haben zwar Verpflegung gekriegt, aber die sollte für drei Tage reichen, doch wir haben alles in einem Mal mit Putz und Stängel aufgegessen. Wir sind ja 20 Jahre alt gewesen und hatten immer Hunger.
Dann hat sich noch Folgendes ereignet: Einige von uns haben einen Ausflug machen wollen und sind auf den gegenüberliegenden Berg

hinaufgestiegen, um zu schauen, was dahinter los ist. Hätten sie das nur bleiben lassen! Wir haben Artilleriefeuer gekriegt und haben mitten in der Nacht abhauen müssen und sind dann den ganzen nächsten Vormittag marschiert und haben dabei festgestellt, dass wir in dieser Gegend schon einmal gewesen sind. Das verhielt sich nämlich so: Die Italiener haben sich ergeben und somit ist der Djebel Mansour wieder von den Franzosen besetzt worden, und so haben wir halt noch einmal hinauf müssen. Aber, was wir nicht berücksichtigt haben, war, dass die Franzosen »Dum-Dum-Geschosse«, die ja verboten waren, verwendeten. Das waren Geschosse, da haben sie nicht den Mann treffen müssen, sondern irgendeinen Gegenstand in der Nähe und das Geschoss ist wie eine Handgranate explodiert. Da sind zig Splitter auseinandergegangen und da hat es mich erwischt. Ein direkter Beschuss hätte mir gar nichts getan, aber dadurch, dass auf meiner linken Seite auf einen Stein hinaufgeschossen wurde, hat es mich erwischt. Ich habe dann ein Mordsglück gehabt. Ich habe zufällig die Gurte des SMG aufgehoben und habe so im Gesicht nur wenige Splitter abgekriegt. Ich habe allerdings das Auge verloren, das habe ich gleich gespürt, es ist sofort ausgeronnen. Die meisten Splitter habe ich in die linke Hand gekriegt. Damit war aber für mich der Krieg vorbei.

Alfons Obermair

Peppi Kusstatscher: Wir waren bei diesem zweiten Angriffen am 5. Februar auf den Djebel Mansour nicht im Einsatz, wohl aber mussten wir nachher Minen legen im Vorfeld dieses Berges. Das Minenlegen für die Infanterie war eine Arbeit, die in der Nacht gemacht werden musste. Da ist von Mine zu Mine ein Draht gespannt worden und bei Berührung, bzw. wenn da daran gezogen worden ist, ist die Mine eben losgegangen.
Dieser Djebel Mansour ist noch ein drittes Mal in englische Hand geraten, und bei unserem Gegenangriff am 25. Februar setzten die Gegner ein deutsches Maschinengewehr ein, das so genannte MG 42, das man sofort an der hohen Schussfolge erkannt hat. Dieses MG ist in die Hände des Gegners gefallen und unsere Gebirgsjäger waren der Meinung, der Hügel sei in unserer Hand. So sind sie von oben aus überfallen worden und der Angriff ist zurückgeschlagen worden.

Ich habe dann am folgenden Morgen vor dem Dämmern noch geholfen, einen Verwundeten zu einem Verbandsplatz zurückzutragen. Dort haben wir ihn abgegeben, und der Stabsarzt hat uns den Befehl erteilt, uns im nahen Olivenhain zu verstecken, bis es finster wird, denn er sagte, die Engländer würden mit der Artillerie auf jeden Einzelnen schießen. Und da habe ich auch wirklich den einzigen Verstoß gegen Rote-Kreuz-Bestimmungen erlebt. Ein Sanitätsauto mit dem Roten Kreuz auf dem Dach hat Verwundete gebracht und da hat die Artillerie darauf geschossen. Das war das einzige Erlebnis in Afrika, wo ich sagen kann, das war unfair! Ansonsten hat es keine Gehässigkeiten zwischen uns und den Engländern gegeben. Auch wenn wir Gefangene gemacht haben, entstand nach kurzer Zeit ein eher kameradschaftliches Verhältnis.

Peppi Kusstatscher wurde am 10. März 1943 vom Pionierzug zum 2. Bataillon, 5. Kompanie, versetzt. Das 2. Bataillon bekam den Auftrag, zuerst in Richtung Norden zu fahren und dann nach Westen abzubiegen, an Mateur vorbei, das 60 Kilometer südlich von Bizerta liegt, und sich von dort aus weiter in Richtung Sejenane zu wenden.

Peppi Kusstatscher: Sejenane liegt im Süden vom Cap Serrat, einer alten Festung am Mittelmeer. Und wir sind da noch 30 Kilometer westwärts gefahren und zwar zu einem Hügel, dem so genannten »Gugelhupf«. Der liegt ungefähr drei Kilometer von der Ortschaft Nefza entfernt. Dieser Hügel ist der westlichste Punkt, der in Nordafrika von der deutschen Wehrmacht erobert worden ist. Dort ist am 21. März 1943 der Leutnant verwundet worden. Ein Artilleriesplitter hat seinen Bergschuh durchlöchert und ihn am Fuß verwundet, so dass er zwar weiter hat gehen können, aber Schmerzen gehabt hat und gehinkt ist. Er ist nach Tunis gebracht worden, wo er dann sechs Wochen im Spital gelegen ist. Ich war sehr traurig, denn er war ein guter Kamerad, auf den ich mich habe verlassen können. Wir waren aufeinander richtig eingespielt.

Der »Gugelhupf« bei Nefza

Wir kamen vom »Gugelhupf« wieder zu unserem Ausgangspunkt zurück, in die Nähe von Mejez-el-Bab. Wir erhielten dort als neuen Offizier wieder einen Landsmann, Volker Lutz aus Brixen, der von nun an unseren Zug führte. Mit ihm wurden wir am 31. März zuerst mit italienischen LKWs nach Mateur gebracht und von dort westwärts in ein Seitental dem Sejenane-Fluss entlang. Dort bezogen wir Stellung. Wir blieben dort bis zum 20. April 1943. Wieder ging es zurück Richtung Mejez-el-Bab, und dann, gegen zehn Uhr abends, fing die große feindliche Gegenoffensive an, oben am Djebel Mansour und am »Weihnachtsberg«. Dieser Berg hatte diesen Namen erhalten, weil er am Weihnachtstag, also am 25. Dezember 1942, von uns erobert wurde. Der Engländer hieß diesen Berg »Longstockhill«, also Lange-Zeit-Haltepunkt, weil es ihm trotz vieler Angriffe in diesen drei Monaten nie gelungen war, diesen Hügel, der von den Gebirgsjägern gehalten wurde, zu erobern.

Franz Comploj: Die schlimmste Sache habe ich Anfang März auf der Höhe 620 und 622 erlebt. Zwischen diesen zwei Felszügen liegt ein Pass und auf dem Pass haben wir die Stellung halten müssen. Dort haben wir uns eingegraben, ein schönes Schützenloch gebaut. Am nächsten Tag in der Früh haben wir uns hingesetzt und uns in der Sonne gebadet und haben gar nicht gemeint, dass die Engländer zu uns herübersehen. Auf einmal hat es angefangen zu krachen. Die haben drei Stunden auf uns hergeballert, aber außer einem, dem es das Gehör eingeschlagen hat, haben wir keine Verletzten gehabt. Rund um mein Loch werden so 40, 50 Einschläge gewesen sein. Da habe ich schon gemeint, dass es jetzt aus ist, weil so nahe nebeneinander haben die Granaten kaum einmal eingeschlagen. Aber wir haben das alles gut überstanden und sind am nächsten Tag von der Stellung hinuntergegangen. Ich bin ziemlich vorne gewesen mit einem Freund, einem Wiener, einem schneidigen Knaben. Wir sind also hinuntergestiegen und sind auf eine Ebene gekommen, auf der eine Menge Schützenlöcher waren.

Im Schützenloch

Auf der Höhe 620 mit englischen Gefangenen

Da drin sind diese Teufel gesteckt. Als wir angefangen haben zu suchen, tauchte beim ersten Loch auf einmal ein Kopf auf und dann beim zweiten auch und dann auf einmal sind 60, 70 Köpfe aufgetaucht. Im ersten Loch ist ein Major gewesen. Auf diesen Major habe ich den Gewehrlauf gerichtet und habe gerufen: »Hands up! Hands up! Will you take hands up!« Der hat eine Zeitlang herumgeschaut, hat's aber dann mit der Angst zu tun gekriegt. Auf einmal ist er aufgestanden, hat die Hände hoch genommen und ist aus dem Loch herausgestiegen. Und dann sind auch alle anderen herausgekrochen. Die waren aber nicht unseretwegen so verängstigt, sondern wegen der Granatwerfer, mit welchen wir in die Löcher hineingeschossen haben. Da haben sie große Verluste gehabt und sind deshalb ziemlich fertig gewesen. Und so konnten wir zu dritt die ganze Kompanie gefangen nehmen.

Und dann begann allmählich in Tunesien der allgemeine Rückzug der Gebirgsjägereinheiten, begleitet von der Hoffnung, das Meer zu erreichen und somit ein Schiff, das sie nach Italien bringen würde.

Franz Comploj: Da haben wir uns von der Truppe gelöst, weil wir uns gesagt haben, die marschieren zu langsam, wir versuchen unser Glück zu dritt, wir können alle gut Italienisch, wir schlagen uns so viel leichter durch als mit der Truppe. Als die anderen losmarschiert sind, haben wir uns versteckt und sind dann losgezogen, immer Richtung Norden. Einmal sind wir mit einem »walschen« Motorrad mitgekommen, mit so einem Dreiradler sind wir ein Stück gefahren. Und dann haben wir halt wieder marschieren müssen. Hinter Tebourba haben wir auf einmal hinter uns ein Gerassel gehört. Wir sind gleich von der Straße weg und haben uns geduckt und haben geschaut. Dann sind es zwei deutsche Zugmaschinen gewesen, die hinten eine Flak und eine Kanone nachgezogen haben. Da haben wir uns gesagt, das wäre eine Gelegenheit, wenn wir da hinaufhupfen könnten. Dann sind wir alle drei der ersten Zugmaschine nachgerannt und haben uns bei ihr festgehalten und sind zu zweit hinaufgekommen, der Dissertori Walter und ich. Der Norbert Brandt ist nicht hinaufgekommen, er ist schon zu müde gewesen, um hinaufzuhupfen. Dann habe ich zum Walter gesagt, dass wir den Norbert nicht alleine lassen können, weil das nicht kameradschaftlich wäre. Dann haben wir ein bisschen überlegt und sind schließlich abgesprungen und haben uns neben der Straße hingesetzt und haben auf den Norbert gewartet. Er wird schon daherkommen, haben wir uns gedacht. Auf einmal rasselt es wieder und ich sage, schau, jetzt käme noch eine Zugmaschine, da hätten wir noch eine Gelegenheit gehabt. Dann bleiben wir dort sitzen und schauen der Zugmaschine nach, und wer sitzt hinten auf der Zugmaschine oben, der Norbert, aber er ist nicht heruntergestiegen und wir sind alleine zurückgeblieben.

Ostergrüße vom 16. April 1943

Alfons Giovanett: Am 27. April 1943, kurz bevor wir in Gefangenschaft geraten sind, sind wir die ganze Nacht im Kugelhagel gewesen und am nächsten Morgen sind wir dann von einer anderen Kompanie abgelöst worden und sind zurückgegangen. Dann hat es geheißen, ja, jetzt haben wir einmal Ruhe. Mit meinem Kollegen, dem Zatelli Hans, mit dem ich immer zusammen war, habe ich beschlossen, die Gelegenheit zu ergreifen und heim zu schreiben. Wir haben uns beide auf den Boden gelegt und haben angefangen, einen Brief zu schreiben. In diesem Moment schlug eine Granate ein. Die Granate ist genau neben ihm hinunter, die ganzen Splitter hat er abgekriegt und ich habe nichts bekommen. Die Kompanie ist in das Wadi hinunter gestiegen, und da schreit oben der Feldwebel Neugebauer noch »Hilfe, Hilfe, Hilfe! Hinauf wieder!« Dann ist der auch getroffen worden. Die Granate hat den Zatelli erwischt und den Feldwebel Neugebauer, bei dem der Zatelli Putzer war. Dann haben wir den Neugebauer halt zusammengepackt, und der Sanitäter hat ihn verbunden, aber es war alles erfolglos. Das war so weit in den Bergen oben, dass ihn die Kameraden mit dem Muli bis zum Verbandsplatz hinunterführen mussten. Der Feldwebel Neugebauer ist auf dem Weg hinunter gestorben. Da sind wir also zurückgekommen und dann hat es geheißen, jetzt müssen wir wieder die Stellung räumen, wir müssen weitermarschieren, weil am Meer draußen warten die Schiffe und die führen uns nach

Italien zurück, aber von den Schiffen war keine Spur. Und am nächsten Tag sind wir dann in Gefangenschaft gekommen.

Heinz Knoll: Ich war bei der 1. Kompanie 756 und unsere Kompanie war in Hidus eingeschlossen. Auf einmal hat es geheißen, der Feind ist durchgebrochen, wir müssen schnell zurück. Dann sind wir zurück bis Tebourba. In Tebourba hat es geheißen, wir müssen da Stellung halten. Am nächsten Tag mussten wir weiter zurück, weil die Front immer näher gekommen ist, und landeten schließlich in einem Olivenhain. In der Nähe war ein Verpflegungslager, und in diesem Verpflegungslager haben wir uns ein bisschen zum Trinken und zum Essen geholt, und dann habe ich mir gedacht, ich möchte doch zum Meer hinaus, vielleicht sind italienische Schiffe draußen, die uns nach Italien zurückbringen. Und ich sagte zu einem Kameraden, der eine Infanteriekarrete und ein Pferd gehabt hat: »Du Jupp, fahren wir zum Meer hinaus, wenn da Schiffe sind, dann kommen wir bestimmt nach Italien. Ich kann ja gut Italienisch.« Er stimmte zu und wir haben die Karrete genommen und das Pferd angespannt und sind Richtung Meer, Richtung Porto Farina gefahren. Nach vielleicht zwei Kilometern sind uns vom Meer her Soldaten entgegengekommen, und ich fragte die, ob kein Schiff draußen sei? Sie verneinten. Dann meinte ich, dass es nichts nützt, zum Meer hinauszufahren. So haben wir uns wieder zu unseren Kameraden begeben und haben uns im Olivenhain versteckt und sind dort gewesen. In der Früh sind amerikanische Panzer gekommen und haben um sich geschossen. Dann meinte einer, wir sollten mit einer weißen Fahne hinausgehen, sonst schießen die uns da herein. Dann hat einer so ein weißes Leibchen auf einen Stecken hinaufgetan und hat damit herumgewachtelt. Von den Panzern hat natürlich keiner gehalten, die sind weitergefahren. Unten auf der Straße war aber ein 1,90 Meter großer Militärpolizist und hat geschrien: »Come on, boys, come on, boys, lets go!« Wir sind halt hinuntergegangen – die Waffen haben wir schon vorher vernichtet gehabt – und sind dann halt zu Fuß bis Porto Farina marschiert. Das waren vielleicht sieben, acht Kilometer. Links und rechts von der Straße waren die Ami-Soldaten und sind immer wieder in unsere Kolonne hinein und haben uns die Uhren und die Auszeichnungen, die wir gehabt haben, abgenommen.

Norbert Brandt: Ich bin am 8. Mai 1943 in Tebourba in Gefangenschaft geraten. Und das war so: Völlig erschöpft sind wir zu fünft in so eine Art Bunker hineingegangen und am nächsten Tag hat einer, der Englisch konnte, gesagt: »Jetzt gehe ich schauen, ob wir etwas zum Essen finden.« Bald darauf ist er mit erhobenen Händen in Begleitung von ein paar Engländern zurückgekommen. Die haben uns dann kassiert und haben uns übergeben und so sind wir in Gefangenschaft geraten.

Peppi Kusstatscher: Am 7. Mai 1943 bekamen wir den Befehl, uns abzusetzen. Wir gingen zurück bis El Battan. Bei El Battan, in einem Olivenhain sammelte sich unser Bataillon, besser gesagt der Rest, der von unserem Bataillon übrig geblieben ist. Es waren vielleicht noch 100 Mann oder 150, mehr gewiss nicht. Unser Bataillonskommandeur meldete uns, dass die Häfen Tunis und Bizerta schon in feindlicher Hand seien, dass wir also keine Chance mehr hätten heimzukommen, dass wir aber nicht dem Feind entgegengehen, sondern uns zurückziehen sollten, um unnötiges Blutvergießen zu vermeiden. Und so geschah es auch. Wir erhielten neue Uniformröcke und neue Hosen, auch Verpflegung wurde ausgeteilt. So marschierten wir also zurück über endlose Getreidefelder. Leutnant Volker Lutz und ich, wir beide hatten vor, uns nach dem Finsterwerden von den Anderen abzusetzen und zu versuchen, nachdem wir Italienisch konnten, ob wir nicht doch irgendwo eine Gelegenheit hätten, noch übergesetzt zu werden. Aber plötzlich, als wir uns kurz im Getreidefeld niederließen, um uns zu beraten, kam von hinten beinahe lautlos ein Panzerspähwagen auf Gummireifen herangefahren. Er hatte uns entdeckt, weil wir im Getreidefeld unsere Köpfe hochgehalten hatten. Er kam auf uns zu und sagte: »Come on boys, hands up!« Also, Hände hoch! Er nahm den Überzug von seiner Maschinenpistole gar nicht herunter. Wir warfen unter seinen Augen unsere Waffen fort. Er ließ uns auf den Panzerspähwagen aufsteigen und führte uns zurück. Am Ackerrand traf ich dann Leutnant Tomolka, meinen früheren Offizier, und so fing der Marsch in die Gefangenschaft an.

Der gemeinsame Feldzug von deutschen Einheiten und italienischen Truppen im Norden Afrikas gegen die Engländer führte natürlich zu ständigen Kontakten untereinander. Und gerade die Südtiroler Gebirgsjäger in deutschen Uniformen waren durch ihre Italienischkenntnisse nicht nur als Dolmetscher gefragt, sondern konnten auch leichter eine persönliche Beziehung zu den italienischen Soldaten aufbauen.

Heinz Knoll: Ich bin eigentlich zu diesem Regiment als Kraftfahrer gekommen, aber da wir keine Autos mehr gehabt haben, bin ich 14 Tage in Neapel gelegen mit ein paar hundert Mann von unserem Regiment. Wir waren in Agnano in den Pferdeställen am Pferderennplatz untergebracht. Jeden Tag durften fünf, sechs Soldaten in die Stadt hineingehen, um sich dort zu amüsieren, und meistens haben sie mich mitgeschickt, weil ich der Einzige war, der gut Italienisch gekonnt hat. Und dann bin ich einmal mit einem Unteroffizier Müller nach Neapel gefahren, und der hat von vielen Kameraden Geld bekommen, um für sie Besorgungen zu machen. Und wir fahren mit dem Omnibus durch einen Tunnel in die Stadt hinein und wie wir dann vom Tunnel rauskommen und in das erste Geschäft hingehen, etwas zu kaufen, fehlt dem Unteroffizier Müller die Brieftasche. »Ach, jetzt haben sie mir die Brieftasche gestohlen«, sagt er, »was soll ich tun, es ist nicht einmal mein Geld, kannst du mir vielleicht aushelfen? Du hast deine Eltern noch in Bozen, vielleicht können sie dir Geld schicken, telefoniere doch rauf.« Ich telefonierte nach Bozen. Es ging um 500 Lire. Das war dazumal aber ziemlich viel Geld, und die haben mir das geschickt. Wir fahren wieder zurück nach Agnano, und am Tag darauf kommen die Carabinieri daher und fragen herum, und ich bin wieder dazugekommen, weil ich Italienisch konnte, ob da ein gewisser Unteroffizier Müller ist. Ich sage: »Ja, der ist da.« Ja, seine Brieftasche ist gefunden worden und sie müssen sie ihm zurückgeben. Und da hat er die Brieftasche mit dem gesamten Geld zurückbekommen, in Neapel unten 1943 im Jänner. Das ist fast ein Wunder, aber es sind eben nicht alle Neapolitaner Gauner.

Peppi Kusstatscher: Meine Aufgabe war es, Minenfelder zu zeichnen, das war meine Arbeit tagsüber und in der Nacht habe ich sehr viel Wache schieben müssen, weil ja eben die anderen vorne beim Minenlegen waren. Und da kommt einmal am Abend ein italienischer Soldat vorbei, wir waren ja Verbündete. In der Zwischenzeit habe ich nämlich gemerkt, dass, wenn wir die Post bei der italienischen

Feldpost mitgeben, sie schneller daheim ankommt, denn da geht sie nur über Italien herauf bis nach Bozen und wird dort verteilt. Wenn ich sie bei der Wehrmachtspost aufgegeben habe, ist sie zuerst nach Deutschland gekommen, ist dort zensuriert worden und war fünf bis sechs Tage unterwegs. Jedenfalls habe ich den italienischen Soldaten, der Essen nach vorne gebracht hat, gebeten, meinen Brief bei seiner Post aufzugeben. Er fragte mich: »Perché?« Ich antwortete, ich sei aus Bozen und wisse, dass die Post auf diese Art und Weise schneller zu Hause ankommt. Dann sagte er mir, in seiner Kompanie sei auch einer »di Bolzano«. Er heiße Gasser, sei Jahrgang 22, aber seinen Taufnamen wisse er nicht. Das musste Erich sein. Im Zelt neben mir war Toni Unterhauser, der dritte von uns ehemaligen Bergkameraden. Den habe ich sofort alarmiert. Er konnte es zuerst nicht glauben, aber durch die Beschreibungen des italienischen Soldaten musste es Erich sein. Wir erbaten uns von unserem Leutnant ein paar Stunden Urlaub, die er uns auch gewährt hat. Es ist inzwischen schon finster geworden. Wir mussten noch eine Stunde den Berg hinaufgehen und gelangten schließlich zum Schützenloch von diesem unserem Kameraden. Dann sagten wir zum italienischen Soldaten, er solle ihn wecken. Er rief ihn, weckte ihn und an den Schimpfwörtern, die zu hören waren, haben wir sofort erkannt, dass es der Erich sein musste. Jedenfalls kroch er aus seinem Loch heraus, und als wir uns zu erkennen gegeben hatten, wusste er nicht, wie er seiner Freude Ausdruck verleihen sollte. Und natürlich fingen wir an zu erzählen, wie es jedem von uns ergangen ist. Und ich kann mich erinnern, dann war mindestens eine Minute Stille, in der jeder ganz gewiss an dasselbe gedacht hat, an unsere gemeinsamen Erlebnisse, Wanderungen, Fahrten und wozu wir hier auf dem Berg heroben in zwei verschiedenen Uniformen sind?
Wir waren bei der Option ja noch minderjährig. Mein Vater und der Vater vom Unterhauser Toni haben für Deutschland optiert und der Vater vom Erich für Italien. So ist es gekommen, dass Erich zum italienischen Heer eingezogen wurde und wir zwei zum deutschen. Und so ist es gekommen, dass Erich Gasser nach Afrika mit dem italienischen Heer gekommen ist und wir mit dem deutschen.

Peppi Kusstatscher machte mit den Italienern auch noch andere Erfahrungen.

Peppi Kusstatscher: Wir Pioniere waren immer zu Fuß unterwegs und unser Zug, der immer wieder zu besonderen Einsätzen verwendet worden ist, hat viele, viele Kilometer zu Fuß gemacht. Unser Leutnant hat dabei immer wieder versucht, LKWs, die vorbeigefahren sind, aufzuhalten, italienische genauso wie deutsche, aber ein deutscher LKW hat nie gehalten. Ist aber ein italienischer LKW vorbeigefahren, hat dieser immer angehalten, wenn es möglich war, und hat uns mitgenommen. Und die Autofahrer, die immer eine Reserveverpflegung, Milchkonserven oder andere Dinge bei sich hatten, haben diese an uns verteilt. Und da habe ich den Italiener nicht als den kennen gelernt, wie wir ihn hier in Südtirol in der Faschistenzeit kennen gelernt haben.

Das Abenteuer in Nordafrika ging am 13. Mai 1943 zu Ende. Generalfeldmarschall Rommel wurde bereits Mitte März abberufen und durch Generaloberst Hans-Jürgen von Arnim ersetzt. Diesem wurde noch einige Wochen vor dem Ende, als es noch möglich gewesen wäre, den Großteil der deutschen und italienischen Truppen zu evakuieren, von Hitler die Räumung des Brückenkopfes Tunesien untersagt. Dies führte zu einem sehr verlustreichen Endkampf, der sonst hätte vermieden werden können. So ließen 100.000 Soldaten aller Nationen auf diesem Kriegsschauplatz ihr Leben. Auf deutscher Seite verloren über 20.000 ihr Leben, auf italienischer Seite waren es ebenso viele. Zudem gingen 130.000 deutsche und 180.000 italienische Soldaten in amerikanische und englische Gefangenschaft.

Deutscher Soldatenfriedhof in Jedaida

Der allgegenwärtige Tod

Das Drama Stalingrad

Am 22. Juni 1941 rückte die deutsche Wehrmacht in Russland ein und drang in der Folge unaufhaltsam bis in die Nähe von Moskau vor. Die Wende für den deutschen Vormarsch an der Ostfront brachte dann die Schlacht vor Moskau im Dezember 1941. Nach der Panzerschlacht von Kursk im Juli 1943 schließlich bestimmte ausschließlich die Rote Armee das Kriegsgeschehen im Osten. Verheerend aber waren, aus psychologischer Sicht, die Auswirkungen der verlorenen Schlacht von Stalingrad im Februar 1943 auf die Stimmung der Truppe.

Im September 1942 stieß die 6. deutsche Armee unter dem Kommando von Generaloberst Friedrich Paulus gegen Stalingrad vor und erreichte trotz heftigen Widerstandes der Roten Armee in zwei Wochen das Ufer der Wolga im Süden der Stadt. In wochenlangen erbitterten Kämpfen drängten die 20 Divisionen, die Generaloberst Paulus zur Verfügung standen, die sowjetischen Verteidiger bis auf einen sechs Kilometer breiten Streifen westlich der Wolga zurück. Aber am 19. November überraschten die Sowjets die Achsentruppen mit einer heftigen Gegenoffensive, die in einer Einkesselung der 6. Armee gipfelte. Ein Versuch der 4. deutschen Panzerarmee unter Generaloberst Hoth, den sowjetischen Gürtel um die Stadt zu sprengen und so die eingeschlossene Armee von der Umklammerung zu befreien, misslang und das Schicksal der 6. Armee nahm seinen dramatischen Verlauf.

Für die Südtiroler Kriegsteilnehmer hatte der Untergang der 6. Armee kaum unmittelbare Folgen. Die zum Wehrdienst verpflichteten Südtiroler wurden überwiegend in die verschiedenen Gebirgs-Divisionen eingegliedert. In Stalingrad kamen nur ganz wenige zum Einsatz.

Der Bozner Otto Kastowsky wurde mit 22 Jahren, im Herbst 1942, mit einer Einheit der schweren Artillerie nach Stalingrad verlegt, gehörte aber nicht der 6. Armee, sondern der 29. Panzerdivision an. Ihm war es beschieden, an diesem wahnwitzigen Unternehmen teilzunehmen, obwohl er eigentlich den Kessel von Stalingrad noch rechtzeitig verlassen hätte sollen.

Otto Kastowsky: Es war am 15. November, unsere Division hatte sich in der Steppe vor Stalingrad, ungefähr 30 Kilometer vor Stalingrad, niedergelassen und Bunker ausgebaut. Vom Chef wurde mein Name und der vieler anderer, es waren ungefähr 25, gerufen: »Ihr könnt in Urlaub fahren!« Man stelle sich die Freude vor, nach zwei Jahren endlich wieder einmal nach Hause zu kommen! Ich hatte schon meine Papiere abgeholt und war beim Rasieren, da hieß es: »Kastowsky, zum Chef!« »Ja, was ist denn jetzt wieder los?« Der teilte mir mit: »Es tut mir leid, Sie müssen ihre Papiere wieder zurückgeben, Fahrkarten und Urlaubsschein und so weiter!« Dann sagte ich: »Warum? Was habe ich angestellt?« »Nein«, sagt er, »nichts. Es ist ein Lehrgang für Offiziersanwärter und da müssen wir einen hinschicken!« Da habe ich mich gefragt, wieso denn gerade mich, wo ich ja bekannt war als kritischer Mensch, der sich nie mit seiner Weisheit zurückgehalten hat. X-mal bin ich mit so Fanatikern zusammengestoßen, und mich schicken sie jetzt da zu dem Lehrgang mitten in der Steppe! Was willst machen? Zusammenpacken, am nächsten Tag ab! Da steht mitten in der Steppe eine Zeltstadt: ein Zelt mit Tafeln und Sitzbänken, eines zum Übernachten, eines für die Küche usw. Wie waren sich diese Deutschen sicher, dass da überhaupt nichts passieren kann, wenn sie vor Stalingrad mitten in der Steppe einen Offizierslehrgang machen? Wenn man bedenkt, das war ja verrückt. Da ist ein gewisser Größenwahn gewesen.

Ja, und da geht das halt an. Exerzieren, Kommandos lernen, Aufsätze schreiben. Wie lange war ich denn dort, vielleicht drei, vier, fünf Tage – dann hat man schon gesehen, da sind immer russische Flugzeuge über uns hinweg geflogen. Dann hat es geheißen, beim nächsten Alarm, wenn wieder Flugzeuge kommen, alles hinaus, jeder muss einen Karabiner nehmen und hinauf schießen. Also, das haben wir zweimal gemacht. Nach dem zweiten Mal plötzlich: »Alarm! Rette sich wer kann!« Ich habe nicht mehr Zeit gehabt, die Schuhe anzuziehen und bin noch zum letzten Lastwagen gerannt, der uns aufgeladen hat. Dann ist es Richtung Stalingrad gegangen. Und nach ein paar Kilometern haben wir schon ganze Massen von Rumänen mit ihren Pelzmützen gesehen, alle keine Waffe, nichts mehr, alles ist gerannt und zwischendurch weiter drüben die russischen Panzer in der gleichen Richtung bis nach Karpowka. Da war dann der Eisenbahndamm, und es kam der Befehl, dort müsste die 29. [Panzerdivision] in Stellung gehen. Da ist auch die Parole herausgekommen von unserem »größten Kriegsherren aller Zeiten«: »Stalingrad wird nicht ausgebombt, sondern es wird eingeigelt, es wird zur Festung erklärt!« Das heißt, wir müssten uns halt wehren in der Hoffnung, dass wir herausgehauen werden.

Aber »herausgehauen« sind sie nicht worden. Die vom Oberbefehlshaber der Heeresgruppe Don, General Erich von Manstein, geplante Entsatzoperation musste abgebrochen werden. Damit war das Schicksal der 6. Armee in Stalingrad besiegelt.

Otto Kastowsky: Wir haben halt unsere Stellung gehalten und haben mit unserer Schweren Feldhaubitze 18, wo ein Geschoss 25 Kilogramm gewogen hat, zum Russen hinaus geschossen, so lange genug Munition war.

Auf der Schweren Feldhaubitze 18

Zwischendurch haben wir einmal Räuber gespielt. Da war eine bespannte Einheit, die hat einer von den Unseren ausgekundschaftet. Diese bespannte Einheit, das heißt, es waren Geschütze und Wägen, die noch mit dem Pferd gezogen worden sind, diese Einheit hat unter einem Zeltdach gehaust. Ein riesiges Zeltdach und da war eine Einfahrt und eine Ausfahrt, die da mitten durchgegangen ist. Auf einer Seite waren eine Menge Hafersäcke, auf der anderen Seite war das Wachkommando. Wir sind zu unserem Chef gegangen und haben gesagt, wir täten es schon riskieren, dort hinein zu gehen und etwas zu klauen. Wir haben ja Hunger gehabt und für den Hunger da tust du alles. Er hat gesagt: »Ja, ihr könnt fahren, aber ich kann euch eines sagen, wenn ihr erwischt werdet, ich weiß von nichts!« Wir sind also losgezogen und sind mit der Zugmaschine in die Gasse hineingefahren und sind genau auf der rechten Seite vor den Hafersäcken stehen geblieben. Der Unteroffizier Marx, unser Anführer, ist auf der anderen Seite zur Wache hinein und hat mit denen geredet, er hätte sich verfahren und er wüsste nicht wohin. In der Zwischenzeit haben wir den Sack hinauf – ein kleines Zeichen – und auf der anderen Seite hinaus. Und weg sind wir gewesen. Dann haben wir den Hafer auf unsere Geschützstellung gebracht und haben ihn gleich aufgeteilt. Und dann ist schon die Feldgendarmerie gekommen. »Nein, wir wissen von nichts!« Dann haben wir am Anfang diesen Hafer, jeder hat halt ein Handl voll gekriegt, so gegessen. In der Früh, wenn wir hinausgegangen sind und den »Kackser« [Notdurft] absolviert haben, sind die Spatzen da gewesen, weil die ganzen Kerne ja ganz geblieben sind. Die haben wir ja nicht verdaut. Dann habe ich mir gedacht, ich muss mir etwas anderes einfallen lassen. Dann habe ich wieder alles zusammengelegt und in einen Rucksack hineingegeben und ich bin von unserer Stellung nach Karpowka gefahren. In Karpowka war ein ziemlich normaler Betrieb noch und da war eine Mühle einer Bäckereikompanie, natürlich alles streng bewacht. Aber ich bin mit meinem Rucksack hingekommen, und bei der Mühle war ein Russe, ein fescher Mensch, mit einem Pelzmantel und der hat das Kommando gehabt. Da ist für die Bäckereikompanie Mehl gemahlen worden und auch für die Einheimischen, wenn sie noch etwas gehabt haben. Da bin ich hin und habe mit ihm geredet: »Pass auf, ich habe da einen Hafer! Gibst mir ein Mehl nachher dafür?« Ja tatsächlich habe ich ein Mehl gekriegt. Welch eine Freude! Dann bin ich zurück zu meiner Batterie, und da war ein Hallo. Jetzt haben wir ein Mehl gehabt, und die Küche hat wenigstens ein bisschen etwas kochen können. Und das habe ich zweimal gemacht. Dann war das Mehl fertig.

Durch ein Unterhaltungsprogramm sollte der Truppe etwas Abwechslung in die trostlose Alltagswirklichkeit gebracht werden.

Otto Kastowsky: In Karpowka war eine Propagandakompanie mit eingeschlossen. Da hieß es, ja wer will, kann zu Fuß abends hingehen, sie spielen einen Film. Und was haben sie für einen Film gespielt? »Wiener Blut!«

Da war ein Stadel, und wir sind auf den Bodenbrettern gesessen und haben dieses »Wiener Blut« angeschaut, wie die gegessen haben und wie die getanzt haben. Ja, es ist uns jetzt ganz anders geworden, aber es war halt doch eine kleine Abwechslung. Das war in Stalingrad ungefähr Ende November.

Die Stalingrad-Madonna

Und dann ist Weihnachten gekommen.

Otto Kastowsky: Wir haben noch ein kleines Weihnachtsfest gehabt, da hat der Koch von der Feldküche ein paar Süßigkeiten herauf, da hat es so ein kleines Brötchen gegeben mit ein bisschen Schokolade darauf und einen Tee. Einer hat noch eine Ziehorgel gehabt, da ist »Stille Nacht« gespielt worden und ich bin zur Steppe hinaus und da hat es so hohes Steppengras gegeben, was anderes war nicht, und da habe ich so ein kleines Steppengras mit hinein in einer Konservenbüchse und Wattestückl vom Sanitäter hinauf zur Dekoration und da haben wir halt gesungen. Dann sind wir halt wieder froh gewesen mit dem Hunger im Magen schlafen zu gehen.

Mit dem Jahreswechsel ist die Lage in Stalingrad für die eingeschlossene 6. Armee immer dramatischer geworden.

Kampfszene aus dem Stalingrad-museum »Mamajew Kurgan«

Otto Kastowsky: Dann wird so langsam, langsam der Kessel immer kleiner. Die Verwundeten konnten nicht mehr weg. In Pitomnik ist der Flugplatz voller Verwundeter gewesen, weil die Ju 52 teilweise abgeschossen worden sind. Und eine Menge Soldaten sind auch auf dem Flugplatz erfroren.

Dann kam der 10. Jänner 1943.

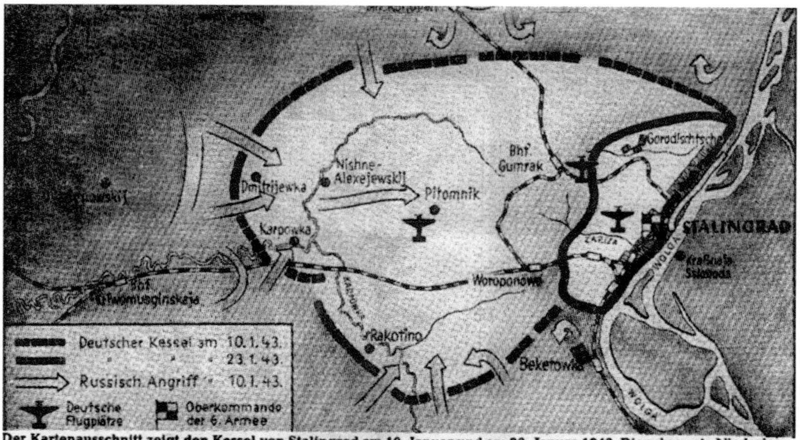

Der Kartenausschnitt zeigt den Kessel von Stalingrad am 10. Januar und am 23. Januar 1943. Die schwerste Niederlage bricht über die deutsche Führung herein. Die Verteidiger kapitulieren am 31. Januar.

Karte vom Kessel von Stalingrad

Otto Kastowsky: Da hat Stalin durch Lautsprecher und die Propagandakompanien der Russen gesagt: »Ergebt euch! Die Offiziere können die Waffe behalten, die Unteroffiziere die Portepees [Säbelquaste] und alle Gefangenen werden gut behandelt. Wenn ihr das nicht tut, schlagen wir euch kaputt!« Das auf Deutsch über Lautsprecher. Was war? Paulus wollte ja Feldmarschall werden! Und natürlich auch auf höheren Befehl hat es geheißen: Er wird sich nicht ergeben! Da hat natürlich alles Elend angefangen. Es gab kein Benzin mehr für die Fahrzeuge. Eine Zugmaschine war noch mit sechs Schuss, sechs dieser schweren Granaten – und die durften wir nicht verschießen, nur wenn ein Panzer bis auf 100 Meter herankam, dann durften wir eine schießen.
Da stand also unser Geschütz schussbereit, wartend auf den Panzer, der dann eventuell kommen soll, die Zugmaschine daneben.

Das allgemeine Elend schützte den Landser aber nicht vor drakonischen Strafen seitens seiner Vorgesetzten.

Otto Kastowsky: Bei einem Urlauber, der von Deutschland zurückgekommen ist, also unglücklicherweise noch in den Kessel hineingekommen ist, hat der Arzt festgestellt, dass er von der Heimat einen Tripper mitgebracht hat. Jetzt war unser Batterieoffizier so erzürnt – es kann aber auch sein, dass der Befehl vom Oberarzt gekommen ist – dass sich der arme Bub selber hat ein Loch bohren müssen und hat betteln müssen, dass ihm irgendein anderer von der Feldküche ein Essen bringt.
Und wie wir da mit dem Geschütz gestanden sind und auf den Angriff gewartet haben, ist der auf der Zugmaschine oben gesessen und hat, ich kann mich noch gut erinnern, die Füße bis unter die Knie schwarz gehabt, der arme Teufel. Helfen hat ihm niemand können. Wenn einer verwundet war, ist nicht mehr geholfen worden. Da ist jeder daran vorbei. Du warst nicht mehr da.

Vom Hunger getrieben, war für den Soldaten in der eingeschlossenen Stadt das Organisieren von Nahrungsmitteln, welcher Art auch immer, ein vordringliches Bedürfnis.

Otto Kastowsky: In einer Art Niemandsland bin ich allein vor – es waren da weder Russen noch Deutsche – und habe dort eine Entdeckung gemacht: Da war ein Flak-Anhänger und ein Anhänger von einem Lastwagen, der war voll mit Rucksäcken. Und ich bin hergegangen, habe die Rucksäcke alle aufgemacht und habe alles, was ich an Brauchbarem gefunden habe, Kerzen, Zündhölzer, eiserne Portionen, Erbsenkonserven, zu meinen Männern zurückgebracht, und da haben wir angefangen ein kleines Feuer zu machen auf dem Eis und die Konservenbüchsen hinaufzustellen, um sie ein bisschen warm zu machen. Und ich bin dabei ein Stück nach hinten zu einem Gestell von irgendeinem Plakat gegangen und habe einen der Holzpfosten genommen und wollte den in kleine Stücke sägen. Dabei bin ich niedergekniet und hatte das wahnsinnige Glück, einen »Heimatschuss«, einen so genannten, zu kriegen, der ging ober dem Oberschenkel hinein und blieb im Knie drinnen hängen. Ich habe ihn heute noch drinnen, der tut mir nichts. Ja, aber im Moment bin ich schon erschrocken.
Da haben sie mich zur Not ein wenig verbunden. Da war aber auch ein Sanka [Sanitätskasten] und ich wollte zu dem Sanka hin, und auf dem Weg dorthin, durch die Aufregung habe ich plötzlich müssen. Da

haben mich zwei Kameraden gehalten, und ich habe zu denen gesagt: »Helft mir sofort, die Hose hinunter zu tun!« Denn, wenn du alles in die Hose machst, bist du auch verloren, das gefriert ja. Da haben mir die geholfen, und das ist wie bei einem Wasserfall hinausgegangen, aber alles durch die Aufregung und das kalte Zeug, das man gegessen hat.

Ja, dann habe ich das überwunden und bin bis zum Sanka hingekommen. Und die sagen, ja, wenn sie wieder Richtung Stadt fahren, nehmen sie mich mit. Ich soll mir einstweilen irgendwo ein Loch suchen. Löcher waren überall, schon von den vorherigen Soldaten. Dann habe ich mir gedacht: Teufel, da gehe ich nicht hinein, weil wenn ich einschlafe, dann fahren die mir davon. Ich bin heraußen gesessen und es kommt der Abend und der will wegfahren, der Sanka. Der war natürlich schon pumpvoll. Der hat schon den Motor angelassen, und ich bin gerade noch hingehumpelt und habe auf die Tür hinauf geklopft und habe gesagt: »Wenn ihr nicht gleich stehen bleibt, knall ich euch nieder!« »No, no, no«, sagte der Arzt und machte die Türe auf: »Geh nur herein, du Südtiroler, geh, bei dir daheim werden sie schon warten mit den Speckknödeln!« An das kann ich mich noch erinnern. Das hat er gesagt, weil ich verwundet war. Er hat gemeint, ich habe jetzt das Glück, in die Heimat zu kommen. Dieses Glück aber war ja so selten. Plötzlich hat es aber geheißen, da musst du heraus, schau, da kommen sie mit einem Lastwagen von deiner Einheit. Der ist von einem gewissen Alt chauffiert worden. Das war ein Sudetendeutscher. »Schau, dass der dich mitnimmt! Da drüben ist ein größerer Bunker in der Erde, wo Verwundete sind!« Der gute Alt hat mich auf seinen Wagen hinten hinaufgesetzt und da sind mir dann, ich habe es richtig gespürt bei der Fahrt, die Zehen abgefroren, das hat weh getan, aber später hast du nichts mehr gespürt.

Da sind wir dorthin gekommen, wo der Bunker war. Mein Brotbeutel war voll mit eiserner Portion, Tabak, Kerzen und erbeuteten Unterhosen von den Russen, die haben drei, vier Unterhosen angehabt. Der Alt hat mich auf den Rücken genommen und zum Bunkereingang getragen. Vor dem Eingang war ein Haufen nackter Leichen und immer wenn eine Leiche herausgebracht worden ist, konnte ein anderer hinein. Da sagte der Alt zu dem Sanitäter: »Du, pass auf, der hat Tabak, der hat etwas, wenn du ihn hineinlässt, dann kriegst du etwas!« Tatsächlich, so bin ich hineingekommen, das heißt, gleich hineingekommen. Sie haben mir da so einen Verband angelegt, Pritsche aber war keine frei. In einer Ecke waren zwei Benzinkanister, da habe ich mich daraufgesetzt und bin eingeschlafen. In der Früh habe ich die Schuhe ausziehen wollen, habe sie aber aufschneiden müssen. War alles angeschwollen. Aber im Warmen drinnen sein und schlafen können, das war etwas Herrliches! Dann habe ich durch Bestechung doch noch eine Pritsche gekriegt, wo ich mich hingelegt habe. Dann hat es plötzlich geheißen, wer es versuchen will und halbwegs noch gehen kann, der kann sich da beim Stabsarzt melden und der kriegt einen Flugschein.

Mit dem Flugschein hat man die Berechtigung gehabt, als Verwundeter in eine Maschine einzusteigen, sofern eine Maschine landete. Und ich habe mir eine Decke genommen, sie in der Mitte geteilt und mit einem Spagat um beide Füße herumgewickelt und habe mir den Passierschein geholt. Wir waren vielleicht sieben, acht Männer, die aus dem Sanitätsbunker hinaus sind Richtung Stalingradski. Und das war das letzte Kartoffelfeld, wo noch ein Flugzeug landen konnte. Bis dorthin waren es immerhin zwei, drei Kilometer. Es war ein langer Weg.

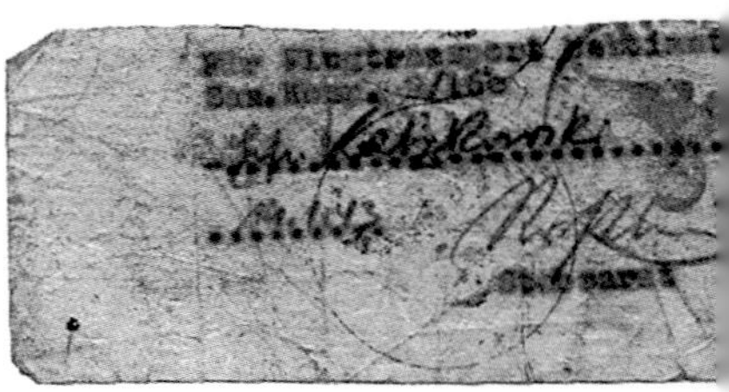

Der rettende Flugberechtigungsschein von Otto Kastowsky

Also, ich habe eine Nacht oder zwei auf dem Flugplatz verbracht. Einmal hat es geheißen eine »Condor« [Focke-Wulf FW 200 »Condor«] landet, die ist aber nicht gelandet, die ist wieder weitergeflogen Richtung Heimat.

Kalt ist es gewesen. Draußen vor einem Bunker steht ein Soldat und den frage ich: »Du, kann ich nicht da hinein?« Das war der Bunker von der Feldgendarmerie. Und der sagt zu mir: »Ja, hast du nicht irgendetwas?« Sage ich: »Ja, ich habe etwas zu essen!« Nein, etwas zu essen braucht er nicht, aber Kerzen. »Ach, Kerzen! Warte ein bisschen!« Dann ist der hineingegangen, hat mit denen geredet und kommt heraus: »Ja, du darfst drinnen bleiben, solange deine Kerze brennt!« Weil die kein Licht gehabt haben. Jetzt bin ich ganz hinten hin, habe denen die Kerze gegeben und habe halt gebetet, dass sie nicht schnell ausgeht. Aber es ist doch der Augenblick gekommen. »Du musst wieder hinaus, wir haben keinen Platz für dich!« Und so bin ich halt weitergekrochen und sehe, es muss um die Mitternachtszeit gewesen sein, irgendwo ein Loch und bin hinunter gekrochen.

Und in diesem Loch unten waren zwei Pritschen und auf der oberen Pritsche liegt ein junger Soldat, die Hose vollkommen angeschissen. Alle zehn Minuten wieder Blut und gestunken hat es und er sagt: »Bitte, Kamerad, bitte, meine Mutter wird dir ewig dankbar sein, gib mir eine Kugel, dann bist du ein Kamerad. Du siehst ja, es kann mir kein Mensch mehr helfen!« Sage ich: »Ja, beruhige dich, beruhige dich!« Ich bin hinaus und habe einen Sanitäter gesucht. Der ist hereingekommen und sagt: »Ich kann nichts machen, ich habe die leere Sanitätstasche da, was soll ich denn machen?« Dann habe ich halt mit dem Verwundeten ein bisschen geredet. Er war aus Dresden. Und plötzlich, es muss so acht Uhr in der Früh gewesen sein, kommt der Sanitäter: »Kamerad, letzte Möglichkeit, drei He 111 [Heinkel He 111 – Bomber] landen!« Ich habe mich hinaus geschlichen und habe dem noch gesagt: »Jetzt hole ich den Sanitäter noch einmal, du wirst schon sehen!« Ich habe mich so geschämt für meine Feigheit. Das geht mir heute noch nach in mancher Nacht, dass ich nicht schlafen kann. Ich gehe hinaus, das heißt, ich krieche auf allen Vieren. Da stehen schon drei He 111 auf dem Kartoffelfeld und davor die Feldpolizei: »Wo hast du deinen Passierschein?« Ich nehme meine Brieftasche, die habe ich den ganzen Krieg gehabt, tu den Zettel heraus und gerade, dass ich ihn noch gefangen habe, ein Windstoß, dass er beinahe weg gewesen wäre. Dann wäre ich mit einem Genickschuss geendet, aber ich bin durchgekommen und habe zum Piloten von der mittleren He 111 gesagt: »Meinst du wohl, es geht alles gut?« »Ach, keine Angst, wir kommen schon durch!« Der war so selbstbewusst. Und dann hat er hinzugefügt: »Du, du gehst jetzt, du bist am Fuß verletzt, du gehst vorne hinein hinter das MG, weil du hast gesunde Hände.« Er hat mir gezeigt, wie man schießt, und: »Sollte etwas sein, musst du schießen!« Inzwischen sind hinten Verwundete hinein. Da war ein Oberst mit zwei schweren Koffern, wahrscheinlich Geheimsachen oder was, der auch da hinein ist. Der hat ja ein Glück gehabt, dass er in diese Maschine hinein ist. Und das Flugzeug fliegt dahin über die russischen Stellungen. Die Russen haben hie und da mit einem Gewehr herauf geschossen. Die Flak hat anscheinend nicht funktioniert. Wir sind halt hinaus Richtung Kalatsch. Dann ist der Nebel weggegangen und die Sonne ist gekommen. Das linke Flugzeug wurde von einer Rata [»Die Ratte«, ein Übernahme des sowjetischen Jagdeinsitzers Polikarpow I-16] abgeschossen. Ein Feuerstrahl – hinunter! Es dauert nicht

lange, wir fliegen weiter, auf der rechten Seite von uns über Kalatsch in der Tragfläche vom rechten Flugzeug ein Feuerstrahl! Unseres, wir haben ja so ein Glück gehabt, kommt gerade im letzten Moment in die Wolken hinein. Wir sind dann Richtung Rostow am Schwarzen Meer geflogen. Das war der letzte freie Flughafen, wo auch diese letzten drei He 111 gestartet sind.
Ja, und ich weiß noch, ich rutsche über die Tragfläche von diesem Flugzeug hinunter in die Arme von einem Spieß [Kompaniefeldwebel], der war vollgefressen, groß und stark, der nimmt mich auf – und ich fange an zu weinen. Da hat man dann gesehen, da waren die Nerven fertig.
Dann sind wir ganz kurz noch in ein Verbandslokal gekommen. Da war eine Schwester, die hat die Verbände ein bisschen frisch gemacht. Nach zwei, drei Stunden: »Alarm! Der Russe ist da!« Nichts wie weg. Also zum Zug, zur nächsten Station, das war nicht weit. Da waren Viehwaggons, die waren hergerichtet eben für Stalingrad-Verwundete, mit einem kleinen Ofen, Stroh auf dem Boden. Herrlich! Und wir sind gefahren. Gott sei Dank! Wir sind nicht lang gefahren und haben gerade die Pullover ausgezogen und hinausgeschmissen, weil die Läuse nicht nebeneinander waren, die waren übereinander drinnen. Wieder Halt! Was ist geschehen? Der Russe ist über den Bahndamm, der muss erst wieder zurück. Gott sei Dank haben die Unseren ein paar Panzer gehabt und haben den Russen zurückgejagt. Aber diese

Zerbombte Kirche

Stunde zu warten! Jetzt bist du da herausgekommen, jetzt kommst du da wieder in den Dreck hinein. Und dann ist es weitergegangen. Gott sei Dank!
Ja, ich hatte dann das Glück, dass ich mit dem Zug nach Nowotscherkask komme. Das ist auch am Don. Dort werden wir ausgeladen und ich werde mit einer Trage vor dem Eingang eines Lazarettes hingestellt. Es war ein schöner Sonnenschein. Und da kommt der Stabsarzt zu mir und legt eine Flasche Weißwein neben mich, eine Tafel Schokolade und gibt mir die Hand und sagt: »Ich gratuliere!« Das war der 3. Februar, mein Geburtstag, und zugleich der Tag nach dem Ende von Stalingrad. Der letzte Funkspruch von einer freien Flugstelle ist am 3. Februar gesendet worden, der hat noch kurz das Wetter angegeben und hat gesagt, jetzt begebe ich mich zu den Russen.

Die letzten Verteidiger im Kessel von Stalingrad ergaben sich am 2. Februar 1943. Von der eingeschlossenen Armee von 350.000 Mann sind beinahe 200.000 gefallen oder gestorben. 90.000 kamen in sowjetische Gefangenschaft, aus der schließlich nach Jahren nur noch 6000 in die Heimat zurückkehrten. Allein in der letzten Woche vor Einstellung der Kämpfe fielen noch weit über 100.000 Mann dem mörderischen Wahnsinn der Obersten Heeresleitung zum Opfer.

Das Relikt der »Alten Mühle«

Auch ein anderer Südtiroler hatte es einem glücklichen Umstand zu verdanken, dass er lebend dem Kessel von Stalingrad entronnen war, nämlich Ludwig Andergassen aus Kaltern.

Ludwig Andergassen war bei der motorisierten Flak-Artillerie und nahm von Anfang an am Überfall auf die Sowjetunion, der im Juni 1941 begonnen hat, teil. Er ist mit seiner Einheit bis nach Kalatsch vorgerückt, etwa 70 Kilometer vor Stalingrad.

Ludwig Andergassen: Am 17. August haben wir dann direkt den Vorstoß gemacht zur Stadt hin. Am Abend, so gegen acht Uhr sind wir schon sieben oder acht Kilometer vor der Stadt gelegen. Am nächsten Tag ist wieder angegriffen worden auf allen Ecken bis zum Stadtrand hinauf, dass man schon ins Stadtgebiet hineingesehen hat. Unsere Einheit hat dann müssen, mit den Panzern, die da drinnen gewesen sind, zum Tatarendamm vorstoßen, bzw. Richtung Wolgaufer. Zuerst sind wir am Nordriegel eingesetzt gewesen und dann ist das für uns einfach so gewesen, einmal sind wir Richtung Süden verlegt worden, einmal wieder hinauf. Weit ist das Gebiet ja nicht gewesen. Am Tag sind die Flugzeuge gekommen, die Stukas. Die haben uns am Tag entlastet, in der Nacht aber haben wir selber herhalten müssen. In der Früh, kaum ist die Sonne aufgegangen, um drei in der Früh, sind die Aufklärungsflugzeuge gekommen, und die haben uns mit Signalpatronen angezeigt, was sie an Panzern gesehen haben. Und »Stalinorgeln« [sowjetische Raketenwerfer Katjuscha] haben sie auch gemeldet, die Stalinorgelbatterien, die vor uns halt gelegen sind, mit denen wir von Tag zu Tag rechnen mussten. Aber bald danach sind dann auch schon die Flugzeuge gekommen, die Stukas, und die haben dann auf die einzelnen Orte, so wie sie gemeldet gewesen sind, Bomben geworfen, so viel sie konnten.
Die Russen haben auch geschossen, was nur gegangen ist, gerade an der Nordfront und am Tatarengraben entlang, da ist es überhaupt wüst zugegangen, weil sie unbedingt wieder drüber über den Graben wollten.

Ludwig Andergassen vor seiner Zugmaschine

Viele Verwundete hat es logisch auch gegeben, auf allen zwei Seiten, und Tote auch. Oben auf dem Grat, wo es nicht gut einsehbar gewesen ist von der einen Seite her, hat man dann einen Friedhof angelegt. Den habe ich öfters passiert. Wenn man mit den Geschützen vom Norden nach dem Süden gefahren ist, oder vom Süden nach dem Norden, ist man immer da vorbeigefahren und dann hat man halt gesehen, wie er so langsam wächst, immer ein bisschen größer wird. Ja, ja, es ist schon wüst zugegangen.

Brennender russischer Panzer T 34

Allmählich hat sich an der Stalingradfront auch die Erkenntnis breitgemacht, dass es notwendig sein wird, Vorsorge für den Winter zu treffen.

Ludwig Andergassen: Wir haben dann schon angefangen, Bunker zu bauen – zum Einwintern, hat es geheißen. Wir mussten mit unseren Fahrzeugen in die Stadt hinunterfahren und da unten Dachstühle abdecken und Holz sammeln und dies in die Tolstoischlucht und zu den verschiedenen Löchern bringen. Es hat geheißen, von da kommen

Im Jänner 1943

wir momentan nicht mehr weg und da müssen wir sehen, dass wir im Winter ein Loch haben, wo wir uns wärmen können.
Ich habe dann die Ruhr gekriegt, und das ist wahrscheinlich mein Glück gewesen, dass ich überhaupt herausgekommen bin. Sie haben mich dann nach Gumrak gebracht zu einem Notflugplatz, zu einer Ebene, wo halt ein paar Ju 52 landen haben können. Da haben sie mich hingeführt und in einen Bunker gelegt, wo ich in Sicherheit war. Da unten haben die Ärzte operiert, aber nicht wie heute mit viel Licht und so, sondern die haben einen Gummischurz angehabt und die Ärmel aufgekrempelt und haben mit ihren Messern und Sägen, die sie gehabt haben, halt gemetzgert. Wild ist es zugegangen da drinnen. Dorthin haben sie immer wieder Schwerverwundete gebracht, denen sie einen Fuß amputiert oder einen Arm abgeschnitten haben und so. Die Arme oder Hände oder ein Stück vom Fuß oder was sie halt herunter geschnitten haben, haben sie in eine Ecke geworfen wie der Metzger den Abfall. Wenn einmal mehrere verarztet gewesen sind, haben sie uns hinausgetragen und nach Kalatsch verfrachtet. Und dort sind wir dann in ein Zeltlager gekommen. Das ist aber nur für die mit ansteckenden Krankheiten gewesen, für die, die die Ruhr gehabt haben oder so etwas Ähnliches halt.
Ich bin dann ein paar Tage dort gelegen, wäre aber nie transportfähig gewesen. Und dann haben sie mir wieder einmal einen links und einen rechts dazugetan, wo es in der Früh frei geworden ist. Dann habe ich

Mamajew-Kurgan-Statue

zu den Kollegen gesagt: »Wenn ich morgen wieder nicht transportfähig bin, nehmt mich mit und helft mir das Stück hinaus zum Bahngleis!« Irgendwann am Abend ist wieder der Arzt gekommen und hat gesagt: »Transportfähig, transportfähig, nicht transportfähig!« Danach hat es geheißen: »Transportfähige auf!« Die sind dann aufgestanden und sind hinaus und Richtung Bahngeleise. Die haben sie dann verladen. Einmal habe ich dann zu den Neuen, die sie neben mich gelegt haben, gesagt: »Wenn er in der Früh »nicht transportfähig!« sagt, dann müsst ihr mir helfen, ich packe es schon, ihr werdet sehen! Einer links, einer rechts!« Ich habe meine Sachen genommen, meine Habseligkeiten, und habe mir die Gasmaske beim Hals angehängt. Und dann hat es wieder geheißen: »Nicht transportfähig!« Und wie der weg gewesen ist und es geheißen hat »Transportfähige auf!«, dann haben sie mir aufgeholfen, so gut es halt ging. Ich habe mich schon sehr zusammengerissen, damit ich es schaffe und bin mit der Gruppe zwischen diesen zwei Männern hinaus. Und dann haben sie mir noch auf den letzten Waggon, auf so einen Schotter-Waggon, hinaufgeholfen, und dann ist es mit dem Zug Richtung Westen, Richtung Charkow gegangen.

Beide, Otto Kastowsky und Ludwig Andergassen, konnten durch ihre Verwundung zwar dem Kessel von Stalingrad entrinnen, sind nach ihrer Genesung aber sofort wieder in den Kriegseinsatz geworfen worden, in die Schlacht um Montecassino der Eine, zurück nach Russland der Andere.

An vorderster Front

Der Kampf um Montecassino

Mit der Kapitulation von Stalingrad am 31. Jänner 1943 hatte der Zweite Weltkrieg seinen Wendepunkt erreicht. Ein nächster entscheidender Einschnitt folgte im Sommer 1943. Am 24. Juli übernahm in Italien König Viktor Emanuel III. den Oberbefehl über die italienischen Streitkräfte. Am Tag darauf wurde Benito Mussolini festgenommen und auf den Gran Sasso in den Abruzzen gebracht. Neuer Regierungschef wurde Marschall Pietro Badoglio. Badoglio hielt zunächst noch am Bündnis mit Deutschland fest, nahm aber unverzüglich Verbindung zu den Alliierten auf und trat in Waffenstillstandsverhandlungen ein. Bereits am 3. September wurde in Cassibile bei Syrakus der Waffenstillstand mit den Alliierten unterzeichnet und am 8. September, kurz vor der Landung alliierter Truppen auf Sizilien, von General Eisenhower bekannt gegeben. Damit schlitterte Deutschland, von Italien alleingelassen, in einen Zweifrontenkrieg, den Stalin immer wieder von seinen westlichen Verbündeten gefordert hatte.

CORRIERE DELLA SERA

Le dimissioni di Mussolini

Badoglio Capo del Governo

UN PROCLAMA DEL SOVRANO

Il Re assume il comando delle Forze Armate - Badoglio agli Italiani: "Si serrino le file intorno a Sua Maestà vivente immagine della Patria„

Marschall Pietro Badoglio

Bereits einen Tag später, am 9. September 1943, landete die ameri-

Händedruck zwischen General Clark und Marschall Badoglio

kanische 5. Armee unter General Clark bei Salerno, zugleich wurde auch eine englische Division bei Tarent abgesetzt. Am selben Tag überschritten zudem deutsche Truppen den Brenner und marschierten gegen Süden.

Oberbefehlshaber der in Italien stehenden deutschen Verbände wurde Generalfeldmarschall Albert Kesselring.

Generalfeldmarschall Albert Kesselring

Benediktiner Abtei Monte Cassino

Kesselring antwortete auf den alliierten Vormarsch in Süditalien, indem er die deutsche 10. Armee unter Generaloberst von Vietinghoff in die sogenannte »Gustav-Linie« zusammenzog. Diese verlief von der Garigliano-Mündung am Tyrrhenischen Meer am Monte Cassino vorbei und den Sangro entlang bis zu dessen Mündung am Adriatischen Meer. Monte Cassino mit seiner weltberühmten Abtei sollte zu einem der blutigsten Schauplätze des Zweiten Weltkrieges werden.

Zu den in der 10. Armee zusammengeschlossenen deutschen Einheiten gehörte die 5. Gebirgs-Division, die schon an der Eroberung Griechenlands beteiligt und anschließend bei Leningrad eingesetzt war. Im Gebirgsjäger-Regiment 100 der 5. Gebirgs-Division, das nun an die Cassino-Front verlegt wurde, befanden sich auch sehr viele Südtiroler. Karl Grasser aus Kortsch wurde mit seiner Einheit Ende November 1943 aus Russland abgezogen.

Karl Grasser: Am 12. Dezember sind wir in Aprilia ausgeladen worden und sind dann in der Nacht marschiert, immer wieder in der Nacht. Dann sind wir am 21. Dezember mit Lastwagen nach vorne in die Stellung gebracht worden. Wir haben einen Italiener als Fahrer gehabt, und wie die ersten Granaten auf der Straße eingeschlagen haben, hat der Mensch Angst gekriegt. Dann ist der Zugführer hin und hat ihm die Pistole auf die Brust gesetzt und gesagt: »Entweder Sie fahren oder ich knalle Sie nieder!« So ist er doch wieder weitergefahren. Dann sind wir ausgeladen worden und über so einen Hang hinaufgestiegen und da haben wir dann das Kloster wie ein Gespenst in der Nacht gesehen. Dann sind wir in Stellung gegangen und haben die »Hoch- und Deutschmeister« abgelöst.

Otto Kastowsky aus Bozen war Artilleriebeobachter in der 29. Panzergrenadierdivision. Er war zuvor in Stalingrad eingesetzt, wurde aber als Verwundeter aus Stalingrad ausgeflogen, noch kurz bevor die Stadt gefallen war. Nach seiner Genesung stieß er südlich von Rom auf seine Einheit und kam mit dieser in die Nähe von Montecassino, wo er sich eine Beobachtungsstelle einrichtete.

Geschütz auf dem Monte Lungo

Otto Kastowsky: Von dort, das war das Vorfeld von Montecassino, sind wir dann in verschiedene Kämpfe mit den Amerikanern verwickelt gewesen, unter anderem hat ein italienisches Bataillon angegriffen. Unsere Verteidigungslinie war sehr schwach besetzt, und man muss sagen, die Italiener waren sehr schneidig und haben da mit Hurra angegriffen. Sie haben unsere ersten Linien durchgebrochen, und es schien schon, als wenn wir alle überrumpelt würden. Da war ein Obergefreiter, der gerade einen Tag vorher vom Lazarett gekommen war, ein kleines Mandl, der hört das, nimmt von irgendwo ein MG 42 her – es war nebelig, wo der Italiener gekommen ist – und fängt da an, in den Nebel ohne Ziel hinein zu ballern. Plötzlich ist der ganze Angriff der Italiener stehen geblieben, und die sind zurück. Am nächsten Tag, es waren ein Haufen Tote, ist dann der Amerikaner gekommen mit der Rote-Kreuz-Flagge und hat die Toten und Verwundeten mitgenommen. Da haben wir immer Feuerpause gemacht. Das hat's in Russland nicht gegeben, aber in Italien ständig.

Die Tat des Obergefreiten hatte ein Nachspiel.

Otto Kastowsky: Der gute Obergefreite Scherling ist dann fürs Ritterkreuz genannt worden und hat es auch gekriegt, aber er hat es nicht mehr erlebt, weil er, im Februar hätte er es kriegen sollen, Anfang Februar gefallen ist. Das ist Soldatenschicksal. Hat's aber nachträglich erhalten, ja, aber da hat's ihm auch nichts mehr geholfen.

Nach der erfolgreichen Landung in Salerno, erhofften sich die Alliierten ein rasches Vordringen nach Norden, aber die schlechten Witterungsverhältnisse in den Monaten November und Dezember, Nachschubprobleme, Geländeschwierigkeiten und taktische Fehlentscheidungen verzögerten den Vormarsch der britischen 8. und der amerikanischen 5. Armee gegen die deutschen Stellungen bei Cassino. Der meist verhangene Himmel gestattete zwar den Einsatz der schweren Artillerie, erschwerte aber die Unterstützung durch die Luftwaffe.

Der Vorstoß der Alliierten in Richtung »Gustav-Linie« zielte gegen die Stadt Cassino und die über Cassino auf dem Berg befindliche 1300 Jahre alte Benediktinerabtei Montecassino. Diese bewachte den Eingang ins Liri-Tal und kontrollierte so die einzige Straße nach Norden in das 100 Kilometer entfernte Rom. Um das Kloster vor Angriffen und Zerstörung zu schonen, vermied es die deutsche Heeresleitung, Truppen ins Kloster zu verlegen.

Um der Vernichtung der einzigartigen Schätze, die das Kloster barg, vorzubeugen, begab sich am 14. Oktober 1943 Oberst-

Abt Gregorio Diamare und Oberstleutnant Julius Schlegel

leutnant Julius Schlegel, Kommandeur der Instandsetzungsabteilung der Panzerdivision »Hermann Göring«, zum damaligen Abt Gregorio Diamare und bot ihm an, die Kunstschätze und Kulturgüter der Abtei in Sicherheit zu bringen. Der heutige Oberhirte des Klosters, Abt Bernardo d'Onorio, ist voller Anerkennung für diese wackere Tat.

Abt Bernardo d'Onorio: I monaci in un primo momento non cedettero alla proposta, vedendo poi la buona volontà di questo colonnello Schlegel, accettarono con piacere e impacchettarono tutto ciò che poteva essere trasportato, quindi libri, pergamene, reliquiari, quadri e tutto questo, coll'opera degli stessi soldati tedeschi e con automezzi che misero a disposizione lo stesso colonnello Schlegel e i suoi collaboratori, tutto questo fu trasportato in Vaticano. Quindi questo patrimonio culturale di Montecassino, che potremmo chiamare anche un patrimonio mondiale, fu salvato ricoverandolo in primo luogo a Castel Sant'Angelo, poi in Vaticano e nel 1953 tutto è tornato in monastero.

Verpackung und Abtransport von Kunstschätzen

[Die Mönche haben in einem ersten Moment den Vorschlag nicht angenommen. Als sie aber die lautere Absicht von Oberstleutnant Schlegel erkannt hatten, willigten sie mit Vergnügen ein und verpackten alles, was transportfähig war, sodass Bücher, Pergamenthandschriften, Reliquiare, Gemälde und was es sonst noch an Wertvollem gab, mit Unterstützung der deutschen Soldaten und mit Fahrzeugen, welche Oberstleutnant Schlegel und seine Mitarbeiter zur Verfügung stellten, in den Vatikan gebracht wurden. So wurde dieses Kulturgut, das wir auch als Weltkulturgut bezeichnen können, gerettet, indem es zuerst in der Engelsburg und dann im Vatikan gelagert wurde. Im Jahr 1953 ist alles wieder ins Kloster zurückgebracht worden.]

Transport in die »Engelsburg« im Vatikan

Am 3. November verließen die letzten zwei von insgesamt 120 Lastwagen die Abtei. Bereits vorher wurde für den Abtransport der 1100 Flüchtlinge gesorgt, die im Kloster Unterschlupf gefunden hatten, in der Meinung, so dem Bombenhagel und den

Die Flüchtlinge verlassen die Abtei

Granaten der amerikanischen Artillerie zu entgehen, die auf die Stadt und deren Umgebung niederprasselten.

Das Kloster wurde von vier Gendarmen bewacht, die verhindern sollten, dass sich Wehrmachtsangehörige Zutritt zum Kloster beschafften. Kunstsinnige Besucher durften aber mit dem Entgegenkommen der Mönche rechnen.

Otto Kastowsky: Inzwischen war ich einmal mit meinem Hauptmann, mit dem Volkswagen, zum Kloster hinaufgefahren, weil wir uns überzeugen wollten, dass das Kloster soldatenfrei war. 300 Meter vor dem Kloster wurden uns die Waffen abgenommen, dann erst konnten wir weiterfahren. Wir sind mit dem Abt zusammengekommen, und der hat uns alles gezeigt, die Bilder usw. Wunderbares Kloster!

Besuch in der Abtei

Zu Weihnachten, am 25. Dezember 1943, wurde Abt Diamare vom Besuch des Kommandierenden Generals des XIV. Panzerkorps Fridolin von Senger und Etterlin überrascht, der an der Weihnachtsmesse in der Krypta der Abtei teilnahm.

Ansonsten war auf dem Schlachtfeld von Cassino keine weihnachtliche Ruhe eingekehrt.

Karl Grasser: Drei Tage vor Weihnachten haben die Alliierten das Angebot gemacht, über Weihnachten die Waffen ruhen zu lassen. Das haben die Unseren abgelehnt mit der Begründung: »Die liefern nur Material und das ist nichts!« Dann haben wir aufs Dach gekriegt.

Auch ein anderer Versuch, über die Weihnachtsfeiertage die Waffen ruhen zu lassen, ist gescheitert.

Otto Kastowsky: Wir haben ausgemacht gehabt, dass wir zu Weihnachten, am Heiligen Abend, Feuer einstellen, und ich glaube, sie haben sogar versucht, mit dem Amerikaner das abzumachen, aber am Heiligen Abend, ungefähr ein, zwei Stunden vor Mitternacht fängt wer an zu ballern. Wer jetzt angefangen hat, unsere sagen der Amerikaner, aber was ich gehört habe, ist von unserer Seite auch ein Schuss abgegeben worden, also da lässt sich streiten, jedenfalls haben wir den Heiligen Abend in Deckungslöchern verbracht.

So nahm das Kampfgeschehen seinen Fortgang. Am nächsten Tag wurde die volle Grausamkeit des Krieges sichtbar.

Karl Grasser: Da sind wir, mein Kamerad Rudl und ich, hinunter ins Dorf und haben Türen geholt, damit wir ein bisschen Schutz haben, wenn es regnet, und da liegt neben der Straße ein Haufen in eine Zeltplane gewickelt. Die tun wir auf. Jetzt war ein Kamerad drinnen: Kopf weg, Füße weg, Arme weg. Dann sagt der Rudl: »Mensch tu zu, ich kann das nicht sehen!«

Bald nach diesem schmerzhaften Erlebnis musste Karl Grasser an sich selbst die Auswirkungen des pausenlosen Beschusses durch die alliierte Artillerie erfahren.

Karl Grasser: Am 30. Dezember 1943 fangen sie wieder an zu schießen, ganz verrückt, und da kommen die Einschläge immer näher zu unserem Loch, wo der Rudl gelegen ist, der Rudl und ich und noch ein anderer. Und ich bin genau da gelegen, wo so ein Schacht ausgehoben war, dass man hat hineinkriechen können. Ich bin genau in der Richtung auf der rechten Seite gelegen, und plötzlich hat es nach Pulverdampf gerochen. Dann haben die einen gesagt: »Du, mich hat es erwischt!« Und: »Mich hat es erwischt!« Dann habe ich gesagt: »Mich auch!«

Die anderen sind alle weg, und wie ich dann aus dem Loch heraus war, ist mir der linke Arm hinuntergefallen, und es hat heillos weh getan. Und wie ich bei der zweiten Terrasse hinauflaufe, schlägt links wieder eine Granate ein, und dann hat es mir das Blut aus dem Mund herausgejagt. Dann habe ich mir gedacht, jetzt hat es dich innerlich auch noch erwischt. Dann bin ich hinauf, wo der Rest von der Gruppe war. Die haben unten bei einem Felsen ein Loch gesprengt gehabt mit so einem Splitterschutz. Wie ich da hineinkomme, bin ich zusammengebrochen, und in dem Moment schlägt auf dem Steinhaufen eine Granate ein und haut die ganzen Steine auf meinen Rücken hinauf. Dann haben sie mich verbunden, und in dem Moment ist der Zugführer gekommen, der Leutnant Pöschl und hat gesagt: »Sofort mit dem Mann zurück. Da ist jede Sekunde kostbar!« Dann haben sie mich in eine Decke gehüllt, einen Stock durchgesteckt und zwei haben mich getragen.

Karl Grasser wurde ins Feldlazarett gebracht, dort operiert und anschließend vom Kriegsschauplatz abgezogen.

Die Zahl an Toten und Verwundeten der Alliierten überstieg in Cassino bei weitem die der Deutschen. Die Amerikaner erlitten bei Cassino so schwere Verluste, dass sie von neuseeländischen Einheiten abgelöst werden mussten. Da deutsche Pioniere zudem Bahnhof und Bahnlinie von Cassino gesprengt und Teile der Ebene überflutet hatten, indem sie den Fluss Rapido umleiteten, war ein Vorstoß der amerikanischen Panzer nur mehr unter schwierigen Bedingungen möglich. Auch die engen Bergstraßen und die frostigen Temperaturen machten den Alliierten zu schaffen.

Die Auswirkungen der Kämpfe auf die Stadt waren verheerend: Sie wurde von Spreng- und Brandbomben in einen einzigen Trümmerhaufen verwandelt, und die amerikanische Artillerie tat ein Übriges. Das Kloster blieb genauso wenig wie das weitere Umfeld von Montecassino von den Geschossen und Bomben der Alliierten verschont. Fast täglich schlugen verirrte Geschosse in die Kirche und in andere Gebäude der Abtei ein.

Alfons Rier aus Kastelruth, der zuvor schon in Griechenland und auf Kreta im Einsatz war, kam vom Regen in die Traufe.

Alfons Rier: Ich bin am 2. Januar 1944 nach Frosinone gekommen. Von Frosinone sind wir links hinein nach Atina und Villa Latina. Im Tal [des Flusses Rapido] war eine große, 15 Meter lange Brücke und darüber, bei S. Biagio, waren wir mit der Flak in Stellung. Wir haben die Aufgabe gehabt, mit der 2-cm-Flak die Straße und die Brücke, die das Tal überspannte, zu schützen, damit die Flieger nicht die Brücke angreifen konnten. Und dann ist da Folgendes passiert: Plötzlich hörte ich Motorengeräusch. Da ist ein Flugzeug, ein Jabo [Jagdbom-

Flakstellung im Liri-Tal

ber] den Fluss entlang und auf die Brücke hinuntergestoßen. Ich habe nicht schießen können, denn, wenn ich das Geschütz hinuntergedreht hätte, hätte ich vor mir in die Erde hineingeschossen. Dann kam der Leutnant Pfeifer, so ein junger Spritzer, der unbedingt einen Abschuss haben wollte, denn er hat heimfahren wollen, um zu heiraten und hat sich da das EK II aufstecken wollen. Dann sagte er: »Rier, was war denn los?« Dann habe ich gesagt: »Das Flugzeug unterflogen. Ich habe nicht schießen können.« Da geht der zurück zum Kompaniechef und um zehn Uhr nachts kam der Alarm: »Geschütze zerlegen, hinunter fahren auf die Straße, dort wieder zusammenstellen und in Stellung bringen.» Wir haben die Brücke »Todesbrücke« genannt, weil wir immer von oben aus gesehen haben, wie sie diese Brücke beschossen haben. Dann sagte ich: »Jetzt sind wir erledigt. Da unten müssen wir sterben!« Dann sind wir hinunter. Um drei oder vier Uhr in der Früh sind wir unten angekommen. Ich bin 50 Meter von der Brücke entfernt in Stellung gewesen. Um sieben Uhr in der Früh haben wir feuerbereit gemeldet und um acht Uhr sind schon die ersten 12er-Granaten genau durch das Tal

In der »Gustavlinie«

herunter auf uns niedergeprasselt. Wir sind dort drei Tage gewesen. In der Nacht sind wir nur in der Stellung drinnen gehockt. Zum Essen haben wir fast nichts gehabt. Mit der Zeit musste ich einmal hinaus und hinüber unter die Brücke, um die Notdurft zu verrichten, da auf einmal tut es einen Krach und ein Volltreffer geht auf die Brücke nieder. So schnell habe ich noch nie meine Sachen erledigt, die Hosen hinauf und wieder hinüber. Dann hat mich die Wut gepackt und ich bin zum Leutnant in seine Stellung, habe meine Pistole gezogen und habe gesagt: »Herr Leutnant, was ist denn besser, wenn heute einer tot ist, oder wenn wir morgen alle tot sind? Heute in der Nacht muss Stellungswechsel sein, sonst kracht es!« Nach zwei Stunden ist er gekommen: »Jawohl, Herr Rier, der Stellungswechsel ist erlaubt, aber ohne Zugmaschinen.« Bei Einbruch der Dunkelheit sind wir hinauf mit den Geschützen und um sieben Uhr in der Früh haben wir wieder feuerfrei gemeldet. Und wenn ich das nicht getan hätte, wäre ich heute nicht mehr da.
Wir sind dann auf den Hügel hinauf und sind 15 Tage oben gewesen. Auf einmal ist der Melder gekommen und hat sagt: »Rier, Sie werden versetzt, zum Regiment 100!«

Am 22. Jänner 1944 erfolgte bei Anzio und Nettuno hinter den deutschen Linien die Landung der 6. US-Armee. Der deutsche Gegenangriff folgte sofort und nagelte die Invasionstruppen vier Monate lang am Strand von Anzio fest.

Die Landung der Alliierten fesselte natürlich Teile der Streitkräfte, die bei Cassino gebraucht worden wären, zumal die Verteidiger der »Gustav-Linie« ohnehin zahlenmäßig weit unterlegen waren. Den wenigen Verteidigern standen Einheiten aus 18 Nationen gegenüber.

Wie sehr sich die Lage in Cassino mittlerweile zugespitzt hatte, erfuhr Josef Rier vom »Zatzerhof« in Kastelruth, als er Mitte Jänner 1944 seine Einheit, die 5. Gebirgs-Division, in Cassino erreichen musste.

Josef Rier: Wir sind mit dem Zug bis Frosinone gefahren. Frosinone ist ein bisschen oberhalb Cassino, und von dort ist es dann nur mehr zu Fuß gegangen. Bei Tag hast du dich überhaupt nicht blicken lassen können, da hast du gleich von den Fliegern drauf gekriegt, da ist ständig geschossen worden. Da ist man nur mehr bei Nacht nach vorne gekommen, mit den Mulis.

Dem Neuankömmling bot sich ein düsteres Bild beim Anblick der Front um den Monte Cassino.

Josef Rier: Ich kann mich noch erinnern, dass in den drei, vier Monaten – wir sind ja Ende Jänner da hereingekommen – da sind zweimal, weiß ich, zwei deutsche Jagdflieger ins Tal im Norden des Klosters hereingeflogen und haben da bombardiert, aber die haben im Tiefflug hereinfliegen müssen und immer so wieder beim nächsten Loch hinaus, sonst wären sie sofort heruntergeschossen worden.

Trotz ihrer deutlichen Überlegenheit an Waffen und Truppen gelang den Alliierten in Cassino nicht der erhoffte Durchbruch ins Liri-Tal, nicht zuletzt auch deshalb, weil der Klosterberg – nicht das Kloster selbst – ins deutsche Verteidigungssystem einbezogen wurde. Die deutschen Stellungen reichten bis 400 Meter an die Klostermauern heran. Vor diesem Hintergrund fand am 12. Februar 1944 die entscheidende Besprechung statt, in welcher die alliierten Kommandeure, allen voran der neuseeländische General Freyberg, die Bombardierung der Abtei beschlossen. Am 14. Februar warnten Flugblätter die im Kloster verbliebenen Mönche und Flüchtlinge vor dem Vorhaben und forderten sie auf, Montecassino zu verlassen. Sie kamen dieser Aufforderung allerdings nicht nach.

Der Luftangriff begann am 15. Februar 1944 um 9.30 Uhr. In den folgenden vier Stunden warfen 239 schwere und mittlere Bomber der Alliierten in acht Wellen 450 Tonnen Bomben auf

Der Luftangriff auf die Abtei vom 15. Februar 1944

Die Ruinen der Abtei nach dem Bombenangriff

Abt Gregorio Diamare verlässt die deutsche Botschaft beim Hl. Stuhl

Montecassino ab und legten damit die weltberühmte Abtei in Schutt und Asche. Der 82-jährige Abt Gregorio Diamare überlebte gemeinsam mit seinen Mönchen und den meisten Flüchtlingen den Angriff und verließ in einer Prozession quer durch die Sperrfeuerzone das Kloster. Am Fuße des Berges nahm ein Auto den Abt auf und brachte ihn in das deutsche Hauptquartier in Castel Massimo zu General von Senger und Etterlin, der ihm ein Auto für die Weiterfahrt nach Rom zur Verfügung stellte. Dort wurde er zuerst in die deutsche Botschaft beim Vatikan gebracht, wo er eine vorgefertigte Propagandaschrift unterzeichnen sollte. Abt Diamare weigerte sich erfolgreich, seine Unterschrift unter ein solches Dokument zu setzen und verlangte, in sein Mutterkloster Sant'Anselmo auf den Aventin gefahren zu werden, was auch geschah.

Die Zerstörung des Klosters Montecassino verschaffte den Alliierten allerdings keinerlei Vorteile. Die Abtei wurde daraufhin von den deutschen Fallschirmjägern besetzt und wurde mit ihren unterirdischen, bombensicheren Gewölben und Gängen zu einer beinahe uneinnehmbaren Festung. Auch der Ruinenschutt bot bessere Abwehrmöglichkeiten als das intakte Gebäude. Indische Einheiten, die nach der Bombardierung, das Kloster beset-

Deutsche Fallschirmjäger besetzen die Abtei

zen sollten, waren die ersten, die dies zu spüren bekamen. Sie verloren beim gescheiterten Ansturm 40 Offiziere und 600 Mann.

Die zahlreichen Angriffe auf die deutschen Stellungen am Berg und in der Stadt wurden auf Seiten der Alliierten mit einem gewaltigen Einsatz von Bomben und Granaten begleitet.

Josef Rier: Die Alliierten haben auf uns mit schwerer Artillerie geschossen. Man hat in der Nacht sogar das Mündungsfeuer gesehen, und wenn die Geschosse dahergeflogen sind, haben diese in Montecassino, wo alles Felsen ist, eigentlich die doppelte und dreifache Wirkung gehabt.

Aber trotz dieses ungeheuren Einsatzes an Kriegsgerät kam die alliierte Offensive zum Stehen. Der versuchte Durchbruch durch die deutschen Stellungen war gescheitert. Nun folgte an der »Gustav-Linie« eine längere Ruhepause – die Ruhe vor dem Sturm. Am 11. Mai 1944 kam es schließlich bei Montecassino zur letzten und entscheidenden Schlacht. Das Feuer aus 2000 alliierten Geschützen und massive Bombardierungen leiteten die Offensive ein. Eine wichtige Aufgabe hatten dabei die polnischen Einheiten zu erfüllen.

Josef Rier: Es hat genau um elf Uhr in der Nacht angefangen. Da haben sie Trommelfeuer über uns hineingelegt für etliche Stunden, danach haben die Polacken angegriffen, und die sind natürlich von uns wieder zurückgestoßen worden, und dann sind die Gefallenen für die nächsten Tage in unserer Gegend alle liegen geblieben. Die hat kein Mensch weggetan. Sie haben dann untereinander eine Waffenruhe ausgemacht, am Nachmittag zwei Stunden, und dort hat man nur mehr die Sanitäter da auf den Bergen herum gesehen mit den weißen Fahnen oder der Rote-Kreuz-Fahne, wie sie die Verwundeten eingesammelt haben. In unserer Gegend sind die Toten alle liegen geblieben. Es ist Mai gewesen und es ist schon recht warm geworden, und so sind die Leichen mit der Zeit ganz dick geworden, und da hat man Kalk daraufgesät und dann hat man sie schon irgendwo begraben.

Ein großes Problem für die Gebirgsjäger in Albaneta, nordwestlich des Klosters, war der Nachschub.

Josef Rier: Also, unser Nachschub ist von hinten her gekommen, alles mit den Mulis. Die Verpflegung ist immer so um Mitternacht gekommen, also die Monate vorher, aber an den Tagen, an denen der letzte Großangriff gewesen ist, haben wir ja praktisch keinen Nachschub mehr gekriegt, weil einfach alles zusammengeschossen worden ist.

Nachschub von Verpflegung auf den Rücken der Mulis

Die Polen auf der Gegenseite konnten hingegen mit jeglicher Unterstützung rechnen.

Josef Rier: Da haben die Alliierten hinter dem Kloster direkt die Straße herauf gebaut gehabt. Da geht es so steil herauf, dass sie für die Panzer Eisenmatten hinlegen mussten.

So sahen sich die Gebirgsjäger plötzlich einer Übermacht gegenüber, der sie auf Dauer nicht standhalten konnten.

Die Kämpfe wurden auch in der Stadt Cassino – die nun keine Stadt mehr war, sondern ein einziger Trümmerhaufen – erbittert geführt. Dort kam die 1. Fallschirmjäger-Division zum Einsatz. Bruno Spiess aus Taufers im Münstertal war dabei.

Bruno Spiess: Wir, die Fallschirmjäger, waren vom Bahnhof bis zum Kloster eingesetzt, und vom Kloster zum Monte Cairo im Norden ist die 5. Gebirgs-Division gewesen, und rechts von uns sind die Hoch- und Deutschmeister, das ist eine Wiener Division, gewesen.
Und das ist eine schlimme Schlacht gewesen. Die ganze Nacht ist da ein Trommelfeuer gewesen. Das ganze Casolini-Tal hinunter war hell erleuchtet von lauter Granaten und Mörsereinschlägen. Die Deutschen haben dann die Nebelwerfer eingesetzt. Und dann sind von uns, von der ganzen Kompanie, ziemlich viele draufgegangen.

Fallschirmjäger in der Stadt Cassino

Einige wenige Fallschirmjäger fanden in der Gefangenschaft eine »rettende Zuflucht«, wie etwa Johann Rapp aus Matrei am Brenner. Er wurde am 13. Mai 1944 von englischen Soldaten gefangen genommen.

Der Weg in die Gefangenschaft

Johann Rapp: Die Engländer wollten mich zuerst erschießen. Vielleicht war es nicht klug, was wir getan haben. Wir haben uns bis zum Letzten gewehrt und geschossen, aber da waren wir noch frei, da waren wir noch nicht gefangen, und jetzt hat der englische Soldat geglaubt, wir haben als Gefangene noch geschossen, anders kann ich es mir nicht vorstellen, und da kam ein englischer Hauptmann und hat's ihm verboten.
Und dann habe ich Glück gehabt bei einem Verhör: Der hat mir eine Falle gestellt, der hat sich hinter einem Tisch zu schaffen gemacht,

und auf dem Tisch lag eine Pistole. Zuerst habe ich mir gedacht, mei, darauf einen Tapper und dann legst ihn mit der Pistole um, aber dann habe ich mich umgedreht – ich habe einen Luftzug verspürt –, da war tatsächlich hinter mir ein Kanadier und hat nur darauf gewartet, dass ich mich zur Wehr setze.

Die Fallschirmjäger waren wegen ihrer Hartnäckigkeit bei den Alliierten eine gefürchtete Truppe.

Bruno Spiess: Uns haben sie die »Grünen Teufel von Montecassino« geheißen. Den Namen hat uns der Amerikaner gegeben. Wir haben dann auch auf dem Panzer einen grünen Teufel aufgemalen gehabt, so als Panzerabzeichen.

Während die Alliierten im Tal bereits am vierten Tag Herren der Lage waren, konnten die Gebirgsjäger noch etwas länger den Angriffen der Polen unter General Anders widerstehen, dann aber kam auch für sie das Ende.

Josef Rier: Am 16. Mai bin ich alleine noch da oben gewesen in der Stellung, alleine, weil mein Kamerad, der bei mir gewesen ist, schon an den ersten Tagen verwundet worden ist, und ich bin dann alleine gewesen und habe da einen Panzer vor mir gehabt und ich habe mir gedacht, jetzt gehe ich zurück zu den Fallschirmjägern und mache dann die Meldung, und wie ich zurück bin, ist da der Bunker entweder in die Luft gesprengt worden oder er hat einen Volltreffer gekriegt. Auf alle Fälle bin ich dann wieder nach vorne gegangen und habe mich gefragt, was ich denn alleine gegen den Panzer machen soll. Dann habe ich mir gedacht, jetzt gehe ich zurück zu den Unseren, und wie ich da zurückgehe, treffe ich einen von unserer Kompanie. Wir sind dann gemeinsam zurück zum Kompaniegefechtsstand – das ist noch bei Tag gewesen – und da sind dort sieben oder acht Verwundete drin gewesen, der eine mehr, der andere weniger. Dann haben wir unter uns abgesprochen, dass uns jetzt gar nichts mehr nützt. Wir haben unsere Waffen zerlegt und weggeworfen und sind einfach denen entgegengegangen mit den Verwundeten. So sind wir gefangen genommen worden und sind hinunter geführt worden durch das »Tal des Todes«. Dann haben wir erst gesehen, was die Alliierten für eine Übermacht gehabt haben.

Auch im Kloster setzten sich die meisten Verteidiger ab, und als die Polen am Vormittag des 18. Mai die deutschen Stellungen erreichten, trafen sie dort nur noch 30 meist verwundete Fallschirmjäger an.

Bruno Spiess: In Montecassino sind vier Züge gewesen, fast 200 Mann, und übrig geblieben sind acht Mann.

Geendet hat diese grausame Schlacht rund um Montecassino in einem Meer von Blut: Von den 40.000 Soldaten, die auf deutscher Seite gekämpft hatten, sind 22.000 gefallen; von den 345.000 auf alliierter Seite haben 230.000 den Tod gefunden.

Mit dem Hissen der polnischen Fahne über den Trümmern der Abtei wurde der Schlussstrich unter einen Akt sinnloser Zerstörung gesetzt. Dieser gespenstige Trümmerhaufen war einst der kulturelle und religiöse Mittelpunkt des Südens.
Dass die Abtei nach 1945 wieder in der alter Form errichtet werden konnte, ist einer glücklichen Fügung zuzuschreiben.

Das Hissen der polnischen Fahne auf der zerstörten Abtei

Abt Bernardo d'Onorio: Essendo questo un edificio demaniale, il ministero diede disposizione nel 1939/40 di provvedere ai rilievi, ai disegni, alle planimetrie di tutto il Monastero, che è monumento nazionale. Dopo sei anni tutto questo materiale venne disegnato e rilevato fino a centimetro e servito tutto per la ricostruzione.
[Da es sich hier um ein Bauwerk handelt, das Eigentum des Staates ist, veranlasste das zuständige Ministerium in den Jahren 1939 und 1940, dass von der ganzen Klosteranlage Vermessungen vorgenommen und Zeichnungen angefertigt werden. Nach sechs Jahren war alles zentimetergenau ausgeführt und hat so für den Wiederaufbau gute Dienste geleistet.]

Zwei beherzten deutschen Offizieren ist es zu verdanken, dass die einmaligen und unersetzbaren Kulturgüter, die im Kloster über Jahrhunderte gesammelt worden waren, der Menschheit erhalten geblieben sind. Oberleutnant Julius Schlegel und Stabsarzt Maximilian Becker haben diese Schätze auf abenteuerliche Weise gerettet. Abt Bernardo d'Onorio widerlegt die Gerüchte, dass einige Kunstgegenstände nicht mehr zurückgegeben worden wären.

Abt Bernardo d'Onorio: Tutto ciò che è stato portato dalle truppe tedesche a Roma, tutto è tornato. Non è mancato neanche un foglio. Furono fatte dagli stessi soldati delle casse. Quello che è stato trasportato quello è tornato qui nel 1953/54.
[Alles, was von den deutschen Truppen nach Rom gebracht worden war, ist wieder zurückgekehrt. Nicht ein Blatt hat gefehlt. Das, was weggeführt worden ist, ist auch in den Jahren 1953 und 1954 wieder zurückgekehrt.]

Bereits kurz nach dem Krieg wurde mit dem Wiederaufbau begonnen. Der italienische Staat als Eigentümer dieser gigantischen Anlage stellte dafür die erforderlichen Mittel zur Verfügung:

Abt Bernardo d'Onorio: So che viene detto comunemente, ma non è vero, che è stato ricostruito con fondi americani, invece è stato ricostruito tutto dal Governo italiano, essendo questo oltre che monumento nazionale, anche proprietà dello Stato, quindi lo Stato l'ha ricostruito, e diciamo grazie allo Stato, e lo Stato italiano anche pensa alla manutenzione straordinaria di questo complesso così grande. [Ich weiß, dass immer wieder erzählt wird, aber es stimmt nicht, dass das Kloster mit Geldern der Amerikaner wiederaufgebaut worden ist. Es wurde hingegen alles auf Kosten der italienischen Regierung wiederhergestellt. Das Kloster ist nicht nur ein nationales Denkmal, es ist auch Eigentum des Staates, und so hat es der Staat wieder aufgebaut, und wir bedanken uns dafür, und der italienische Staat sorgt für die Erhaltung dieses großartigen Bauwerkes.]

So erstrahlt das Kloster also heute wieder in seinem alten Glanz und kann weiterhin seiner jahrhundertealten Bestimmung dienen.

»Mit dem Krieg verliert man alles«, sagte einmal Papst Benedikt XV. So steht die Abtei Montecassino als Mahnmal wider den Wahnsinn des Krieges und für ein friedliches Zusammenleben unter den Völkern.

Der Partisanenkrieg am Balkan

Die Folgen des 8. September 1943

Im März 1943 wurde die 1. Gebirgs-Division vom Kaukasus auf den Balkan verlegt, wo sie zusammen mit anderen Einheiten der deutschen Wehrmacht die zahlreichen griechischen, albanischen und jugoslawischen Partisanen-Verbände bekämpfen sollte. Mit dem Sturz Mussolinis und dem Abfall Italiens am 8. September 1943 wurde die 1. Gebirgs-Division aber auch zur Entwaffnung der italienischen Streitkräfte in Griechenland herangezogen. Am griechischen Festland verlief die Gefangennahme der italienischen Truppen weitgehend reibungslos, nicht so hingegen auf den beiden vorgelagerten Inseln Kefallonia und Korfu. Am Unternehmen, das die Einnahme von Korfu zum Ziel hatte, war auch Pepi Egger aus Bozen beteiligt. Ein erster Versuch, die Inselbesatzung zu entwaffnen, war für den 13. September vorgesehen, und zwar auf Fischerkuttern, die im Hafen von Igoumenitsa beschlagnahmt worden waren.

Italienischer Posten in Griechenland

Pepi Egger: Der General [Luigi Lusignani] dort auf den Inseln wollte die Inseln so lange halten, bis die Alliierten zu den Inseln vorgestoßen wären. Mein Bataillon begab sich mit größeren motorisierten Fischkuttern über See Richtung Korfu zu Verhandlungen. Unsere Schiffe wurden aber ein Kilometer vor der Landung auf der Insel von Korfu aus von Geschützen der Zitadelle unter Feuer genommen. Mein Schiff, das angeblich Motorschaden hatte, war ins Schlepptau eines anderen Schiffes genommen worden. Dieses erhielt am Bug einen Volltreffer, ein zirka drei Meter breites Loch, lief gleich voll Wasser, richtete sich senkrecht auf und sank in wenigen Minuten. Unser Schiff war im Schlepptau, ein Kamerad konnte mit Maschinengewehrfeuer die Taue rechtzeitig abtrennen, sonst hätte uns das sinkende Schiff mit in die Tiefe gezogen. Dann kam Befehl: »Alle Mann von Bord!« Und

Der Hafen von Korfu

so sprangen wir vom Schiff ins Meer, die meisten mit Kleidern und Schuhen. Ich zog mich zuvor in Ruhe aus und fand im Wasser einen Balken, an dem ich mich festhielt. Inzwischen drehten alle Schiffe ab, auch unser Schiff hatte der Besitzer wieder flott gemacht. Da die Italiener sahen, dass wir abdrehten, stellten sie bald das Feuer ein. Das Wasser war sehr warm; ich dachte nur, ja keine Verwundung und hoffentlich finden uns die Haifische nicht. Nach drei viertel Stunden tauchte ein Schiff mit weißer Flagge auf; es war unser Bataillonskommandeur. Wir wurden alle aus dem Meer gefischt, an Deck gezogen und zum Festland nach Griechenland gebracht. Viele mussten dort neu eingekleidet werden. Ich hatte noch meine Uniform und meine Schuhe auf dem Schiff und war froh, denn meine Größe, Schuhnummer 47, war nicht so leicht aufzutreiben.

Gleich darauf kam es zur Einnahme der Insel Kefallonia und zum Massaker an den italienischen Besatzern.

Ausschiffung von Truppen der 1. Gebirgs-Division

Pepi Egger: Was in Kefallonia passiert sein soll, das war grauenhaft. Die Deutschen haben nämlich nicht die Unterschiede der verschiedenen Grade gekannt, mancher Maresciallo hat auch eine schöne Plakette an der Uniform gehabt und sie haben gemeint, das wäre ein Offizier, auf jeden Fall sind da nicht nur Offiziere, sondern auch Unteroffiziere und Caporali umgekommen. Man spricht von Tausenden Leuten, die da erschossen worden sind. Das war natürlich ein sehr, möchte ich sagen, übles Ruhmesblatt der 1. Gebirgs-Division.

Am 23. September wurde dann ein neuer Angriff auf die Insel Korfu gestartet.

Pepi Egger: Diesmal war der Angriff gut geplant und auch gut durchgeführt. Mit einem seetüchtigen Schiff landeten wir auf der Westseite. Wir waren eine verstärkte Kompanie von ca. 200 Mann. Wir durchstießen die Insel, und so war die Insel in zwei Teile, Nord und Süd, geteilt. Der südliche Teil war praktisch ausgeschaltet, denn wir hatten alle Verbindungen durchtrennt. Interessant ist, dass uns dabei die Brandenburger geholfen haben. Tags zuvor landeten sie mit einem Schlauchboot im Norden der Insel und ein Offizier und zwei Mann in italienischer Uniform, mit zwei Maschinengewehren ausgerüstet, gingen an Land, stiegen hinauf auf die Höhe und postierten sich links und rechts der Straße. Als der Norden erfuhr, dass deutsche Einheiten auf der Insel gelandet waren, wollten sie gleich nach Süden vorstoßen, um die Einheiten zu bekämpfen, aber sie gerieten in das Maschinengewehrfeuer, und so wurde der ganze Aufmarsch von Norden her gestoppt. So war für uns der Weg nach Norden frei. Wir, unsere Kompanie mit 200 Mann, stießen sofort Richtung Stadt Korfu, das war die Hauptstadt, vor. Die Italiener wussten, dass wir eine kampferprobte Einheit waren mit Russlanderfahrung, und kapitulierten sofort, zogen die weiße Fahne hoch und legten die Waffen ab. So war innerhalb von wenigen Stunden die ganze Insel in unserer Hand. Es wurden einige Tausend Italiener entwaffnet. Leider gab es für die Offiziere laut Führerbefehl wenig Gnade.

Korfu nach einem Stuka-Angriff

Der Hafen von Korfu

Auf der Rückfahrt von der Insel Korfu wurde unser Schiff von englischen Jagdflugzeugen, den Spitfires, beschossen, doch wir hatten Glück, es gab keine Verwundeten. Von den gefangenen italienischen Soldaten boten sich einige als Tragtierführer an, die wir gerne aufnahmen. Was wir besonders gut brauchen konnten, waren die vielen schönen Mulis der Italiener. Eine größere Gruppe von gefangenen Italienern sollte einen langen Marsch antreten, waren aber sehr geschwächt und ausgehungert. So wandte sich einer an mich, da er mich als Dolmetscher erkannte, mit der Bitte, eine alte Kuh, die sie ausgemacht hatten, schlachten zu dürfen. Unser Leutnant sagte zu und so war den armen Kerlen geholfen. Sie konnten sich satt essen und überstanden so leichter den langen Marsch.

Brandenburger wurden nicht nur bei dem Angriff auf die Insel Korfu eingesetzt, sie wurden auch sonst herangezogen, wenn heikle Situationen zu meistern waren. Richard Plattner aus Sterzing war beim 2. Regiment der Division Brandenburg und kam zu dem Zeitpunkt von Russland auf den Balkan, als Italien gerade abgesprungen war.

Richard Plattner: Wir waren im Angriff auf eine Gebirgsstadt, Grevena in Nordwestgriechenland, und wir haben diese eingenommen und da kommt plötzlich das Stichwort, das Losungswort – wir haben schon gewusst, die Italiener sind beim Abspringen – »Alles halt!« und dann ruft mich wieder der Kommandeur und sagt: »Plattner, Sie nehmen die schweren Waffen und gehen hinunter weiter Richtung Tal, suchen einen günstigen Ort aus, wo wir die Italiener entwaffnen können, und stellen die Waffen so auf, dass, wenn diese aufmucken, da Feierabend wird.« Ich habe das getan, und dann sind die italienischen Einheiten, die mit uns eingesetzt waren, da entwaffnet worden. Unser Oberst hat mit dem italienischen General ein sehr gutes Verhältnis gehabt und hat den ersucht und gesagt: »Bitte, mache keinen Widerstand, du weißt, es nützt nichts, ich habe den Befehl, wenn, dann müssen wir euch bekämpfen. Wir wollen Blutvergießen vermeiden, das ist unsinnig!« Und dann habe ich das miterlebt. Wir haben keinen Schuss abgeben brauchen, Gott sei Dank, und dann haben wir sie entwaffnet und haben sie nach Koritza in ein Auffanglager gebracht.

Und da hat Richard Plattner dramatische Erlebnisse bezüglich der italienischen oberen Führung gehabt.

Richard Plattner: Ich musste einmal in eine Hafenstadt mit einem LKW der Alpini, begleitet von einem Oberleutnant der Alpini, da Sachen holen, Kriegsgerät, und da kommen wir in ein Tal hinunter und da war eine Furt in einem Fluss, dem Aliakmon, und den mussten wir mit dem Fahrzeug durchwaten, und vor dieser Furt war ein großes Denkmal aus rohem Gestein und eine Bronzetafel und dann sage ich: »Was ist denn da?« »Ja, weißt du nicht Bescheid?« »Nein, was ist denn da?« »Das ist ein Denkmal an die Division Julia, die da total aufgerieben worden ist in dieser Schlucht!« »Ja«, habe ich gesagt, »ich war zu dieser Zeit in Russland, erzähle!« Hat er gesagt: »Unser Führer hat die Division Julia in Marschform durch diese Schlucht geschleust, wohl wissend, dass vorne und zu beiden Seiten die Höhen von den Albanern und von den Griechen besetzt waren. Die haben gewartet, bis alle drin waren, und haben sie von vorne und von beiden Seiten zugedeckt. Da sind fast 4000 Leute draufgegangen. Eine ganze Division beinahe völlig aufgerieben!« Und das war dann das Denkmal.

Ungewöhnlich war auch die Hilflosigkeit, die sich nach dem Waffenstillstand am 8. September bei vielen italienischen Offizieren breitmachte.

Richard Plattner: Und dann habe ich wirklich diesen moralischen Kampf dieser Offiziere gesehen, die zu mir gekommen sind, keiner hat ein Radio gehabt, keiner hat irgendeine Befehlsausgabe gehabt von oben. Die Verbindungen waren abgebrochen, die haben nicht gewusst, was in Italien los ist. Dann habe ich gesagt: »Ja, was soll ich euch sagen, ist schwer sagen? Viel weiß ich auch nicht, aber in der Kompanie habe ich ein Radio, das bringe ich euch, ich gehe weg, schaltet euch den englischen Sender ein, damit ihr hört, was los ist, weil von uns hört ihr nur den Wehrmachtsbericht und der ist natürlich einseitig, ihr braucht nähere Elemente, um bewerten zu können, wie ihr euch zu verhalten habt.« Dann haben sie gesagt: »Ma come dobbiamo comportarci, noi abbiamo fatto un giuramento, che dice, per il bene inseparabile del re e della patria. Il re è fuggito, la patria è rimasta e noi abbiamo tradito voi alleati! Cosa dobbiamo fare?« [Wie sollen wir uns jetzt verhalten? Wir haben einen Treueeid auf die Unteilbarkeit von König und Vaterland. Der König ist geflohen, das Vaterland ist geblieben und wir haben euch Verbündete verraten! Was sollen wir tun?] Dann habe ich gesagt, ja, ich weiß es nicht. Dann natürlich, verschiedene haben gesagt, ja, wir kämpfen nicht weiter, und wahrscheinlich haben sie sowieso die Schnauze voll gehabt, und die Ungewissheit, und verschiedene haben gesagt, wir haben einen Treueschwur geleistet auf das »bene inseparabile della patria«, der »re« existriert nicht mehr, aber die »patria« ist noch da, das Vaterland ist noch da, also müssen wir weiterkämpfen.

Blick auf Athen

In Athen selbst ist schon vor und dann mit dem Umsturz Unruhe eingekehrt und zunehmend mehr Widerstand aufgekommen. Nicht zuletzt, um für Ruhe und Ordnung zu sorgen, ist das Bataillon 312 vom SS-Polizei-Gebirgsregiment 18 von Norwegen in die griechische Hauptstadt versetzt worden. Zu dieser Einheit gehörte auch Johann Spechtenhauser aus Naturns.

Johann Spechtenhauser: Da hat mich der Hauptmann dann zum Militärgericht hingeschickt. Ich habe müssen in der Kaserne bleiben und, wenn Razzien gewesen sind, immer mitgehen, aber sobald dann beim Militärgericht so ein Landser irgendetwas verbrochen gehabt hat, hätte ich sollen als Kameradenbeisitzer dabei sein und den Kameraden halt ein bisschen vertreten, damit die Strafe nicht so hoch ausfällt. Ist auch einmal einer vor Gericht, hat aber nicht viel angestellt gehabt, und da habe ich halt gemeint, ich muss ein paar Worte für den zum Guten reden. Und habe es getan, aber dann nach der Verhandlung hat mich der Hauptmann gleich herausgeholt und hat gesagt: »Sie, Herr Spechtenhauser, wenn Sie auf diesem Posten bleiben wollen, tun Sie ja das betätigen, was die Obrigkeit sagt, sonst sind Sie weg von dem Platz!« Einmal haben wir einen erwischt, den haben sie schon das dritte Mal gehabt. Das erste Mal ist er nicht schlecht weggekommen, das zweite Mal auch und wie sie ihn das dritte Mal erwischt haben, immer unser Haufen ist das gewesen, hat er schon die Uniform und das Gewehr alles zusammen verkauft gehabt. Und der ist zum Tode verurteilt worden. Das war ein Italiener.

Vor dem Palast in Athen

Bei Tag war Athen zu jener Zeit durchaus eine ruhige Stadt, aber die Nächte haben dann schon den Partisanen gehört.

Johann Spechtenhauser: Die Partisanen haben die Offiziere mitten in der Stadt drinnen entwaffnet und durchgehauen und dann rennen lassen. Sie haben zwar nie einen umgebracht, davon weiß ich nichts. Was passiert ist, dass sie, sobald die Landser an den Stadtrand hinaus sind, dass sie oft so einen armen Teufel in eine ausgetrocknete Zisterne hinuntergeschmissen haben, und, wenn nicht ein Grieche oder irgendjemand, der vorbeigegangen ist und ihn schreien gehört hätte, hätte er unten müssen armselig verhungern. Kannst nichts machen. Ja, sonst von der Bevölkerung hätte ich nie sagen können, dass sie gehässig gewesen wäre zu uns Deutschen. Aber es gibt halt immer solche und solche. Wir als Polizisten hätten halt immer sorgen sollen, dass nirgends ein Häufele beinandersteht. Und bist halt in der

Auf der Fahrt nach Ekali bei Athen

Stadt spazieren gegangen, damit es keine Ansammlung von Menschen gibt, und da haben wir bei uns solche Deppen gehabt, die sind nicht hingegangen und haben freundlich gesagt, ihr wisst, es ist Ausgangssperre, geht auseinander oder geht heim, nein, die sind gemütlich hingegangen und haben mit der Peitsche auf den Buckel hinaufgehauen: »Schaut, dass ihr weiterkommt!« Das gehört sich doch nicht! Ich bin in die ärgsten Räuberhöhlen hineingegangen, in diese Kneipen da. Wenn ich in irgendeinen Ort hineingegangen bin, wo ich nicht hätte sollen hineingehen, dann hat es höchstens geheißen, ach, das ist der Giovanni, der tut niemandem etwas, der macht seinen Dienst und fertig. Und mir hat die ganzen sechs oder sieben Monate, wo ich dort gewesen bin, keiner jemals etwas getan.

Platz in der Athener Innenstadt

Als Zivilist mit dem Auto durch die Stadt

Ende Oktober 1944 war der deutsche Einsatz in Griechenland zu Ende und die letzten Einheiten setzten sich nach Norden, nach Jugoslawien, ab, um von den über Rumänien anrückenden Russen nicht abgeschnitten zu werden. Aber der Weg durch Jugoslawien in Richtung Heimat war hindernisreich und gefahrvoll, denn dort hatte mittlerweile der kommunistische Partisanenführer Josip Broz, Tito genannt, den Großteil des Landes unter seine Kontrolle gebracht. Tito hatte sieben Offensiven und den Versuch, ihn durch einen Luftangriff auf sein Hauptquartier gefangen zu nehmen, unbeschadet überstanden und ging nun seinerseits zum Angriff über. Durch die Kapitulation Italiens konnte Tito die von den Italienern besetzt gehaltenen Länder Dalmatien, Kroatien und Slowenien an sich reißen, wobei sich ihm noch dazu italienische Soldaten anschlossen und dadurch seine zu dem Zeitpunkt, also Ende 1943, etwa 300.000 Mann starken Verbände noch weiteren Zuwachs erhielten.

Josip Broz Tito

Pepi Egger befand sich mit der 1. Gebirgs-Division im Einsatz gegen die Partisanen in den Bergen von Bosnien, Montenegro, Albanien und Mazedonien.

In den Bergen von Bosnien

Pepi Egger: Die Partisanen machten Überfälle auf uns nur, wenn sie Geländevorteile hatten, stellten sich aber nicht einem offenen Kampf mit uns. So wurden unsere Nachschubwege vermint und einzelne Fahrzeuge überfallen. Da wir den Feind selten zu Gesicht bekamen, brannten wir ihre Dörfer nieder. Es kam vor, dass wir an einem Tag fünf bis sechs Dörfer niederbrannten. Die Hütten waren allerdings leer, die Einrichtung wurde im nahen Wald versteckt und meistens sogar vergraben.
Unser größter Feind am Balkan war die Malaria. Mehr als die Hälfte unserer Kompanie war befallen, obwohl jeder Soldat sein Mückennetz und noch andere Schutzmittel hatte. Wir mussten jeden Tag Atebrintabletten schlucken, und hatte ein Soldat vor dem Abmarsch 40° Fieber, so bekam er eine Atebrinspritze und gleich sank das Fieber; er musste, wenn kein Tragtier frei war, mitmarschieren; die Kameraden nahmen ihm Gewehr und Rucksack ab. Eine schwerere Form der Krankheit war die Malaria Tropica; da stieg das Fieber mehrmals am Tag über 40°. Die Zivilbevölkerung war noch schlechter dran, die hatten überhaupt keine Medikamente, weder von den Italienern her, die früher dort waren, noch von uns. Unangenehm waren auch die vielen Flöhe, die jeden beim Betreten auch der leeren Hütten gleich dutzendweise ansprangen. Ich blieb oft lieber auch bei Regen in der Nacht vor der Hütte, als mich von den Flöhen auffressen zu lassen. Bei den Mohammedanern waren es wiederum mehr die Wanzen, die wir in den Häusern vorfanden. Schlimm war es für unsere Verwundeten, wenn wir oft weit von jeder Straße entfernt waren. Vier Mann

mussten den oft Todgeweihten, zum Beispiel bei einem Bauchschuss, mittragen, weitere vier Mann in Reserve und so ging es bergauf und bergab, bis endlich der Tod die Erlösung brachte. Die große Hitze in Griechenland oder der Winter hoch oben in den Bergen war für uns, besonders für die Malariakranken, eine weitere Belastung.
Es ist auch vorgekommen, dass bei den langen nächtlichen Märschen durch die Wälder von Bosnien und Kroatien, während die Kolonne bei Nacht kurz zum Stehen kam, diese abgerissen wurde, weil ein Mann in Sekundenschlaf stehen blieb und der Vordermann schon weitergegangen war. Da außer den Offizieren an der Spitze niemand den Weg kannte, blieb der Rest der Kolonne verschollen, das heißt wurde von den Partisanen bei Tag aufgerieben.
Auch waren viele Straßen und Wege auf dem Balkan vermint. Einmal trat ein Muli auf eine Kastenmine – das waren Minen aus Holzkästen speziell gegen die Panzer in Verwendung – und wurde in die Luft geschleudert, flog 5 bis 6 Meter in die Höhe und landete auseinandergerissen neben dem Tragtierführer und mir auf dem Boden samt den Munitionskästen. Durch den Luftdruck war unser Gehör für Tage fast ausgefallen.

Josef Rampold war weiter im Norden im Partisaneneinsatz.

Josef Rampold: Meine Aufgabe war, als Gruppenführer für zehn Mann, Einsätze durchzuführen gegen slowenische Partisanen im Tal des Isonzo im Wald von Tarnova nördlich von Görz. Görz selbst war ja auch durchseucht von Partisanen. Es hat Bombenanschläge in Kinos und dergleichen gegeben, es war ein heißes Pflaster. Und der Einsatz in den Wäldern, vor allem von Tarnova, in diesen urwaldähnlichen Gebieten, oder im glühend heißen Kalk des Karsts, war eine sehr, sehr gefährliche Sache. Wir haben dort dann auch die ersten Verluste gehabt. Ich habe dort zum ersten Mal erlebt, was es nun heißt, in einem Gefecht zu stehen. Was es bedeutet, wenn man bei Nacht stundenlang Posten steht und bei jedem Geräusch, das ein geknickter Halm macht, aufgescheucht wird. Und ich habe es dort auch erlebt, wie es einem gehen kann, wenn sich eine Truppe von den Partisanen in einen Hinterhalt locken lässt, das war bei Tarnova, wo unsere ganze Kompanie eingekesselt wurde, von allen Seiten dann Feuer bekommen hat und wir haben uns ausgerechnet, in relativ kurzer Zeit werden wir ohne

Munition sein und werden uns ergeben müssen. Und dieses Ergeben, was das bedeutet, das haben wir ganz genau gewusst. Bis dann wie durch ein Wunder ein plötzlicher Feuerschlag gekommen ist, und wir sehen konnten, wie sich die Partisanen eiligst zurückgezogen haben. Dann war es eine Kompanie »Brandenburg«, die uns da herausgehauen hat. Das waren die »Brandenburger« mit ihren Sonderaufträgen, eine Eliteeinheit mit Spezialaufgaben. Und irgendein gutes Geschick oder ein Geschick der Funker, ich weiß es heute noch nicht, wie es eigentlich dazu gekommen ist, hat uns damals das Leben gerettet von dieser Einkesselung.

Rudolf Delmonego war im Herbst 1944 bei der Karst-Jäger-Brigade in der Partisanenbekämpfung mit Standort Uggowitz in Friaul.

Rudolf Delmonego: Wir haben zwei Tage nichts mehr zu essen gehabt, es ist nichts nachgekommen. Dann hat es geheißen Selbstverpflegung. Beim nächsten Bauern, wo wir hingekommen sind, haben wir halt geschaut, dass wir ein paar Lebensmittel zusammenkriegen und die haben natürlich auch ihre Verstecke gehabt in den Korntruhen und so weiter, und mitten im Hof haben sie einen Aschenhaufen gehabt und der ist mir ein bisschen verdächtig vorgekommen. Es hat ausgeschaut, wie wenn sie Malta gemacht hätten. Da sind wir mit der Mistgabel hineingefahren, und dann sind Säcke herausgekommen, und da sind Knollen Butter drinnen gewesen und Speck und so weiter. Gut, die Leute haben ja auch nichts gehabt, aber halt sie sind in der Landwirtschaft tätig gewesen. Aber natürlich haben wir uns nicht auf die Leute verlassen können, denn

In und bei Uggowitz in Friaul

viele unserer Vorgänger sind vergiftet worden, weil sie sich haben von den Frauen bekochen lassen. Das ist bei der Polizei passiert. Wenn wir die Gelegenheit gehabt haben, dass sie uns etwas kochen, haben wir sie eine halbe Stunde vorher essen lassen und haben dann erst selbst gegessen. Man ist immer auf Nadeln gewesen, man hat nie genau gewusst, man hat sich auf nichts verlassen können.
Wir haben einige von der Polizei gefunden, die haben sie gemartert gehabt, und auf das hinauf haben wir den Befehl gekriegt, keine Gefangenen zu machen. Gut, wir sind auch nur eine Brigade gewesen, drei Kompanien, und haben es uns nicht leisten können, einen Mann wegzunehmen, um auf die aufzupassen. Aber auf die Brutalität hinauf, die wir gesehen haben, hat man gesagt: »Keine Gefangenen, sondern alles weg!« Allerdings hat man uns auch gesagt: »Die letzte Kugel, die behaltet für euch, weil ihr ja gesehen habt, wie es euch gehen kann, wenn ihr in Gefangenschaft kommt!«

Falscher Jubel

Der 8. September 1943 in Südtirol

Anders als am Balkan und anders auch als im übrigen Italien wurde der Waffenstillstand Italiens mit den Alliierten am 8. September 1943 in Südtirol wahrgenommen. Dieser Ausstieg Italiens vom Bündnis mit dem Deutschen Reich wurde nicht von Grausamkeiten und Gehässigkeiten begleitet, die am Balkan wie auch im restlichen Italien zum Alltag geworden sind. In Südtirol wurde der Einmarsch der deutschen Truppen und die Entmachtung des Faschismus zwar feierlich begangen, aber es kam zu keinen öffentlichen Ausschreitungen oder nennenswerten politischen Kundgebungen.

Der 8. September hatte aber schon ein Vorspiel: Bereits am 27. Juli überschritten Abteilungen der 44. Division des II. Armeekorps zusammen mit der 136. Gebirgsjäger-Brigade und einigen Panzern den Brennerpass und bewegten sich an Gossensaß vorbei südwärts. Kurt Egartner konnte diesen Einmarsch der deutschen Verbände in Gossensaß beobachten.

Kurt Egartner: Da kommen auf einmal drei LKW daher. Dann schaue ich so und denke mir, was sind denn das für drei LKW mit einer Plane drüber hinterm Führerhaus, und beim ersten LKW, wie er näher gekommen ist – die sind ganz langsam gefahren, mit dem ersten Gang, ganz langsam – sehe ich beim Dach einen Maschinengewehrlauf herausschauen. Das ist in Ried unten gewesen, genau wo einmal die alte Brücke über den Bach geführt hat. Dann kommt der zweite LKW. Da hat hinten so ein Landser die Plane hinaufgeworfen – gewesen sind es drei LKWs mit Gebirgsjägern – und winkt heraus. »Na, Junge, sprichst du deutsch?« »Ja, ich bin ein Tiroler«, habe ich gerufen. Dann kommt der dritte LKW, und die haben die Plane schon oben gehabt und winken alle heraus. Ich habe ihnen nachgewinkt, bis sie über das

Eck oben gewesen sind, wo die scharfe Kurve ist und dort habe ich sie dann nicht mehr gesehen. Dann bin ich auf das Fahrrad aufgestiegen und bin weitergefahren. Dann komme ich zur Blättermühlbrücke, das ist eine Eisenbrücke gewesen, die übern Eisack drüber gegangen ist. Da kommt ein Melder daher mit einem Helm auf, mit Brille, die Maschinenpistole vorne gehängt, mit Handschuhen und einem Mantel und bremst vor mir ab. Dann schreit er mich an, ob ich deutsch spreche. »Ich bin ein Deutscher«, habe ich gesagt. »Ja, ob ich drei LKW gesehen habe?« »Ja, ein Stück weiter vorne sind die«, habe ich gesagt, »so ein paar hundert Meter.« Dann hat er sich noch bedankt, Gas gegeben, umgedreht und weg war er. Ich bin zu Fuß bis zur Brücke gegangen bis zur Blättermühle, dann bin ich wieder aufgestiegen auf das Rad. Wenn man vom ersten Tunnel herauskommt, kommt man in eine Schlucht hinein, da ist der Eisack und die Straße und rechts und links sind die Felsenwände. Und da höre ich dann klumpern. Jetzt sind die Panzerspähwagen gekommen. Die haben vorne Gummiräder zum Lenken und hinten die Raupen. Beim zweiten sehe ich einen Kopf herausschauen, alle anderen sind geschlossen gewesen. Und dann sind 35 Motorräder mit Beiwagen gekommen, in Zweierreihe. Auf den Motorrädern sind jeweils zwei gesessen und im Beiwagen einer. Und zwischen den Motorrädern ist ein Luxusauto gekommen, ein PKW, da ist der Chauffeur gesessen mit drei Offizieren und die haben das Dach zurückgeklappt gehabt. Dann ist mir wohler worden, und ich habe gewinkt, und zwei im Beiwagen haben mir auch zugewinkt. Dann habe ich ihnen halt nachgeschaut bis zur Kurve bei der Brücke, und weg sind sie gewesen.
Ich bin bis Gossensaß heraufgekommen und dort sind drei, vier Panzer gekommen, ganz langsam. Ich bin hinein ins Dorf und sehe wieder LKWs kommen mit Landsern drauf.

Nähere Bekanntschaft mit den deutschen Landsern, die in Südtirol eingedrungen waren, machte Kurt Egartner am Tag darauf.

Kurt Egartner: Am 28. Juli komme ich von der Lehre heim, und da hat die Mutter unten in der Küche alles voll Soldaten gehabt. Da hat eine Infanterieeinheit halt gemacht und drüben am Bach die Zelte aufgeschlagen gehabt, und die Mutter hat den Offizieren Zimmer gegeben und die Stube überlassen. In der Küche hat sie zwei Kübel voll Wein stehen gehabt. Mit den Kellen haben sie Wein getrunken und haben gesungen. Ich bin hinein und die Mutter hat gesagt: »Das ist mein Sohn, er ist in der Lehre, er tut Mechaniker lernen und übermorgen wird er halt 16 Jahre alt.« Dann sagt einer: »Mutti, der muss auch noch einrücken, noch ist kein Krieg zu Ende!« »Nein, nein, das ist ja ein Bub«, hat sie halt gemeint. Die haben alles schon verstanden, diese Landser. Ich weiß noch, im Zimmer unten drin ist es gewesen, da war einer von der Luftwaffe, er hat die blaue Uniform angehabt, der hat zu meiner Mutter gesagt: »Mutti, eines möchte ich dir sagen, das bleibt unter uns, aber unser Krieg ist verloren, den gewinnen wir nicht mehr!«

Filomena Egartner

Bis zum 8. September verhielten sich die deutschen Einheiten, die in Gossensaß ihre Zelte aufgeschlagen hatten, zurückhaltend. Am 9. September begann die rasche Entwaffnung der italienischen Truppen.

Kurt Egartner: Vom 8. auf den 9. September, das ist von einem Sonntag auf einen Montag gewesen, das weiß ich noch gut, da ist im Bräuhaus drüben in Gossensaß alles voll von Militär gewesen, Alpini. Und die haben am Sonntagnachmittag schon angefangen Radau zu machen und haben den Offizieren nicht mehr gehorchen wollen und haben, halt auf Italienisch, herumgeschrien: »Bei uns ist jetzt der Krieg aus, wir tun nichts mehr!« Das hat sich im Dorf herumgesprochen. Der Flor, der ist mein Schulkollege gewesen, der Steckholzer Walther auch, wir drei sind immer beinander gewesen und haben uns am Abend so um acht Uhr im Dorf oben getroffen. Dann sagt der Steckholzer Walther: »Na, heute stimmt etwas nicht!« Und der Flor auch. Dann sind wir übers Mühlgassl herunterspaziert und sehen eine Gruppe so von 20 Mann, einen Spähtrupp der Alpini, dahergekommen. Vorne sind zwei, drei gewesen mit Taschenlampen und haben uns angeleuchtet. »Ja, das sind Zivilisten.« Sie haben uns weiters nichts getan und sind vorbeigegangen. Da sagt der Steckholzer Walther: »Es ist gescheiter, wir gehen jetzt heim, bevor es etwa zu schnöllen [krachen] beginnt!« Und der Flor: »Ja, ich geh jetzt auch heim, ich weiß nicht, was da heute los ist!« Der Steckholzer Walther ist mit mir bis zur Brücke herunter, und da sind wir gestanden, und auf einmal hörten wir Schüsse.

Am Einmarsch der deutschen Truppen direkt beteiligt war Josef Rampold.

Josef Rampold: Die Kapitulation Italiens und den Einmarsch der deutschen Truppen in Südtirol habe ich voll bewusst erlebt und habe ihn noch in bester Erinnerung. Es gab damals schon im August 1943 einmal einen Alarm, da sind wir schon mit Lastautos bis in die Nähe des Brenners geführt worden, über Nacht, ganz schnell, sind aber dann wieder zurückgekommen und am 8. September 1943 war es dann so weit, dass der Einmarsch begann. Man sagte uns nicht viel. Es verging darüber die Nacht und in den Morgenstunden marschierte ich mit einer Gruppe, mit einem Zug, das waren zirka 30 Mann, nach Gossensaß, bzw. wir wurden in Gossensaß ausgeladen und wir marschierten nach Pflersch. Und zwar nahmen wir Quartier in dem Eisenbahnerhaus, das am Kehrtunnel steht. Das bezogen wir. Da

Alpini-Soldaten marschieren in die Gefangenschaft

Marschkolonne

waren vorher Alpini drinnen gewesen, denn die waren ja auch in Bereitschaft. Es waren ja auch auf der Mussolini-Seite Truppen am Brenner in den Kavernen, die da oben stehen, heute noch stehen und zu denen diese zahlreichen Militärstraßen führen, die heute noch existieren. Ja und da hatten wir dann die Aufgabe zu entwaffnen, aber es war das friedlichste Unternehmen der Welt, denn es gab niemanden zu entwaffnen. Die Alpini waren heilfroh und jubelten. Für sie war der Krieg aus. Sie haben ihre Gewehre auf einen Haufen geworfen und wir haben sie auch nicht daran gehindert, und haben versucht, sich in ihre Heimatorte durchzuschlagen, was auch den meisten von ihnen gelungen ist. Wir haben damals buchstäblich keine Gefangenen gemacht. Ich habe dann nur gehört, dass in Gossensaß höhere Offiziere doch in Gefangenschaft geraten sind, aber der große Haufen war so glücklich und wir haben keinerlei Hassgefühle diesen einfachen armen Teufeln gegenüber gehabt, die auch fürchterlich gefroren haben und immer jammerten, dass es so kalt gewesen wäre. Wir haben ihre Waffen übernommen, haben sie gesammelt, gesichtet und ich weiß noch gut, dass ich als einfacher Rekrut und einfacher Soldat, einmal dreißig solche Alpinisoldaten nach Gossensaß eskortiert habe, ich ganz alleine. Sie hatten die Waffen abgelegt und dann sagte unser

Internierte italienische Soldaten im Bozner Sportstadion

Leutnant: »Ja, was tun wir denn jetzt mit diesen Schießprügeln? Weißt du was, die sollen sie einfach mitnehmen, die sind eh so froh, da rührt sich keiner!« Und dann bin ich also mit dreißig bewaffneten Alpini, sozusagen als Gefangenenwärter, nach Gossensaß marschiert. Ich sage das nur, weil es erklärt, was das für eine Stimmung war. Und dann die Stimmung unter der Bevölkerung! Die Stimmung unter der Bevölkerung, die kann sich niemand vorstellen, der das nicht selbst erlebt hat. Wir sind dann von Pflersch hinüber nach Ridnaun, sind dort zugekehrt. Ich weiß noch gut, haben eine Nacht verbracht im Sonnklarhof, nach Wochen wieder einmal in einem weiß bezogenen Bett. Die Bauern vor allem, die ja vielfach ihre Söhne schon bei der Wehrmacht hatten, die sahen nun zum ersten Mal eine deutsche Kompanie und waren begeistert. Sie haben uns nach Strich und Faden mit Lebensmitteln verwöhnt. Was haben wir damals Speck vertilgt und herrliches Brot und alles Dinge, die im Soldatenleben ja knapp geworden waren.

Was dann für die Kompanie von Josef Rampold folgte, war ein einziger Triumphzug durchs Land.

Josef Rampold: Die ganze Kompanie wurde dann hinauf in den Vinschgau nach Schlanders verlagert. Wir marschierten, zirka 30 Kilometer im Tag, machten Rast in den Dörfern und wurden überall mit einem Jubel empfangen, den sich niemand vorstellen kann. Wir wurden mit Blumen beworfen, die Frauen und Mädchen liefen mit Körben voller Obst neben uns her, oder mit einem Kübel, aus dem sie uns im Vorbeimarschieren aus Schöpfkellen den Wein in den Mund schütteten. Wir sangen und sie sangen mit. Man kann sich das nicht vorstellen, wenn man das nicht selber erlebt hat.

Josef Rampold (1.v.r.) mit drei Kameraden

Und was mich damals sehr stark beeindruckt hat, war, dass die Südtiroler in diesem Taumel auch keine Rachegefühle entwickelt haben. Ich habe jedenfalls nirgendwo gesehen, dass irgendwelche faschistischen Beamte und dergleichen öffentlich angegriffen oder irgendwie auch körperlich gequält worden wären, man ist mit ihnen sogar irgendwie noch freundlich gewesen. Es war einfach alles überwölbt von dem Grundgedanken und von der Grundidee: Wir sind wieder frei, wir können deutsch reden, wie und wann wir wollen!

Lothar von Sternbach: Wir haben ja die italienische Unterdrückung hinter uns gehabt und haben eigentlich den Einmarsch der deutschen Truppen irgendwie als Befreiung erlebt. Ich muss sagen, ich selber als Bleiber, das Erlebnis für mich war nicht, die kommen jetzt und jetzt fängt für uns eine noch schärfere Unterdrückung an, sondern ich habe wirklich in ihnen gesehen, ja, jetzt kommen wir von Italien los. Das war jetzt keine richtige verstandesmäßige Überlegung, das war mehr das Erleben. Mich ärgert das immer, wenn man uns Südtirolern den Jubel über den Einmarsch der deutschen Truppen jetzt nachträglich als extremen Nationalsozialismus auslegt, da liegen die Wurzeln viel tiefer.

Vom Geschehen um den 8. September überrascht war auch Carl von Braitenberg.

Carl von Braitenberg: In der Nacht hat es furchtbar geknallt. Ich bin mit meinem Sohn hinausgelaufen nach Merl-Tennen und habe in die Stadt, nach Bozen, hinuntergeschaut. Da haben wir gesehen, wie sie die Kasernen beschossen haben, die Handgranaten geschmissen. Und am nächsten Tag in der Früh bin ich aufs Grumereck gegangen und habe dort in die Stadt hinunter schauen wollen, was los war. Und da war auch eine ganze Gruppe von Nazis, die ja immer heroben in Sommerfrisch waren. Die sind alle da am Grumereck gestanden und haben gefragt: »Können wir nach Bozen fahren? Haben die Deutschen gesiegt? Haben die Italiener gesiegt?« Ja, dann habe ich ihnen gesagt: »Horcht, ich geh jetzt hinunter zu Fuß«, die Bahn ist ja nicht gegangen, »und um Punkt elf Uhr werde ich von der Rittner Bahn aus euch das Taschentuch schwingen, das seht ihr von da aus, wenn die Stadt in deutschen Händen ist.«

Der Waffenstillstand und der Einmarsch der deutschen Truppen in Südtirol führten natürlich zu völlig veränderten politischen Verhältnissen, die sich auf Personen gefährlich auswirkten, die den Nationalsozialisten nicht genehm waren. Zu solcherart gefährdeten Personen gehörte auch Kanonikus Michael Gamper.

Seine Nichte war in das Schicksal ihres Onkels unmittelbar eingebunden.

Kanonikus Michael Gamper in Florenz (v.l.n.r.: Pater Eusebius, Chaffeur Vinzenz Oberpertinger, Kanonikus Michael Gamper, Martha Flies)

Martha Flies Ebner: Wir hatten eine Freundschaft mit einem gewissen Franz Pellet aus Innsbruck, der beim Geheimdienst war. Der hat gesagt, es wird nicht mehr lange dauern und Italien wird kapitulieren. Und da haben wir uns schon vorbereitet. Wir haben meinem Mann Zivilkleider durch den Bruder von Dr. Volgger nach Florenz geschickt. Wir haben uns dann öfters getroffen mit dem Pellet und mit Offizieren, mit einem gewissen Oberst Hauerbolt und mit einem Major Kachina, und haben besprochen, wie wir, wenn der Umsturz kommt, den Kanonikus vor den Nazis retten können. Ja, und ich bin dann am 7. September abends mit dem Dr. Volgger auf den Ritten hinaufgefahren, weil dort seine Schwägerin war. Und da ist uns die Schwägerin entgegengekommen und hat gesagt, sie haben im Radio gesagt, es sei Waffenstillstand. Dann ist Dr. Volgger gleich heruntergefahren, weil er gesagt hat, er möchte zum Kanonikus gehen. Ich habe den Kanonikus dann angerufen und habe gesagt: »Nein, du wirst wohl gehen«, und er hat dann gesagt, ja, er wird schon schauen. Sie haben dann in der Nacht noch verschiedene Sachen mit den Klosterfrauen weggepackt. Und erst in der Früh ist der Kanonikus auf den Ritten hinauf. Er ist dann nach Oberbozen und von dort ist er nach Wangen, wo er dann eine Zeit lang beim Pfarrer geblieben ist.

Während seiner Fahrt mit der Rittner Bahn hatte Friedl Volgger noch eine interessante, schicksalhafte Begegnung.

Friedl Volgger: Es waren noch zwei Frauen im Zug und zwar die Frau und die Tochter des bekannten Arztes Prof. Polacco, der jüdischer Herkunft war. Die Frauen waren beide sehr aufgeregt. Sie kannten mich natürlich nicht, aber ich ging doch auf sie zu und sagte: »Sagen Sie Ihrem Mann, wenn er noch davonkommen will, dann muss er heute Nacht Bozen verlassen.« Ganz aufgeregt: »Wer sind Sie denn?« Dann habe ich gesagt: »Das ist ganz uninteressant, aber ich bin der Auffas-

Die
Rittner Bahn

sung, Ihr Mann muss schnellstens verschwinden, wenn er davonkommen will!« Und der Prof. Polacco hat diesen Rat auch schnellstens befolgt, wie ich später hörte. Er ist mit einem Roten-Kreuz-Auto noch in der Nacht verschwunden, bevor der Kampf losging.

Nichtsdestotrotz war der 8. September 1943 nicht für alle den Nationalsozialisten nicht genehmen Personen ein Tag des Grauens.

Lothar von Sternbach: In Bozen sind meines Erinnerns ungefähr 29 bis 30 führende Dableiber eingesperrt worden. Die sind in der Dantestraße gesessen, haben aber scheinbar ein sehr fröhliches Gefängnis gehabt.

Die Begeisterung der deutschen Bevölkerung über den Einmarsch der deutschen Truppen in Südtirol hielt nicht lange an, denn sehr bald stellte sich heraus, dass mit der Befreiung vom verhassten Faschismus nicht paradiesische Verhältnisse einkehren würden, denn mit dem 8. September trat auch in Südtirol der Krieg in seine heiße Phase: Die fast täglichen Bombenangriff, willkürliche Eingriffe der Polizei und die vielen Toten an den Fronten des Reiches erzeugten bei den meisten eine bedrückende Stimmung.

Mit Frau und Kind ins Verderben

Ein Südtiroler unter Kosaken

Nachdem die deutsche Wehrmacht im Frühsommer 1943 die Siedlungsgebiete der Kosaken am Don, Kuban und Terek eingenommen hatte, wurde in Mielau [heute Mlawa] in Südostpreußen von Generalmajor Helmuth von Pannwitz aus Überläufern eine Kosakendivision zusammengestellt, aus der sich später das Kosaken-Kavallerie-Korps entwickeln sollte. Die vier Regimenter, bestehend aus den Don-Kosaken, den Kuban-Kosaken, den Sibir-Kosaken und den Terek-Kosaken, waren durchwegs beritten und führten auf ihren Pferdegespannen Frauen und Kinder mit. Die Kosaken trugen die deutschen Felduniformen, waren aber an ihren Pelzmützen als Kosaken zu erkennen. Die höheren Kommandostellen und auch die Nachrichtenabteilungen waren hingegen mit Deutschen besetzt. Die Deutschen stellten also das Rahmenpersonal für die Kosakenregimenter.

Anton Pircher

Der einzige Südtiroler, der im Krieg dem Kosaken-Kavallerie-Korps zugeteilt wurde, war Anton Pircher. Er wurde am 4. Oktober 1941 zum deutschen Militär einberufen, kam nach Landsberg am Lech zur Schweren Artillerie und war in der Ukraine bei Kiew im Einsatz. Er wurde dann von der Front nach Kempten abberufen, um dort eine Funkausbildung zu machen. Und gerade wegen dieser Ausbildung sowie wegen seiner Reitkenntnisse wurde er vom XV. Kosaken-Kavallerie-Korps angefordert und dem 6. Terek-Kosakenregiment als Funktruppführer, im Grade eines Obergefreiten, zugeteilt. Kommandant seiner Einheit war Oberstleutnant Prinz zu Salm-Horstmar.

Im September 1943 kamen die Kosaken von Mielau aus zum Fronteinsatz. Sie wurden aber nicht, wie von ihnen erhofft, gegen die Sowjetunion in den Krieg geschickt, sondern nach Kroatien verlegt, um dort die deutschen Besatzungstruppen im Kampf gegen die jugoslawischen Partisanen zu unterstützen. Anton Pircher war mit dabei.

Anton Pircher: Die Kosaken haben alle Wagen gehabt, in denen sie das ganze Zeug geführt haben, und die Berittenen waren die Einsatztruppen. Die Kosaken waren wirklich kameradschaftlich uns gegenüber, sie sind für uns durchs Feuer gegangen, aber auf die Posten haben wir müssen aufpassen, weil wenn man den Posten nicht gleich das Losungswort gesagt hat, dann ist man weg gewesen.

Der Krieg gegen die Partisanen bot immer wieder Überraschungen.

Anton Pircher: Ich bin einmal mit der Eisenbahn nach Agram [das heutige Zagreb] gefahren, um dort Post abzuholen. Da ist dann plötzlich ein deutscher Flieger erschienen, und wir haben uns schon darüber gefreut. Da hat aber der deutsche Flieger auf unseren Zug geschossen, und wir haben einen Toten gehabt. Der Flieger war von den anderen gekapert worden und wir haben gemeint, es ist ein unserer.

Auch auf den Straßen lauerten stets Gefahren.

Anton Pircher: Ich war in Pozega. Wie wir von dort abmarschiert sind, da waren Minen gelegt auf der Straße. Die Kosaken haben Wagen gehabt, die alle etwas schmäler waren; mein Funkwagen hat eine breitere Spur gehabt. Und wie der Funkwagen hinkommt, geht er in die Luft. Gott sei Dank bin ich mit dem Pferd vor dem Funkwagen geritten, so ist mir nichts passiert.

Bei Kriegsende 1945 erwartete die Kosakenregimenter und das deutsche Rahmenpersonal eine ungewisse Zukunft, die Kosaken, weil sie ja russische Staatsbürger waren und nach dem Abkommen von Jalta, den Sowjets auszuliefern waren, und das deutsche Rahmenpersonal, weil es dem Kosakenkorps zugeteilt war.

Anton Pircher: Wir sind schließlich an die Drau gekommen und unser Oberstleutnant Prinz zu Salm-Horstmar wollte mit den Kroaten verhandeln; die haben aber gesagt, wir sollen zwei Jahre bei ihnen arbeiten, dann lassen sie uns frei. Und auf das ist er nicht eingegangen. Dann ist er wieder zurück und ist ein Stück weitergeritten und hat dann die Engländer getroffen. Und mit den Engländern hat er abgehandelt, dass sie uns frei nach Österreich herein führen. Und dann waren wir in Österreich soweit frei, haben aber zuvor bei den Engländern die Waffen niedergelegt. In Österreich haben wir, das deutsche Rahmenpersonal, wieder die Waffen gekriegt, um auf die Kosaken aufzupassen.

Es war das Verdienst von Oberstleutnant Prinz zu Salm-Horstmar, dass Anton Pircher und das gesamte deutsche Rahmenpersonal des 6. Terek-Kosakenregimentes vor der Auslieferung an die Russen bewahrt wurden. Es gelang ihm, zusammen mit seinen ihm unterstellten Leuten, in ein englisches Lager in der Steiermark zu flüchten, wo ein deutsches Kavalleriekorps gefangen gehalten wurde, und dort unterzutauchen.

Anton Pircher als Kosake mit der Kubanka (3.v.l.)

Die Kosaken aber traf ein schlimmes Schicksal, denn am 28. Mai 1945 wurden in Judenburg sowohl die Kosakenoffiziere wie auch das deutsche Rahmenpersonal, mit Ausnahme der Einheit, der Anton Pircher angehörte, von den Engländern an die Sowjets ausgeliefert. In Lienz, wo die Masse der Kosaken mit Frauen, Kindern und Greisen gefangen gehalten wurde, spielten sich dramatische Szenen ab: Aus Furcht vor der Auslieferung sprangen mehrere Hundert in die durch die Schneeschmelze Hochwasser führende Drau, andere wieder versuchten Widerstand zu leisten oder zu fliehen. Sie wurden aber von den englischen Soldaten niedergeprügelt oder erschossen. Und viele begingen Selbstmord. Der Kosakenfriedhof in der Peggetz bei Lienz, wo über 800 Kosaken begraben liegen, erinnert heute noch daran.

Kosaken im Mai 1997

Die Restlichen wurden mit der Bahn nach Judenburg zur Auslieferung an die Sowjets gebracht: Anfang Juni wurden über 50.000 Gefangene in russische Arbeitslager überführt. Der Transport mit den Kosaken und Deutschen endete nach 33 Tagen weit im Osten im sibirischen Kuznezbecken.

Generalmajor Helmuth von Pannwitz, der Befehlshaber des Kosakenkavalleriekorps, wurde vom Obersten Militärgericht der Sowjetunion zum Tode verurteilt und am 16. Jänner 1947 in Moskau gehängt.

»Für Volk, Führer und Heimat«

Die Südtiroler Polizeiregimenter

Auf die Landung der alliierten Truppen in Italien und auf die Nachricht vom Waffenstillstand zwischen Marschall Pietro Badoglio und den Alliierten am 8. September 1943 folgte unmittelbar der Einmarsch der deutschen Truppen in Südtirol. Bereits zwei Tage später, am 10. September, wurde die »Operationszone Alpenvorland« gegründet, die mit den Provinzen Bozen, Trient und Belluno dem Obersten Kommissar und Gauleiter Franz Hofer unterstand und dem Einflussbereich von Mussolinis »Repubblica Sociale Italiana« entzogen war. Die Provinzen Triest, Görz, Fiume, Pola, Udine und Laibach wurden zur »Operationszone Adriatisches Küstenland« zusammengeschlossen und unterstanden dem Gauleiter von Kärnten, Friedrich Rainer.

Franz Hofer

Um Ruhe und Ordnung in seinem Herrschaftsbereich zu wahren, stellte Gauleiter Hofer zwischen Oktober 1943 und Oktober 1944 vier Südtiroler Polizeiregimenter auf: Die Polizeiregimenter Bozen, Alpenvorland, Brixen und Schlanders.

Markus Graffonara aus Antermoia wurde zum Polizeiregiment Schlanders einberufen.

Polizeiregiment Schlanders

Markus Graffonara: Am 8. September 1944 bin ich eingerückt und in den späten Abendstunden sind wir hinaufgekommen nach Schlanders. Und da war in einem Schlafsaal ein Haufen Stroh und auf dem Stroh waren viele Burschen und haben geschlafen, halbnackt. Am nächsten Tag haben sie uns die Kleider gegeben und dann ist langsam die 12. SS-Polizeikompanie gebildet worden.

Dem Polizeiregiment Schlanders zugeteilt wurde auch Paul von Guggenberg.

Paul von Guggenberg: In aller Früh fuhr ich von Bozen nach Schlanders, ganz allein in einem Viehwaggon, am Boden war ein wenig Stroh. Die Stimmung war eher gedrückt. In Schlanders musste ich gleich in die Ortler-Kaserne und dort wurde ich in eine Uniform gesteckt.

Die Angehörigen der Polizeiregimenter trugen keine SS-Uniformen und hatten auch keine SS-Runen auf ihren Aufschlägen, obwohl sie als SS-Einheiten geführt wurden.

Einberufen zu den Polizeiregimentern wurden anfänglich nur Deutschlandoptanten, bald aber wurde auch nach den Dableibern und deren Söhnen gegriffen. Breit war auch die Altersspanne. Das Alter der Einberufenen umfasste die Jahrgänge von 1894 bis 1927.

Paul von Guggenberg: Ich war einer von den jüngsten, aber die meisten waren 60 und über 60, und das war alles zusammengeworfen in einem Haufen, in einer Kompanie.

Alois Zöschg aus St. Nikolaus in Ulten wurde mit 18 Jahren zum Polizeiregiment Brixen einberufen.

Alois Zöschg: Am 11. Oktober 1944 habe ich einrücken müssen. Damals hat man müssen zwei Stunden zu Fuß gehen, bis man das Auto erreicht hat. Am Montag um drei Uhr haben wir müssen weg-

gehen, weil um fünf ist schon das Auto gefahren. Jetzt bin ich zum Nächsten hin, der ist 1924 geboren, der hat sich dann müssen zusammenrichten, dann sind wir zum Dritten, der ist 1901 geboren, verheiratet gewesen und zwei Kinder haben ihn an den Hosen gehalten: »Tata, Tata!« Da sind wir zwei hinaus von der Stube, wir haben nicht mehr zuschauen können, wie das zugegangen ist. Und am 26. Oktober kam dann das nächste Kind zur Welt, so nah ist die Frau an der Niederkunft gewesen. Aber er hat gehen müssen. Dann auf dem Weg, weil von unserem Dorf sind vier gewesen, auf dem Weg haben wir dann den Vierten getroffen, der ist auch 1926 geboren. Bei dem ist der Vater dabei gewesen. Und da hat der Vater gesagt, zu mir her gezeigt und zum anderen, sagt er: »Meiniger und der ist zu jung, für meinigen gehe ich.« Und er ist 60 Jahre alt gewesen, aber: »Für meinigen gehe ich.« Und dann sind wir hinaus. Und, das habe ich noch vergessen zu sagen, zum 24er hat der Vater gesagt: »Bub, wir sehen einander nicht mehr.« Und das hat auch gestimmt. Er ist dann fünf Jahre in Russland gewesen und der Vater ist in der Zwischenzeit gestorben.

Die Dauer der Ausbildung bei den Polizeiregimentern betrug etwa drei Monate. Während sich die Truppe fast nur aus Südtirolern zusammensetzte, waren die Ausbildner und auch die höheren Dienstgrade ausnahmslos Reichsdeutsche.

Markus Graffonara: Wir haben einen Preußen gekriegt, einen waschechten Preußen, Walther Becker aus Königsberg, ein richtiger SSler. Und den haben wir die erste Zeit gar nicht geliebt. Wenn wir den in der Suppe bekommen hätten, in der Krautsuppe, wir hätten zusammengebissen und hätten ihn ausgespuckt. Mit der Zeit ist er dann ein recht lieber Chef geworden, und wir wären für ihn durchs Feuer gegangen.

Walther Becker

Bei der Ausbildung machten die Rekruten der vier Polizeiregimenter unterschiedliche Erfahrungen.

Paul von Guggenberg: Jeden Morgen zogen wir aus in Richtung Göflan zu Übungen, und ich wurde der Maschinengewehrausbildung zugeteilt. Da musste ein jeder von uns sein Maschinengewehr rasch zerlegen und in einer bestimmten Zeit wieder ordentlich zusammenstellen, und ich erinnere mich, dass ich da eine gewisse Fertigkeit erlangt habe und eigentlich darüber ein wenig stolz war. Wir machten dann ein paar Probeschüsse auf Zielscheiben, nicht auf Menschen, gottlob!, und das war eigentlich vorderhand das Ende dieser Ausbildung.

Franz Spögler: Weil ich Student war, musste ich einen Unterführerlehrgang mitmachen, und da sind wir von Predazzo – im Winter 1944/45 waren da ein paar Meter Schnee da oben – auf den Rollepass hinauf und da oben mussten wir dann unsere Schießübungen machen.

Alois Pfeifer: Kaum beim Kasernentor in Brixen hinaus, hat es geheißen: »Ein Lied!« Und wir haben müssen bestimmen, was für ein Lied. Dann: »Wohl ist die Welt so groß und weit« oder »Die blauen Dragoner sie reiten« oder irgendeines, halt ein Marschlied, dann den Ton angeben und kommandieren: »Links, zwei, drei, vier« und schon ging es los mit dem Lied. So haben wir müssen durch die ganze Stadt marschieren, alle Tage in der Früh, in die Güter hinaus, Ausbildung machen. Bei meiner Kompanie sind 60 Ladiner gewesen und 60 deutsche Südtiroler und die Ladiner haben fast alle gar nicht oder wenig Deutsch können. Dann weißt schon, wie es klingt, wenn nur 60 singen und die anderen überhaupt nicht oder wenn sie doch noch singen, dann die einen drausbringen. Es hat halt nirgends geklappt, und wenn wir dann aus der Stadt hinausgekommen sind, ist es schon rund gegangen: »Links bei der Straße hinaus, alle rechts bei der Straße hinaus!« Ob Letten [Morast] gewesen ist oder Wasser, wir mussten uns als Strafe hinlegen, weil es nicht geklappt hat, obwohl wir nichts dafür konnten, die

Ladiner, weil sie die Sprache nicht kannten, und wir waren auch nicht imstande, den Ton zu halten.

Diese dreimonatige Grundausbildung schloss mit einer Eidesleistung ab – für »Volk, Führer und Heimat«, wie es hieß. Es war dies ein feierlicher Akt, der in Bozen vor dem SS-Obergruppenführer Karl Wolff und in Schlanders und Brixen vor dem Obersten Kommissar Franz Hofer geleistet werden musste.

Die Eidesleistung

Markus Graffonara: Es sind zu dem Fest, wenn wir das so nennen wollen, auch viele Eltern und Verwandte hinaufgekommen, um ihre Angehörigen zu besuchen, und die größte Autorität, die oben war, das war wohl der Gauleiter Franz Hofer, und vor dem haben wir müssen den Eid leisten. Viele haben den Eid bestimmt geleistet und die Worte richtig ausgesprochen, wie sie vorgeschrieben waren. Wir mussten uns ja lange Zeit darauf vorbereiten. Einige von uns haben ausgemacht, wir tun, als ob wir den Eid leisten würden, bewegen die Lippen, aber sagen sonst nichts, und das haben wir auch getan, und ich bin deswegen überzeugt, dass wir damit nichts Schlechtes vollbracht haben.

Für »Volk, Führer und Heimat«

Weitaus auffälliger war die Zurückhaltung bei der Eidesleistung beim Polizeiregiment Brixen.

Franz Spögler: Anfang Februar 1945 musste das Brixner Polizeiregiment, 2500 Mann immerhin, also nur 17-, 18-Jährige und

50-, 60-Jährige, also ganz junge und für uns eher alte, im Kasernenhof antreten, um die Eidesformel nachzusprechen. Die in der ersten Reihe waren, haben die Eidesformel nachgesprochen, dann haben sie nur mehr gemurmelt und wir in den hintern Reihen haben kein Wort nachgesprochen. Also, es war eine Katastrophe. Der Schwur an Adolf war somit verweigert.

Das Polizeiregiment Brixen

Peter Pöder: Ich kann mich erinnern, dass er sechs Mal geschrien hat, immer lauter, der Gauleiter Hofer.

Alois Pfeifer: Und dann ist halt der Tag gekommen, der 22. Februar, da haben wir alle zum Bahnhof hinaus müssen. Dort ist der Zug gestanden, Viehwaggons mit Stroh ausgelegt, Kuhdreck noch drin, ein Teil der Waggons war also nicht einmal ausgeputzt gewesen. Wir wurden alle hineingepfercht und die Waggons zugesperrt. Meine Kompanie haben sie als Fliegerabwehr auf den letzten Waggon, einen offenen Waggon, verladen mit einem 5-cm-Geschütz. Der Zug ist dann auch losgefahren, hinaus über den Brenner bis nach Rosenheim. Dort haben sie dann die Waggons aufgetan und uns herausgelassen. Vorher haben sie Angst gehabt, dass wir alle durchgehen, der ganze

Haufen, glaube ich halt. Dann sind wir unterwegs gewesen quer durch Deutschland, eine ganze Woche lang, und haben nie gewusst, wo wir hinkommen. Wir hätten sollen nach Dresden kommen, aber Dresden haben sie inzwischen bombardiert, alles zusammengeschlagen gehabt. Dann sind wir halt so herumgeirrt, und sind schließlich in Hirschberg gelandet, in Niederschlesien. Dort haben sie uns neu bewaffnet, mit deutschen Waffen, mit einem Maschinengewehr, mit dem wir uns nicht auskannten. Die 1. und 2. und die 3. Kompanie musste schon an die Front mit den neuen Waffen. Da sind viele gefallen und viele verwundet worden, die ersten Tage schon. Wir, die 4. Kompanie, wir haben nicht hinaus müssen. Schließlich hat es doch geheißen zusammenpacken, und zu Fuß sind wir noch in der Nacht an die Front gekommen, von Hirschberg weg nach Seidorf und von Seidorf weg dann an die Front als Maschinengewehrposten.

Den anderen Angehörigen des Polizeiregimentes Brixen ist es ähnlich ergangen.

Alois Zöschg: Wie ich ausgestiegen bin, vom Zug heraus bin – es sind nur Viehwaggons gewesen –, da sehe ich eine Leuchtrakete aufsteigen, die hat der Russe hergeschossen. Das ist gewesen, als wenn die Sonne käme. Und dann habe ich schießen gehört und Dörfer brennen gesehen. Dann sage ich und frage: »Mensch, was ist denn da?« Dann sagt einer: »Da ist schon die russische Front, was man da hört, und wo es da brennt, ist überall schon der Russe.« Dann habe ich mir gedacht, na, wo sind wir denn jetzt hingekommen?
Dann sind auch geschwind viele gefallen, denn ein paar Kompanien sind sofort in die erste Linie hinausgekommen. Einer hat mir erzählt, von seinem Dorf sind zehn eingerückt und sind nur mehr fünf heimgekommen, und in einem anderen Dorf neun eingerückt und nur mehr drei heimgekommen. Rechnen tun sie, ein Drittel sei von unserem Regiment in fremder Erde begraben, entweder gefallen oder in der Gefangenschaft zugrunde gegangen und halt einfach nicht mehr heimgekommen.

Die Männer des Polizeiregimentes wurden erst in den Schützengräben der Ostfront wieder mit Waffen versehen, und zwar mit für sie unbekanntem und mithin ungewohntem Kriegsgerät. Der Vorbehalt gegenüber dieser Truppe ging aber noch viel weiter.

Franz Spögler: Bereits am 19. März, weil man uns nicht ganz traute offensichtlich, wurden wir alle zusammengezogen in einem Städtchen, Königgrätz, kann ich mich noch erinnern, und dort hat man uns das Soldbuch genommen – wir waren noch als Polizeiregiment eingetragen – hat man »SS-Grenadier« eingetragen. So wurden wir SSler.

Peter Pöder: Dann war halt die russische Front. Breslau war umzingelt. Es war ein Stellungskrieg bei uns in Breslau. Die Fronten waren nicht mehr als 50 Meter von einander entfernt. Die Russen waren im Graben und die Deutschen waren im Graben drin. Und diese Propaganda, die immer herüber gerufen hat: »Kommt zu uns herüber, den Krieg verliert ihr sowieso, wir werden euch gut behandeln. Ihr kommt nicht in Gefangenschaft!« Und dann ist es zu einem bewegenden Ereignis gekommen. Ein Sarner hat unter seiner Uniform ein Zivilkleid angezogen und ist entdeckt worden, und so hat man ihn wohl oder übel zum Tode verurteilt. Aber dann haben sie doch Gewissensbisse bekommen und haben sich an mich gewandt und gesagt: »Ja, der hat so eigenartige Antworten gegeben. Er sagt, er sei nur im Winter zur Schule gegangen.« Ob das in Südtirol so ist? Und ich habe mich sofort gefragt, warum sie fragen. Sie fragen, weil sie ihn freisprechen wollen. Ich habe ihnen aber nicht gesagt, dass das für das Sarntal stimmt, aber ich habe gesagt: »Wir gehen normalerweise vom Oktober bis in den Mai in die Schule.« Dann haben sie ihn laufen lassen und er ist heim gekommen. Wenn ich nicht richtig reagiert hätte, nicht verstanden hätte, warum sie fragen, wäre das anders ausgegangen. Sie haben wohl Gewissensbisse gehabt und wollten nur, dass ich ihnen bestätige, dass er nicht ganz normal ist.

Alois Zöschg: Am 1. Mai 1945 haben dann die Russen über den Lautsprecher herüber gerufen: »Kamerad, Hiteler tot, Hiteler tot, Kompanie alle nach Hause, nach Hause, Kompanie ergebt euch!« Dann habe ich mir gedacht, nein, freiwillig hinüber gehe ich nicht, das gehe ich nicht. Dann am 8. Mai hat es geheißen, jetzt ist er endgültig fertig der Krieg.

Beendet war der Krieg für die Überlebenden des Brixner Polizeiregiments aber noch nicht. Sie wurden zwar entlassen, kamen also nicht in russische Gefangenschaft, aber der Rückweg von Oberschlesien durch die Tschechoslowakei in die Heimat sollte sich als lang, beschwerlich und voller Gefahren erweisen.

Peter Pöder: Am 7. Mai 1945 abends haben wir im Radio die Durchsage gehört, dass um 23 Uhr die bedingungslose Kapitulation sein wird. Die Kompanie hat sich aufgelöst und das erste, was ich getan habe, ich habe die Kasse aufgebrochen, die Kompaniekasse, und habe ich gesagt, ich stehle nicht das ganze Geld, aber 200 Mark nehme ich mit, weil ich das brauchen könnte. Der Rock ist verschwunden mit dem SS-Emblem, verschwunden ist natürlich auch das Soldbuch und ich hatte nur mehr die italienische Identitätskarte mitgenommen. Die Blutgruppe habe ich nicht gehabt, weil ich an diesem Tag, wo sie die eingebrannt haben, mit irgendeiner Ausrede weggegangen bin. Also, ich habe schon irgendwie vorgebaut, weil ich mir gedacht habe, das könnte einmal ein schlimmes Ende nehmen, aber wenn ich mich mit der italienischen Identitätskarte ausweise, kann ich Geschichten erfinden, so viel ich will, und niemand kann sagen, dass das nicht wahr ist. Aber wenn du die Blutgruppe hast, ist es nicht gut.
Dann sind wir halt geflohen nach Náchod in der Tschechoslowakei, da haben sie uns eingefangen und die Waffen abgeben machen und haben uns als Gefangene irgendwo hingeführt. Und da begegne ich ganz zufällig auch einem Flüchtling, und das war Dr. Theo Köllensperger von Bozen. Der war plötzlich da und dann war noch ein Kärntner und ein Stuttgarter. Und das war dann der 16. Mai 1945, da sagt der Dr. Köllensperger: »Wenn sich hier die Gelegenheit bietet, fliehen wir.« Und um acht Uhr in der Früh beim Marsch durch einen Jungwald, es sind ungefähr 20 russische Wachtposten dabei gewesen, sind wir Viere hinein in den Wald gesprungen. Und dann haben die Russen natürlich ein bisschen in der Luft herumgeschossen, sind aber nicht herein, denn die haben auch Angst gehabt, ob wir nicht doch bewaffnet sein könnten. Und dort sind wir geblieben so bis elf Uhr. Um elf Uhr haben wir dann gehört, wie sie abmarschiert sind. Dann sind wir hinaus gegangen und haben versucht, immer nach Westen zu fliehen. Ich habe noch einen Kompass mitgenommen in meiner Tasche, damit wir immer nach Westen gehen. Der Arzt, der war immer dabei, aber die anderen zwei haben wir verloren. Wir haben die Straßen gemieden und sind immer auf Feldwegen gegangen, meistens in der Nacht, bei Tag sind wir irgendwo im Wald geblieben. Am 30. Mai 1945 sind wir

in Hof in Bayern angekommen. Und da waren die Amerikaner, und wie sie uns gesehen haben, sind sie uns sofort mit dem Jeep nachgefahren und haben uns gefangen genommen, aber am 16. Juni haben sie mir den Entlassungsschein gegeben. Den Arzt haben sie aber in Hof zurückbehalten. Ich habe den Entlassungsschein nur bis Innsbruck bekommen, für Italien haben sie mir ihn nicht gegeben. In Innsbruck habe ich bei den Eltern von Theo Köllensperger einen Brief abgegeben und bin dann zum Brenner gefahren, bin dann allerdings nicht über den Brenner gegangen, sondern über die Jöcher.

Franz Spögler: Ich kam bis an die tschechische Grenze. Die Russen waren motorisiert und logischerweise schneller, und an der tschechischen Grenze bin ich zusammen mit vielen anderen aus dem Brixner Polizeiregiment gefangen genommen worden. Wir sind dann in einem vier Tage und vier Nächte dauernden Marsch 180 Kilometer marschiert, fast ohne etwas zum Essen zu bekommen, Wasser überhaupt nicht. Wenn eine Pfütze war am Straßenrand, dann sind wir da hinein und haben versucht, aus dieser Pfütze mit dem Mund Wasser herauszusaugen. Wenn wir durch ein Dorf sind und Frauen standen am Straßenrand mit Wasserkübeln, um uns mit Wasser zu versorgen, dann hat man die Frauen vertrieben. Die Begleitung, die wir hatten, waren nicht Russen, das waren Tschechen, alles junge Lauser, und die haben den Frauen mit den Gewehrkolben auf den Kopf geschlagen und die Wasserkübel umgestürzt. Dann kamen wir östlich von Breslau in ein Lager. Da waren 30.000 Soldaten, aber keine Unterkünfte waren noch da, nur für die Offiziere hat es so Blockhäuser gegeben, und so haben wir uns selber die Baracken bauen müssen. Dort sind wir nicht allzu lang geblieben und sind dann entlassen worden. Um fünf Uhr in der Früh sind wir wie immer angetreten, die Lagerkapelle voraus und wir marschierten hinaus durch das Lagertor. Wir sind dann in ein Städtchen gekommen, das hieß Oelz und dort war ein italienisches Sammellager. Dort waren 5000 Italiener, die 1943 in Italien, viele auch in Südtirol gefangengenommen wurden, um nach Deutschland transportiert und dort als Zwangsarbeiter beschäftigt zu werden. Wir sind also dort in dieses italienische Sammellager gekommen und wir haben gemeint im ersten Moment, wie sie gehört haben, dass wir Deutsch sprechen, dass wir »Altoatesini« [Oberetscher, Südtiroler] sind, haben wir gemeint, sie bringen uns um. Viele von ihnen sind am 8. September und in dieser Zeit in Bozen gefangen genommen worden, von Südtirolern gefangen genommen worden und hinaus transportiert worden. Aber sie haben sich dann doch bald beruhigt und so sind wir dort eine Zeit lang geblieben, bis es dann im Oktober hieß, zum Bahnhof, und dann sind wir mit Viehwaggons natürlich nur einen Monat unterwegs gewesen von Schlesien, von Oelz, bis nach Bozen. Einen Monat waren wir unterwegs. Der Zug hat ein paar hundert Kilometer gemacht oder auch nur 100 Kilometer, dann ist er am Bahnhof stehen geblieben, weil die Zugmaschine für einen wichtigeren Transport verwendet wurde. So mussten wir uns am Bahnhof irgendwie selbst versorgen. Da haben wir Kartoffeläcker aufgesucht, haben halt geschaut, wie wir uns irgendwie versorgen konnten, damit wir nicht verhungert sind, denn eine regelmäßige richtige Versorgung hat es nicht gegeben. Und so sind wir so langsam über den Brenner und vor Atzwang, es war um halb fünf Uhr in der Früh, Licht rot, keine Einfahrt in den Bahnhof Atzwang. Wir hätten müssen nach Verona fahren zur Entlassung. Ich bin dann ausgestiegen, habe mich versteckt eine Zeit lang, bis der Zug losgefahren ist und bin dann langsam, langsam den Rittner Berg hinauf. Schließlich kam ich zum Kartoffelacker von unserem Höfl. Der Vater war gerade bei der Arbeit, Kartoffel zu ernten, und ich rief: »Vater!« Und da schaut er um und hat sich wohl gedacht: »Das ist ja ein Bettler.« Dann habe ich gesagt: »Ja, Vater, kennst mich nicht, der Franz ist da!« Ja, und dann endlich schaut er mich so an, ganz entgeistert: »Ja, du bist es, nein wirklich, das ist der Franz!« Man kann sich gar nicht vorstellen, wie groß die Freude über das Wiedersehen war, ein Kamerad, der mit mir an der Front war und schon Anfang Juni nach Hause gekommen ist, hat die Meldung gebracht, dass ich zusammen mit dem Hauptmann, bei dem ich Pfeifendeckel war und Melder, im Fehl in den russischen Bereich mit dem Jeep gefahren wäre und die Russen hätten uns erschossen. Also, ich war praktisch tot gemeldet. Ja, und deswegen war die Freude zu Hause umso größer.

Alois Pfeifer: Am 9. Mai ist dann der Befehl gekommen, der Krieg ist aus, wir können gehen. Dann sind wir halt aufgebrochen und haben noch einen Leiterwagen gestohlen im nächsten Dorf und zwei Rosse. Dann haben wir da die Ausrüstung hinaufgeworfen und sind losgefahren. Wir sind unsere 40 Mann gewesen. Nach sechs Tagen

sind wir ins Sudetenland gekommen. Die Rosse haben wir dann aber hinten lassen müssen, weil wir für sie kein Futter mehr gehabt haben, und so sind wir zu Fuß weitergegangen wie halt viele andere auch.
Es hat nicht lange gedauert, dann haben uns die Tschechen in Semil gefangen genommen und zu einem großen Truppenübungsplatz gebracht. Dort haben sie uns allesamt kontrolliert: Soldbuch und Ausweis. Ich habe kein Soldbuch gehabt. Wir haben das Soldbuch weggeworfen, damit, wenn sie uns erwischen, sie nicht sehen, dass wir bei der SS-Polizei gewesen sind. So haben sie mich herausgeholt und auf die Seite gestellt, und sie haben weiterkontrolliert und ich habe dort warten müssen. Ich bin aber bald wieder zu meinem Platz zurück und sie haben mich auch nimmer vermisst. Dann haben sie uns zusammengestellt und wir mussten zu Fuß in einem Vier-Tage-Marsch zurück, wo wir hergekommen sind. Zu essen haben wir nichts mehr gekriegt und auch kein Wasser gegen den Durst. Im Straßengraben unten ist oft Wasser gelegen, wenn aber einer hinunter ist, ist er nicht mehr heraufgekommen. Die Wachmannschaft hat ihn einfach niedergeschossen. Wir sind auch durch Dörfer durch, im Sudentenland. Die Leute dort haben selber nichts gehabt, haben uns aber doch von den Fenstern Brot heruntergeworfen; dann haben die Russen zu ihnen hinaufgeschossen. Die Tschechen haben uns nämlich während des Marsches dem Russen übergeben. Schließlich sind wir dann im Gefangenenlager angekommen, das ein großer Truppenübungsplatz gewesen ist, Neuhammer hat er geheißen. 60.000 Gefangene sind da gewesen. Zu essen haben wir wenig gehabt, ein bisschen eine Erdäpfelsuppe, halt ein trübes Wasser, Tee haben wir oft einmal gehabt, nicht gezuckert, und einmal haben wir gesehen, dass der Russe gekommen ist in die Küche her und hat ein ganzes Auto voll Zucker weggeführt. Die Köche haben den Zucker schon gefasst, aber ausgeteilt haben sie ihn den Gefangenen nicht. Und dann haben wir arbeiten müssen gehen, um vier Uhr in der Früh aufstehen.
Mitte August sind wir dann auf einmal entlassen worden. Bevor wir weggekommen sind, haben sie uns alle zuerst untersucht. Da ist eine große Halle gewesen und da sind Doktoren [Ärzte] gesessen, und wir haben alle müssen bei ihnen da vorbeigehen und die Arme aufheben. Dann ist man zu einem Doktor gekommen, der hat beim Bauch und bei der Brust gedrückt und zugleich hat er dann hinaufgeschaut, ob man unterm Arm etwas hat, weil die SSler haben ja alle das SS-Zei-

chen eintätowiert gehabt, das hat man auch nicht mehr so leicht weggebracht, dazu hat man die Haut ausschneiden müssen. Aber uns vom Polizeiregiment Brixen haben sie nicht tätowiert, infolgedessen haben wir vorbeigehen gekonnt, aber der, der das SS-Zeichen unter dem Arm gehabt hat, den haben sie weg und in eine Kammer gesperrt. Vor mir ist auch ein Sterzinger gewesen, ein junger, der hat es auch gehabt, der ist als Freiwilliger eingerückt gewesen bei der SS. Den haben sie wohl in diese Kammer hinein, und der ist halt nicht mehr mitgekommen, aber die anderen sind alle mitgekommen. Dann hat es noch eine Zeitlang gedauert, etliche Tage, und schließlich hat es geheißen, die Ausländer können heim gehen. Jetzt haben wir 30 Kilometer zu Fuß gehen müssen, von Neuhammer bis Sargant. Dort sind wir nicht mehr Gefangene gewesen, sondern Internierte, und haben als Internierte ein gutes Essen gekriegt. Da sind wir noch eine Weile gewesen bis Ende September, dann sind wir einwaggoniert worden, um heim zu fahren. Wir sind 400 bis 500 gewesen, darunter viele Italiener. Während alle auf dem Bahnhof herumgestanden sind, ist ein Zug gekommen. Die Russen haben die Waggone aufgetan, und da sind alles deutsche Soldaten drin gewesen. Die Italiener sind gleich hinüber und, was weiß ich, was sie die Soldaten alles geheißen haben. Und da ist ein russischer Posten dahergekommen und hat zwei gepackt und in den Waggon hineingeschoben und den Waggon zugemacht und weg sind sie gewesen. Ja, dann ist halt die Zeit soweit gekommen, dass sie uns einwaggoniert haben, und so sind wir langsam bis nach Innsbruck gefahren und dann weiter auf den Brenner hinauf. Dort hat es geheißen, es darf niemand den Zug verlassen, es müssen alle im Zug bleiben und hinunter nach Italien fahren. Für die 66 Südtiroler, die in diesem Zug gewesen sind, hat es geheißen, nach Rimini zu fahren, um sich den Entlassungsschein zu holen. Wir sind nach Bozen gekommen, und da bin ich ausgestiegen und bin hinaus auf die Loretobrücke und zu Fuß um zwei Uhr in der Nacht hinunter nach Leifers und dann den Berg hinauf heim nach Deutschnofen. Das ist gewesen Ende Oktober 1945.

Von den vier Regimentern wurde das Polizeiregiment Bozen als erstes aufgestellt. Es hatte zwar seinen Sitz in Bozen, wurde aber nie einheitlich eingesetzt.

Am schlimmsten getroffen hat es das 3. Bataillon dieses Regimentes. Es wurde nach der Ausbildung am 12. Februar 1944

Das Polizeiregiment Bozen

nach Rom geschickt und musste den Wachdienst vor öffentlichen Gebäuden versehen, mit Ausnahme der 11. Kompanie, die ihre Ausbildung vervollständigen sollte. Am 23. März, dem letzten der vorgesehenen 14 Ausbildungstage, als die Kompanie wie gewohnt um die gleiche Zeit singend vom Schießstand über die Via Rasella zurück in die Kaserne marschieren wollte, explodierte dort um 15.35 Uhr eine in einer Mülltonne untergebrachte Dynamitladung und riss 33 Angehörige des Polizeiregimentes Bozen in den Tod. Einer der Überlebenden war Albert Innerbichler aus St. Johann im Ahrntal.

Das Polizeiregiment Bozen in Rom (2.v.l. Albert Innerbichler, 3.v.l. Franz Knolleisen)

Albert Innerbichler in St. Johann im Ahrntal, 1998

Albert Innerbichler: Und wie wir da her in die enge Gasse gekommen sind, das »Straßenkehrer-Grattl«, das da gestanden ist, das »Besele« dabei, das »Grattl« zugedeckt, musste ich meinen Nebenmann ein bisschen verschieben, damit ich bei dem » Grattl« vorbeikomme – und da ist die Sprengung drinnen gewesen. Das hat ja einen Kracher abgegeben und die ganze Gasse war voll Rauch. Da ist einer aus St. Peter dabei gewesen, den hat man auch nur mehr an der Erkennungsmarke erkannt, sonst war nichts mehr. Und ich sehe da gegenüber von mir so ein »Biabl« [jungen Buben] mit sieben, acht, neun Jahren vielleicht, das ist uns entgegengekommen. Von dem sind nur mehr Fransen übriggeblieben, bei dem Kind. Und mir hat's vom Gewehr den Verschluss weggerissen und im Sturmgepäck war ein Splitter, sonst hat mir nichts gefehlt.

Am 23. März 1944 sind in Rom folgende Polizeisoldaten einem von kommunistischem Mordgesindel aus dem Hinterhalt ausgeübten Anschlag zum Opfer gefallen:

Untw. d. Pol.	Georg	Aichner	geb. 21. 4. 02		Untw. d. Pol.	Paulinus	Palla	geb. 31. 12. 05
" "	Karl	Andergassen	" 5. 1. 14		" "	August	Pescosta	" 9. 5. 12
" "	Franz	Bergmeister	" 6. 9. 06		" "	Daniel	Profanter	" 22. 5. 15
" "	Josef	Dissertori	" 5. 6. 13		" "	Josef	Raich	" 14. 12. 06
" "	Jakob	Erlacher	" 12. 7. 01		" "	Anton	Rauch	" 5. 8. 10
" "	Friedrich	Fischnaller	" 19. 11. 12		" "	Engelbert	Rungger	" 21. 12. 07
" "	Johann	Fischnaller	" 17. 11. 04		" "	Johann	Seyer	" 3. 6. 04
" "	Eduard	Frötscher	" 19. 12. 12		" "	Johann	Schweigl	" 13. 8. 08
" "	Johann	Kaufmann	" 19. 10. 13		" "	Ignaz	Spieß	" 4. 7. 11
" "	Leonhard	Kaspareth	" 28. 1. 15		" "	Eduard	Spögler	" 11. 7. 08
" "	Anton	Matscher	" 2. 6. 12		" "	Ignaz	Stecher	" 11. 5. 11
" "	Anton	Mittelberger	" 15. 11. 07		" "	Albert	Stedile	" 26. 5. 15
" "	Michael	Moser	" 29. 9. 04		" "	Josef	Steger	" 10. 8. 08
" "	Franz	Niederstätter	" 1. 6. 17		" "	Fridolin	Turnerretscher	" 19. 1. 14
" "	Eugen	Oberlechner	" 30. 4. 08		" "	Hermann	Tschigg	" 23. 4. 11
" "	Matthias	Oberrauch	" 15. 8. 10		" "	Josef	Wartbichler	" 13. 11. 07

Auch diese Kameraden fielen für Führer und Reich. Ihr Opfer ist uns Verpflichtung!

Franz Hofer
Oberster Kommissar
für die Operationszone Alpenvorland

Bozen, am 28. März 1944.

Kommunistischer Terroranschlag

32 Südtiroler Polizeisoldaten in Rom aus dem Hinterhalt gemeuchelt

BZ. Bozen, am 27. März 1944 — Am 23. März dieses Jahres wurde in Rom von kommunistischen Banditen aus dem Hinterhalt ein feiger Anschlag gegen deutsche Polizeisoldaten ausgeführt. Gegen eine Kompanie einer derzeit in Rom liegenden Polizeieinheit aus Südtirol, die vom Dienste durch die Straßen der Stadt in ihre Unterkunft zurückmarschierte, wurde ein Sprengstoffattentat verübt, dem 32 aus Südtirol stammende Angehörige der Deutschen Polizei zum Opfer fielen.

Die Heimat der Gefallenen ist in ihrer Empörung über diese von Moskau und seinen westlichen Spießgesellen angezettelte Mordtat ebenso von tiefster Empörung ergriffen, wie das gesamte deutsche Volk, das jeden seiner Söhne, den das Ringen um Sein oder Nichtsein als Opfer fordert, in jener stolzen Haltung betrauert, die aus dem Willen erwächst, den Tod der Kameraden als eine heilige Verpflichtung zu nehmen, den Kampf, in dem sie das Leben gaben, nur mit einem völligen Siege über die Feinde unseres Volkes und einer besseren europäischen Ordnung zu beenden. In diesem Geiste stehen wir heute voll Mitgefühl an der Seite der Angehörigen und Hinterbliebenen der in Rom gemeuchelten Kameraden, die dort fern der Heimat auf dem deutschen Heldenfriedhof ruhen. Wir senken die Fahnen und grüßen die Toten, deren Sterben ebensowenig umsonst war, wie der Tod aller, die in Kampf und Pflichterfüllung für Volk und Heimat ihr Leben ließen.

Bataillon des Bozner Polizeiregimentes in Belluno

Das Attentat wurde von einem Sabotagetrupp der römischen Widerstandsbewegung durchgeführt. Einen Tag nach dem Anschlag wurden aus Vergeltung in den Ardeatinischen Höhlen 335 Geiseln erschossen, darunter 70 Juden und viele aktive Antifaschisten.

Die beiden anderen Bataillone des Bozner Polizeiregimentes waren eigentlich ebenfalls zur Objektsicherung bestimmt, wurden aber fast ausschließlich zur Partisanenbekämpfung eingesetzt. Hans Luggin aus Laas kam mit dem 2. Bataillon nach Belluno.

Hans Luggin: Da haben wir eine Ausbildung gehabt und da sind wir halt hinaus und auf den Hügel hinauf, und wir hatten schon gewusst, dass wir das nicht hätten dürfen tun. Da sind vier große Tafeln gewesen, auf einer Tafel der Hitler, auf einer Tafel der Mussolini und auf einer der Göring und noch einer, und unser Leutnant

Trupp des Polizeiregimentes Bozen

und der Bursch sind vorgegangen und wir haben Nachübung gemacht und sind hinauf. Da hat es einen Krach getan. Bei allen Tafeln ist eine Ladung hochgegangen und hat den Leutnant und seinen Burschen zu Fetzen zerrissen. Da sind nur mehr ein paar Brocken übrig geblieben, ein Stück Kopf, ein Fuß, ein Arm. Der Bataillonschef ist verrückt geworden und hat 20 aufhängen lassen auf den Bäumen. Jetzt sind halt eine Unmenge Partisanen gekommen und haben uns wollen überfallen, und das haben sie halt doch nicht durchgebracht.

Das 1. Bataillon des Bozner Polizeiregimentes versah seinen Dienst in der »Operationszone Adriatisches Küstenland«, und zwar in Rijeka, Opatija und auf der Insel Cres. Mit dabei war Luis Leiter aus Algund.

Luis Leiter: Vom Polizeiregiment Bozen haben wir einmal einen Einsatz gehabt auf der Insel Cres, das ist außerhalb Fiume. Dort ist eine Marineeinheit von Partisanen ermordet worden und dann haben wir von Abbazia [Opatija] aus einen Einsatz gehabt, hinüber auf die Insel. Und in der Nacht haben wir drüben alles durchkämmt, haben keine Feindberührung und sind dann in der Nacht wieder zurück nach Fiume und nach Abbazia.

Einsatz auf der Insel Cres

Am Strand von Abbazia

Es folgten noch einige Einsätze gegen die italienischen und jugoslawischen Partisanen, an denen sich besonders auch die Jungfaschisten der X MAS (Akronym von »Motoscafi antisommergibili«) beteiligt haben, eine Art persönlicher Sturmtruppe des Prinzen Junio Valerio Borghese, die für ihren kompromisslosen Einsatz gefürchtet war.

Das Polizeiregiment Schlanders wurde im Herbst 1944 aufgestellt und hatte in seinen Reihen eine erhebliche Anzahl Ladiner. Eines seiner Haupteinsatzgebiete war Feltre mit seiner weiteren Umgebung.

Das Polizeiregiment Schlanders

Markus Graffonara: Wir haben zuerst einige Monate in der Zannetelli-Kaserne am Stadtrand von Feltre gewohnt, dann haben sie Angst gehabt vor der Bombardierung und haben uns in das Knabenseminar der Diözese in die Stadtmitte verlegt. Dort sind wir dann geblieben bis Ende April, bis zum Weggang.

In Feltre

Von Feltre aus wurden immer wieder Einsätze in das wenige Kilometer entfernte Pedavena unternommen.

Markus Graffonara: Pedavena war ein Nest der Partisanen. Da war eine Familie damals, die den Soldaten aus unserer Kompanie die Wäsche gewaschen hat. Da sind die Partisanen draufgekommen und haben dann in der Nacht eine Frau aus dieser Familie erschossen. Tags darauf war in der Kaserne natürlich ein furchtbares Durcheinander. Es sind alle aufgerufen worden, auf den Hauptplatz zu gehen, und da ist der Bataillonskommandant gekommen und hat gefragt: »Ist niemand hier, der sich auf das Aufhängen verstünde?« Gemeldet hat sich niemand, dann haben sie einige genommen, haben ihnen eine Maschinenpistole gegeben und hinauf auf das Auto befohlen. Sie haben dann zwei mutmaßliche Partisanen, die im Gefängnis waren, herausgeholt. Es war der 17. Jänner 1945 und ein ganz kalter Tag, und die beiden waren barfuß und in Hemdsärmeln, das sehe ich heute noch. Man hat sie auf das Auto hinaufgestoßen und zum Hauptplatz geführt und aufgehängt. Die sind dann 48 Stunden gehangen als Abschreckung für die Leute da.

Die Partisanen starteten ihre Überfälle in Feltre zumeist aus den Wäldern heraus und hatten dabei auch empfindliche Verluste an Gefallenen zu beklagen. Einige von ihnen wurden gefangen genommen und ins Gefängnis gebracht, wo auf sie ein ungewisses Schicksal wartete.

Gesamtansicht von Feltre

Markus Graffonara: Man hat ja ein Gefängnis gehabt für die Partisanen in Feltre. Dort habe ich nie etwas zu tun gehabt im Gefängnis, wohl aber war ich oben in Schlanders einige Male auf Besuch im Gefängnis. Da waren damals drei Priester eingesperrt: der Pfarrer von Latzfons, Terzer hat er geheißen, ein Otto Schwienbacher und der Pfarrer von Sarns, der große Krippenbauer, Ferdinand Plattner. Ferdinand Plattner hat schöne Krippen hergestellt, und da sind oft auch Fremde hingekommen und haben sich die Krippen angeschaut. Da waren auch einmal einige deutsche Offiziere dort und haben sich das angesehen. Da war eine Krippe noch nicht fertig, es war nur das Gerippe der Krippe da, da fragen sie: »Was ist denn das?« Dann sagte er: »Das wird eine nationalsozialistische Krippe!« »Warum?« » Ja«, sagt er, »der Jesus war ein Jude, Maria und Joseph auch, also die darf ich nicht hineintun, ich habe dann zwei Reinrassige hineingetan, den Hü und den Muh.« Am Tag darauf sind sie gekommen und haben ihn weggeführt, dann ist er zum Tode verurteilt worden. Seines Alters wegen hat er aber nur lebenslänglich gekriegt. Nach dem Krieg ist er dann schon frei gelassen worden.

Eine Ortschaft, die den Partisanen einen großen Rückhalt bot, war Cesiomaggiore.

Markus Graffonara: Im März 1945 war in Cesiomaggiore ein großer Einsatztag. An dem Tag war die Wehrmacht eingesetzt, die Polizei und Hunderte von Soldaten. Und da hat mich der Kompaniechef gepackt und gesagt: »Geh' auf den Turm hinauf mit einem Maschinengewehr!« »Da müssen wir den Pfarrer fragen.« »Was ist das?« »Das ist der Leiter der Seelsorge.« »Geh hin und frag ihn!« Wie ich hingekommen bin, war er in der Kirche, hat dort die hl. Messe gefeiert. Wir durften da ja nicht stören. Dann bin ich zurück und habe gemeldet: »Er ist nicht frei.« »Was macht er?« »Die hl. Messe feiern!« »Was ist das?« »Eine liturgische Feier, die die Katholiken haben.« »Dann gehen Sie trotzdem hinauf!« Dann sind wir hinauf mit einem großen

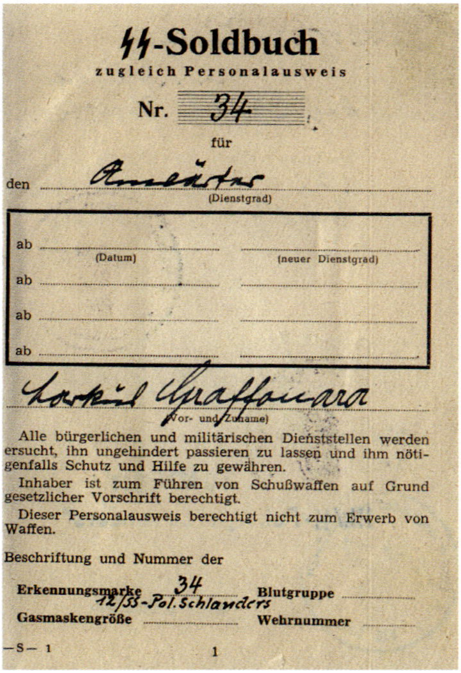

SS-Soldbuch
zugleich Personalausweis
Nr. 34
für
den Anwärter
(Dienstgrad)
ab (Datum) (neuer Dienstgrad)
ab
ab
ab
Markus Graffonara
(Vor- und Zuname)
Alle bürgerlichen und militärischen Dienststellen werden ersucht, ihn ungehindert passieren zu lassen und ihm nötigenfalls Schutz und Hilfe zu gewähren.
Inhaber ist zum Führen von Schußwaffen auf Grund gesetzlicher Vorschrift berechtigt.
Dieser Personalausweis berechtigt nicht zum Erwerb von Waffen.
Beschriftung und Nummer der
Erkennungsmarke 34 12/SS-Pol. Schlanders Blutgruppe
Gasmaskengröße Wehrnummer
—S— 1 1

Bestimmungen
auf Seiten 39/40 des Soldbuches beachten!
(Wenn zu den einzelnen Teilen des Soldbuches weitere Blätter erforderlich werden, sind sie hinter Seite 40 einzuheften und mit Seitenzahlen zu versehen. Am Schlusse des zu ergänzenden Teiles ist auf die neue Fortsetzungsseitenzahl hinzuweisen.)
Lichtbild des Inhabers

Markus Graffonara
(Eigenhändige Unterschrift des Inhabers)

Maschinengewehr und haben oben dann praktisch den ganzen Tag gewartet. Untertags sind viele Schüsse gefallen in alle möglichen Richtungen. Und wenn man vom Turm heruntergeschaut hat, da waren auf dem Platz zwei oder drei Leichen, und mit der Zeit kommt ein alter Priester daher im langen Talar, redet mit den Vorgesetzten, und erst später bin ich draufgekommen, dass das der Pfarrer war, der gekommen ist, um zu fragen, ob er die Toten wegnehmen und begraben darf. Sie hätten ihn gefragt: »Hast du sie gekannt?« Er hätte dann gesagt: »Nein!« Hätte er ja gesagt, hätten sie ihn wahrscheinlich angezeigt. Gut. Wir sind dann herunter und sind dann langsam heim. Dann habe ich noch gehört, dass an dem Tag ein junger Bursch gefangen worden ist. 13 Jahre hätte er gehabt. Der hat den Partisanen die Post gebracht. Den haben sie zusammengeschlagen, und später habe ich gehört, dass man ihm ein oder zwei Finger abnehmen musste.

Beinahe gleichzeitig mit dem Polizeiregiment Schlanders wurde auch das Polizeiregiment Alpenvorland in der so genannten »Bandenbekämpfung«, wie man das Vorgehen gegen die Partisanen auch genannt hatte, eingesetzt, vornehmlich wiederum in der Gegend rund um Belluno. Im Dezember 1944 kam Ferdinand von Marsoner nach Belluno.

Ferdinand von Marsoner: Wir sind durch ein Dorf durch und dann hat es von einem Haus oben vom Dachfenster heruntergeschossen und dann sagt der Leutnant: »Leuchtspur hinauf zum Dach!« Und das haben wir auch sofort getan. Dann hat es halt geschwind hellauf gebrannt oben, und dann sagt er, ich solle schreien: »Frauen und Kinder heraus!« Und auf einmal hat er geschrien: »Da drüben läuft einer, dem schlenkert der Mantel um die Füße, schießt ihm in die Füße. Das ist keine Frau!« Und dann haben sie halt hinübergeschossen, und der ist leicht verletzt niedergefallen, festgenommen und von mir verhört worden. Am nächsten Morgen haben sie ihn hinausgeführt zum Eingang des Dorfes und an einem Ast aufgehängt, und da ist er halt den ganzen Tag gehangen.
Ein anderes Mal kommt bei Nacht ein Bube: »Aiuto, aiuto, i partigiani hanno massacrato la mia mamma!« (»Hilfe, Hilfe, die Partisanen haben meine Mutter ermordet!«) Dann, wie es ein bisschen Tag geworden ist, hat er uns hinauf ins Haus geführt. Dann haben wir sie

oben gefunden. Sie ist die Frau von einem Beamten der Republik von Salò gewesen, halt auch von der Mussolini-Republik, und da haben sie ihr – sie ist gerade mit heißem Öl beschäftigt gewesen – dieses eingeschüttet, und sie ist um den Mund herum verbrannt und selbstverständlich tot gewesen. Dann haben wir gesagt, wenn wir von denen einen erwischen, dann werden wir es ihm halt auch gleich machen.

Die Vergeltung ließ in diesem grausamen Kampf kaum einmal auf sich warten.

Gefahr drohte aber auch aus den eigenen Reihen. Vor allem die Umbenennung der Polizeiregimenter in SS-Polizeiregimenter wirkte sich auf die meist stark im katholischen Glauben verwurzelten Südtiroler äußerst befremdend aus. In Pontebba jedenfalls, in seinem zweiten Einsatzort, ging Ferdinand von Marsoner ein großes Wagnis ein.

Ferdinand von Marsoner: Vorher haben wir einen guten Hauptmann gehabt, aber der ist dann erkrankt und wir haben einen neuen gekriegt, halt einen fanatischen Teufel. Und der hat aus dem »Polizeiregiment Alpenvorland« ein »SS-Regiment 10« machen wollen, Anfang April 1945. Und wir sollten unterschreiben, dass wir damit einverstanden sind. Dann haben die meisten halt unterschrieben. Ich aber habe mir gedacht, ja, ein Angehöriger eines SS-Regimentes will ich nicht werden, ich glaube nicht, dass das notwendig ist bei der Situation vom Krieg. Dann hat er gesagt: »Sie haben noch nicht unterschrieben!« Dann habe ich gesagt: »Ja, freiwillig unterschreibe ich nicht!« »Was, Sie wollen nicht unterschreiben? Jetzt haben wir es!« Und ist hinaus bei der Tür.

Es war schließlich der Chef des »Polizeiregimentes Alpenvorland« persönlich, Oberst Köllner, der Ferdinand von Marsoner davor bewahrte, wegen Gehorsamsverweigerung an die Wand gestellt zu werden.

Inzwischen hatte sich die allgemeine militärische Lage für die deutsche Besatzungsmacht in Italien deutlich verschlechtert. Die Alliierten rückten immer weiter nach Norden vor, und die italienische Widerstandsbewegung nahm an Stärke und Aggressivität zu. Dies wirkte sich natürlich auch auf die Einsatzmöglichkeiten der Südtiroler Polizeiregimenter in der »Operationszone Alpenvorland« aus.

Als dann schließlich am 29. April 1945 Heinrich von Vietinghoff die Kapitulation der Deutschen Streitkräfte in Italien unterzeichnet hatte, lösten sich natürlich auch die Südtiroler Polizeieinheiten im Friaul nach und nach auf und deren Angehörige versuchten auf verschiedenen Wegen in die Heimat zurückzukehren, wobei sie die von den Partisanen beherrschten Gebiete zu meiden versuchten.

Auswahlbiografie

BEEVOR Antony, Der Spanische Bürgerkrieg, aus dem Englischen von M. Bayer, H. Ettinger, H. Freundl, N. Juraschitz, R. Weitbrecht, C. Bertelsmann Verlag, München 2006

BUCHNER Alex, Gebirgsjäger an allen Fronten, Adolf Sponholtz Verlag, Hannover 1954

CHURCHILL Winston S., Der Zweite Weltkrieg. Einbändige Sonderausgabe, Scherz Verlag, Wien 1995

CRAIG Gordon A., Deutsche Geschichte 1866–1945. Vom Norddeutschen Bund bis zum Ende des Dritten Reiches. Aus dem Engl. von Karl Heinz Siber, Verlag C.H. Beck, München 1980

CRAIG Gordon A., Geschichte Europas 1815–1980. Vom Wiener Kongress bis zur Gegenwart. Aus dem Engl. von Marianne Hopmann, Einbd. Sonderausgabe, Verlag C.H. Beck, München 1983

DE FELICE Renzo, Il Fascismo. Le interpretazioni dei contemporanei e degli storici, Editori Laterza, Roma-Bari 1998

DE GIAMPIETRO Sepp, Das falsche Opfer? Ein Südtiroler in der Division Brandenburg zwischen seinem Gewissen und der Achse Berlin-Rom, Leopold Stocker, Graz 1984

EBNER Martha, Mein Leben zwischen Familie und Politik, Verlagsanstalt Athesia, Bozen 2002

FEST Joachim, Hitler. Eine Biographie, Ullstein Verlag, Berlin 1973

FRAMKE Gisela, Im Kampf um Südtirol. Ettore Tolomei (1865–1952) und das »Archivio per l'Alto Adige«, Max Niemeyer Verlag, Tübingen 1987

FREIBERG Walter, Südtirol und der italienische Nationalismus, Universitätsverlag Wagner, Innsbruck 1994

GATTERER Claus, Im Kampf gegen Rom, Bürger, Minderheiten und Autonomien in Italien, Europa Verlag, Wien 1968

GELMI Josef, Geschichte der Kirche in Tirol. Nord-, Ost- und Südtirol, Tyrolia-Athesia, Innsbruck 2001

GOLLA Karl-Heinz, Der Fall Griechenland 1941, Mittler Verlag, Hamburg 2007

GROSSETTI E. – MATRONOLA M., Il bombardamento di Montecassino. Diario di guerra, Pubblicazioni Cassinesi, Montecassino 1997

INNERHOFER Josef, Die Kirche in Südtirol. Gestern und heute, Athesia, Bozen 1982

KATER H. Michael, Das »Ahnenerbe« der SS 1935–1945. Ein Beitrag zur Kulturpolitik des Dritten Reiches, Deutsche Verlags-Anstalt, Stuttgart 1974

KATZ Robert, Rom 1943–1944. Besatzer, Befreier, Partisanen und der Papst. Aus dem Amerikanischen von Silja Recknagel, Magnus Verlag, Essen 2006

KUROWSKI Franz, Deutsche Kommandotrupps 1939–1945. »Brandenburger« und Abwehr im weltweiten Einsatz, Motorbuch Verlag, Stuttgart 2004

LEVSEN Dirk, Krieg im Norden. Die Kämpfe in Norwegen 1940, Verlag E. S. Mittler & Sohn, Hamburg 2000

LILL Rudolf, Südtirol in der Zeit des Nationalsozialismus, UVK Verlagsgesellschaft, Konstanz 2002

LUN Margareth, NS-Herrschaft in Südtirol, Die Operationszone Alpenvorland 1943–1945 (Innsbrucker Forschungen zur Zeitgeschichte, Band 22), Studienverlag, Innsbruck 2004

MACK SMITH Denis, Mussolini. Eine Biographie, Carl Hanser, München 1983

MAURIZIO Pierangelo, Via Rasella. Fünfzig Jahre Lügen, Aus dem Italienischen übersetzt von Hartmann Gallmetzer, Verlagsanstalt Athesia, Bozen 1998

MAYDA Giuseppe, Storia della deportazione dall'Italia 1943–1945. Militari, ebrei e politici nei lager del Terzo Reich, Bollati Boringhieri editore, Torino 2002

MESSNER Otto, Aber ich lebe noch, Ein Südtiroler zwischen Faschismus und Nationalsozialismus, Verlagsanstalt Athesia, Bozen 1994

MEYER Hermann Frank, Blutiges Edelweiß. Die 1. Gebirgs-Division im Zweiten Weltkrieg, Christoph Links Verlag, Berlin 2008

MONTANELLI Indro – **CERVI** Mario, L'Italia littoria (1925–1936), Rizzoli Editore, Milano 1999

OBWEXER Wolfgang, Die Südtiroler Optantenschule in Rufach, Nationalsozialistischer Erziehungsalltag in der Reichsschule für Volksdeutsche und Nationalpolitischen Erziehungsanstalt Rufach (1940–44), Diplomarbeit an der Universität Innsbruck, Innsbruck, Jänner 1987

PFANZELTER Eva, Südtirol unterm Sternenbanner. Die amerikanische Besatzung Mai-Juni 1945, Mit Fotodokumentation und DVD, Edition Raetia, Bozen 2005

PROCACCI Giuliano, Geschichte Italiens und der Italiener. Aus dem Italienischen übersetzt von Friederike Hausmann, Verlag C.H. Beck, München 1983

REGELE Ludwig Walther, Meran und das Dritte Reich. Ein Lesebuch, Studienverlag, Innsbruck-Wien-Bozen 2007

REUTH Ralf Georg, Entscheidung im Mittelmeer. Die südliche Peripherie Europas in der deutschen Strategie des Zweiten Weltkrieges 1940–1942, Bernard & Graefe Verlag, Bonn 1985

RIPLEY Tim, Der Zweite Weltkrieg: Die Wehrmacht 1939–1945, aus dem Englischen von »Die Textwerkstatt«; Tosa Verlag, Wien 2002

RUEF Karl, Odyssee einer Gebirgs-Division. Die 3. Geb.Div. im Einsatz, Leopold Stocker Verlag, Graz 1976

SÖLVA Martin – **ANDERGASSEN** Gotthard, Die Mendel, Ein Pass mit glanzvoller Geschichte, hrsg. vom Verein für Kultur und Heimatpflege Kaltern, Athesia, Bozen 2003

STEINACHER Gerald (Hrsg.), Südtirol im Dritten Reich – L'Alto Adige nel Terzo Reich. NS-Herrschaft im Norden Italiens – L'occupazione nazista nell'Italia settentrionale 1943–1945, Veröffentlichungen des Südtiroler Landesarchives Band 18, Studien-Verlag, Innsbruck 2003

STEINERT Marlis, Hitler, Aus dem Französischen von Guy Montag und Volker Wieland, Verlag C.H. Beck, München 1994

STEININGER Rolf, Südtirol im 20. Jahrhundert. Vom Leben und Überleben einer Minderheit, Studien-Verlag, Innsbruck 1997

STEURER Leopold, Südtirol zwischen Rom und Berlin 1919–1939, Europa Verlag, Wien 1980

STEURER Leopold, **VERDORFER** Martha, **PICHLER** Walter, Verfolgt, verfemt, vergessen. Lebensgeschichtliche Erinnerungen an den Widerstand gegen Nationalsozialismus und Krieg. Südtirol 1943–1945. edition sturzflüge, Bozen 1993

STUHLPFARRER Karl, Umsiedlung Südtirol 1939–1940, 2 Bde., Löcker Verlag, Wien 1985

TABOR Jan (Hrsg.), Kunst und Diktatur. Architektur, Bildhauerei und Malerei in Österreich, Deutschland, Italien und der Sowjetunion 1922–1956, Band 1 und 2, Verlag Gral, Baden 1994

ÜBEREGGER Oswald, Freienfeld unterm Liktorenbündel. Eine Fallstudie zur Geschichte der Südtiroler Gemeinden unter dem Faschismus, Universitätsverlag Wagner, Innsbruck 1996

VERDORFER Martha, Zweierlei Faschismus. Alltagserfahrungen in Südtirol 1918–1945. Verlag für Gesellschaftskritik, Wien 1990

VERSCHIEDENE AUTOREN, Guida dell'Africa Orientale Italiana, Consociazione Turistica Italiana TCI, Milano 1938

Kurzbiografien

Acherer Willy Geb. 1920 in Waidbruck; in der illegalen Jugendbewegung tätig; Kreisjugendführer in Brixen; ab 1940 Kriegseinsatz mit der Division Brandenburg in Russland und am Balkan; 1943 Arbeit mit der Jugend in Südtirol; englische Gefangenschaft in Terni; lebt in Brixen.

Altpeter Helmut Geb. 1908 in Gleiwitz (Oberschlesien), gest. 1988 in Stuttgart; 1934 bis 1939 Mitarbeiter von Prof. Raimund von Klebelsberg in der »Alpenländischen Forschungsgemeinschaft« in Innsbruck; im Frühjahr 1939 ans »Deutsche Ausland-Institut« (DAI) in Stuttgart bestellt; im Herbst 1939 von Dr. Wilhelm Luig, dem Leiter der ADERSt, zur Umsiedlungsarbeit nach Südtirol berufen; bis Herbst 1942 Leiter der Hauptabteilung III (Kultur) der ADERSt und ist auch zuständig für die »Kulturkommission«; begleitet Schülertransporte nach Rufach und Achern; März 1942 Einberufung zur Wehrmacht.

Andergassen Ludwig Geb. 1920 in Kaltern, gest. 2009 in Kaltern; im Dezember 1939 zur deutschen Wehrmacht einberufen; Ausbildung zur Schweren Flakartillerie; im Mai 1941 nach Frankreich versetzt; nimmt im Juni 1941 am Einmarsch in Russland teil; Einsatz an verschiedenen Kriegsschauplätzen im Osten und zuletzt in Stalingrad, wo er an Ruhr erkrankte und so Stalingrad verlassen konnte; nach seiner Genesung nach Russland zurück; amerikanische Gefangenschaft.

Andergassen Stefan Geb. 1921 in Oberplanitzing; im Frühjahr 1940 zur deutschen Wehrmacht einberufen; Ausbildung zum Gebirgsjäger; im März 1941 nach Petric in Bulgarien verlegt und von dort in Griechenland einmarschiert und nach Kreta übergesetzt; im Dezember 1941 Griechenland wieder verlassen und an die Ostfront versetzt; bei Leningrad verwundet worden; am Josefitag 1944 aus dem Lazarett entlassen worden.

Anrather Bernhard Geb. 1916 in Margreid, gest. 2007 in Margreid; 1939 freiwillig zur Veroneser Korpsmusik gemeldet; 1940 zur deutschen Wehrmacht eingerückt; als Gebirgsjäger nach Frankreich; am 6. April 1941 Einmarsch in Griechenland; misslungene Überfahrt auf einem Fischerboot nach Kreta; Flug nach Kreta auf einer Ju 52; im August 1941 nach Norwegen versetzt; Einsatz in Norwegen und Finnland; Ende 1944 nach Deutschland zurückgekehrt.

Aukenthaler Karl Geb. 1908 in Gossensaß, gest. 2000 in Meran; als Vollwaise mit 12 Jahren nach Stilfes gekommen; Militärdienst beim italienischen Heer; Verkäufer in einem Geschäft in Bozen; 1940 in Kulturkommission bei Alfred Quellmalz; Mai 1943 Kriegseinsatz als Gebirgsjäger in Finnland; Gefangenschaft bis Oktober 1946.

Außersdorfer Josef Geb. 1927 in Bozen, gest. 1994 in Bozen; Volksschule in Rentsch/Bozen; zwei Jahre Istituto Tecnico Commerciale in Bozen; im Oktober 1940 in die Reichsschule für Volksdeutsche nach Rufach; im September 1943 an die Handelsoberschule in Bregenz; im Oktober 1944 zur deutschen Wehrmacht eingezogen; nach 1945 Sportjournalist.

Böhler Wodenegg Leopoldine Geb. 1922; in Wien aufgewachsen; führt im Jahr 1950 gemeinsam mit anderen das Hotel Briol in Dreikirchen und übernimmt im Jahr 1957 das Gasthaus Bad Dreikirchen.

Braitenberg Carl von Geb. 1892 in Meran, gest. 1984; 1918 in Österreich in Rechtswissenschaften promoviert; 1939 Option für Italien; bei der Handelskammer zuerst und dann bei der Sparkasse in Bozen tätig; 1943 Kommissär der Banca Commerciale, 1945 bis 1953 Präsident der Sparkasse; 1948 bis 1958 Senator im italienischen Parlament; 1959 und 1960 Mitglied des Europäischen Parlaments in Straßburg; 1959 bis 1969 Präsident des Landesverkehrsamtes.

Brandstätter Gerhard Geb. 1927 in St. Ulrich; 1940 Besuch der Reichsschule für Volksdeutsche in Rufach.

Brandt Norbert Geb. 1922, gest. 2007 in Bozen; 20. Juli 1942 zur deutschen Wehrmacht eingerückt; am 24. Dezember 1944 als Gebirgsjäger nach Tunesien gebracht; am 8. Mai 1944 von Engländern in Tebourba gefangen genommen; in amerikanischer Gefangenschaft in den Vereinigten Staaten.

Calzolari Zamai Adele Geb. 1909 in Bologna, gest. 2007 in Burgstall; am 29. November 1929 als Lehrerin nach Lappach gekommen und 1930 nach St. Johann/Ahrntal versetzt worden; 1934 nach Burgstall versetzt worden.

Chiusole Anton Geb. 1927 in Bozen; italienische Volksschule, dann Istituto tecnico; Katakombenschule; Vater war Dableiber; 1941 eine Lehrstelle angetreten; Herbst 1943 Besuch der Berufsschule in deutscher Sprache; 1944 zum SOD (Südtiroler Ordnungsdienst) einberufen und im Dezember 1944 zur deutschen Wehrmacht; 1948 für zehn Monate zum italienischen Militär eingezogen; anschließend wieder ins Berufsleben eingestiegen.

Christoforetti Rudolf (Rudi) Geb. 1929 in Branzoll; wandert 1939 mit seiner Familie nach Wels in Oberösterreich aus; wohnt mit anderen Südtiroler Auswanderern in der »Vogelweide-Siedlung«; Friseurlehre im Oktober 1944 angetreten; 1949 Rückkehr nach Branzoll; Friseur in Branzoll; 1970–1997 Friseur in München; lebt in Branzoll.

Comploj Franz Geb. 1922 in Bozen; zur deutschen Wehrmacht einberufen und als Gebirgsjäger in Tunesien eingesetzt.

Declara Hilda Geb. 1930 in Kolfuschg; im Mai 1943 mit den Eltern und den Geschwistern nach Polanka ausgewandert; im März 1945 nach Kolfuschg zurückgekehrt.

Declara Lois Geb. 1922 in Kolfuschg; von Herbst 1941 bis April 1942 in einer landwirtschaftlichen Schule in Landsberg am Lech; am 3. Mai 1943 nach Polanka bei Mährisch-Ostrau ausgewandert, wo sein Vater einen Bauernhof zugewiesen bekam; rückt im August zu den Gebirgsjägern ein und kommt an die Ostfront; im April 1944 verwundet worden; Anfang Mai gefangen genommen und Ende Mai wieder entlassen worden; Ende Juni nach Kolfuschg zurückgekehrt.

Declara Maria Geb. 1934 in Kolfuschg; 1940 in die italienische Volksschule gekommen; 1943 nach Polanka ausgewandert; Schulbesuch in Königsberg; im März 1945 nach Kolfuschg zurückgekehrt.

Delmonego Rudolf Geb. 1926 in Klausen; italienische Volksschule; 1939 ausgeschult; Schusterlehre; bei der Hitlerjugend; am 4. Juni 1944 zur Waffen-SS einberufen und in Uggowitz als Karst-Jäger zur Partisanenbekämpfung eingesetzt; von den Engländern gefangen genommen; aus dem Lager geflohen und am 28. Mai 1945 in Klausen angekommen.

Demetz Bernardi Anna Maria Geb. 1927 in St. Ulrich/Gröden; Volksschule und »Avviamento« in St. Ulrich; im »Grödnerhof« gearbeitet und nach dem Unfalltod des Bruder Herbert im Jahre 1965 das Hotel geführt.

Deutsch Hubert Geb. 1926 in Dietenheim/Bruneck; Besuch der Reichsschule für Volksdeutsche in Rufach; Kriegsdienst an der Ostfront; russische Gefangenschaft.

Deutsch Norbert Geb. 1931 in Bozen; Besuch der Reichsschule für Volksdeutsche in Rufach.

Deutsch Gruber Herlinde Geb. 1927 in Bruneck; Besuch der Reichsschule für Volksdeutsche in Achern.

Direder Mai Marianne Geb. 1914 in Pirmasens, gest. 2004 in Welschnofen; verheiratet mit Dr. Wilhelm Mai, der in der Zeit zwischen September 1940 und Mai 1941 im Auftrag des »SS-Ahnenerbes« und im Rahmen der »Kulturkommission« Märchen und Sagen in Südtirol sammelte (geboren am 21. November 1912 in Pirmasens und gefallen am 9. März 1945 in Ungarn); ließ sich im Jahre 1952 in Welschnofen nieder; gab zusammen mit Leander Petzoldt im Jahr 1991 das Buch »Märchen aus Südtirol gesammelt von Dr. Willi Mai« heraus.

Egartner Kurt Geb. 1927 in Gossensaß; italienische Volksschule; Lehre in einer Autowerkstatt in Sterzing; 1943 SOD-Dienst; August 1944 Einberufung zur SS-Gebirgsdivision Prinz Eugen; Partisaneneinsatz in Slowenien; im Dezember 1944 nach Berlin versetzt; nach Prag versetzt; von den Amerikanern gefangen genommen und den Russen ausgeliefert; in ein Gefangenenlager im Ural gebracht; am 20. Mai 1950 nach Gossensaß heimgekehrt.

Egger Pepi Geb. 1915 in Bozen, gest. 2007 in Bozen; Besuch der Handelsschule; angestellt bei einer Textilgroßfirma in Bozen; verteilt Schulfibeln an Bauern; bei der Katholischen Aktion; am 23. Jänner 1942 zur deutschen Wehrmacht einberufen; Einsatz mit der 1. Bayerischen Gebirgs-Division an der Ostfront; Verlegung auf den Balkan zur Partisanenbekämpfung; Teilnahme an der Eroberung von Korfu im September 1943; Abwehrkampf gegen die heranrückenden Russen in Ungarn; entgeht der Gefangennahme durch die Russen.

Engl Hanns Geb. 1932 in Bozen; Besuch von italienischem Kindergarten und italienischer Volksschule in Bozen; Besuch der Katakombenschule; als Bombenflüchtling in Tagusens und Unterinn; Besuch der Hauptschule in Meran und der Staatsgewerbeschule in Bozen; Ausbildung zum Feinmechaniker.

Fanton Josef Geb. 1911 in Außerpflersch, gest. 2001 in Pfalzen; 1935 zum Abessinischen Krieg einberufen worden; 1937 wieder heimgekehrt; 1939 für Deutschland optiert; 1943 zur deutschen Wehrmacht eigezogen; Einsatz in Jugoslawien und Norditalien; 1945 entlassen und Tätigkeit als Waldaufseher aufgenommen.

Fioreschy Robert von Geb. 1919 in Auer, gest. 2003 in Auer; zur Division Brandenburg eingezogen; Einsatz in Frankreich, Russland und Jugoslawien; bei Bremerhaven von den Engländern gefangen genommen; Jurastudium in Innsbruck; von 1952 bis 1973 Landtagsabgeordneter und Landesrat; anschließend Präsident der Handelskammer.

Fischer von Edelau Werner von Geb. 1925 in Tolmein, gest. 2005 in Bozen; Besuch der Volksschule und des Gymnasiums in Vicenza und München; 1940 Reichsschule für Volksdeutsche in Rufach; 8. November 1943 Kriegsschule der deutschen Luftwaffe in Tulln bei Wien; dann beim Jagdgeschwader 103 bis zum 28. März 1945.

Flies Ebner Martha Geb. 1922 in Bozen; Nichte des Kanonikus Michael Gamper; Volksschule in der Marienschule in Bozen; Katakombenschule; dann Istituto Cesare Battisti in Bozen; Handelsschule in Landshut; 1940 Angestellte in der Athesia; 1944 Heirat mit Dr. Toni Ebner; nach dem Tod ihres Mannes im Jahre 1981 an der Seite von Waltraud Gebert-Deeg in der Frauenbewegung in der SVP tätig; Mitbegründerin der Initiative »Frauen helfen Frauen«.

Flor Johann Geb. 1917 in Mazon, gest. 2000 in Bozen; gelernter Zimmermann; Legionär im spanischen Bürgerkrieg; Gebirgsjäger bei der deutschen Wehrmacht: Einsätze in Frankreich, Griechenland und an der Eismeerfront; kam bei Kriegsende in englische Gefangenschaft, aus der er erst im Mai 1946 heimkehrte.

Frenes Alfred Geb. 1928 in Bruneck; italienische Volksschule; Katakombenschule; Vinzentinum bis September 1943; Theologiestudium; 1952 Priesterweihe; von Bischof Gargitter für fünf Jahre nach Cortina geschickt; 1969–1989 im Katechetischen Amt.

Gamberoni Johann Geb. 1921 in Bozen; Gymnasium im Vinzentinum; im Juni 1940 staatliches Abitur; vier Semester Theologiestudium in Brixen, dann 1942 Fortsetzung des Studiums am Germanicum in Rom; 1948 Rückkehr nach Brixen; 1951/52 Abschluss des Studiums in Jerusalem.

Gamper Erna Geb. 1923 in Latsch; italienische Volksschule; Lehrerbildungsanstalt in Feldkirch; 1945 Lehrerabitur in Feldkirch; verschiedene Lehrstellen bis zur Pensionierung im Jahr 1977.

Geier Anton Geb. 1919 in Terlan; 1943 zum Priester geweiht; Kooperator in Pfalzen; Präfekt im Vinzentinum; Studium der Pädagogik und Psychologie; 20 Jahre lang Regens im Vinzentinum; Kanonikus.

Geiger Ferdinand Geb. 1908 in Welschnofen, gest. 2002 am Karerpass; war 63 Jahre lang technischer Dienstleiter im Grandhotel Karersee; italienischer Militärdienst; als Dableiber von den Optanten verfolgt; sollte 1943 zum Polizeiregiment Bozen eingezogen werden, wurde aber als unabkömmlich freigestellt.

Giovanett Alfons Geb. 1921 in Kurtatsch; im August 1942 zur deutschen Wehrmacht eingerückt; am 24. Dezember 1942 mit der 5. Gebirgs-Division in Tunesien eingesetzt; Mitte Mai 1943 in amerikanische Gefangenschaft nach Louisiana gekommen; im August 1946 entlassen worden.

Gluderer Herbert Geb. 1928 in Algund, gest. 2008 in St. Walburg/Ulten; 1935–1939 italienische Volksschule; Gymnasium an der Reichsschule für Volksdeutsche in Rufach, am Paulinum in Schwaz und am Vinzentinum in Brixen; im September 1944 zur deutschen Wehrmacht eingezogen und in Cismon del Grappa im Kampf gegen die Partisanen eingesetzt; 1948 nach dem Abitur Noviziat bei den Jesuiten; 1950 Besuch des Priesterseminars in Brixen; Philosophiestudium in Freiburg/Breisgau und München.

Göller Josef Geb. 1929 in Astfeld, gest. 2005 in Bozen; im Jänner 1939 mit den Eltern nach Borgo Pasubio übersiedelt; Ende 1939 in die Steiermark ausgewandert; 1943 Lehre als Handelsangestellter in Feldbach bei Graz; im Februar 1945 zum Volkssturm einberufen und desertiert; bei Kriegsende Rückkehr nach Südtirol; 1948 dem KVW beigetreten; Tätigkeit im KVW.

Graffonara Markus Geb. 1922 in Antermoia; italienische und ladinische Volksschule; Gymnasium im Vinzentinum; im September 1943 zum Polizeiregiment Schlanders eingerückt; Partisaneneinsatz in Belluno und Feltre; 1948 Priesterweihe; seit 1998 Pfarrer in Enneberg.

Grasser Karl Geb. 1923 in Kortsch; Bildhauer; bei der 5. Gebirgs-Division: Einsätze vor Leningrad und in Montecassino; nach Verwundung nach Kufstein und Admont verlegt; in amerikanischer Gefangenschaft in Österreich bis Juni 1945.

Grebmer Haymo von Geb. 1925 in Bruneck; italienische Volksschule; ab 1936 Besuch der Stella Matutina in Feldkirch; im Herbst 1941 an die Reichsschule für Volksdeutsche nach Rufach gewechselt; im Juli 1944 nach Oschatz zur Grundausbildung für die Luftwaffe; dann Luftkriegsschule; ab Mitte November 1944 beim Jagdgeschwader »Richthofen«; Kriegsgefangenschaft; September 1945 nach Hause zurückgekehrt; Hotelier in Bruneck; 1974–1990 Bürgermeister von Bruneck.

Gritsch Oberdörfer Helene Geb. 1927 in Latsch; besuchte die italienische Volksschule; 1935 wurde der Vater als Beamter in die Lombardei versetzt; Gymnasium bei den Ursulinen in Parma; 1940 nach Gersthofen bei Augsburg ausgewandert; Besuch der Mädchenoberschule bei den Englischen Fräulein in Augsburg; 1941 Übersiedlung nach Pfuhl bei Neu-Ulm; 1944 Rückkehr nach Südtirol; Oberschule im Johanneum in Dorf Tirol; Lehrerbildungsanstalt in Meran; 1948–1978 Volksschullehrerin.

Gröbner Demetz Monika Geb. 1939 in Gossensaß; Tochter des Besitzers des Palace Hotels August Gröbner in Gossensaß.

Gruber Schnitzer Lina Geb. 1913 in Schnals; Magd bei Bauern am Sonnenberg, in Partschins, Marling, Tschars und Naturns.

Guggenberg Paul von Geb. 1925 in Brixen; humanistisches Gymnasium in Brixen und an der Stella Matutina in Feldkirch; 1944/45 Dienst bei Polizeiregiment Schlanders; 1950 Promotion zum Doktor der Wirtschafts- und Handelswissenschaften an der Università Cattolica in Mailand; 1967 bis zur Pensionierung Direktor des Raiffeisenverbandes Südtirol.

Habicher Eduard Geb. 1917 in Graun, gest. 2009 in Brixen; 1937 Abitur; Priesterseminar in Brixen; 1941 Priesterweihe; Stadtpfarrer und Dekan von Brixen.

Habicher Adam Josefa Geb. 1923 in St. Valentin auf der Heide; Mittelschule bei den Ursulinen in Bruneck; November 1940 Lehrerbildungsanstalt in Feldkirch; Herbst 1944 schriftliches Abitur, Anfang Februar 1945 mündliches Abitur in Feldkirch; bis zum Herbst 1967 an verschiedenen Volksschulen unterrichtet.

Heidegger Arnold Geb. 1914 in Margreid; gest. 1998 in Bozen; Volksschule in Margreid; ab 1925 Besuch des Franziskanergymnasiums in Bozen; 1928–1933 im Johanneum in Dorf Tirol; Militärdienst in Italien; Teilnahme am Abessinischen Krieg; Option für Deutschland; Einsatz an der Ostfront; als Dolmetscher in Slowenien; Gefangenschaft in Jugoslawien; Volksschullehrer in Bozen.

Heiss Caroline M. Eigentümerin des »Hotel Pragser Wildsee«; Initiatorin des Zeitgeschichtsarchives »Pragser Wildsee«.

Hellweger Kritzinger Liesl Geb. 1928 in Bozen; Besuch der Reichsschule für Volksdeutsche in Achern.

Hofer Arno Geb. 1923 in Bozen; Volksschule und Wissenschaftliches Lyzeum in italienischer Sprache; zwei Jahre auf der Reichsschule für Volksdeutsche in Rufach; zu den Gebirgsjägern in der deutschen Wehrmacht eingezogen; Partisaneneinsatz nach Jugoslawien; Einsatz am Brückenkopf Anzio-Nettuno; von den Amerikanern gefangen genommen und nach Neapel gebracht; im Gefangenenlager in Florenz und von dort im Frühjahr 1946 entlassen; Architekturstudium in Graz.

Hohenegger Josef Geb. 1914 in Graun, gest. 2009 in Eppan; 1926 ins Vinzentinum gekommen; 1934 Abitur gemacht; Besuch des Priesterseminars in Brixen; 1938 Priesterweihe; September 1939 Kooperator in Toblach; Dezember 1939 für neun Jahre nach Sterzing; 1948 in den Vinschgau gekommen; 1958 Diözesanassistent für die Katholische Aktion.

Holzner Hans Geb. 1948 in Oberbozen; 1969 das Parkhotel Holzner in Oberbozen übernommen.

Innerbichler Albert Geb. 8. Jänner 1914 in St. Peter/Ahrntal, gest. 2003 in St. Johann/Ahrntal; Dableiber; im Herbst 1943 zum Polizeiregiment Bozen eingezogen; am 12. Februar 1944 nach Rom geschickt; am 23. März 1944 den Anschlag in der Via Rasella überlebt; in einer Strafkompanie an der Ostfront; in einem russischen Gefangenenlager in Minsk; im September 1946 nach Hause zurückgekehrt.

Innerhofer Josef Geb. 1931 in Sand in Taufers; 1965–1992 Schriftleiter des Katholischen Sonntagsblatts; 1992–1998 Direktor des Instituts zur Förderung publizistischen Nachwuchses in München.

Kamaun Mackowitz Friederike (Frieda) Geb. 1915 in Bozen, gest. 1. November 2006 in Terlan; Tochter des Gastwirtes zum »Roten Adler«, dem »Vögele«, in Bozen; erlebte den Bozner Blutsonntag; Widerstand in der Schule gegen faschistische Lehrer; in Bozen für 100 Tage eingesperrt; Option für Deutschland; ab 1943 Hilfslehrerin und Wanderlehrerin.

Kastowsky Otto Geb. 1920 in Bozen; nach dem Tod des Vaters mit 14 Jahren zu Schwester nach Wien gezogen; zwischenzeitlich wieder in Bozen bei der Mutter; im Frühjahr 1941 zur Schweren Artillerie eingezogen: Einsätze in Russland; 1942 in Stalingrad verwundet worden und ausgeflogen; im Herbst 1943 nach Montecassino verlegt und dann zum Küstenschutz nach Tarquinia; Rückzug durch Italien; nach neuerlicher Verwundung in ein Wiener Lazarett eingeliefert; bei Kriegsende in Südtirol.

Kerschbaumer Zwerger Maria Geb. 1900 in Lengmoos; erste Dienststelle bei Maler Albert Stolz in Bozen; 1922 geheiratet und nach Wien übersiedelt; 1929 Rückkehr nach Bozen; 1931 wieder geheiratet; 1940 mit ihrem Mann in die Südsteiermark nach Leibnitz abgewandert; in Waffenfabrik gearbeitet; 1949 nach Altrei übersiedelt.

Kiem Herbert Geb. 1925 in Tarsch; mitgewirkt bei Balilla und Hitlerjugend; 1943 zur Division Brandenburg eingezogen; Partisanenbekämpfung in Jugoslawien; Gefangenschaft in Jugoslawien; Angehöriger des 5. Österreichischen Freiheitsbataillons in Wien; im Frühjahr 1946 abgerüstet und heimgekehrt.

Kirste Perwanger Hanna Geb. 1904 in Nürnberg, gest. 2001 in Radein; heiratet 1927 Josef Perwanger vom »Zirmerhof«; optiert 1939 mit ihrem Mann für Italien; beherbergt im Gasthof viele Männer aus der deutschen Widerstandsbewegung.

Klemera Erich Geb. 1920 in Brixen; 1930–1936 Schule bei den Schulbrüdern in Feldkirch; 1939 ausgewandert nach Salzburg; Reichsarbeitsdienst; Oktober 1940 Einberufung zu den Gebirgsjägern; Versetzung zu den Brandenburgern; Partisanenbekämpfung in Italien; amerikanische Gefangenschaft in Lager von Pisa; Flucht aus der Gefangenschaft.

Knoll Heinz Geb. 1923 in Bozen; zur deutschen Wehrmacht eingezogen und als Gebirgsjäger Ende Dezember 1942 in Tunesien eingesetzt; amerikanische Gefangenschaft in den Vereinigten Staaten.

Kofler Magdalena Geb. 1924 in Marling, gest. 2007 in Marling; fünf Klassen italienische Volksschule; wandert am 28. Juni 1940 nach Innsbruck aus; Arbeitsdienstjahr bei einer Familie in Innsbruck; Reichsschule für Volksdeutsche in Achern; im Jahr 1943 wieder zurück nach Südtirol.

Kompatscher Luis Geb. 1918 in Völs; im Juni 1940 zur 3. Gebirgs-Division eingerückt; Einsatz in Norwegen; zur Division Brandenburg zbV nach Baden bei Wien versetzt worden; im Juni 1942 zum Einsatz in den Kaukasus; Rückzug aus Russland; in Jugoslawien gegen Russen und Partisanen gekämpft; Abwehrkämpfe an der Oder-Neiße-Linie; Flucht zu den Amerikanern; 1945 heimgekehrt.

Kusstatscher Peppi Geb. 1922 in Bozen, gest. 2006 in Völser Aicha; italienische Volksschule; am 25. Juli 1942 zur deutschen Wehrmacht eingezogen; am 23. Dezember 1942 nach Tunesien versetzt; am 6. Jänner 1943 in Bizerta ausgeschifft worden; Mitte Mai 1943 in amerikanische Gefangenschaft geraten; am 18. Mai nach Amerika verschifft und am 1. Juni 1943 in Boston angekommen; am 23. Dezember 1946 über England aus der Gefangenschaft heimgekehrt.

Ladurner-Parthanes Mathias Geb. 1927 in Meran; italienischer Kindergarten und italienische Volksschule; Geheimschule; Istituto tecnico; 1940 Gymnasium in Hall in Tirol; zum SOD eingezogen; nach 1945 Arbeit am väterlichen Hof.

Leiss Rammlmair Adelgunde Geb. 1929 in Bozen; italienische Volksschule; 1941 Besuch der Volksschule für Volksdeutsche in Achern; Schulbesuch in Pfaffenhofen; im Jahr 1943 nach Bozen zurückgekehrt.

Leiter Alois Geb. 1910 in Algund, gest. 2002 in Algund; zum Elektriker ausgebildet; bei der Fliegerabwehr im italienischen Heer; 1935 Einberufung zum Abessinischen Krieg; 1943

Einberufung zum Polizeiregiment Bozen nach Abbazia (Opatija).

Lercher Josef Geb. 1914 in Niederdorf, gest. 2007 in Brixen; in Niederdorf aufgewachsen; 1937 zum Priester geweiht; 1940 für Deutschland optiert; 1946 bis 1950 Studium der Altphilologie in Innsbruck, dann Professor im Vinzentinum; von 1953 bis 1957 Regens und Direktor im Vinzentinum.

Linter Richard Geb. 1919 in Sand in Taufers, gest. 2008 in Klobenstein; Gymnasium im Vinzentinum; Matura in der Hegelschule in Berlin; Kriegsdienst bei den »Brandenburgern« in Frankreich, Griechenland und Russland; in amerikanischer Gefangenschaft in Salzburg; Medizinstudium in Innsbruck; Gemeindearzt in Jenesien und am Ritten.

Lobis Janssen Antonia Geb. 1923 in Bozen; italienische Volksschule; Besuch der Reichsschule für Volksdeutsche in Achern; im Jahr 1943 Stellungsbefehl für das Lager Alfhof in Schwäbisch Gmünd erhalten; Anfang September 1943 auf Urlaub in Südtirol; Kriegsdienst im Munitionslager in Stilfes.

Luggin Hans Geb. 1914 in Laas; am 2. März 1935 zum italienischen Militär eingerückt; am 14. September 1935 nach Abessinien eingeschifft worden; im August 1937 entlassen worden; am 2. Oktober 1943 zum Polizeiregiment Bozen eingezogen; Einsatz in Belluno zur Partisanenbekämpfung.

Lunger Luis Geb. 1924 in Tiers, gest. 2006 in Bozen; Mittelschule in Salern; 1940 Reichsschule für Volksdeutsche in Rufach; 1945 Rechtsstudium in Innsbruck.

Magnago Silvius Geb. 1914 in Meran; Abitur am Franziskanergymnasium in Bozen; Studium der Rechtswissenschaften in Bologna; Promotion im Juni 1940; 1943 zur deutschen Wehrmacht einberufen; im Dezember 1943 an der Ostfront schwer verwundet; 1947 Gemeinderat in Bozen; am 25. Mai 1957 Obmann der SVP bis 1991; 1960 bis 1989 Landeshauptmann von Südtirol.

Marcher Josef Geb. 1921 in Uttenheim; 1943 zur deutschen Wehrmacht einberufen; Einsatz in Finnland an der Eismeerfront bis zum Herbst 1944.

Marsoner Ferdinand von Geb. 1915 in St. Walburg in Ulten, gest. 2009 in St. Walburg; Besuch des Johanneums; Unterricht in der Katakombenschule; Option für Deutschland; Leiter der Deutschen Sprachkurse in St. Walburg; tätig für die Kulturkommission: Ultner Volkslieder; Besuch der Pädagogischen Hochschule in Bayreuth; unterrichtet in St. Walburg, Pawigl und St. Nikolaus; 1942 Matura an der Lehrerbildungsanstalt in Innsbruck; 1944 Kriegsdienst im Polizeiregiment »Alpenvorland«.

Mayr Johann Geb. 1923 in Kurtatsch; sechs Jahre im Johanneum in Dorf Tirol und zwei Jahre im Paulinum in Schwaz; ab September 1942 bei der deutschen Wehrmacht in Frankreich, Russland und Italien; Kriegsgefangenschaft; Studium in Trient; Priesterweihe 1949; Promotion 1963 in München in Dogmatik.

Messner Johann Geb. 11. Februar 1930 in Niederrasen; seit 1961 geistlicher Assistent des KVW.

Messner Otto Geb. 1926 in Meran, gest. 2000 in Bozen; am 1. August 1940 nach Innsbruck ausgewandert; zum Reichsarbeitsdienst verpflichtet; 1943 zur deutschen Wehrmacht einberufen; Einsatz in Finnland in der 6. SS-Gebirgs-Division Nord; im Herbst 1944 an die Westfront verlegt; am 6. Jänner 1945 von den Amerikanern gefangen genommen; in amerikanischer Gefangenschaft in Lagern in Frankreich; Entlassung aus der Gefangenschaft Ende 1946.

Michaeler Josef Geb. 1927 in Natz, gest. 2007 in Brixen; italienische Volksschule und Katakombenschule; bis 1943 Gymnasium im Vinzentinum; am 1. September 1944 zur SS-Division »Prinz Eugen« eingerückt; Jänner 1945 Partisaneneinsatz in Serbien; von Mai 1945 bis August 1946 in englischer Gefangenschaft in Italien; 1946 Fortsetzung des Gymnasiums im Vinzentinum; 1949 Abitur; fünf Jahre Theologiestudium am Priesterseminar in Brixen; drei Jahre Studium des Kanonischen Rechts an der Päpstlichen Universität Gregoriana in Rom; 1958 Privatsekretär von Bischof Gargitter; 1966 Chef des diözesanen Vermögensverwaltungsamtes; 1971 bis 1996 Generalvikar.

Mitterdorfer Karl Geb. 1920 in Gries bei Bozen; Besuch der italienischen Volksschule und des Istituto Tecnico in Bozen; tätig in der sog. Illegalen Bewegung und dann in der Katholischen Jugend; mehrere Fahrten ins Deutsche Reich; 1938 Angestellter der Sparkasse; 1939 Option für Deutschland; 1940 zur deutschen Wehrmacht (Luftwaffe) eingezogen; in Jüterbog bei Berlin Einsätze als Jagdflieger; Rückkehr in den Zivilberuf; 1958–1987 Abgeordneter zum Römischen Parlament.

Moosbrugger von Zieglauer Imma Geb. 1922 in Trient; 1928 italienische Volksschule in Bozen; 1939 für Deutschland optiert; Ende Mai 1940 nach Berlin zu den Maturakursen in das Hegelhaus gezogen; Jänner 1944 Oberschule für Mädchen in St. Christina; 1950 Doktorat an der »Ca' Foscari« in Venedig; ab Schuljahr 1952 Leiterin der Kindergärtnerinnenschule in Bozen; 1960 Wettbewerb für die deutsche Schule in Rom; 1971 Inspektorin für den Landesverein Südtiroler Kindergärten; 1987 als Inspektorin in den Ruhestand getreten.

Morandell Atz Paula Geb. 1934 in Kaltern; 1940 ausgewandert nach Baden bei Wien; erlebt 1945 die russische Besatzung und die Auswirkungen auf die vor allem weibliche Zivilbevölkerung; abenteuerliche Rückkehr nach Südtirol; im November 1945 in Kaltern eingetroffen; Vater kehrt 1951 aus der Gefangenschaft zurück.

Mumelter Norbert Geb. 1913 in Bozen, gest. 1988 in Bozen; Studium der Rechtswissenschaften in Padua; Promotion 1936; tätig in der illegalen Jugendbewegung; Presseamt im V.K.S.; Kulturreferent in der A.d.O.; Einsatz an der Ostfront; 1959 Leiter des Landesamtes für Wirtschaftsförderung und Produktivität; 1953 bis 1986 Obmann des Heimatpflegeverbandes.

Munteschiniger Sapelza Aloisia Geb. 1931 in Kastelbell; 1935 nach Schluderns übersiedelt; Vater optiert für Deutschland; wandert im Juni 1940 nach St. Leonhard bei Salzburg aus; kehrt im Jahr 1950 nach Schluderns zurück.

Nicolussi Hilde Geb. 1914 in Bozen; 1932 Katakombenlehrerin; 1933 Münchner Jahreskurse; Katholische Aktion; Deutsche Sprachkurse; Tätigkeit in der ADEuRST; nach 1945 Lehrerin in Oberinn und Bozen.

Nicolussi Castellan Galeno Salvatore Geb. 1930 in Lusern; italienischer Kindergarten und italienische Volksschule; im April 1942 nach Duben bei Budweis ausgewandert; 1945 Böhmen verlassen und nach Lusern zurückgekehrt; bei Wildbachverbauung gearbeitet; 1968 nach Bozen übersiedelt; 1984 in Rente gegangen; 1984–1990 beim ASGB im Patronat gearbeitet; seit 1990 im Ruhestand.

Nogler Hermann Geb. 1921 in St. Ulrich/Gröden, gest. 1999; Friseurlehre in Bozen; mit 6. Gebirgs-Division in Griechenland und Finnland; Gefangenenlager in Schleswig-Holstein; Erfolge als Skirennläufer und Trainer.

Oberbacher Sieglinde Geb. 8. Jänner 1923 in St. Magdalena/Gsies; italienische Volksschule in Taisten; nach Intra am Lago Maggiore übersiedelt; Lehrerbildungsanstalt in Feldkirch; im November 1944 Praktikum in Sand in Taufers; im Februar 1945 Kriegsmatura in Feldkirch; Lehrerin von 1945 bis 1985.

Obermair Alfons Geb. 1922 in Bozen; italienische Volksschule; Katakombenschule; am 21. Oktober 1940 zu den Gebirgsjägern in der deutschen Wehrmacht eingerückt; 1941 Teilnahme am Griechenlandfeldzug; Anfang 1942 an die Ostfront verlegt; am 24. Dezember 1942 nach Nordafrika geschickt; am 22. Jänner 1943 verwundet worden und ein Auge verloren; im Juni 1943 aus dem Lazarett in München entlassen worden; Einsatz in Italien; im August 1945 aus amerikanischer Kriegsgefangenschaft zurückgekehrt; im Zusammenhang mit den Sprengstoffanschlägen verhaftet; nach drei Jahren Untersuchungshaft entlassen worden.

Obwexer Arthur Geb. 1928 in Kurtatsch; italienische Volksschule in Brixen; 1936 Rückkehr nach Kurtatsch; 1939 optierten die Eltern für Deutschland; Besuch der deutschen Sprachkurse; Oktober 1940 in die Reichsschule für Volksdeutsche in Rufach; Mitte Oktober 1943 nach Innsbruck in die Lehrerbildungsanstalt; anfangs Februar 1944 wurde die Lehrerbildungsanstalt nach Mayrhofen verlegt.

Oehler Josef Geb. 1940; Besuch der Reichsschule für Volksdeutsche in Rufach.

Öttl Raymund Geb. 1914 in Meran, gest. 2007 in Bozen; Schule in Meran und Ausbildung zum Hotelrezeptionisten; 1943 zur Gebirgsartillerie einberufen und in Oslo beim Nachrichtendienst gearbeitet; im selben Jahr als Dolmetscher zur Panzerdivision »Leibstandarte Adolf Hitler« nach Italien versetzt; in Predappio Begegnung mit Mussolini gehabt; nach dem Krieg in Hotels in Meran und Gröden tätig gewesen.

Palla Anna Geb. 1915 in Mühlbach; wanderte 1942 zusammen mit dem Mühlbacher Pfarrer Hans Dejaco nach Budweis in die damalige Tschechei aus; musste Ende April 1945 Budweis verlassen und lebte dann als Pfarrhäuserin in Lalling bei Deggendorf im Bayerischen Wald; nachdem Pfarrer Dejaco 1962 einen Schlaganfall erlitten hatte, kehrt sie mit diesem nach Meran zurück, wo sie ihn bis zu seinem Tode im Jahr 1968 pflegte.

Pardeller Gertrud Geb. 1924 in Stilfs; italienische Volksschule; 26. Oktober 1940 Reichsschule für Volksdeutsche in Achern; Abitur im Februar 1944 in Achern.

Paregger Walter Geb. 1914 in Unterinn, gest. 2008 in Missian; Volksschule am Ritten; Gewerbeschule in Bozen; Metzgerlehre; zwei Jahre Verbannung nach Süditalien; bei italienischer Strafkompanie; freiwillig zu Wehrmacht; Ausbildung zum Fallschirmjäger; Kriegsdienst in Russland, Italien und Frankreich; schwer verwundet worden.

Patauner Josef Geb. 1918 in Terlan; März 1939 zum italienischen Heer einberufen; am 10. Jänner 1940 zur deutschen Wehrmacht eingerückt; in Frankreich eingesetzt; mit Bruder Anton zu den Brandenburgern gekommen; Einsatz am Eisernen Tor; 21. Juni 1941 bei Einmarsch in Russland; im Herbst 1943 im Kaukasus verwundet worden; Lazarett in Chemnitz; Aufenthalt in Feldkirch; im März 1945 entlassen worden.

Peintner Erich Geb. 1919 in Innichen; italienische Volksschule; als Freiwilliger am 1. Dezember 1939 zur deutschen Wehrmacht einberufen; als Gebirgsjäger in Norwegen eingesetzt.

Penn Paul Geb. 1920 in Kastelruth, gest. 2009 in Kastelruth; 1926 italienische Volksschule; 1933 Gymnasium im Johanneum; 1938 Oberschule im Vinzentinum; 15. Mai 1940 nach Berlin ins Hegelhaus gezogen; Weihnachten 1940 Abitur in Berlin; Lehrer im Sarntal; September 1943 Einberufung zur deutschen Wehrmacht; Mai 1944 bis 1946 in amerikanischer Gefangenschaft; als Lehrer in verschiedenen Ortschaften Südtirols; 1963–1973 Vizedirektor an der Mittelschule in Kastelruth.

Perkmann Stricker Antonia Geb. 1924 in Martell; italienische Volksschule; im Dezember 1939 nach Graz in die Kindergärtnerinnenschule; 1940–1943 in die Handelsschule nach Bregenz; 1943–1945 Kurs für Lehrpersonen in Latsch und gleichzeitig Unterricht in Waldberg/Martell; 1962 Volksschule in Salt; 1969 Wettbewerb für Hilfslehrer; elf Jahre als Lehrerin in Martell/Hauptort.

Perwanger Josef Geb. 1927 in Bozen; Hotelier am Zirmerhof in Radein.

Pfeifer Alois Geb. 1923 in Deutschnofen; 11. Oktober 1944 zum Polizeiregiment Brixen eingerückt; Anfang Jänner 1945 für drei Wochen Unteroffiziersschule in Predazzo; Fahneneid verweigert; am 22. Februar 1945 nach Hirschberg in Niederschlesien gebracht und an die Front bei Seidorf gekommen; nach Kriegsende in russischem Gefangenenlager; Mitte August

1945 entlassen worden; Ende Oktober 1945 nach Hause zurückgekehrt.

Pfeifer Geiger Emma Geb. 1926 in Bozen; italienische Volksschule in Bozen; Katakombenschule; am 2. November 1925 wird der Vater verhaftet; am 15. April 1943 zum Hilfsdienst im Karerseehotel bestellt, das als Rehabilitationszentrum für Angehörige der Waffen-SS geführt wurde.

Pichler Hans Geb. 1924 in Schenna; im Sommer 1943 zur deutschen Wehrmacht eingezogen und der SS-Panzer-Grenadier-Division Nordland zugeteilt; Einsätze in Jugoslawien, dann nach Leningrad versetzt; die drei Kurlandschlachten mitgemacht; im Jänner 1945 nach Stettin eingeschifft und nach Berlin zurückgezogen; am 2. Mai gelang ihm der Ausbruch aus Berlin; Gefangenschaft in russischen Arbeitslagern; am 20. Mai 1950 aus der Gefangenschaft nach Hause zurückgekehrt; am 11. März 1989 zum Landespräsidenten des Kriegsopfer- und Frontkämpfer-Verbandes (SKFV) gewählt.

Pircher Anton Geb. 1917 in Bozen; Dienst beim italienischen Militär; im Oktober 1941 zur deutschen Wehrmacht einberufen; Einsatz an der Ostfront; seit dem Sommer 1943 Funktruppführer beim Kosaken-Kavallerie-Korps.

Pitscheider Josef Hermann Geb. 1923 in Brixen; nach der Schulzeit in Brixen den Hotelberuf ergriffen; von 1939 bis 1941 in der Umsiedlungskommission gewesen; 1941 zur deutschen Wehrmacht eingerückt; Einsätze auf Kreta und in Nordafrika; amerikanische Gefangenschaft in den USA; Steuereinhebungsstelle der Sparkasse; nach der Pensionierung Kunstmaler.

Platter Berta Geb. 1929 in Terlan/Siebeneich; Reichsschule für Volksdeutsche in Achern.

Plattner Richard Geb. 1918 in Elzenbaum bei Sterzing, gest. 2004 in Sterzing; Handelsschule in Bozen; im Hotelfach gearbeitet; im Frühjahr 1940 zur deutschen Wehrmacht eingerückt und der Division Brandenburg zugeteilt; Einsätze in Rumänien, Griechenland, Russland, dann wieder Griechenland, Albanien und Montenegro; in St. Florian bei Enns in amerikanische Gefangenschaft geraten; nach der Entlassung mit italienischen Militärinternierten zum Brenner gefahren; zu Fuß nach Sterzing zurückgekehrt; im Hotel Continental in Mailand Stelle bekommen.

Pöder Peter Geb. 1926 in St. Pankraz/Ulten; nach der italienischen Volksschule Besuch des Johanneums in Dorf Tirol; im Oktober 1944 zum Polizeiregiment Brixen einberufen; im Februar 1945 nach Schlesien gebracht und dem SS-Grenadier-Regiment zugeteilt; in Breslau eingesetzt; am 30. Mai 1945 in Hof in Bayern von den Amerikaner gefangen genommen, aber bald darauf entlassen worden; 1948 das Abitur im Johanneum nachgeholt; im Canisianum bei den Jesuiten Theologie studiert; 1953 zum Priester geweiht; 18 Jahre lang Dekan in Kaltern, dann bis Ende 1999 Leiter des Verwaltungsamtes der Diözese Bozen-Brixen.

Pohl Knoll Judith Geb. 1929 in Kastelbell; 1940 Reichsschule für Volksdeutsche in Achern.

Prosser Egger Maria Geb. 1914 in Bozen, gest. 2004 in Bozen; Besuch der Volksschule in Bozen; 1927–1933 Kindergärtnerinnen- und Hortnerinnenseminar des VDA in München; Kinderhort der Katholischen Aktion; im Jugendverein des Josef Ferrari; Katakombenlehrerinnen; 1940 Deutsche Sprachkurse in Oberau bei Bozen; 1943–45 Deutsche Sprachkurse im Fersental.

Rampold Josef Geb. 1925 in Innsbruck, gest. 2007 in Bozen; Volksschule und dann Gymnasium in Innsbruck von 1935 bis 1943; im Mai 1943 beim RAD in Dornbirn; Ausbildung zum Gebirgsjäger im Juli 1943 in der Reichenau; Einmarsch am 8. September 1943 mit der deutschen Wehrmacht in Südtirol; Einsatz gegen die Partisanen in Udine und Saluzzo/Piemont; Versetzung bei Kriegsende in die Nähe von Berlin; amerikanische Gefangenschaft in Lager bei Nürnberg; Germanistikstudium in Innsbruck;

Promotion im Mai 1950; 18 Jahre Schuldienst in Bozen; Wechsel zur Tageszeitung »Dolomiten« und in den Athesia Buchverlag.

Rapp Johann Geb. 1920 in Matrei am Brenner, gest. 2008 in Matrei am Brenner; am 4. März 1940 zur 2. Gebirgs-Division eingezogen; meldet sich zur Fallschirmtruppe; Einsätze als Fallschirmjäger in Kreta und in Montecassino; englische Gefangenschaft in Ägypten.

Rier Alfons Geb. 1918 in St. Valentin bei Kastelruth als Zwillingsbruder von Dekan Josef Rier, gest. 1995 in Kastelruth; am 1. April 1939 zum italienischen Militär einberufen; nach Option Anfang Jänner 1940 zur deutschen Wehrmacht gewechselt; bei der 5. Gebirgs-Division: Einsätze in Griechenland und auf Kreta, an der Ostfront und in Montecassino; Rückzug durch Italien; von Kriegsende bis Oktober 1946 in amerikanischer Gefangenschaft in Italien.

Rier Josef »Zatzer« Geb. 1924 in Kastelruth; italienische Volksschule und Katakombenschule; Option für Deutschland; im März 1943 zur deutschen Wehrmacht einberufen; am 8. September 1943 in Südtirol einmarschiert; im Jänner 1944 zum Einsatz nach Montecassino; ab 17. Mai 1944 in englischer Gefangenschaft in Ägypten; Anfang 1947 Flucht aus der Gefangenschaft und Heimkehr.

Ritter Albert Geb. 1925 in Meran, gest. 2008 in Bozen; Reichsschule für Volksdeutsche in Rufach.

Rössler Hanns Geb. 1912 in Bozen, gest. 2008 in Bozen; 1938 zum Krieg in Abessinien einberufen; Option für Deutschland; Anfang Jänner 1940 nach Bozen zurückgekehrt; zur deutschen Wehrmacht eingezogen; als Schiffsarzt auf dem Schulschiff »Deutschland«; als Gebirgsjäger nach Frankreich und dann nach Russland geschickt; zur 6. Armee abgestellt und dann in die 1. Panzerarmee versetzt; bei Kriegsende in russische Gefangenschaft geraten; zu Weihnachten 1949 nach Bozen zurückgekehrt.

Rössler Josef Geb. 1909 in Bozen, gest. 2009 in Bozen; Eigentümer der Rößler-Mühlen in Bozen; Volksschule in Bozen; Besuch der Handelsakademie in Innsbruck; Handelsschule in Bozen; war bei der »illegalen Bewegung«; italienischer Militärdienst; Gemeinderatsmitglied in Bozen.

Runer Josef Geb. 1923 in Terlan, gest. 2005 in Terlan; im März 1943 zur deutschen Wehrmacht einberufen und sich freiwillig zur 6. SS-Gebirgs-Division Nord gemeldet; Einsatz in Finnland; dann gegen die Amerikaner an der Westfront gekämpft; bei Rosenheim von den Amerikanern gefangen genommen; aus dem Lager geflohen und sich nach Terlan abgesetzt; von den Amerikanern daheim festgenommen und ins Gefangenenlager nach Rimini gebracht; am 5. September 1945 entlassen worden.

Sailer Oswald Geb. 1910 in Görz, gest. 1988 in Bozen; Realgymnasium, dann Istituto tecnico; 1934 Promotion in Neuphilologie an der Universität Venedig; 1938 Gymnasiallehrer in Belluno; 1939 Option für Deutschland; 15. Februar 1940 Verhandlungsdolmetscher bei Polizeichef Anton Brunner in Bozen; März 1944 Oberschullehrer; 1. März 1945 zur deutschen Wehrmacht einberufen; Oktober 1945 Schuldienst.

Sbasnik Anton Geb. 1931 in Bruneck; Volksschule in Bruneck; 1941 und 1942 Reichsschule für Volksdeutsche in Schweiklberg bei Vilshofen; 1943/44 im Rediffianum in Meran; 1944 in Salern; nach dem Krieg Elektroinstallateur und Pfarrmesner in Bruneck.

Schmitz Kahlmann-Gisela Dr. Gisela Schmitz-Kahlmann aus Braunschweig war die Assistentin des Leiters der Kulturkommission Dr. Wolfram Sievers und während seiner Abwesenheit auch seine Vertreterin; sie kam im Juli 1940 nach Bozen und verließ Südtirol wieder am 1. September 1943; Wolfram Sievers, geb. 1905, wurde im Nürnberger Ärzteprozess wegen seiner Mitverantwortung für die Menschenversuche in den Konzentrationslagern am 20. August 1947 zum Tode verurteilt und am 2. Juni 1948 in Landsberg am Lech hingerichtet.

Schönauer Alois Geb. 1918 in Tiers; italienische Volksschule in Tiers; 1930 zum italienischen Militär einberufen; 1935 Schuhmacherlehre in Bozen; im Jänner 1940 zu den Gebirgsjägern eingerückt; 1941 zum Lehrregiment Brandenburg abberufen; Einsätze in Russland, Jugoslawien, Griechenland, dann Ostpreußen, Polen und Schlesien; am 10. Mai 1945 von den Russen gefangen genommen; Gefangenenlager in Rumänien; im September 1945 entlassen und nach Tiers zurückgekehrt.

Schöpfer Franz Geb. 1911 in Bozen, gest. 2003 in Bozen; italienische Volksschule; 1935/36 Abessinischer Krieg; Verkäufer in Eisenhandlungen; Polizeiregiment Bozen.

Schuster Oberegelsbacher Frieda Geb. 1925 in Schlanders; schlimme Erfahrungen mit einem faschistischen Lehrer und einem faschistischen Bürgermeister; Lehrerbildungsanstalt in Innsbruck und Mayrhofen; Abitur im April 1945; Schuldienst in Südtirol von 1945 bis 1974; dann Gemeinderätin in Schlanders.

Schwarz Anna Geb. 1920 in Mölten; italienische Volksschule; Apostolatsschule in der Marienschule in Bozen für ein Jahr; Katakombenlehrerin; 1948 Abitur in der Lehrerbildungsanstalt Meran; Schulleiterin in Mölten bis 1979.

Seebacher Karl Geb. 1926 in Bozen; italienische Volksschule und Katakombenschule; im November 1940 in die Lehrerbildungsanstalt in Feldkirch; im Frühjahr 1943 ausgemustert und als tauglich empfunden; Reichsarbeitsdienst; Partisaneneinsatz in Jugoslawien; Einsatz an der Westfront; englische Gefangenschaft; im Frühjahr 1946 Heimkehr aus der Gefangenschaft.

Seeber Brunner Erna Geb. 1919 in Luttach, gest. 2006 in Luttach; italienische Volksschule in Luttach; drei Jahre italienisches Gymnasium in Bruneck; Katakombenlehrerin in Luttach; Lehrerin in den Deutschen Sprachkursen; im Herbst 1946 in der Lehrerbildungsanstalt in Meran das Abitur gemacht; Lehrerin und Schulleiterin in Luttach.

Sölder Maria Geb. 1910 in Bruneck, gest. 2007 in St. Michael/Eppan; Schule bei den Ursulinen in Bruneck; im Alter von 16 Jahren Katakombenlehrerin; Einführungskurs in Grado; von den Carabinieri beschattet und verhört; nach München ausgewandert; Funkerin bei der Luftwaffe in Rom, Neapel und Jenesien; Gefangenschaft in Oberitalien; in Bad Aibling entlassen; im Mai 1946 schwarz nach Südtirol zurückgekehrt; 15 Jahre als Sekretärin im Südtiroler Kulturinstitut.

Spechtenhauser Johann Geb. 1913 in Naturns; entzieht sich im Jahr 1935 dem Militärdienst in Italien durch Flucht ins Ausland; findet bei einem Bauern im österreichischen Schechau eine dauerhafte Unterkunft; meldet sich im September 1939 freiwillig zur deutschen Wehrmacht; mit dem 18. SS-Polizei-Gebirgsjägerregiment kommt er zuerst nach Norwegen, dann in die Oberkrain zur Partisanenbekämpfung, von dort nach Finnland und 1943 nach Athen; bei Kriegsende wird er von jugoslawischen Partisanen gefangen genommen, aber bald wieder frei gelassen.

Spiess Bruno Geb. 1922 in Taufers im Münstertal, gest. 2007 in Taufers im Münstertal; Option für Deutschland; 1940 zur deutschen Wehrmacht; als Fallschirmjäger zuerst in Russland, dann in Montecassino eingesetzt.

Spögler Franz Geb. 1927 in Lengmoos; 1938 Gymnasium am Johanneum in Dorf Tirol; am 15. September 1943 das Johanneum verlassen und zu Hause gelernt; 1943/44 gleichzeitig Gemeindeangestellter; im Oktober 1944 zum Polizeiregiment Brixen eingerückt; den Fahneneid verweigert; an die Ostfront geschickt; russische Gefangenschaft in Breslau; im Jänner 1946 wieder ins Johanneum zurückgekehrt; acht Tage vor Abiturprüfung aus dem Johanneum entlassen; Abitur in der staatlichen Schule; 1948 Studium der Veterinärmedizin; 1964 bis 1988 im Südtiroler Landtag; 1989 bis 1998 Präsident der Südtiroler Sparkasse.

Staffler (Johann) Hans Geb. 1920 in Bozen, gest. 2008 in Völser Aicha; italienische

Volkschule in Bozen; Konditorlehre; 1940 nach Stams ausgewandert; im Dezember 1940 zur 2. Gebirgs-Division eingerückt; Ende Mai 1941 an die Eismeerfront geschickt; im Frühjahr 1944 zur Division Brandenburg versetzt; Partisanenbekämpfung in Italien; in amerikanischer Gefangenschaft; im März 1946 nach Innsbruck entlassen; 1978 nach Südtirol zurückgekehrt.

Staffler Max Geb. 1921 in Bozen, gest. 1995 in Bozen; italienische Volksschule und Realgymnasium in Bozen; Sprachenstudium in der Schweiz; im Herbst 1943 Wehrdienst bei der deutschen Wehrmacht in Italien; nach dem Krieg Instandsetzung seiner durch Bombenangriffe beschädigten Hotels Laurin, Bristol und Greif; Gemeinderat in Bozen.

Staindl Alois Geb. 1913 in Tulfer, gest. 1994 in Brixen; Katakombenunterricht; Verbannung nach Süditalien; Lehrer an der Reichsschule für Volksdeutsche in Rufach; Lehrer an Oberschulen in Brixen; Gründer des Volkstanzwesens in Südtirol.

Stecher Anton Geb. 1903 in Zerkaser/Langtaufers, gest. 1991 in Maria Laubegg/Graz; Besuch des Lehrerseminars am Dominikanerplatz in Bozen.

Sternbach Lothar Baron Geb. 1905 in Innsbruck, gest. 2005 in Bruneck; Matura am humanistischen Gymnasium in Innsbruck im Jahr 1924; 1924–1927 Besuch der Technischen Hochschule in Zürich; 1927–1928 Militärdienst beim italienischen Heer; 1929–1930 Praktikum in Lana beim Grafen Brandis; Tätigkeit in der Südtiroler Jugendbewegung; Option: Dableiber; im Frühjahr 1944 zur deutschen Wehrmacht einberufen.

Stragenegg Helene Geb. 1923 in Niederdorf; Volksschule in Innichen begonnen und in Stams fortgesetzt; im Winter 1938/39 Kurse für Katakombenlehrerinnen in Milland und Bozen; ab März 1940 Lehrerin für die Deutschen Sprachkurse und ab 1943 bis 1946 für die deutsche Schule in Schmieden/Prags; 1947 Lehrermatura als Privatistin.

Stricker Engelbert Geb. 1915 in Lana, gest. 2007 in Martell; 1938/39 beim italienischen Militär; 1940 Frankreichfeldzug mitgemacht; 1941 Russlandfeldzug; Invasion in Frankreich miterlebt; in englischer Gefangenschaft; im Juni 1946 nach Hause zurückgekehrt.

Strobl Josef Geb. 1908 in Toblach, gest.1996 in Brixen; Universität in Padua und Bologna; 1933–1935 Professor an der Handelsschule von Forlì und Aquila; 1936–1939 Professor an der Realschule in Salerno; 1939 Option für Deutschland; ab Oktober 1940 Unterricht an der Reichsschule für Volksdeutsche in Rufach; ab 1945 Professor, von 1967 bis 1978 Direktor am deutschen Realgymnasium in Brixen.

Tanner Alfons Geb. 1914 in Meran, gest. 2000 in Bozen; Teilnahme am Spanischen Bürgerkrieg; Afrikafeldzug im italienischen Heer; amerikanische Gefangenschaft in den USA bis 1947.

Tasser Sieglinde Geb. 1921 in St. Peter/Ahrntal; italienische Volksschule; Geheimschule; Lehrerbildungsanstalten in Graz, Wien und Mayrhofen; nach 1945 Lehrerin an verschiedenen Schulen; 1950 in den Franziskanerorden eingetreten; 1976–1995 Religionslehrerin.

Thomaser Michael Geb. 1909 in Taisten, gest. 2006 in Bruneck; Schusterlehre; Militärdienst beim italienischen Heer in Bologna; im April 1940 Einberufung zur deutschen Wehrmacht; Einsatz mit den »Brandenburgern« am »Eisernen Tor« und in Russland; wird am 10. Mai 1945 in der Tschechoslowakei von russischen Truppen gefangen genommen; verbleibt als Gefangener in der Tschechoslowakei und kehrt im August 1946 aus der Gefangenschaft zurück.

Trocker Josef Geb. 1912 in Kastelruth; in der »Illegalen Bewegung« tätig gewesen; am 20. April 1940 mit weiteren 36 Kastelruthern ins Deutsche Reich abgeschoben; als Gutsverwalter in Stams; in Ravensburg; Einberufung zur deutschen Wehrmacht; Einsatz in Deutschland, Frankreich, Holland und Russland; Heimkehr im Jahr 1945.

Tumler Franz Geb. 1920 in Laas; 13. April 1940 zur deutschen Wehrmacht einberufen; dem Gebirgsjägerregiment 139 in Klagenfurt zugeteilt; nach Norwegen versetzt; 28. Juni 1940 in Trondheim angekommen, mit der Eisenbahn über Schweden nach Narvik gebracht; nach Kirkenes versetzt; Februar 1942 Heimurlaub; in der Hochgebirgsschule am Dachstein; Einsatz im Kaukasus mit der 4. Gebirgs-Division; im Frühjahr 1943 nach Frankreich versetzt; wieder nach Russland; am 1. November 1943 schwer verwundet worden; im Lazarett von Igels und kurz vor Kriegsende in Meran.

Unterpertinger Georg Geb. 1924 in Terenten; Besuch der Reichsschule für Volksdeutsche in Rufach.

Unterthiner Gottlieb Geb. 1925 in Feldthurns; italienische Volksschule; Schlosserlehre; 1943 zur deutschen Wehrmacht einberufen; diente bei den »Brandenburgern«; Einsatz in Jugoslawien; wird in Jugoslawien von einer russischen Einheit und von jugoslawischen Partisanen gefangen genommen; Zwangsarbeit bis Kriegsende in einer Waffenfabrik im jugoslawischen Valjevo; Heimkehr Ende April 1946 nach Feldthurns.

Veneri Hans Geb. 1928 in Bozen; italienische Volksschule in Bozen; ausgewandert nach Innsbruck, weiter nach Graz und von dort 1941 nach Cilli nach Slowenien; mit 17 Jahren als Freiwilliger zur Luftwaffe gemeldet; bei Kriegsende bei der Fliegerabwehr in Pocking/Bayern; in amerikanischer Gefangenschaft.

Viehweider Günther Geb. 1929 in Bozen; Besuch der Reichsschule für Volksdeutsche in Rufach.

Volgger Friedl Geb. 1914 in Ridnaun, gest. 1997 in Bozen; 1939 Promotion in Rechtswissenschaften; 1939 Widerstand gegen die Option für Deutschland; 1943–1945 KZ Dachau; 1946 Pariser Friedenskonferenz; 1948–1953 und 1968–1972 römisches Parlament; 1960 UNO-Generalversammlung; Redakteur der »Dolomiten« und des »Volksboten«.

Watschinger Waltraud Geb. 1961 in Innichen; führt seit dem Jahr 1983 das »Hotel Drei Zinnen« in Sexten.

Widmann Franz Geb. 1921 in Bozen; Mitglied der Parteileitung der SVP von 1957 bis 1969; politischer Weggefährte von Hans Dietl.

Wörnhart Sanoner Elfriede Geb. 1922 in Latsch; führte das »Hotel Adler« in St. Ulrich/Gröden nach dem Tod ihres Mannes Josef Anton Sanoner bis zum Jahr 1987.

Zöschg Alois Geb. 1926 in St. Nikolaus/Ulten; am 11. Oktober 1944 zum Polizeiregiment Brixen einberufen; nach Schlesien an die Ostfront versetzt; bei Kriegsende in russische Gefangenschaft geraten und auf abenteuerliche Weise nach Hause zurückgekehrt; neuerliche Einberufung zum italienischen Heer.

Abkürzungsverzeichnis

ADEuRSt/ADERST	Amtliche Deutsche Ein- und Rückwandererstelle
AdO	Arbeitsgemeinschaft der Optanten für Deutschland
allogeni	Andersstämmige
BAS	Befreiungsausschuss Südtirol
BDM	Bund Deutscher Mädel
CLN	Comitato di Liberazione Nazionale/Nationales Befreiungskomitee
CLNAI	Comitato di Liberazione Nazionale Alta Italia
CST	Sicherungsverband Trient
DAF	Deutsche Arbeitsfront
DAG	Deutsche Ansiedlungsgesellschaft mbH
DAK	Deutsches Afrikakorps
DAT	Deutsche Abwicklungs-Treuhandgesellschaft mbH
DEFI	Delegazione Economica Finanziaria Italiana
DF	Deutsche Frauenschaft
DUS	Dienststelle Umsiedlung Südtirol
DUT	Deutsche Umsiedlungs-Treuhandgesellschaft mbH
DV	Deutscher Verband
ERA	Ente di Rinascita Agraria per le Tre Venezie
EWZ	Einwandererzentrale
Flak	Flugabwehrkanone
Gestapo	Geheime Staatspolizei

GIL	Gioventù Italiana del Littorio (Verband faschistischer Jugendorganisationen)
HJ	Hitlerjugend
HSSPF	Höherer SS- und Polizeiführer
HV Platz	Hauptverbandsplatz
IKRK	Internationales Komitee vom Roten Kreuz
Jabo	Jagdbomber
KZ / KL	Konzentrationslager
LMG	Leichtes Maschinengewehr
MG	Maschinengewehr
MP	Maschinenpistole
MVSN	Milizia Volontaria per la Sicurezza Nazionale (Freiwillige Miliz für die nationale Sicherheit)
NAPOLA/NPEA	Nationalpolitische Erziehungsanstalt
NSDAP	Nationalsozialistische Deutsche Arbeiterpartei
NSDAP-AO	NSDAP-Auslandsorganisation
NSFO	Nationalsozialistischer Führungsoffizier
OKH	Oberkommando des Heeres
OKL	Oberkommando der Luftwaffe
OKW	Oberkommando der Wehrmacht
ONAIR	Opera Nazionale Assistenza Italia Redenta (Nationales Hilfswerk für das erlöste Italien)
ONB	Opera Nazionale Balilla (Faschistischer Jugendverband)
ONIG	Opera Nazionale Invalidi di Guerra / Nazionales Kriegsinvalidenwerk
OSAF	Oberste SA-Führung
OSS	Office of Strategic Services (Amerikanischer Kriegsgeheimdienst)

OT	Organisation Todt
Pak	Panzerabwehrkanone
PNF	Partito Nazionale Fascista (Faschistische Partei)
RAD	Reichsarbeitsdienst
RAF	Royal Air Force
RFSS	Reichsführer SS (= Heinrich Himmler)
RFSSuChdDtPol	Reichsführer SS und Chef der Deutschen Polizei (= Heinrich Himmler)
RK	Reichskommissar(iat)
RKF(dV)	Reichskommissar(iat) für die Festigung deutschen Volkstums
RSHA	Reichssicherheitshauptamt
RSI	Repubblica Sociale Italiana
RuK	Rüstungs- und Kriegsproduktion
RuSHA	Rasse- und Siedlungshauptamt
SA	Sturmabteilung
SANKA	Sanitätskasten, Sanitätskraftwagen
SD	Sicherheitsdienst (Nachrichtendienst der Partei)
Sipo	Sicherheitspolizei (ein Regierungs-, kein SS-Organ)
SMG	Schweres Maschinengewehr
SOD	Sicherungs- und Ordnungsdienst
SS	Schutzstaffel
StHA	Stabshauptamt
Stuka	Sturzkampfflugzeug
SVP	Südtiroler Volkspartei
VDA	Verein (ab 1933 Volksbund) für das Deutschtum im Ausland
VKS	Völkischer Kampfring Südtirols

VOMI	Volksdeutsche Mittelstelle
WFK	Wertfestsetzungskommission
X-MAS	Decima mas
z.b.V	zur besonderen Verwendung

Personenregister

G

H

I

J

K

L

M

N

O

STIFTUNG
SÜDTIROLER SPARKASSE

Wir stiften Kultur